中国社会科学院

庆祝中华人民共和国成立70周年书系

国家哲学社会科学学术研究史

总主编 谢伏瞻

新中国法学研究 70 年

陈甦／主编

中国社会科学出版社

图书在版编目（CIP）数据

新中国法学研究 70 年／陈甦主编 . —北京：中国社会科学出版社，

2019. 9

（庆祝中华人民共和国成立 70 周年书系）

ISBN 978 – 7 – 5203 – 4924 – 6

Ⅰ . ①新…　Ⅱ . ①陈…　Ⅲ . ①法学—研究—中国—1949 – 2019

Ⅳ . ①D920. 0

中国版本图书馆 CIP 数据核字（2019）第 183476 号

出 版 人	赵剑英
责任编辑	许　琳
责任校对	赵雪姣
责任印制	王　超

出　　　版	中国社会科学出版社
社　　　址	北京鼓楼西大街甲 158 号
邮　　　编	100720
网　　　址	http://www. csspw. cn
发 行 部	010 – 84083685
门 市 部	010 – 84029450
经　　　销	新华书店及其他书店

印刷装订	北京君升印刷有限公司
版　　　次	2019 年 9 月第 1 版
印　　　次	2019 年 9 月第 1 次印刷

开　　　本	710 × 1000　1/16
印　　　张	33. 25
字　　　数	463 千字
定　　　价	189. 00 元

中国社会科学院
《庆祝中华人民共和国成立 70 周年书系》
编撰工作领导小组及委员会名单

编撰工作领导小组：

组　长　谢伏瞻

成　员　王京清　蔡　昉　高　翔　高培勇　杨笑山
　　　　姜　辉　赵　奇

编撰工作委员会：

主　任　谢伏瞻

成　员　（按姓氏笔画为序）

卜宪群	马　援	王　巍	王立民	王立胜
王立峰	王延中	王京清	王建朗	史　丹
邢广程	刘丹青	刘跃进	闫　坤	孙壮志
李　扬	李正华	李　平	李向阳	李国强
李培林	李新烽	杨伯江	杨笑山	吴白乙
汪朝光	张　翼	张车伟	张宇燕	陈　甦
陈光金	陈众议	陈星灿	周　弘	郑筱筠
房　宁	赵　奇	赵剑英	姜　辉	莫纪宏

夏春涛　高　翔　高培勇　唐绪军　黄　平
黄群慧　朝戈金　蔡　昉　樊建新　潘家华
魏后凯

协调工作小组：

　　组　长　蔡　昉

　　副组长　马　援　赵剑英

　　成　员（按姓氏笔画为序）

　　王子豪　王宏伟　王　茵　云　帆　卢　娜

　　叶　涛　田　侃　曲建君　朱渊寿　刘大先

　　刘　伟　刘红敏　刘　杨　刘爱玲　吴　超

　　宋学立　张　骅　张　洁　张　旭　张崇宁

　　林　帆　金　香　郭建宏　博　悦　蒙　娃

总　序

与时代同发展　与人民齐奋进

谢伏瞻[*]

　　今年是新中国成立 70 周年。70 年来，中国共产党团结带领中国人民不懈奋斗，中华民族实现了从"东亚病夫"到站起来的伟大飞跃、从站起来到富起来的伟大飞跃，迎来了从富起来到强起来的伟大飞跃。70 年来，中国哲学社会科学与时代同发展，与人民齐奋进，繁荣中国学术，发展中国理论，传播中国思想，为党和国家事业发展作出重要贡献。在这重要的历史时刻，我们组织中国社会科学院多学科专家学者编撰了《庆祝中华人民共和国成立 70 周年书系》，旨在系统回顾总结中国特色社会主义建设的巨大成就，系统梳理中国特色哲学社会科学发展壮大的历史进程，为建设富强民主文明和谐美丽的社会主义现代化强国提供历史经验与理论支持。

壮丽篇章　辉煌成就

　　70 年来，中国共产党创造性地把马克思主义基本原理同中国具体实际相结合，领导全国各族人民进行社会主义革命、建设和改革，

---

　　* 中国社会科学院院长、党组书记，学部主席团主席。

战胜各种艰难曲折和风险考验，取得了举世瞩目的伟大成就，绘就了波澜壮阔、气势恢宏的历史画卷，谱写了感天动地、气壮山河的壮丽凯歌。中华民族正以崭新姿态巍然屹立于世界的东方，一个欣欣向荣的社会主义中国日益走向世界舞台的中央。

我们党团结带领人民，完成了新民主主义革命，建立了中华人民共和国，实现了从几千年封建专制向人民民主的伟大飞跃；完成了社会主义革命，确立社会主义基本制度，推进社会主义建设，实现了中华民族有史以来最为广泛而深刻的社会变革，为当代中国的发展进步奠定了根本政治前提和制度基础；进行改革开放新的伟大革命，破除阻碍国家和民族发展的一切思想和体制障碍，开辟了中国特色社会主义道路，使中国大踏步赶上时代，迎来了实现中华民族伟大复兴的光明前景。今天，我们比历史上任何时期都更接近、更有信心和能力实现中华民族伟大复兴的目标。

中国特色社会主义进入新时代。党的十八大以来，在以习近平同志为核心的党中央坚强领导下，我们党坚定不移地坚持和发展中国特色社会主义，统筹推进"五位一体"总体布局，协调推进"四个全面"战略布局，贯彻新发展理念，适应我国社会主要矛盾已经转化为人民日益增长的美好生活需要和不平衡不充分的发展之间的矛盾的深刻变化，推动我国经济由高速增长阶段向高质量发展阶段转变，综合国力和国际影响力大幅提升。中国特色社会主义道路、理论、制度、文化不断发展，拓展了发展中国家走向现代化的途径，给世界上那些既希望加快发展又希望保持自身独立性的国家和民族提供了全新选择，为解决人类问题贡献了中国智慧和中国方案，为人类发展、为世界社会主义发展做出了重大贡献。

70 年来，党领导人民攻坚克难、砥砺奋进，从封闭落后迈向开放进步，从温饱不足迈向全面小康，从积贫积弱迈向繁荣富强，取得了举世瞩目的伟大成就，创造了人类发展史上的伟大奇迹。

经济建设取得辉煌成就。70 年来，我国经济社会发生了翻天覆地的历史性变化，主要经济社会指标占世界的比重大幅提高，国际地位和国际影响力显著提升。经济总量大幅跃升，2018 年国内生产总值比 1952 年增长 175 倍，年均增长 8.1%。1960 年我国经济总量占全球经济的比重仅为 4.37%，2018 年已升至 16% 左右，稳居世界第二大经济体地位。我国经济增速明显高于世界平均水平，成为世界经济增长的第一引擎。1979—2012 年，我国经济快速增长，年平均增长率达到 9.9%，比同期世界经济平均增长率快 7 个百分点，也高于世界各主要经济体同期平均水平。1961—1978 年，中国对世界经济增长的年均贡献率为 1.1%。1979—2012 年，中国对世界经济增长的年均贡献率为 15.9%，仅次于美国，居世界第二位。2013—2018 年，中国对世界经济增长的年均贡献率为 28.1%，居世界第一位。人均收入不断增加，1952 年我国人均 GDP 仅为 119 元，2018 年达到 64644 元，高于中等收入国家平均水平。城镇化率快速提高，1949 年我国的城镇化率仅为 10.6%，2018 年我国常住人口城镇化率达到了 59.58%，经历了人类历史上规模最大、速度最快的城镇化进程，成为中国发展史上的一大奇迹。工业成就辉煌，2018 年，我国原煤产量为 36.8 亿吨，比 1949 年增长 114 倍；钢材产量为 11.1 亿吨，增长 8503 倍；水泥产量为 22.1 亿吨，增长 3344 倍。基础设施建设积极推进，2018 年年末，我国铁路营业里程达到 13.1 万公里，比 1949 年年末增长 5 倍，其中高速铁路达到 2.9 万公里，占世界高铁总量 60% 以上；公路里程为 485 万公里，增长 59 倍；定期航班航线里程为 838 万公里，比 1950 年年末增长 734 倍。开放型经济新体制逐步健全，对外贸易、对外投资、外汇储备稳居世界前列。

科技发展实现大跨越。 70 年来，中国科技实力伴随着经济发展同步壮大，实现了从大幅落后到跟跑、并跑乃至部分领域领跑的历史性跨越。涌现出一批具有世界领先水平的重大科技成果。李四光等人提出"陆相生油"理论，王淦昌等人发现反西格玛负超子，第一颗原子弹装置爆炸成功，第一枚自行设计制造的运载火箭发射成功，在世界上首次人工合成牛胰岛素，第一颗氢弹空爆成功，陈景润证明了哥德巴赫猜想中的"1＋2"，屠呦呦等人成功发现青蒿素，天宫、蛟龙、天眼、悟空、墨子、大飞机等重大科技成果相继问世。相继组织实施了一系列重大科技计划，如国家高技术研究发展（863）计划、国家重点基础研究发展（973）计划、集中解决重大问题的科技攻关（支撑）计划、推动高技术产业化的火炬计划、面向农村的星火计划以及国家自然科学基金、科技型中小企业技术创新基金等。研发人员总量稳居世界首位。我国研发经费投入持续快速增长，2018 年达 19657 亿元，是 1991 年的 138 倍，1992—2018 年年均增长 20.0%。研发经费投入强度更是屡创新高，2014 年首次突破 2%，2018 年提升至 2.18%，超过欧盟 15 国平均水平。按汇率折算，我国已成为仅次于美国的世界第二大研发经费投入国家，为科技事业发展提供了强大的资金保证。

人民生活显著改善。我们党始终把提高人民生活水平作为一切工作的出发点和落脚点，深入贯彻以人民为中心的发展思想，人民获得感显著增强。70 年来特别是改革开放以来，从温饱不足迈向全面小康，城乡居民生活发生了翻天覆地的变化。我国人均国民总收入（GNI）大幅提升。据世界银行统计，1962 年，我国人均 GNI 只有 70 美元，1978 年为 200 美元，2018 年达到 9470 美元，比 1962 年增长了 134.3 倍。人均 GNI 水平与世界平均水平的差距逐渐缩小，1962 年相当于世界平均水平的 14.6%，2018 年相当于世界平均水平的 85.3%，比 1962 年提高了 70.7 个百分点。在世界银行公布的人均 GNI 排名中，2018 年中国排名第 71 位（共计 192 个经济体），比 1978 年（共计 188 个经济体）提高 104 位。组织实施了一系列中长期扶贫规划，从救济式扶贫到开发式扶贫再到精准扶贫，探索出一条符合中国国情的农村扶贫开发道路，为全面建成小康社会奠定了坚实基础。脱贫攻坚战取得决定性进展，贫困人口大幅减少，为世界减贫事业作出了重大贡献。按照我国现行农村贫困标准测算，1978 年我国农村贫困人口为 7.7 亿人，贫困发生率为 97.5%。2018 年年末农村贫困人口为 1660 万人，比 1978 年减少 7.5 亿人；贫困发生率为 1.7%，比 1978 年下降 95.8 个百分点，平均每年下降 2.4 个百分点。我国是最早实现联合国千年发展目标中减贫目标的发展中国家。就业形势长期稳定，就业总量持续增长，从 1949 年的 1.8 亿人增加到 2018 年的 7.8 亿人，扩大了 3.3 倍，就业结构调整优化，就业质量显著提升，劳动力市场不断完善。教育事业获得跨越式发展。1970—2016 年，我国高等教育毛入学率从 0.1% 提高到 48.4%，2016 年我国高等教育毛入学率比中等收入国家平均水平高出 13.4 个百分点，比世界平均水平高 10.9 个百分点；中等教育毛入学率从 1970 年的 28.0% 提高到 2015 年的 94.3%，2015 年我国中等教育毛入学率超过中等收入国家平均水平 16.5 个百分点，远高于世界平均水平。我国总人口由 1949 年的 5.4 亿人发展到 2018 年的近 14 亿人，年均增长率约为 1.4%。人民身体素质日益改善，居民预期寿命由新中国成立初的 35 岁提高到 2018 年的 77 岁。居民环境卫生条件持续改善。2015 年，我国享有基本环境卫生服务人口占总人口比重为 75.0%，超过中等收入国家 66.1% 的平均水平。我国居民基本饮用水服务已基本实现全民覆盖，超过中等偏上收入国家平均水平。

思想文化建设取得重大进展。党对意识形态工作的领导不断加强，党的理论创新全面推进，马克思主义在意识形态领域的指导地位更加巩固，中国特色社会主义和中国梦深入人心，社会主义核心价值观和中华优秀传统文化广泛弘扬。文化事业繁荣兴盛，文化产业快速发展。文化投入力度明显加大。1953—1957 年文化事业费总投入为 4.97 亿元，2018 年达到 928.33 亿元。广播影视制播能力显著增强。新闻出版繁荣发展。2018 年，图书品种 51.9 万种、总印数 100.1 亿册（张），分别为 1950 年的 42.7 倍和 37.1 倍；期刊品种 10139 种、总印数 22.9 亿册，分别为 1950 年的 34.4 倍和 57.3 倍；报纸品种 1871 种、总印数 337.3 亿份，分别为 1950 年的 4.9 倍和 42.2 倍。公共文化服务水平不断提高，文艺创作持续繁荣，文化事业和文化产业蓬勃发展，互联网建设管理运用不断完善，全民健身和竞技体育全面发展。主旋律更加响亮，正能量更加强劲，文化自信不断增强，全党全社会思想上的团结统一更加巩固。改革开放后，我国对外文化交流不断扩大和深化，已成为国家整体外交战略的重要组成部分。特别是党的十八大以来，文化交流、文化贸易和文化投资并举的"文化走出去"、推动中华文化走向世界的新格局已逐渐形成，国家文化软实力和中华文化影响力大幅提升。

生态文明建设成效显著。70 年来特别是改革开放以来，生态文明建设扎实推进，走出了一条生态文明建设的中国特色道路。党的十八大以来，以习近平同志为核心的党中央高度重视生态文明建设，将其作为统筹推进"五位一体"总体布局的重要内容，形成了习近平生态文明思想，为新时代推进我国生态文明建设提供了根本遵循。国家不断加大自然生态系统建设和环境保护力度，开展水土流失综合治理，加大荒漠化治理力度，扩大森林、湖泊、湿地面积，加强自然保护区保护，实施重大生态修复工程，逐步健全主体功能区制度，推进生态保护红线工作，生态保护和建设不断取得新成效，环境保护投入跨越式增长。20 世纪 80 年代初期，全国环境污染治理投资每年为 25 亿—30 亿元，2017 年，投资总额达到 9539 亿元，比 2001 年增长 7.2 倍，年均增长 14.0%。污染防治强力推进，治理成效日益彰显。重大生态保护和修复工程进展顺利，森林覆盖率持续提高。生态环境治理明显加强，环境状况得到改善。引导应对气候变化国际合作，成为全球生态文明建设的重要参与者、贡献者、引领者。①

新中国 70 年的辉煌成就充分证明，只有社会主义才能救中国，只有改革开放才能发展中国、发展社会主义、发展马克思主义，只有坚持以人民为中心才能实现党的初心和使命，只有坚持党的全面领导才能确保中国这艘航船沿着正确航向破浪前行，不断开创中国特色社会主义事业新局面，谱写人民美好生活新篇章。

---

① 文中所引用数据皆来自国家统计局发布的《新中国成立 70 周年经济社会发展成就系列报告》。

繁荣中国学术　发展中国理论
传播中国思想

70 年来，我国哲学社会科学与时代同发展、与人民齐奋进，在革命、建设和改革的各个历史时期，为党和国家事业作出了独特贡献，积累了宝贵经验。

一　发展历程

——在马克思主义指导下奠基、开创哲学社会科学。新中国哲学社会科学事业，是在马克思主义指导下逐步发展起来的。新中国成立前，哲学社会科学基础薄弱，研究与教学机构规模很小，无法适应新中国经济和文化建设的需要。因此，新中国成立前夕通过的具有临时宪法性质的《中国人民政治协商会议共同纲领》明确提出："提倡用科学的历史观点，研究和解释历史、经济、政治、文化及国际事务，奖励优秀的社会科学著作。"新中国成立后，党中央明确要求："用马列主义的思想原则在全国范围内和全体规模上教育人民，是我们党的一项最基本的政治任务。"经过几年努力，确立了马克思主义在哲学社会科学领域的指导地位。国务院规划委员会制定了1956—1967 年哲学社会科学研究工作远景规划。1956 年，毛泽东同志提出"百花齐放、百家争鸣"，强调"百花齐放、百家争鸣"的方针，"是促进艺术发展和科学进步的方针，是促进中国的社会主义文化繁荣的方针。"在机构设置方面，1955 年中国社会科学院的前身——中国科学院哲学社会科学学部成立，并先后建立了 14 个研究所。马克思主义指导地位的确立，以及科研和教育体系的建立，为新中国哲学社会科学事业的兴起和发展奠定了坚实基础。

——在改革开放新时期恢复、发展壮大哲学社会科学。党的十一届三中全会开启了改革开放新时期，我国哲学社会科学从十年

"文革"的一片荒芜中迎来了繁荣发展的新阶段。邓小平同志强调"科学当然包括社会科学",重申要切实贯彻"双百"方针,强调政治学、法学、社会学以及世界政治的研究需要赶快补课。1977 年,党中央决定在中国科学院哲学社会科学学部的基础上组建中国社会科学院。1982 年,全国哲学社会科学规划座谈会召开,强调我国哲学社会科学事业今后必须有一个大的发展。此后,全国哲学社会科学规划领导小组成立,国家社会科学基金设立并逐年开展课题立项资助工作。进入 21 世纪,党中央始终将哲学社会科学置于重要位置,江泽民同志强调"在认识和改造世界的过程中,哲学社会科学和自然科学同样重要;培养高水平的哲学社会科学家,与培养高水平的自然科学家同样重要;提高全民族的哲学社会科学素质,与提高全民族的自然科学素质同样重要;任用好哲学社会科学人才并充分发挥他们的作用,与任用好自然科学人才并发挥他们的作用同样重要"。《中共中央关于进一步繁荣发展哲学社会科学的意见》等文件发布,有力地推动了哲学社会科学繁荣发展。

——在新时代加快构建中国特色哲学社会科学。党的十八大以来,以习近平同志为核心的党中央高度重视哲学社会科学。2016 年 5 月 17 日,习近平总书记亲自主持哲学社会科学工作座谈会并发表重要讲话,提出加快构建中国特色哲学社会科学的战略任务。2017 年 3 月 5 日,党中央印发《关于加快构建中国特色哲学社会科学的意见》,对加快构建中国特色哲学社会科学作出战略部署。2017 年 5 月 17 日,习近平总书记专门就中国社会科学院建院 40 周年发来贺信,发出了"繁荣中国学术,发展中国理论,传播中国思想"的号召。2019 年 1 月 2 日、4 月 9 日,习近平总书记分别为中国社会科学院中国历史研究院和中国非洲研究院成立发来贺信,为加快构建中国特色哲学社会科学指明了方向,提供了重要遵循。不到两年的时间内,习近平总书记专门为一个研究单位三次发贺信,这充分说明党中央对哲学社会科学的重视前所未有,对哲学社会科学工作者的关怀前所未有。在党中央坚强领导下,广大哲学社会科学工作者增强"四个意识"，坚定"四个自信"，做到"两个维护"，坚持以习近平新时代中国特色社会主义思想为指导，坚持"二为"方向和"双百"方针，以研究我国改革发展稳定重大理论和实践问题为主攻方向，哲学社会科学领域涌现出一批优秀人才和成果。经过不懈努力，我国哲学社会科学事业取得了历史性成就，发生了历史性变革。

二　主要成就

70 年来，在党中央坚强领导和亲切关怀下，我国哲学社会科学取得了重大成就。

马克思主义理论研究宣传不断深入。 新中国成立后，党中央组织广大哲学社会科学工作者系统翻译了《马克思恩格斯全集》《列宁全集》《斯大林全集》等马克思主义经典作家的著作，参与编辑出版《毛泽东选集》《毛泽东文集》《邓小平文选》《江泽民文选》《胡锦涛文选》等一批党和国家重要领导人文选。党的十八大以来，参与编辑出版了《习近平谈治国理政》《干在实处　走在前列》《之江新语》，以及"习近平总书记重要论述摘编"等一批代表马克思主义中国化最新成果的重要文献。将《习近平谈治国理政》、"习近平总书记重要论述摘编"翻译成多国文字，积极对外宣传党的创新理论，为传播中国思想作出了重要贡献。先后成立了一批马克思主义研究院（学院）和"邓小平理论研究中心""中国特色社会主义理论体系研究中心"，党的十九大以后成立了 10 家习近平新时代中国特色社会主义思想研究机构，哲学社会科学研究教学机构在研究阐释党的创新理论，深入研究阐释马克思主义中国化的最新成果，推动马克思主义中国化时代化大众化方面发挥了积极作用。

为党和国家服务能力不断增强。 新中国成立初期，哲学社会科学工作者围绕国家的经济建设，对商品经济、价值规律等重大现实问题进行深入研讨，推出一批重要研究成果。1978 年，哲学社会科学界开展的关于真理标准问题大讨论，推动了全国性的思想解放，为我们党重新确立马克思主义思想路线、为党的十一届三中全会召开作了重要的思想和舆论准备。改革开放以来，哲学社会科学界积极探索中国特色社会主义发展道路，在社会主义市场经济理论、经济体制改革、依法治国、建设社会主义先进文化、生态文明建设等重大问题上，进行了深入研究，积极为党和国家制定政策提供决策咨询建议。党的十八大以来，广大哲学社会科学工作者辛勤耕耘，紧紧围绕统筹推进"五位一体"总体布局、协调推进"四个全面"战略布局，推进国家治理体系和治理能力现代化，构建人类命运共同体和"一带一路"建设等重大理论与实践问题，述学立论、建言献策，推出一批重要成果，很好地发挥了"思想库""智囊团"作用。

学科体系不断健全。新中国成立初期，哲学社会科学的学科设置以历史、语言、考古、经济等学科为主。70 年来，特别是改革开放以来，哲学社会科学的研究领域不断拓展和深化。到目前为止，已形成拥有马克思主义研究、历史学、考古学、哲学、文学、语言学、经济学、法学、社会学、人口学、民族学、宗教学、政治学、新闻学、军事学、教育学、艺术学等 20 多个一级学科、400 多个二级学科的较为完整的学科体系。进入新时代，哲学社会科学界深入贯彻落实习近平总书记"5·17"重要讲话精神，加快构建中国特色哲学社会科学学科体系、学术体系、话语体系。

学术研究成果丰硕。70 年来，广大哲学社会科学工作者辛勤耕耘、积极探索，推出了一批高水平成果，如《殷周金文集成》《中国历史地图集》《中国语言地图集》《中国史稿》《辩证唯物主义原理》《历史唯物主义原理》《政治经济学》《中华大藏经》《中国政治制度通史》《中华文学通史》《中国民族关系史纲要》《现代汉语词典》等。学术论文的数量逐年递增，质量也不断提升。这些学术成果对传承和弘扬中华民族优秀传统文化、推进社会主义先进文化建设、增强文化自信、提高中华文化的"软实力"发挥了重要作用。

对外交流长足发展。70 年来特别是改革开放以来，我国哲学社会科学界对外学术交流与合作的领域不断拓展，规模不断扩大，质量和水平不断提高。目前，我国哲学社会科学对外学术交流遍及世界 100 多个国家和地区，与国外主要研究机构、学术团体、高等院校等建立了经常性的双边交流关系。坚持"请进来"与"走出去"相结合，一方面将高水平的国外学术成果译介到国内，另一方面将能够代表中国哲学社会科学水平的成果推广到世界，讲好中国故事，传播中国声音，提高了我国哲学社会科学的国际影响力。

人才队伍不断壮大。70 年来，我国哲学社会科学研究队伍实现了由少到多、由弱到强的飞跃。新中国成立之初，哲学社会科学人才队伍薄弱。为培养科研人才，中国社会科学院、中国人民大学等一批科研、教育机构相继成立，培养了一批又一批哲学社会科学人才。目前，形成了社会科学院、高等院校、国家政府部门研究机构、党校行政学院和军队五大教研系统，汇聚了 60 万多专业、多类型、多层次的人才。这样一支规模宏大的哲学社会科学人才队伍，为实现我国哲学社会科学建设目标和任务提供了有力人才支撑。

三　重要启示

70 年来，我国哲学社会科学在取得巨大成绩的同时，也积累了宝贵经验，给我们以重要启示。

坚定不移地以马克思主义为指导。马克思主义是科学的理论、人民的理论、实践的理论、不断发展的开放的理论。坚持以马克思主义为指导，是当代中国哲学社会科学区别于其他哲学社会科学的根本标志。习近平新时代中国特色社会主义思想是马克思主义中国化的最新成果，是当代中国马克思主义、21 世纪马克思主义，要将这一重要思想贯穿哲学社会科学各学科各领域，切实转化为广大哲学社会科学工作者清醒的理论自觉、坚定的政治信念、科学的思维方法。要不断推进马克思主义中国化时代化大众化，奋力书写研究阐发当代中国马克思主义、21 世纪马克思主义的理论学术经典。

坚定不移地践行为人民做学问的理念。为什么人的问题是哲学社会科学研究的根本性、原则性问题。哲学社会科学研究必须搞清楚为谁著书、为谁立说，是为少数人服务还是为绝大多数人服务的问题。脱离了人民，哲学社会科学就不会有吸引力、感染力、影响力、生命力。我国广大哲学社会科学工作者要坚持人民是历史创造者的观点，树立为人民做学问的理想，尊重人民主体地位，聚焦人民实践创造，自觉把个人学术追求同国家和民族发展紧紧联系在一起，努力多出经得起实践、人民、历史检验的研究成果。

坚定不移地以研究回答新时代重大理论和现实问题为主攻方向。习近平总书记反复强调："当代中国的伟大社会变革，不是简单延续我国历史文化的母版，不是简单套用马克思主义经典作家设想的模板，不是其他国家社会主义实践的再版，也不是国外现代化发展的翻版，不可能找到现成的教科书。"哲学社会科学研究，必须立足中国实际，以我们正在做的事情为中心，把研究回答新时代重大理论和现实问题作为主攻方向，从当代中国伟大社会变革中挖掘新材料，发现新问题，提出新观点，构建有学理性的新理论，推出有思想穿透力的精品力作，更好服务于党和国家科学决策，服务于建设社会主义现代化强国，实现中华民族伟大复兴的伟大实践。

坚定不移地加快构建中国特色哲学社会科学"三大体系"。加快构建中国特色哲学社会科学学科体系、学术体系、话语体系，是习近平总书记和党中央提出的战略任务和要求，是新时代我国哲学社会科学事业的崇高使命。要按照立足中国、借鉴国外，挖掘历史、把握当代，关怀人类、面向未来的思路，体现继承性、民族性，原创性、时代性，系统性、专业性的要求，着力构建中国特色哲学社会科学。要着力提升原创能力和水平，立足中国特色社会主义伟大实践，坚持不忘本来、吸收外来、面向未来，善于融通古今中外各种资源，不断推进学科体系、学术体系、话语体系建设创新，构建一个全方位、全领域、全要素的哲学社会科学体系。

坚定不移地全面贯彻"百花齐放、百家争鸣"方针。"百花齐放、百家争鸣"是促进我国哲学社会科学发展的重要方针。贯彻"双百方针"，做到尊重差异、包容多样，鼓励探索、宽容失误，提倡开展平等、健康、活泼和充分说理的学术争鸣，提倡不同学术观点、不同风格学派的交流互鉴。正确区分学术问题和政治问题的界限，对政治原则问题，要旗帜鲜明、立场坚定，敢于斗争、善于交锋；对学术问题，要按照学术规律来对待，不能搞简单化，要发扬民主、相互切磋，营造良好的学术环境。

坚定不移地加强和改善党对哲学社会科学的全面领导。哲学社会科学事业是党和人民的重要事业，哲学社会科学战线是党和人民的重要战线。党对哲学社会科学的全面领导，是我国哲学社会科学事业不断发展壮大的根本保证。加快构建中国特色哲学社会科学，必须坚持和加强党的领导。只有加强和改善党的领导，才能确保哲学社会科学正确的政治方向、学术导向和价值取向；才能不断深化对共产党执政规律、社会主义建设规律、人类社会发展规律的认识，不断开辟当代中国马克思主义、21世纪马克思主义新境界。

《庆祝中华人民共和国成立70周年书系》坚持正确的政治方向和学术导向，力求客观、详实，系统回顾总结新中国成立70年来在政治、经济、社会、法治、民族、生态、外交等方面所取得的巨大成就，系统梳理我国哲学社会科学重要学科发展的历程、成就和经验。书系秉持历史与现实、理论与实践相结合的原则，编撰内容丰富、覆盖面广，分设了国家建设和学科发展两个系列，前者侧重对新中国70年国家发展建设的主要领域进行研究总结；后者侧重对哲学社会科学若干主要学科70年的发展历史进行回顾梳理，结合中国社会科学院特点，学科选择主要按照学部进行划分，同一学部内学科差异较大者单列。书系为新中国成立70年而作，希望新中国成立80年、90年、100年时能够接续编写下去，成为中国社会科学院学者向共和国生日献礼的精品工程。

是为序。

目　　录

第一章　导论 ……………………………………………………………（1）

第一节　中国法学初创时期（1949—1978）…………………………（1）

第二节　中国法学复兴时期（1978—1992）…………………………（6）

第三节　中国法学繁荣时期（1992—2012）…………………………（11）

第四节　中国法学融整时期（2012—2019）…………………………（16）

第二章　顺应时代发展的法理学………………………………………（23）

第一节　国家与法的理论………………………………………………（25）

第二节　法学基础理论…………………………………………………（31）

第三节　法理学…………………………………………………………（38）

第四节　现代化进程中的法理学………………………………………（47）

第三章　鉴古识今的中国法制史学……………………………………（51）

第一节　法制史学发展概述……………………………………………（51）

第二节　改革开放前的法制史学（1949—1977）……………………（54）

第三节　法制史学的恢复与发展（1978—1992）……………………（60）

第四节　法制史学的复兴与崛起（1992—2019）……………………（65）

第五节　法制史学展望…………………………………………………（77）

第四章　建构依宪治国理念与理论的宪法学…………………………（80）

第一节　宪法学发展以改革开放为分水岭……………………………（80）

第二节　宪法学方法的分化与争论……………………………（83）

第三节　基本范畴与理念体系的变迁……………………………（90）

第四节　宪法学展望………………………………………………（111）

第五章　旨在依法行政的行政法学………………………………（114）

第一节　行政法学的萌芽（1949—1978）……………………（115）

第二节　行政法学的新生（1978—1989）……………………（116）

第三节　行政法学的繁荣（1989—2012）……………………（123）

第四节　新时代的行政法学（2012—2019）…………………（135）

第五节　行政法学展望……………………………………………（148）

第六章　与社会发展同行的刑法学………………………………（151）

第一节　刑法起草与刑法学的起步（1949—1978）…………（151）

第二节　刑法学的复苏与繁荣（1978—1997）………………（157）

第三节　刑法修改与刑法学的现代化（1997—2012）………（163）

第四节　新时代的刑法学研究与理论自觉
（2012—2019）……………………………………………（168）

第七章　追求程序正义的刑事诉讼法学…………………………（180）

第一节　刑事诉讼法学的发展阶段………………………………（180）

第二节　刑事诉讼基础理论研究…………………………………（187）

第三节　刑事诉讼基本制度研究…………………………………（194）

第四节　刑事诉讼主要程序研究…………………………………（199）

第五节　刑事证据法学研究………………………………………（204）

第六节　刑事诉讼法学展望………………………………………（213）

第八章　在法理与技术之间优化的民事诉讼法学………………（221）

第一节　民事诉讼法学的发展概述………………………………（221）

第二节　初创时期的民事诉讼法学………………………………（227）

第三节　改革开放后的民事诉讼法学 ……………………（231）

第四节　新时代的民事诉讼法学 ……………………………（240）

第五节　民事诉讼法学展望 …………………………………（248）

第九章　为权利张扬的民法学 ………………………………（255）

第一节　民法学的萌芽期（1949—1978） ………………（255）

第二节　民法学的形成期（1978—1986） ………………（259）

第三节　民法学的成熟期（1986—2012） ………………（263）

第四节　民法学的繁荣期（2012—2019） ………………（277）

第五节　民法学 70 年的总结与展望………………………（289）

第十章　和谐时代的婚姻家庭法学 …………………………（292）

第一节　婚姻家庭法学发展概述 …………………………（292）

第二节　成为时代异数的婚姻家庭法学（1949—1978） ……（295）

第三节　改革开放年代的婚姻家庭法学

（1978—1992） ……………………………（300）

第四节　回归民法后的婚姻家庭法学（1992—2012） ………（306）

第五节　民法典编撰中的婚姻家庭法学（2012—2019） ……（315）

第六节　婚姻家庭法学展望 ………………………………（323）

第十一章　助推市场经济发展的商法学 ……………………（326）

第一节　商法学的艰难孕育阶段（1949—1978） ………（327）

第二节　商法学的萌芽初创阶段（1978—1992） ………（329）

第三节　商法学的迅速成长阶段（1992—2002） ………（333）

第四节　商法学的发展完善阶段（2002—2012） ………（340）

第五节　商法学的创新突破阶段（2012—2019） ………（345）

第六节　商法学展望 ………………………………………（351）

第十二章　不断变革与创新的经济法学 ·················（357）
　　第一节　改革开放前经济法学的萌生（1949—1978）·········（357）
　　第二节　经济法学的蓬勃兴起（1978—1992）··········（360）
　　第三节　经济法学的理性繁荣（1992—2012）··········（372）
　　第四节　新时代的经济法学（2012—2019）·············（383）

第十三章　激励与保障创新的知识产权法学 ·············（392）
　　第一节　知识产权法学概述 ·················（392）
　　第二节　伴随改革开放产生发展的知识产权法学
　　　　　　（1978—2000）·····················（394）
　　第三节　知识经济时代知识产权法学的多维度研究
　　　　　　（2000—2008）·····················（396）
　　第四节　创新型国家建设进程中知识产权法学的
　　　　　　演进（2008—2019）················（399）
　　第五节　知识产权法学展望 ·················（408）

第十四章　致力于社会建设的社会法学 ···············（413）
　　第一节　社会法学萌芽阶段（1949—1978）···········（413）
　　第二节　社会法学探索阶段（1978—1992）···········（415）
　　第三节　社会法学繁荣阶段（1992—2012）···········（418）
　　第四节　社会法学成熟阶段（2012—2019）···········（427）
　　第五节　社会法学的自省与展望 ·············（437）

第十五章　由环境法学转型发展的生态法学 ·············（440）
　　第一节　起步与拓荒：早期环境法学的创立与发展 ·······（441）
　　第二节　摸索与探寻：环境法学发展的新坐标与新维度·······（446）
　　第三节　争鸣与内省：环境法学向生态法学转型发展·······（450）
　　第四节　回应与展望：环境法学向生态法学发展转型·······（455）

第十六章　与时俱进的国际法学 ……………………………………（461）

　第一节　国际法学的艰难初创（1949—1977）……………………（462）

　第二节　改革开放与国际法学的新发展（1978—2012）……（466）

　第三节　新时代的国际法学（2012—2019）……………………（483）

参考文献 …………………………………………………………………（496）

后　记 ……………………………………………………………………（505）

第 一 章

导　　论

中华人民共和国成立 70 年来，如同中国特色社会主义法治建设之路蜿蜒前行而终至康庄辉煌，中国法学研究之圃亦蔓延蓬勃而于今卓然大观。回顾中国法学的发展历史，其明显可以划分为四个阶段：第一阶段是中国法学初创时期，起止时间为 1949 年至 1978 年；第二阶段是中国法学复兴时期，起止时间为 1978 年至 1992 年；第三阶段是中国法学繁荣时期，起止时间为 1992 年至 2012 年；第四阶段是中国法学融整时期，起始时间为 2012 年，而当下仍处于这一时期。中国法学发展至今，已然构成内涵极为丰富、结构相当严谨、表达卓有特色的知识体系，其内容及形成过程，既有贯穿始终、居中不变的本质规定，也有因势而为、应时而用的时代表达。

第一节　中国法学初创时期（1949—1978）

对于中国法学的初创时期，我们选择了 1949 年与 1978 年作为起止点。1949 年是中华人民共和国成立的年份，中国社会政治生活中重要的一切（包括法学）开启了崭新的一页，于是，中国法学的一切开始与此前截然不同；1978 年则是中国改革开放起始的年份，有中国特色社会主义道路由此张旗延展，于是，中国法学的一切又开始与此前显然不同。随着改革开放事业和社会主义法治事业的拓展，中国法学走向一条标识时代而又彰显特色的康庄之路。

严格就中国法学的存在形态与流变过程而言，实际上并不容易作截然清晰地阶段划分，因为中国法学体系各个部分的嬗变动因并不是缘于一由，其发展节奏也不是并进划一。但是从中华人民共和国 70 年来中国法学整体发展的整个历史过程来看，恐怕再没有更好的年份来作为这一时期法学发展阶段的起止划分标志了。因为 1949 年成立的新中国和 1978 年开始的改革开放，不仅历史性地改变着中国整体的观念趋向、政策取向与社会走向，也历史性地改变着中国法学的存在基础、生成条件、功能时空与发展机制。

当然，所谓"中国法学初创时期的起止年限"，只是一个学理意义上的阶段分期，因历史事实和学术发展的连续性与关联性，有关中国法学发展历程的叙述或可溢出这一时期的分界之外。例如，就宪法学上的社会背景描述而言，《中国人民政治协商会议共同纲领》制定时的制度观念形成，实际上风起于 1949 年之前；就法理学上的知识谱系叙述而言，苏联法学对中国法学形成中的理论影响余波，实际上未靖于 1978 年之后。

当从法学史的视角浏览 1949 年至 1978 年的岁月时，似乎只能从遗存的历史篇章中引发喟然浩叹。新中国伊始即彻底废除旧法的政治决策是正确的，但却连带彻底涂销了旧法学体系的知识痕迹，而新法学却未及时建立以置换旧法学湮灭而余的知识体系空间。社会政治生活中，法律渐行渐远以至式微，甚而"文化大革命"时期"以阶级斗争为纲"一统意识形态天下；社会经济生活中，高度集中统一的计划经济体制主导经济运行机制，在本质上排斥法律机制的介入与运作。在这种国家治理模式与社会运行机制下，法学既无制度形态的法律体系得以附丽，亦无观念形态的知识体系得以容纳。

然而这只是总体概况，其实不尽其然。尽管"以阶级斗争为纲"的政治运行机制和高度集中统一的计划经济体制主导了国家治理与社会运行，但是法律机制也在当时社会或多或少、或强或弱地发挥功能，因而也给法学的存在与发展造就了些许空隙与机缘。首先，国家治理的重要特征就是存在法律机制，即使在改革开放之前以政治运动主导的治理模式下，宪法也保持了形式上的文本存在，而且像婚姻法还一直在发挥作用并可称为"异数"般的制度存在，还有一些必要的以法律形式出现的社会管理规范，如《契税暂行条例》《治安管理处罚条例》等。其次，随着社会政治气候变化而变化的制度性建设力度也时强时弱、时起时伏。例如，在20世纪50年代初，民法典起草、刑法起草等立法工作即得以展开并取得初步成果，但到了50年代后期却因故截止；在60年代初，民法典起草、刑法起草等立法工作又再度启动，但到"文化大革命"时又戛然而止。熟悉那段历史的人当然知道这种制度发展的节奏与当时的政治经济形势密切关联，但毕竟时而重视的法制建设需要法学知识与理论的支撑，这为当时法学提供了一息尚存的实践契机。再次，为满足制度实践的需要，尽管法学是在国家与法的理论体系中潜隐性地存在，但还是有人孜孜以求地注释或解说当时的施行法律法规，还是有人孜孜不倦地传介或阐释苏联的法学理论，勤勤恳恳地从事法学教育工作。这些先辈的不懈努力确保了中国法学的薪火相传。总的来看，这一时期中国法学的存在状态与流变轨迹，明显呈现出的是一条下行曲线，但终归不绝如缕，而在改革开放之期得以迅速盎然上行。

在这一时期，法律工具主义与法律虚无主义交替盛行，直接决定了法学理论的艰难存在。可以说，在法律工具主义与法律虚无主义交替盛行的社会环境中，不可能形成真正的法学，因为法律工具主义使法学庸俗，法律虚无主义使法学无着。然而，无论是在治国理念层面还是在政策选择层面，人治观倒是始终备受推崇。"往往把领导人说的话当作'法'，不赞成领导人说的话就叫作'违法'，领导人的话改变了，'法'也就跟着改变。"①

在这一时期，中国的法学并没有成为独立的知识体系。当时中

---

① 《邓小平文选》第2卷，人民出版社1994年版，第146页。

国法学的存在状态，是以"独立性的双重缺乏"为特征的。其一，在知识体系上，这一时期的法学只是政治学的附庸，是在国家与法的理论笼罩下有关国家学说的旁枝理论，法学只是对法律这一政治学现象的一种解说。改革开放之前的法学被称为"政法法学"，其实是以政治理论为主导，政治理论统率法学理论。[①] 其二，在知识来源上，这一时期的中国法学对苏联法学理论过度依赖。从法学概念的界定、法学体系的建构、法律机制的认识，到用法学指导法制实践的方法，以及传递这些法学理论的物质载体转换，无不承继于苏联。例如在中华人民共和国成立后的前十年间共出版 165 种法学译作，基本上都是苏联的法学著作和教科书。[②] 其原因在于，当时的中国理论界还缺乏直接从马克思主义出发独立阐释社会主义法律观的能力，只能在继受苏联法学理论的过程中，接受了经过苏联学者在先阐释的已经教条化且有偏颇性的法律理论。苏联法学在这一时期对中国法学的观念性影响至深至久，即使后来中苏交恶，也只是除去了理论表面上的苏联标签，而就理论实质上仍相沿于一辙。客观地说，中国法学界对苏联法学理论的继受，多少也是有选择性的，例如对于苏联的经济法理论就引进甚少，个中缘由值得分析，盖因我国的计划经济体制自始就排斥法律机制的介入，以致当时就已经没有经济法理论的置喙余地。

　　在这一时期，作为中国法学据以阐释的核心理论主线，是"以阶级斗争为纲"的政治观念与国家理论。如同法律被看作用于阶级斗争的政治工具，法学亦被看作是阶级斗争理论的延伸。当阶级性成为法律的本质属性时，阶级斗争理论也成为法学的核心理论以及法学研究展开的逻辑基石。因此，"法学的立论、推论、结论、结

---

　　① 张文显主编、黄文艺副主编：《中国高校哲学社会科学发展报告·法学（1978—2008）》，广西师范大学出版社 2008 年版，第 4 页。

　　② 参见张友渔主编、王叔文副主编《中国法学四十年（1949—1989）》，上海人民出版社 1989 年版，第 5 页。

构、体系，对法律资料和法学文献的收集、分析、使用，以至行文方式和语言，无不围绕着'阶级性'这个中轴旋转，法学实际上成了'阶级斗争学'。……把'阶级性'置于法学基石范畴的位置，作为法学的参照系或观念模式，必然使法学丧失其作为一门独立学科的资格和地位。"① 法律现象被理解为完全是阶级斗争的反映并用阶级斗争学说予以解释，法律功能被理解为完全是阶级斗争的工具并以阶级斗争方法予以取舍，法学研究当然完全是为阶级斗争服务的理论活动。而当"文化大革命"中不再需要法律作为阶级斗争工具时，法学也就被冷落到偏僻的社会角落。

然而，从这一时期中国法学的形成与流变中，如果仅仅是得出负面的评价和批判性的结论，那同样是片面而有失公允的。当时的中国社会缺乏社会主义法治的实践经验，也缺乏社会主义法学的理论准备，而苏联的法制实践是社会主义法律的最近经验，苏联的法学理论是马克思主义法律观的最新阐释，因此，继受苏联法学理论是中国当时最合理便捷的选择，问题只是在于，继受苏联法学理论时丧失了中国法学的自觉意识与批判精神。还应当承认，在没有经验的情况下进行社会主义法制建设，弯路与挫折也在所难免，问题却是在于，社会主义法制建设的弯路与挫折何以如此巨大且如此持久。最先开始总结这一时期的中国法制经验与教训的人，最先开始反思这一时期的中国法学成果与缺陷的人，正是历经这一时期社会风云、政治波涛的那些法律工作者与法学研究者，如中国法学会在新时代评选出的 35 位"全国杰出资深法学家"就是这一群体的代表者。

尽管经历挫折与磨难，中国法学的思想脉络仍然不绝如缕，追寻社会主义法治的思考仍如漫夜渔火。当代中国法学的基本理论主导思想，至今存在于法学知识体系中的许多概念方法，日后发挥重

---

① 张文显：《论法学的范畴意识、范畴体系与基石范畴》，《法学研究》1991 年第 3 期。

要作用的法学领军人才，改革开放后法学队伍快速地恢复建制，法学知识传承得以及时接续，以及中国法学研究迅速地规模化展开，如此等等，都有所凭借这一时期的积淀之功与陶冶之力。对于这一时期那些勇于深入探索、坚持独立思考的法学研究者，以及他们为中国法学的理论积累与学术传承所做出的贡献，我们应当永远持有充分的专业敬仰与学术敬意。

第二节　中国法学复兴时期（1978—1992）

对于中国法学复兴时期，我们选择了 1978 年与 1992 年作为起止点。1978 年是中国历史上一个极为重要的转折点，也是中国法学史上一个极为重要的转折点。党的十一届三中全会之后，党和国家在指导思想上实现拨乱反正，党和国家的工作重点转移到社会主义现代化建设上来。尤为重要的是，法制在国家与社会治理机制中的重要性被充分认识，社会主义法制观开始沿着正确方向形成与发展。十一届三中全会公报这样写道："为了保障人民民主，必须加强社会主义法制，使民主制度化、法律化，使这种制度和法律具有稳定性、连续性和极大的权威，做到有法可依，有法必依，执法必严，违法必究。"中国特色社会主义法制观的核心要义于此确立。在依据十一届三中全会精神所重新建构的社会观念体系和制度环境中，中国法学获得了独立存在的现实条件和迅速发展繁荣的历史机遇。有学者认为，即使在十一届三中全会以后的最初十年间，中国法学就已经取得了大大超过十一届三中全会前三十年的成就。[1] 当然，这是以中国法学的整体发展态势来确定这一时期的始点，不同部门法学或有其独自的更有专业依据的发展阶段划分。例如，从事刑法研究的学

---

[1]　张友渔主编、王叔文副主编：《中国法学四十年（1949—1989）》，上海人民出版社 1989 年版，第 1 页。

者们，更愿意以"七九刑法"颁布之 1979 年作为中国刑法学复苏的起始；而宪法研究的学者们，则更愿意以"八二宪法"颁布之 1982 年作为中国宪法学新兴的肇端。以 1992 年作为这一时期的终点，其原因是在这一年，社会主义市场经济体制在国家政策上得以确立，并随即以宪法形式予以确认。社会主义市场经济体制的确立，不仅是经济运行机制与管理模式的变化，也是社会观念形态、运行机制与治理模式的变化。中国法学在这样的变化中，得到更为尖锐更为深刻的观念追问与更为自觉更为厚重的理论升华，凭此将在 1992 年之后开出一片更新的天地。

　　这一时期中国法学最为重要的发展，就是中国法学获得了"双重独立"，渐次成为一个独立的理论体系和一门独立的专业学科。一方面，中国法学摆脱了对苏联法学的理论依赖，学术自主自信的基因由此突变而繁衍。虽然苏联法学理论遗存的概念体系、观念内涵和思维方法，仍在不同程度地发挥影响，甚至在这一时期的初始阶段，苏联法学理论还是某些法学分支学科研究与讨论的主要理论武器和知识来源。但是从发展趋向和总体态势上看，中国法学已经不再唯苏联法学理论马首是瞻，而是面向中国、面向世界、面向现实、面向实践，开始走中国法学自己的发展道路。另一方面，国家与法的理论开始被法学基础理论所取代，中国的法学不再是国家学说的一个分支或附庸，而是独立于政治学的一个理论体系与专业学科。法学作为一个具有学科独立性的知识体系，对于中国法学的发展与繁荣具有革命性的意义。法学研究对象从"国家与法"转变成为"法"，其研究对象的明确化、特定化，为法学知识的专门化与体系化（包括概念生成、术语界定、范畴确定、理论衍化、学科建构等），确立了逻辑原点、推演路径、展开范围、研究范式与表达方式，中国法学才由此具有据以生长繁荣的学科基石、知识体系和理论空间。法学从国家与法的理论格局中独立出来，并不是一个简单的一蹴而就的观念分离过程，而是在法学自身的艰苦建设过程中成就了法学的独立知识体系。因而在这一时期，有关法学研究对象、法学基本范畴和法学基本方法等诸多的研究讨论中,"国家与法的理论"的科学内涵与表达价值还在,但也逐渐转变成为"法学基础理论"的部分内涵,再进而发展成为"法理学"的部分内涵,中国法学界逐渐学会以专门的"法言法语"表达法学思维内容、过程及其结果。法律从国家理论中独立出来,当然有政治性因素的影响或助力,但更为根本的还是基于中国法学发展的自觉意识和自身逻辑。

这一时期中国法学的另一个重要而深刻的变化,就是"以阶级斗争为纲"失去了法学理论核心地位。党在十一届三中全会上毅然抛弃"以阶级斗争为纲"这个不适用于社会主义社会的"左"的错误方针,把党和国家的工作中心转移到经济建设上来,这是政治路线的拨乱反正。[①] 但由于"以阶级斗争为纲"理念对中国法学的影响至深至广,以致当"以阶级斗争为纲"被政治所抛弃时,中国法学一度失去了学术重心。随着法学领域有关法的阶级性的讨论展开与研究深化,特别是在法的阶级性与继承性、法的阶级性与人民性或社会性等问题上的理论突破,中国法学界逐渐明晰了法的阶级性与法的其他属性之间的关系,摆脱了"以阶级斗争为纲"的理论桎梏,脱离了"以阶级斗争为纲"的基本研究范式,不仅在法学基础理论或法理学的研究中确立了不再"以阶级斗争为纲"的法学概念体系、对象范畴与研究范式,也在这一时期相对成熟的法学专业领域诸如法制史学、宪法学、刑法学、民法学、婚姻法学、环保法学等学科,建构了不再"以阶级斗争为纲"的符合各专业特点与研究需要的知识体系与研究范式,特别是以权利为本位的分析研究范式。

这一时期中国法学发展的最大机制性特点,是实现了法学研究

---

① 参见江泽民《加快改革开放和现代化建设步伐,夺取有中国特色社会主义事业的更大胜利——在中国共产党第十四次全国代表大会上的报告》(1992 年 10 月 12 日),人民出版社 1992 年版。

的百花齐放、百家争鸣，由此形成了中国法学界浓郁的学术氛围。许多法学上基本的和重大的理论问题得以深入讨论，往往形成了吸引整个法学界学术注意力的理论热点。诸如在法理学方面，关于法的本质、法学研究对象、法学基本概念与范畴、法的阶级性与继承性、人治与法治关系、法律面前人人平等、权利本位等问题的讨论；在宪法学方面，关于宪法的本质特征、政体与人民代表大会制度等问题的讨论；在刑法学方面，关于刑法的基本理论、刑法上的因果关系等问题的讨论；在民法学方面，关于民法地位与功能、民法与经济法之间的关系、国家所有权与国有企业财产权、社会主义婚姻基础等问题的讨论；在经济法学方面，关于经济法的定性与范围、国有企业法律地位与管理模式等问题的讨论；还有在行政法学方面关于行政法本质的讨论，诉讼法学方面关于人民法院依法独立审判等问题的讨论，等等。

法学界关于重大法学理论问题的讨论，对中国法学知识体系的形成与发展起了巨大的推动作用，并具有鲜明的时代特点。其一，绝大多数的讨论都最终形成了学界共识，对中国的法学发展与法治建设，起到了极大的推动或促进作用。但也有极少数问题的讨论，起初轰轰烈烈一场，最终却未达共识而渐无声息，或者由立法选择或政策变动自然地终止学界的相关讨论。其二，在当时法学问题的讨论中，政治上的拨乱反正与学术上的去伪存真往往交织在一起。这充分体现了法学的发展要服务于现实需要的学术责任属性，并且绝大多数法学问题的讨论起到了促进经济体制改革和法制建设的积极作用。但或许是思维惯性所致，为法学问题讨论乱插政治标签的现象也时有出现。其三，这一时期的法学理论热点纷呈，时常整个法学界都关注同一热点问题。例如对法的阶级性问题、法律面前人人平等问题，法理学、宪法学、刑法学、民法学、环境法学等领域都对此展开了讨论。这一方面反映出当时的法学界参与重大理论问题讨论的学术热情高涨，旨在解决原理性问题的学术责任感强烈。但另一方面也反映出中国法学理论体系初创时期的特点，即大量的基本理论问题尚待解决。其四，这一时期的法学研究中，作为论据的理论来源较为集中，论述方法也相对简要，常以宏大话语讨论法学基本问题。另外，哲学、政治学、政治经济学的概念与方法，经常被引入法学问题的讨论过程中。这一方面，增强了当时法学理论问题讨论时的论证力度，丰富了法学研究的方法；但另一方面，由于哲学、政治学、政治经济学与法学之间存在着的基本假定和概念界定上的差异，一些忽略了这些差异的讨论其实是在不同的假定前提下和概念体系中固执地进行，以致形成了法学讨论中的"自说自话"或"各说各话"现象。

在这一时期中国法学界的共同努力下，学科建设持续取得进展。在中国法学获得"双重独立"后，法理学、宪法学、行政法学、刑法学、民法学、经济法学、诉讼法学、环境法学等学科分野渐次清晰，各个学科都快速通过原理生成和体系建构阶段，迅速拓展该学科的广度与深度。而且在当时，许多学者在专业领域的自我设限心态不是那么强烈，经常参与不同法学分支学科的理论研究与学术讨论，极大地活跃了法学界的学术气氛并丰富了法学理论研究成果。但是在另一方面，独立建构法学分支学科的坚韧努力也一直存在，学者讲哪个法律的课或写哪个法律的文章动辄声称该法是"独立的法律部门"，仿佛不如此不足以彰显该法的重要性以及学者自己研究领域的重要性。而且研究范式与论证方式相对简要，"调整对象""调整方法"和"适用范围"成为论证得以构成独立部门法或相应独立学科的"三大法宝"。起始于这一时期的法学分支学科划分，到如今更为明显以至于森严，这虽然有利于各个法学分支学科的深入发展，但在另一方面也产生了"学术圈地"的负面后果：不同法学分支学科之间的理论交流日渐稀少，一个法学专业的学者对其他法学专业的术语日益生疏，以致法学界内部不同专业间的学术对话渐次隔绝，这种局面或许会使日后的法学界逐渐丧失对基本理论或重大理论的创新能力。

第三节 中国法学繁荣时期(1992—2012)

对于中国法学繁荣时期，我们选择了1992年与2012年作为起止点。1992年是中国社会主义建设史上一个极为重要的年份，在1992年10月举行党的十四大上明确提出，我国经济体制改革的目标是建立社会主义市场经济体制，以利于进一步解放和发展生产力。[①]1993年宪法修正案规定，"国家实行社会主义市场经济"，以根本大法形式确立了社会主义市场经济体制。2012年召开的党的十八大，标志着中国特色社会主义进入新时代，中国特色社会主义法治体系及其重要构成中国法学知识体系于此万象更新，因而2012年作为这一时期的阶段划分点。

社会主义市场经济体制的确立，其所改变的绝不限于经济领域，中国社会的各个方面都因此发生了巨大变化，法治领域因之而发生的变化尤为明显而巨大，中国法学因之有了更为艰巨的理论支撑任务和更为广阔的学术探究领域。但如果认为社会主义市场经济体制的确立只是使法学研究对象的范畴转型与范围扩大，如民商法学因市场经济法律体系的构建而获得发展机遇，那只是部分地甚至是表面地看待社会主义市场经济对中国法学的形塑与推动。社会主义市场经济体制对于中国法学的影响发生于两个层面，一个是对象性层面，另一个是主体性层面。在对象性层面，社会主义市场经济体制的确立要求相应地建构社会主义市场经济法律体系，构成这一法律体系的各个法律以及这一体系本身，都是与以往法律体系相比全新的存在。因此，以中国特色社会主义市场经济法律体系作为研究对

---

① 参见江泽民《加快改革开放和现代化建设步伐，夺取有中国特色社会主义事业的更大胜利——在中国共产党第十四次全国代表大会上的报告》（1992年10月12日），人民出版社1992年版。

象，为中国法学打开了前所未有的学术视野与科研领域，中国的法学体系因此而急剧扩张。在主体性层面，社会主义市场经济体制蕴含的基本理念、基本原则和运行特点，可以构成法学研究主体的内在素质和外在环境。例如，市场主体自主与学术主体自立之间，意思自治原则与学术自由之间，自己责任原则与文责自负之间，诚实信用原则与学术伦理之间，实际上存在观念相通及素质养成的动态关系。因此，社会主义市场经济体制及其运行机制与效果，对中国法学研究的主体与环境，具有强大而持久的观念影响力和学术塑造力。尽管这一体制机制的运行效果也存在一定程度的负面表现，如急功近利、崇尚交易甚至金钱衡量等，但社会主义市场经济对中国法学的繁荣发展具有巨大的建构作用和促进作用，这仍是有把握做出的肯定性结论。

这一时期中国法学发展的总体态势可以用巨大进步和持续繁荣来形容。其一，中国法学的体系化建构在这一时期得以基本完成。以学科分解、衍生、新设和组合等多种建构机制，使中国法学形成了由基本的二级学科、众多的三级学科和许多边缘交叉学科组成的学科体系，并以学科分支体系作为基干，建构了由不同分支学科知识体系构成的庞大法学理论体系。其二，这一时期的法学研究成果产出量十分巨大，研究主体、研究选题、研究成果等在总体上呈现出爆发式增长。特别是，随着法治建设的不断深入及其法学知识需求的不断扩大，法学研究成果形式呈多样化，理论研究指向多级化。法学研究者在注重学科基础理论研究的同时，也注重法制领域的建言献策，基本上实现了各学科的基础理论研究和应用对策研究的平衡发展。其三，这一时期的法学研究范式丰富，既有追求应用价值的注释法学，也有追求理论建构价值的理论法学。而且法学研究的选题越来越精细化，开始向更抽象和更具体的两端寻求，处于中间层次的概论式综合性的法学知识叙述，已经让渡给教材编写而基本退出研究领域。其四，法学教育事业迅速发展，培养了大量的法律实用人才和法学研究人才，扩大了法学理论的社会功能转化能力，其不断扩充的师资队伍也是法学研究的主要力量。其五，中国法学界的对外交流，包括著述转译、人员互访、学术会议等形式，已然成为法学界学术交流的常态化手段。到了 2011 年宣布"中国特色社会主义法律体系已经形成"时，实际上也是对日渐繁荣、日益有效的中国法学的知识生成机制和人才培养机制的充分肯定，因为法学知识体系是法治体系的理论支撑，而法治人才体系则是法治运行机制的有机构成。

　　此前的法学研究范式往往表现在紧跟着法律与政策变化来确定学术选题，解释法律与解说政策是法学研究的主要任务。而在这一时期，中国法学已经不再只跟在现实状态后面亦步亦趋地满足于学理解说，而是通过社会观察、事理分析、理论阐发为法治实践提供理论基础与学说先导，充分发挥理论先行的应有学术功能，推进中国的法治实践不断进展。例如在社会主义市场经济体制确立之后，中国社会科学院法学研究所的学者敏锐地从规律性研究出发，系统深入地分析研究了市场经济体制与法律机制的关系，提出了建设社会主义市场经济法律体系的建议①，这不仅形成了当时法学界一个重要的理论热点，也有力地推动了我国市场经济法制建设。再如在 1996 年，《法学研究》刊发《论依法治国》一文，对依法治国的意义、条件、观念等作了提纲挈领地阐述②；中国社会科学院法学研究所也召开了"依法治国，建设社会主义法治国家"学术研讨会，学者们就"法制"与"法治"、"以法治国"与"依法治国"、"形式法治"与"实质法治"等，作了进一步地广泛讨论。③ 这种倡扬依法治国的理论先声，促进了"依法治国，建设社会主义法治国家"

———————

　　① 中国社会科学院法学研究所课题组：《建立社会主义市场经济法律体系的理论思考和对策建议》，《法学研究》1993 年第 6 期。

　　② 参见王家福、刘海年、刘瀚、李步云、梁慧星、肖贤富《论依法治国》，《法学研究》1996 年第 2 期。

　　③ 《依法治国，建设社会主义法治国家学术研讨会纪要》，《法学研究》1996 年第 3 期。

这一基本方略的形成。在这一时期，这种以法学研究促进法制建设的例子不胜枚举，诸如权利本位、人权研究、依法执政、罪刑法定、政府信息公开、程序正义、司法公正等理论问题的研究，都直接或间接地成为那个领域法律完善的理论先导。以功能设计与规范建构为路径的立法论研究范式在法学研究中占据优势地位，其为我国法律体系迅速而有效地建构提供了丰厚的理论支持和材料基础，但也导致某种程度上"法学跟着立法走"的学术选择能力降低，"法学创新等于立法建议""立法采纳等于观点正确"的实用主义学术评价观。①

这一时期，中国法学界参与法治实践的意识前所未有地增强，法学研究者以多种途径参与立法实践活动与法制宣传活动。就参与立法实践活动而言，法学研究者的参与路径大概包括：直接成为某个法律的起草组成员；组织撰写某个法律的学者建议稿，以作为立法机关的参考；参加立法机关组织的法律草案论证会；具体为某个法律或法律草案提供立法建议；提出一种理论见解，间接影响立法机关的政策选择。就参与法治宣传活动而言，法学研究者的参与形式大概包括：接受某个机关单位的组织或委托，进行法治宣讲；在学术团体或本单位的组织下，参与法治宣传活动。法学研究者参与法治宣传，有利于普及社会主义法治理念，实现法学理论的社会价值和法学研究者的社会责任。

在这一时期，中国法学界也出现了追求中国法学"文化上的自立"的努力趋势。无可否认，中国法学在摆脱了苏联法学理论的依赖之后，也或多或少地出现了西方法学理论的依赖现象。西方法学理论观点、精神理念、制度技术、专业术语、研究方法，批量规模化地进入中国法学的知识生成系统。虽然中国法学的理论来源借此丰富，但这种大规模引进域外立法材料导致的外源型研究范式，也

---

① 参见陈甦《体系前研究到体系后研究的范式转型》，《法学研究》2011 年第 5 期。

带来了一些湮没中国法学自我的风险。尤其随着经济全球化的波及，法律及其研究国际化趋势愈加明显，愈加盛行的西方法学话语垄断导致了中国法学文化自立的警觉。20世纪90年代以来，从追仿型法治进路向自主型法治进路的转型已经成为我国法学界的共识①，中国法学界已经开始表现出对自身文化主体性的关注，文化自觉意识和文化主体性意识呈现出逐渐增强的态势。在法学研究与理论建构过程中，进一步从苏联理论、西方法学的支配性影响中逐渐走出来，着眼于中国的现实问题和法律发展道路，形成深植于中国社会与中国人心灵的中国法学，是中国法学界的时代使命。在一定意义上，社会主义法治理念的建构与普及，同时也是建构中国法学文化主体性的努力之一。在追求中国法学的文化自立过程中，理论创新也只有面向中国的理论创新才是必由之路。

　　从20世纪90年代以来，包括法学在内的整个人文社会科学界普遍认识到学术规范化问题的重要性，法学研究的规范化程度有了明显的提高。尽管法学界目前还存在着不少失范失序现象，但是与此前相比，法学界在恪守学术规范、尊崇学术伦理上的进步亦是巨大。法学研究的规范化程度的提升，表现在文献引证、学术批评、学术评审、学术道德等各个方面。② 当然，法学研究的规范化路程还很长，其间需要整个学界做出共同努力的地方还很多。在法学研究中还存在一些严重的负面现象，诸如，重复性的缺乏创新的研究为数不少，一哄而起与一拥而上的跟风研究时常出现，甚至如有学者指出的那样，很多文章有观点无论证，有讨论无理论，有方法无逻辑，有材料无分析，有答案无问题。③ 以前做出法学理论创新需要超越同侪既有论证体系的学术勇气，而今在一些人看来则似乎只需要

---

① 顾培东：《中国法治的自主型进路》，《法学研究》2010年第1期。

② 张文显主编、黄文艺副主编：《中国高校哲学社会科学发展报告·法学（1978—2008）》，广西师范大学出版社2008年版，第13页。

③ 谢海定：《我们需要什么样的公法研究》，《法学研究》2012年第4期。

频用"我认为"句式的勇敢。尽管这些只是法学研究中的非主流现象，但已引起法学界的自警与自省。

第四节　中国法学融整时期（2012—2019）

"融整"旨在描述中国法学已然繁荣状态中生成的融通整合的客观需求与主观意愿，或可成为这一时期法学发展阶段的适当命名。对于中国法学融整时期，我们选择了 2012 年作为这一时期的起点。因为党的十八大开启了中国特色社会主义新时代，并做出加快建设社会主义法治国家的战略部署；党的十九大把全面依法治国作为新时代坚持和发展中国特色社会主义的基本方略，指出"全面依法治国是中国特色社会主义的本质要求和重要保障"。在党的十八届四中全会做出的《中共中央关于全面推进依法治国若干重大问题的决定》中，确立了全面推进依法治国的总目标，就是"建设中国特色社会主义法治体系，建设社会主义法治国家"。进一步强调，要"全面建成小康社会、实现中华民族伟大复兴的中国梦，全面深化改革、完善和发展中国特色社会主义制度，提高党的执政能力和执政水平，必须全面推进依法治国"。全面依法治国构成新时代"四个全面"战略布局的重要组成部分，对中国法学也提出了更大的理论任务和更高的学术要求，这就是"必须从我国基本国情出发，同改革开放不断深化相适应，总结和运用党领导人民实行法治的成功经验，围绕社会主义法治建设重大理论和实践问题，推进法治理论创新，发展符合中国实际、具有中国特色、体现社会发展规律的社会主义法治理论，为依法治国提供理论指导和学理支撑"①。因应全面依法治国基本方略确立与实施，这一时期的法学研究表现出更为强烈的中

---

① 《中共中央关于全面推进依法治国若干重大问题的决定》，人民出版社 2014 年版。

国意识和实践精神，由此引导着中国法学发展的整体态势和时代趋势。

　　另一个引导中国法学发展整体态势和时代趋势的重要动力源，是这一时期在中国社会强烈呈现出的"四个自信"，表现在哲学社会科学领域，就是"要按照立足中国、借鉴国外，挖掘历史、把握当代，关怀人类、面向未来的思路，着力构建中国特色哲学社会科学，在指导思想、学科体系、学术体系、话语体系等方面充分体现中国特色、中国风格、中国气派"。① 法学作为哲学社会科学的重要组成部分，充分体现"四个自信"成为中国法学发展与法学研究工作的根本属性、总体目标、基本要求和整体风貌。全面推进依法治国的基本方略与坚持"四个自信"的主体素质要求相结合，使这一时期的中国法学发展总体上呈融通整合的态势，即融通中华人民共和国成立以来特别是改革开放以来法学领域的知识创造，整合当前法学领域正在蓬勃发展的学术资源，倾力建构充分体现中国特色、中国风格、中国气派的中国法学的学科体系、学术体系和话语体系，为全面推进依法治国提供理论指导和学理支撑。

　　新时代中国法学要为新时代中国法治提供理论支撑与学术贡献，有学者概括了新时代法治理论创新发展的特点与趋势，即"应当关注和把握六个重要向度，即法治中国的法理向度、政治中国的政理向度、法治体系的时代向度、法治效能的实证向度、法治世界的国际向度、系统法治的综合向度，由此加快构建新时代具有中国风格、中国气派、中国特色的社会主义法治理论体系"。② 在这样一个新时代法学的学术发展趋势中，"法理"成为法理学力推的关键词，其中凝结着学人对中国法学的省思与期待。随着"法理"成为法理学的中心主题和中国法学的共同关注，成为法治中国的精神内涵，中国

---

① 习近平：《在哲学社会科学工作座谈会上的讲话》（2016 年 5 月 17 日）。
② 李林：《新时代中国法治理论创新发展的六个向度》，《法学研究》2019 年第 4 期。

法学必将迎来法理时代，"法治中国"必将呈现"法理中国"的鲜明品质。因而法理学和部门法学都要把"法理"作为研究对象和中心主题，以凝练出共识性的中国"法理"概念。① 由此看来，新时代的法学研究者所追寻的"法理"，乃是中国特色法学知识体系据以构建、标识和繁衍的核心部分。

在改革开放以来中国法学已达致繁荣的时空场景，法学研究者并不自恋于显学亦不止步于繁荣，而再度寻求法理的创新内涵与时代表达，反映了法学界对中国法学勇于自省剖析、勇于变革创新的理论自信与学术自觉。在法学理论场域建构有机一体、特色明显的中国法学知识体系，须从长期集聚而致峨然庞大的法学知识堆积中，删繁剔杂而重构集约，兼容并蓄而析出特色，实现由学科体系向知识体系的质变迈进。表现在法学研究的学术境域上，就是在这一时期渐显愈强的法学知识融通整合的学术情势。

其一，在法学不同学科层面兴起体系化融通整合。与中国特色社会主义法治体系建设相关，法学知识的体系化建构获得更为科学的规划图景和更为强劲的动力源泉。民法典编纂对中国民法知识体系整合形塑的推动效果显著，使已经卓然大观的民法学术积累在民法典编纂规划与机制中，得以由点及面、由层面到体系地再行整合重构，极大地提高了民法知识体系的有机融合程度，特别是在中国特色社会主义法治体系的有机构成中，契合中国经济社会运行机制与中华民族文化心理的有机融合程度。民法典编纂极大地推动了民法知识体系构建，这对其他法学学科产生巨大的示范效应，在商法、知识产权法、行政法、社会法等学科，均产生了以部门法的法典化为牵引力的学科知识体系融通整合趋向。例如，在商法学界，制定"商事通则"的学术主张长久不衰而于今为烈，力主在民法典体系之外另将商法一般规则体系化。再如，《民法总则》颁行后，也诱发了

---

① 参见张文显《法理：法理学的中心主题和法学的共同关注》，《清华法学》2017 年第 4 期。

行政法学界对制定"行政法总则"的探讨与倡议。

其二，问题导向与法理导引双重机制下展开综合研究。曾几何时，"我国法学内部的划分相当细致，而不少学者固守这样的划分，导致各学科之间互不了解"①；"法学二级学科之间基本上缺乏共同探讨、协同研究"。② 这种局面一是导致法治问题解决方案的低效，因为针对同一问题的来自不同专业学科的解决方案如果缺乏综合协调性，很可能出现各方案之间的理念冲突、机制冲突和效果冲突；二是导致法学知识体系构建的迟滞，因为学者们的知识视野与创新能力如果囿于某一法学二级学科甚至三级学科，将难以对整个中国法学知识体系的构建做出有效的学术贡献。进入新时代后，法学研究者们更加注重开展问题导向的综合研究，为法治建设提供更有实际效果的综合解决方案。例如在民法典编纂中，不仅与此密切相关民商法研究介入其中并提供了大量的体系化学术成果及立法方案，而且宪法、行政法、民事诉讼法等学科研究也积极介入民法典编纂过程，以其不同专业视角剖析、评价和建议民法典的立法方案。这种法学二级学科间的共同关注与集约建构，不仅提高了正在编纂中的民法典的内在体系协调性，而且也提高了民法典的外在体系即与整个法律体系之间的协调性。同样的情形也发生在我国司法体制改革的理论与实践互动中，宪法学科与部门法学科、组织法研究与程序法研究等，都为正在进行的司法体制改革提供观念引导、理论基础和学术支撑。这样的一个学术创造过程，也是一个既促进法理形成又以其再导引法学研究的过程。"法理是指形成一个国家全部法律、某一部门法律或法治体系、法律制度体系的价值导向、基本精神、根本原理、基本原则、基本范畴和哲学基础，是法、法律体系、法治体系、法律制度体系等存在和运行的规律性表达和学理

---

① 王利明、常鹏翱：《从学科分立到知识融合——我国法学学科 30 年之回顾与展望》，《法学》2008 年第 12 期。

② 张明楷：《学科内的争论与学科间的协力》，《法学研究》2011 年第 6 期。

性依据。"① 要形成凝结和衍化中国法学知识体系的一般法理，跨法学各学科的综合研究及其相互融通整合的学术过程不可或缺。

其三，增强法学研究对法治实践的解释力与引导力。新时代的法学研究更为注重与法治实践的融和，对中国法治实践的过程及结果予以更深刻精确和更有说服力的阐释与解说，并对中国法治实践的不断深入、不断拓展和不断丰富予以更有效的理论引领和支持。一是为检测立法效果及水平、法律实施效果、法治领域改革效果、法治实践部门工作实效等，法学界以更为科学的方法和更多的学术注意力开展法治评估。法学研究者专门就法治评估采取新方法、开发新学术品种，如中国社会科学院法学研究所开发的"国家法治指数"系列和"法治蓝皮书"系列。同时，更多的法治实践部门委托法学研究或教学机构，对本部门、本地方或本行业的立法、执法或司法的实态与实效进行评估，如最高人民法院委托中国社会科学院法学研究所对"人民法院基本解决执行难"进行第三方评估。二是随着"中国裁判文书网"上线运行以来，至今已经有 7000 多万份裁判文书上网公开，这成为许多法学研究者新的学术资源，一时涌现出大量的基于裁判文书网上资料的案例分析选题和数据分析选题，推动了法学领域的实证分析研究和大数据分析研究。这些研究更为精确地分析阐释了司法运行实态和法律制度效果，促进了司法能力和立法水平的有效提高。三是法学研究者更为关注学术创作的传播效果，特别是向法治实务领域传播的效果。尽管全国有近 700 所高校开设了法学专业，但"法学著述谁来看"的追问仍然引发了法学研究者们的危机感，他们观察到法律实务工作者对法学研究成果的阅读疏离，由此促发法学研究者深刻地自省与反思，认识到单纯追求影响因子的法学著述如果不能激起法治实践的回响，那无论如何不能算作学术成功。运用学术倡导与组织机制提高法学研究的实践

———————

① 李林：《新时代中国法治理论创新发展的六个向度》，《法学研究》2019 年第 4 期。

性与应用性，提高法学著述对法治实践者的阅读吸引力和实践应用性，成为法学领域新的学术风尚。《法学研究》近来的选题政策就彰显了这种趋向，例如，其 2019 年的学术论坛选题就是"促进法学研究与司法实践的良性互动"。

其四，利用域外学术资源的主体意识不断强化。新时代大力倡行的"四个自信"对法学研究起到了固本培元的强大效用，使法学研究者在文化自觉、文化自信的基础上更为科学合理地对待和应用域外学术资源。以往在引介利用域外学术资源包括法学理论、制度案例等，存在一些缺乏主体性与科学性的学术倾向，诸如，对域外学说做学术价值或应用价值判断时，脱离中国主题与背景，导致立论倾向不是在借鉴域外理论学说或制度经验解决中国问题，而是在以中国事例证明域外理论学说或制度经验的正确性；或者沉溺于分散孤立机械的比较分析研究，缺乏对问题所在领域的宏观把握、体系把握和趋势把握；或者缺乏逻辑的简单认为，只要是市场经济发达国家，其各种法律制度自然也就先进并值得模仿等。这些法学研究上缺失文化自觉与文化自信的现象，突显了我国市场经济高速发展对相关制度及理论急迫需求的牵拉效应的一个负面效果，就是易于导致应急性立法和应景性研究的弊端。坚持对外开放包括对知识信息交流的开放，域外法学知识来源愈加丰沛本是一个有利于中国特色法学体系构建的积极因素，但域外法学知识只有适合中国的法治环境、制度机制、知识体系和文化观念，才能有机融通地存在于中国法学体系之中。在新时代的法学研究中，立足中国法治实践、坚持文化主体地位与中国问题意识的学术导向愈加明晰，坚持以我为主地利用域外法学知识资源的学术态度愈加强固，必将更加有力有效地促进中国特色法学体系的全面构建。

这一时期的截止点尚未到来，体现中国特色、中国风格、中国气派的中国法学知识体系构建仍处于理念不断更新、实践不断深化、效果不断展现的发展过程中，但本部分也只能叙述到 2019 年为止。这并不意味着 2019 年这个年份在中国法学发展史上具有什么特别的意义，而仅仅因为 2019 年是中华人民共和国成立 70 周年，是值得我们以各种方式纪念的年份，也是我们撰写《新中国法学研究 70 年》的缘由与动因。中国法学的发展没有终点，一如我们所倾注理想与努力的中国法治事业。

第 二 章

顺应时代发展的法理学

中华人民共和国成立以来的 70 年里，中国法理学经历了不同的历史发展时期，表现为一个不断更新、更上层楼的历史过程，并且越来越显现其独到风格和蔚然气象。

中国法理学的名实形成与演进过程明显体现在学科命名变迁上。从学科和教材名称看，法理学在中华人民共和国成立初期照搬苏联的"国家与法的理论"，这一名称一直沿用到 20 世纪 70 年代末。此后，法理学发生两次大的更名，先是在 20 世纪 80 年代初期变更为"法学基础理论"，进而在 20 世纪 90 年代被定名为"法理学"至今。① 名称上的变更并非只是形式变化。实际上，它反映出不同历史

---

① "法理学"作为著作名称在中国近代史上其实早已出现。例如，梁启超：《中国法理学发达史论》（1904）；王振先：《中国古代法理学》，上海商务印书馆 1925 年版；［日］穗积重远：《法理学大纲》，李鹤鸣译，上海商务印书馆 1928 年版。此外，马克思主义理论家李达于 1947 年完成讲义《法理学大纲》，此书到 1983 年由法律出版社出版。中华人民共和国成立后，"法理学"比较广泛地作为论著或教材的标题使用大致是从 20 世纪 80 年代末、90 年代初才开始的，但在 20 世纪 80 年代初期，就已有学者主张将"法学基础理论"改为"法理学"。较早使用这一名称作为书名的论著或教材有：吴世宦主编：《法理学教程》，中山大学出版社 1988 年版；万斌：《法理学》，浙江大学出版社 1988 年版；沈宗灵主编：《法理学研究》，上海人民出版社 1990 年版；孔庆明主编：《马克思主义法理学》，山东大学出版社 1990 年版；沈宗灵：《现代西方法理学》，北京大学出版社 1992 年版；张贵成、刘金国主编：《法理学》，中国政法大学出版社 1992 年版（转下页）；

时期时代精神的实质变化和时代潮流趋向的更新，以及中国法理学人与时俱进的心智和志向。

中华人民共和国成立后，中国学术头 30 年受到苏联的影响甚巨；改革开放后，在开放的条件下，西学在中国一度形成巨大的文化潮流，民族传统文化也开始逐渐焕发出新的生机。历史变迁过程中的西学、社会主义理论以及中国传统文化铸就了中国法理学的知识谱系和学术渊源，并且在改革开放 40 年里乃至更长的时期制约和影响它的成长和发展道路。尽管这些知识传统始终起着一定作用，但受不同历史阶段时代潮流的影响，中国法理学在改革开放 40 多年里对不同历史渊源实际上有所侧重，并且因此明显表现出不同的历史形态和递进的历史分期。大体而言，中国法理学在中华人民共和国成立以后头 30 年里，受到苏联的政治和法律理论以及中国现实政治的强势主导，改革开放之后再次经受西方或欧美法学理论的巨大影响，到 20 世纪末乃至 21 世纪初，则愈加明显地呈现出在开放世界的条件下文化自觉、回归中国、固本鼎新的理论姿态和势头。沿着这样的历史进程看，如果要作历史分期，那么，以从"国家与法的理论"到"法学基础理论"再到"法理学"来表述中国法理学 70 年的历史变迁，应该大体是合适的。就此而论，中国法理学在名称上从"国家与法的理论"变更为"法学基础理论"进而确定为"法理学"，其实不过是历史过程的一种外在显现而已。这样一种深层的历史过程贯穿在改革开放以来的 40 多年中，并且标示出中国法理学的未来走向。

（接上页）张文显主编：《马克思主义法理学：理论与方法论》，吉林大学出版社 1993 年版；沈宗灵主编：《法理学》，高等教育出版社 1994 年版；孙国华主编：《法理学教程》，中国人民大学出版社 1994 年版。自 20 世纪 90 年代中后期以后，学科、学术机构以及相关教材基本上使用"法理学"或"法理"这一名称，而很少再使用"国家与法的理论""法学基础理论"，与此相应，"法理学"的教材内容和学科体系也日渐更新。

第一节　国家与法的理论

国家与法的理论是在苏联政治和法律理论影响下，在长期革命和斗争实践基础上形成的一套关于国家和法律的知识体系。这一理论在中华人民共和国成立后被大量引入中国①，成为我国头 30 年关于国家和法律的主导理论。20 世纪 60 年代，因为中苏关系的变化以及学科发展的内在要求，理论界曾一度表现出摆脱苏联理论影响的某些倾向，但这种努力并没有发展成为主流，只是中国开始使用自己编写的国家与法的理论讲义，并加强了国家与革命、人民民主专政等内容。十一届三中全会之后，"以阶级斗争为纲"被彻底否定，法学理论界就社会主义民主与法制等问题也展开了一系列新的讨论，不过，在战争危险被认为依然存在、阶级斗争被认为在一定范围内仍将长期存在并有可能激化、反对资产阶级思想侵蚀和肃清封建余毒仍是历史性任务的条件下，国家与法的理论仍然持续了一段时间。随着中华人民共和国成立 30 周年、中国共产党成立 60 周年之际的历史总结和反思，以及随后展开的经济体制改革，为法学理论的更新创造了政治和经济条件，在 20 世纪 80 年代国家与法的理论逐渐为"法学基础理论"所取代。尽管如此，很多年后的法理学教科书在理论体系和一些核心理论观点上仍然明显受到了国家与法的理论

---

① 当时的译著主要有，苏联科学院法学研究所科学研究员集体编著：《马克思列宁主义关于国家和法权理论教程》，中国人民大学出版，1950 年；［苏联］杰尼索夫：《国家与法律的理论》，方德厚译，中华书局 1951 年版；［苏联］安·扬·维辛斯基：《国家和法的理论问题》，法律出版社 1955 年版，此著对中华人民共和国成立初期的法学理论影响最大；［苏联］彼·斯·罗马什金、米·斯·斯特罗果维奇、弗·阿·图曼诺夫主编：《国家和法的理论》，法律出版社 1963 年版。20 世纪 60—80 年代，苏联以"国家与法的理论"为名的著作仍在陆续出版，中国一些学者对这些著作保持着长期关注。

的影响。就此可以说，国家与法的理论是中华人民共和国成立 70 年里最初的法理学形态，也是中国法理学发展到今天的基本理论参照。

总体而言，国家与法的理论是社会主义革命及早期建设阶段的政治和法律理论，它以无产阶级通过革命取得政权后国家和法律的存在形式、阶级本质、职能作用和发展趋势为主要内容和研究对象。从理论渊源看，它在根本上发源于马克思关于国家、革命、法律、"资产阶级权利""过渡时期"的论述；从历史维度看，它处在从原始社会到奴隶社会到封建社会到资本主义社会再到社会主义社会的历史进步观的主导下；从现实层面看，它长期处在无产阶级与资产阶级两个阶级的斗争、资本主义与社会主义两条道路的斗争之中。

顾名思义，国家与法的理论是关于国家和法律的理论，国家和法律是这一理论所要研究的重要内容。但就其核心而言，国家，特别是社会主义国家才是这一理论的重中之重。从源起上说，马克思关于国家的看法，奠定了国家与法的理论发展的基本轨道。关于国家，黑格尔曾在"家庭""市民社会""政治国家"的三分结构中，将国家视为吸收和发扬家庭、市民社会的优点，摒弃和克服家庭、市民社会的缺点的最完美的伦理形式，并由此称为"在地上的精神"。黑格尔这种对国家推崇备至的看法通常被视为国家主义的典型，后来，诸如涂尔干等人也曾赋予国家以很强的道德意蕴。与这种对国家的赞美和道德认同不同，自由主义通常视国家为不得不容忍的恶。一方面，为避免社会陷入战争状态或无政府状态，自由主义承认国家存在的必要性；另一方面，自由主义高度重视国家对个人可能带来的危害，并因此主张通过分权制衡、构筑市民社会等方法来防范和限制国家权力，以成就能够保护个人权利和自由的所谓"自由国家"。

马克思关于国家的看法，既不同于国家主义关于国家的道德观点，也有别于自由主义关于国家的政治观点。在黑格尔那里，市民社会以政治国家为基础并统一于政治国家，而马克思则认为，政治国家以市民社会为基础并统一于直至最终消融于社会。一如马克思所说，"法的关系正像国家的形式一样，既不能从它们本身来理解，也不能从所谓人类精神的一般发展来理解，相反，它们根源于物质的生活关系，这种物质的生活关系的总和，黑格尔按照 18 世纪的英国人和法国人的先例，概括为'市民社会'"。① 至于建构"自由国家"的努力，马克思也曾指出，"它不把现存社会（对任何未来社会也是一样的）当作现存国家的（对未来社会来说是未来国家的）基础，反而把国家当作一种具有自己的'精神的、道德的、自由的基础'的独立存在物"。② 在自由与国家的关系上，马克思认为，"自由就在于把国家由一个高踞社会之上的机关变成完全服从这个社会的机关"。③ 这是与国家主义、自由主义相对的关于国家的社会主义观点。按照马克思的理论，社会是国家的基础，资本主义国家建立在资本主义社会基础之上并与之形成对立关系，社会主义国家则融合在社会主义社会之中并与之保持一致直至最后走向消亡。

　　总体上，马克思对国家持有一种批判态度。这从《路易·波拿巴的雾月十八日》《法兰西内战》《共产党宣言》等文献可以持续看到。在《法兰西内战》中，马克思直接指出，"工人阶级不能简单地掌握现成的国家机器，并运用它来达到自己的目的"④，并结合巴黎公社的革命实践，对于摧毁旧的国家机器后公共权力的重建问题作了前所未有的探索。在《哥达纲领批判》中，马克思进一步明确提到了无产阶级革命后进入新社会的一种过渡性政权形式："在资本主义社会和共产主义社会之间，有一个从前者变为后者的革命转变时期。……同这个时期相适应的也有一个政治上的过渡时期，这个时期国家只能是无产阶级的革命专政。"⑤ 对于这一过渡时期之后的政治图景，马克思未作细致描述，而只是作了大致的憧憬："当阶级

---

① 《马克思恩格斯选集》第 2 卷，人民出版社 1995 年版，第 32 页。
② 《马克思恩格斯选集》第 3 卷，人民出版社 1995 年版，第 313 页。
③ 同上。
④ 同上书，第 52 页。
⑤ 同上书，第 21 页。

差别在发展进程中已经消失而全部生产集中在联合起来的个人的手里的时候，公共权力就失去政治性质。原来意义上的政治权力，是一个阶级用以压迫另一个阶级的有组织的暴力"；"代替那存在着阶级和阶级对立的资产阶级旧社会的，将是这样一个联合体，在那里，每个人的自由发展是一切人的自由发展的条件"。①

马克思关于国家的这些论述，为国家与法的理论提供了基本的理论指导，也被国家与法的理论吸收为基本内容。从历史发展看，马克思关于"过渡时期"的论述后来成为国家与法的理论的基本理论依据，国家与法的理论主要是从"无产阶级专政"这一政治过渡时期开始的，它所要研究和解决的主要是无产阶级夺取国家政权之后政治和法律实践中的理论问题，而马克思关于未来社会的简单描述和预期，则成为国家与法的理论的长远理想目标。对于无产阶级夺取国家政权之后的历史阶段或步骤，马克思囿于历史条件的限制并没有给出精细的指引，国家与法的理论则基于后来的历史实践按照国家的存在形态划分了三个时期，一是"无产阶级专政"时期，二是"全民国家"时期，三是"国家消亡""社会自治"时期。②

对于"无产阶级专政"这一"过渡时期"，马克思基于巴黎公社失败的教训，强调了国家存在的必要性。这也是国家与法的理论在相当长的时间内所一直强调的。按照国家与法的理论，"无产阶级专政国家"是社会主义国家的早期形态。尽管这种国家与以往的国家类型一样，也以暴力手段对剥削阶级实行专政，而且"还带着它脱胎出来的那个旧社会的痕迹"，仍然不可避免地存在着所谓"资产阶级权利"③，但它在占人口大多数的工人和农民内部实行民主，这一点区别于以往的国家类型。由于这一国家被认为既带有旧国家的

---

① 《马克思恩格斯选集》第 1 卷，人民出版社 1995 年版，第 273 页。

② 参见［苏联］彼·斯·罗马什金、米·斯·斯特罗果维奇、弗·阿·图曼诺夫主编《国家和法的理论》，法律出版社 1963 年版，第 214—246 页。

③ 《马克思恩格斯选集》第 3 卷，人民出版社 1995 年版，第 10 页。

某些特点，又具有人民民主这样新的特征，它因此被称为"半国家"。在很大程度上，阶级对立以及对剥削阶级的镇压构成了"无产阶级专政国家"存在的重要理由，由此，阶级统治和阶级斗争被认为是这一时期国家和法律必不可少的职能。在《共产党宣言》中，马克思和恩格斯就资产阶级法曾经指出，"你们的观念本身是资产阶级的生产关系和所有制关系的产物，正象你们的法不过是被奉为法律的你们这个阶级的意志一样，而这种意志的内容是由你们这个阶级的物质生活条件来决定的"。① 这样一种关于资产阶级法的看法，在"无产阶级专政"时期被一般化了，因此，在相当长的时间，阶级统治和阶级斗争也被确定为社会主义法的基本职能。这一时期，关于法的典型界定是这样的："法是以立法形式规定的表现统治阶级意志的行为规则和为国家政权认可的风俗习惯和公共生活规则的总和，国家为了保护、巩固和发展对于统治阶级有利的和惬意的社会关系和秩序，以强制力量保证它的施行。"② 这样一种界定对于国家与法的理论影响巨大，很多年后，中国的一些法理学教材和著作仍然采用了这一定义。不过，这一界定无论是在苏联，还是在中国，都遭受到批评。批评主要源于社会主义国家和法律在新的历史时期的定性和定位。

在国家与法的理论，特别是苏联的国家与法的理论中，"无产阶级专政"只是过渡时期的统治形式，当社会主义革命和社会主义改造完成后，"无产阶级专政国家"即变为一个不再存在阶级对立和阶级统治的"全民国家"，社会主义社会由此进入"全民国家"时期。在这一时期，由于在一国内部统治阶级与被统治阶级的二元对立和统治结构不复存在，阶级统治职能对于社会主义国家和法律来说也就不再被认为是适用的。对此，一些学者曾经指出，"不能把国家是

---

① 《马克思恩格斯选集》第 1 卷，人民出版社 1995 年版，第 289 页。

② ［苏联］安·扬·维辛斯基：《国家和法的理论问题》，法律出版社 1955 年版，第 100 页。

阶级暴力的工具这一定义搬用于社会主义国家（尤其是在社会主义国家成为全民组织的阶段上）。社会主义的法的情况也完全一样。当把法规定为反映统治阶级的意志并且由国家的力量来保障的强制的行为规范的时候，这一定义并没有反映社会主义的法的特点。因此，这一定义对剥削阶级类型的法来说是正确的，但是搬用于社会主义的法就不对了。尤其不能搬用于社会主义已经取得胜利的时期的法，这时的法已经成为全民的法"。① 尽管如此，社会主义国家在这一时期却并不消亡。如果说，国内的阶级对立为"无产阶级专政国家"的存在提供了主要理由，那么，"全民国家"在新的历史时期仍然以"国家"形式存在的理由，则主要在于世界范围内社会主义阵营与资本主义阵营的对立。从成熟时起，马克思的理论就是一种世界性的理论，《共产党宣言》中"全世界无产者，联合起来"鲜明地体现了这一特点。这样一种世界性理论，是以世界体系中资本主义与社会主义的对立为条件的。按照国家与法的理论，只要这种对立结构未被消除，社会主义国家就一直存在，即使是以"全民国家"人民民主国家的形态存在。因此，从世界范围看，国家与法的理论的"冷战"背景是相当明显的。相对而言，苏联的国家与法的理论对于"全民国家"讨论看上去比较多，中国的国家与法的理论对此则很少涉及。受国内政治运动的影响，国家与法的理论在中国一度长期滞留在无产阶级专政和以阶级斗争为纲这一历史阶段，以致后来阶级斗争被扩大化乃至绝对化，直至陷入在"无产阶级专政下继续革命"的"文化大革命"的"迷误"中。

在国家与法的理论的引进过程中，中国于 1956—1957 年曾发生关于法的阶级性与继承性等的争论②，到 1964 年又出现关于法学研

---

① ［苏联］彼·斯·罗马什金、米·斯·斯特罗果维奇、弗·阿·图曼诺夫主编：《国家和法的理论》，法律出版社 1963 年版，第 35 页。该著于 1962 年在苏联出版。

② 例见，杨兆龙《法律的阶级性和继承性》，《华东政法大学学报》1956 年第 3 期；曾炳钧《关于法的继承性问题》，《政法研究》1957 年第 6 期。

究对象的讨论。① 十一届三中全会之后，理论界围绕民主与法制②、人治与法治③、法律与政策④、法律面前人人平等⑤、人权与公民权⑥、法学体系⑦、法的阶级性与社会性⑧等问题展开了广泛探讨。这些争论和探讨，有针对性地触及国家与法的理论的薄弱环节，也从多个侧面反映出国家与法的理论的特点。

综合起来看，国家与法的理论，在"道"的方面主要表现出人民民主和阶级正义，而对不偏不倚的法律平等、普遍人权和全体正义关注不够；在"政"和"法"的方面主要表现出"以阶级斗争为纲"以及法律工具主义和法律虚无主义，而对国家和法律的合理性和社会性关注不够；在"学"的方面主要表现出政治对学术、国家理论对法律理论的主导，而对学术的独立性、科学性以及学科分工关注不够。

第二节　法学基础理论

按照历史影响因素分析，从中华人民共和国成立到"文化大革

---

① 参见张宏生、吴大英等《关于法学研究的对象问题的讨论》，《政法研究》1964 年第 3 期。

② 例见，陈为典、周新铭《民主与法制的辩证关系》，《光明日报》1979 年 3 月 20 日；王景荣《社会主义民主的制度化法律化》，《法学研究》1982 年第 1 期。

③ 参见《法治与人治问题讨论集》编辑组编《法治与人治问题讨论集》，群众出版社 1980 年版。

④ 例见，孙国华《党的政策与法律的关系》，《光明日报》1979 年 2 月 24 日；李步云《政策与法律关系的几个问题》，《法学季刊》1984 年第 3 期。

⑤ 参见中国社会科学院法学研究所资料室编《论法律面前人人平等》，法律出版社 1981 年版。

⑥ 例见，徐炳《论"人权"与"公民权"》，《光明日报》1979 年 6 月 19 日；李步云、徐炳《论我国罪犯的法律地位》，《人民日报》1979 年 11 月 27 日；吴大英、刘瀚《对人权要作历史的具体的分析》，《法学研究》1979 年第 4 期。

⑦ 参见张友渔等《法学理论文集》，群众出版社 1984 年版。

⑧ 参见于浩成、崔敏编《法的阶级性与社会性问题讨论集》，群众出版社 1987 年版。

命"结束，国家与法的理论大致经历了这样两个时期。一是从 1949 年中华人民共和国成立到 1956 年社会主义改造时期，受苏联影响，国家与法的理论从苏联照搬到中国。这一时期，法学理论薄弱而落后，而且因为照搬苏联而表现出自主性严重不足，但与后来政治动荡时期的停滞荒废相对照，仍有一定发展。例如，创办了一批政法院系和刊物，培养了一批政法学生，成立了政法学会。① 二是从 1957—1976 年"文化大革命"结束，"左"倾路线和"文化大革命"动乱使社会主义建设遭受严重挫折，国家与法的理论不仅没有得到发展和调整，而且强化了阶级专政内容。在这两个时期，阶级斗争是国家与法的理论的主线，作为一门独立学科的法学事实上并没有被建立起来。

1977—1982 年，是中国法学的恢复、规划和重建时期，也是国家与法的理论逐渐转变为"法学基础理论"的历史阶段。这一时期最重要的事件是十一届三中全会的召开。会议批判了"两个凡是"的错误方针，停止使用"以阶级斗争为纲""无产阶级专政下继续革命"的口号，并将工作重点转移到社会主义现代化建设上来。十一届三中全会对于中国法学的发展无异于严冬过后的和煦春风，众多法律院校和法学研究机构由此纷纷恢复或建立。到 1982 年，法理学教科书的名称从原来的"国家与法的理论"变更并被确定为"法学基础理论"②，这可以视为相对独立的法理学学科初步形成的标志，

---

① 参见张友渔主编、王叔文副主编《中国法学四十年（1949—1989）》，上海人民出版社 1989 年版，第 1—105 页。

② "法学基础理论"从 1981 年开始作为教材名称使用。陈守一、张宏生主编的北京大学试用教材《法学基础理论》（北京大学出版社 1981 年版）和孙国华主编、沈宗灵副主编的司法部和教育部统编法学教材《法学基础理论》（法律出版社 1982 年版）是较早使用这一名称的两本教材。在苏联，20 世纪 70 年代后期也曾出现不再使用"国家与法的理论"而是改用"法的一般理论"命名的著作。例见，［苏联］雅维茨《法的一般理论——哲学和社会问题》，朱景文译，辽宁人民出版社 1986 年版（该著 1976 年在苏联出版）；［苏联］C. C. 阿列克谢耶夫《法的一般理论》，黄良平、丁文琪译，法律出版社 1988 年版（该著 1981 年在苏联出版）。

国家理论与法律理论从此发生区分。这一年，作为全国性法学团体的中国法学会宣告成立①，1982 年宪法的颁布也为法学发展提供了广阔而持久的制度空间。从 1982 年至 20 世纪 90 年代早期，是法学基础理论迅速发展、法学理论不断更新的时期，法理学在这一时期逐步发展成为一门有自己的研究对象、基本范畴和理论体系的独立学科。

总体而言，法学基础理论是社会主义改革和开放条件下法的一般理论，它主要研究法的基本概念、存在形式、运行原理和发展规律等。与国家与法的理论相比较来看，在指导思想上，它逐渐从以封闭的、僵化的、教条的"马克思主义"为指导，转向以开放的、发展的、务实的马克思主义为指导；在学科体系上，它逐渐摆脱国家理论的束缚，发展成为既区别于政治学又区别于具体部门法学的独立学科，在一定程度上表现出从政治性向科学性的转变；在知识来源上，随着国际形势的变化，它逐渐从受苏联的理论影响转向重新受西学特别是欧美的法学理论的影响；在理论范式上，它出现了从"以阶级斗争为纲"范式向所谓的"权利本位"范式的转换。

从时代背景看，法学基础理论主要发源于对"文化大革命"的批判以及对法学在我国头 30 年里发展落后的历史反思。基于对"文化大革命"的批判和历史反思，十一届三中全会公报就民主与法制有这样一段话，"……宪法规定的公民权利，必须坚决保障，任何人不得侵犯。为了保障人民民主，必须加强社会主义法制，使民主制度化、法律化，使这种制度和法律具有稳定性、连续性和极大的权威，做到有法可依，有法必依，执法必严，违法必究。从现在起，应当把立法工作摆到全国人民代表大会及其常务委员会的重要议程上来。检察机关和司法机关要保持应有的独立性；要忠实于法律和制度，忠实于人民利益，忠实于事实真相；要保证人民在自己的法

①　1949 年 11 月，新政治学研究会和新法学研究会成立。1953 年春，二者合并为中国政法学会。1980 年，中国政治学会成立。1982 年 7 月，中国法学会成立。

律面前人人平等，不允许任何人有超于法律之上的特权"。这是一段
历史针对性强、影响甚为深远的话。后来的"依法治国，建设社会
主义法治国家""完善中国特色社会主义法律体系"其实也可以从
这一段话中找到某些渊源。基本上，20 世纪 70 年代末、80 年代初
法学界所讨论的诸如民主与法制、民主制度化法律化、人权与公民
权、法律面前人人平等、人治与法治、法律体系与法学体系等问题，
都没有脱离开这一段话，也都与对"文化大革命"的批判反思有关。
所谓"文化大革命"，一方面看上去是所谓一个阶级推翻一个阶级的
"无产阶级专政下继续革命"，另一方面看上去又是一种"大民主"
现象。从这两个方面看，法律都注定难以成为"文化大革命"时期
社会的主导力量。在阶级专政方面，法律只能成为阶级统治和阶级
斗争的工具使用，不能做到法律面前人人平等，也不能通过法律普
遍地保障人权；在"大民主"方面，法律、官僚制甚至国家机器都
可能被认为是实现人民民主的阻碍，因此是可以抛开和打碎的。这
种状况，既显现出承认法制合理性、加强和完善法制、增强法律的
权威的重要性，也显现出开拓民主与法制的结合之道的必要性。就
此而论，"法制"可谓"文化大革命"之后中国政治和法律领域迫
切需要解决的核心问题，也是法学基础理论所要长期关注的理论
主题。

如果说，国家是国家与法的理论的核心问题，那么，法律就是
法学基础理论的核心问题。当"法制"作为突出问题呈现出来时，
改革理论体系，将国家理论与法律理论适当区分开，并且从国家理
论的笼罩下走出来转向专门研究法律理论，形成有"自己的逻辑"
的独立法学体系，就作为一种时代需要提上了历史日程。可以说，
将法律确定为基本研究对象，形成与国家或政治理论相对分离的独
立法学体系，是法理学在法学基础理论这一发展阶段所取得的首要
成就。1980 年 5 月，北京市法学会法学理论专业组就法学研究对象
问题举办理论研讨会，《法学杂志》《法学研究》《西南政法学院学

报》等法学刊物相继发表了这方面的讨论文章。① 这是中华人民共和国成立以来理论界就法学研究对象问题展开的第二次讨论。此前，中国政法学会研究部、中国科学院法学研究所和《政法研究》编辑部于 1964 年 5 月曾组织过同样主题的研讨，尽管当时已经出现法学应以法为研究对象的看法，但大多数人仍认为法学的研究对象是国家和法。16 年后，虽是关于同样主题的讨论，结果却大相径庭，法学应以法为研究对象成为 1980 年研讨的基本共识。1981—1982 年，法理学教科书的名称改为"法学基础理论"，也体现了这样一种主流认识。1982 年年末，上海《法学》编辑部发出《关于加强法学基本理论研究的倡议》，倡议书将深入探讨法学体系和法学的基本范畴视为"发展社会主义法学，为法律科学奠定基本理论的重要课题"②，在法学界引起较多回应。1983 年 4 月，中国社会科学院法学研究所与华东政法学院在上海联合召开关于社会主义法律体系和马克思主义法学体系的理论讨论会，这被称为我国法理学界的首次重大盛会，会议选取法律体系和法学体系开展讨论正抓住了法理学学科发展的关键，可谓选题适时，开势有力。

在理论体系上，和国家与法的理论比较起来，20 世纪 80 年代初期的法学基础理论的确有一些变化。概括而言，国家与法的理论主要由六个部分组成：一是导论，包括研究对象、方法和体系；二是国家与法的概念、特征、起源和本质；三是国家和法的历史类型，内容包括奴隶制、封建制、资产阶级三种类型的国家和法；四是社会主义国家的一般理论，包括社会主义国家的本质、形式、职能和机构等内容；五是社会主义法的一般理论，包括社会主义法的本质、渊源、体系、法制、法律关系、法律规范、法律适用、法与共产主

---

① 例见，刘升平《谈谈法学的研究对象问题》，《法学杂志》1980 年第 3 期；余先予、夏吉先《论马克思主义法学的科学性》，《法学研究》1980 年第 5 期。

② 《法学》编辑部：《关于加强法学基本理论研究的倡议》，《法学》1982 年第 11 期。

义道德、法律意识，违法行为等内容；六是国家与共产主义。其中，四、五部分是主要内容。① 后来的法学基础理论则主要由三个部分组成：一是导论，包括法学的研究对象、方法和体系；二是法的一般理论，内容包括法的概念、特征、起源、本质和历史类型；三是社会主义法的一般理论，包括社会主义法的产生、本质、作用、制定和实施，内容涉及法制、法的体系、法的渊源、法律规范、法律效力、法律解释、法律关系、法律制定、法律适用、法律监督、法律实施、法律意识、法与政治、法律与经济、法与精神文明、法与道德、违法与制裁等。② 两相对照，法学基础理论明显舍弃了国家与法的理论中关于国家以及共产主义的专门内容，而将法，特别是社会主义法的一般理论作为主要内容。在体系上，法学基础理论可谓承上启下，一方面，它在去除国家理论之后仍套用了国家与法的理论的体系；另一方面，受法学基础理论的影响，早期的法理学教科书特别是统编教材大多按照导论、法的一般理论、中国社会主义法的一般理论三个部分来安排体系，只是在后两个部分上显出不同侧重。

　　历史地看，从国家与法的理论体系到法学基础理论新的学科体系，体现了现代学术发展的两个特点：一是学术与政治适度分开，学术相对独立；二是学科之间相互分化，学术成为专门之学。法学基础理论将专门的国家或政治理论从法理学中分化出去，既是现代学科分工的正常表现，也反映出使学术自主发展、免受或少受政治干扰的努力。尽管如此，在 1983—1984 年的相关讨论中，一些法理学者在赞同法学基础理论剔出国家理论的同时，也指出当时的法学

---

　　① 参见苏联科学院法学研究所科学研究员集体编著《马克思列宁主义关于国家和法权理论教程》，中国人民大学出版，1950 年；［苏联］彼·斯·罗马什金、米·斯·斯特罗果维奇、弗·阿·图曼诺夫主编：《国家和法的理论》，法律出版社 1963 年版。

　　② 参见北京大学法律系法学理论教研室编《法学基础理论》，北京大学出版社 1984 年版；孙国华主编《法学基础理论》，中国人民大学出版社 1987 年版。

基础理论在总体上其实"没有突破老的框框"，而是在很大程度上仍然沿用了国家与法的理论的体系和内容，并因此强调法学基础理论要更多地联系中国的实际，在研究法与其他社会现象的关系的同时更多地研究法律本身的问题，特别是诸如法、立法、法制、法治、权利、权力等基本法律概念。①

　　从此后的发展看，法学基础理论对法律自身的研究，特别是对法学基本概念和范畴的研究逐步加强，这进一步丰富和完善了法理学的学科体系。法理学界在20世纪80年代中期直至90年代对诸如法的概念、法的价值、法的效力、法的渊源、法律关系、法律规范、法律行为、法律责任、法律解释、法律文化等专门而深入的研究，极大地充实和扩展了法的一般理论，它们后来成为一些法理学教材或论著的主体乃至全部内容。可以说，法学基础理论在"学"、学术、学科体系上取得的突破，对于中国法理学的更新和发展具有不可低估的历史意义。

　　更为重要的是，当法学基础理论在学科体系的不断完善过程中触及权利和义务并将其确立为法学基本范畴②，进而认定"法学是权利义务之学"③时，法理学就不仅因为有了自己的研究对象和核心内容而成为一门独立的科学体系，它更因此通过"权利"找到了精神寄托并因之赋予整个法学体系以深厚的价值底蕴，从而使法理学成为一门推动中国向民主法治迈进的经世之学。如果说，形成独立于国家理论的法学体系是法学基础理论在知识层面取

---

　　① 参见张友渔等《法学理论文集》，群众出版社1984年版；沈宗灵《我国法学基础理论学科的改革》，载北京大学法律系《法学论文集》（续集）编辑组编《法学论文集》（续集），光明日报出版社1985年版。

　　② 参见张光博、张文显《以权利和义务为基本范畴重构法学理论》，《求是》1989年第10期；张文显《从义务本位到权利本位是法的发展规律》，《社会科学战线》1990年第3期；张文显《论法学的范畴意识、范畴体系与基石范畴》，《法学研究》1991年第3期。

　　③ 刘瀚、夏勇：《法理学面临的新课题》，《法学研究》1993年第1期。

得的一项重要成就，那么，从"以阶级斗争为纲"范式转向"权利本位"范式①，并由此确立人权和公民权利对于法学体系乃至法律体系的主导作用，则是法学基础理论在价值层面取得的另外一项重要进展。从人民民主的角度看，阶级斗争可谓革命时期争得人民民主的主要方式，权利则是建设、改革和发展时期维护人民民主的重要形式，可以说，对于人民民主的制度化、法律化，权利提供了制度入口，开启了法治道路。

　　综合起来看，法学基础理论，在"道"的方面表现出对普遍人权、法律平等、自由民主的张扬，在"政"和"法"的方面表现出从制度层面理性建构国家和法律从而使权利、平等、自由、民主制度化法律化的努力，在"学"的方面表现出在法学基本概念和基本范畴的基础上构建科学的法学体系的意图；同时，法学基础理论仍然受到国家与法的理论的较大影响，而且由于受到西方法学理论主导而明显表现出中国话语自主权的不足。

第三节　法理学

一　中国的法理学自觉

　　由于国家与法的理论具有极强的政治性并因此表现出政治理论对法律理论的支配，法理学从国家与法的理论转变成为法学基础理论，在很大程度上可以视为一个从无专门法律之学到有专门法律之学的发展过程。这样一种情形与 19 世纪末之后的中国法学状况看上去颇为类似。起初，受西学的影响，张之洞、沈家本、梁启超等人

---

① 参见张文显、马新福、郑成良《新时期中国法理学的发展与反思》，《中国社会科学》1991 年第 6 期；郑成良《权利本位论》，《中国法学》1991 年第 1 期；张文显、于宁《当代中国法哲学研究范式的转换——从阶级斗争范式到权利本位范式》，《中国法学》2001 年第 1 期。

一度发出讲求专门法律之学的呼声；而到 20 世纪 30 年代初，诸如陈寅恪、蔡枢衡等学者则开始吁求"中国学术独立"，强调法学文化自觉。① 从讲求法律之学到法学文化自觉，体现了全球背景下中国现代化进程的内外因素相互作用的历史结构。

在致力于社会主义现代化建设的改革开放 40 年中，这种历史结构同样贯穿其间，中国法理学因此也在法学基础理论得到充实后，呈现出与从讲求法律之学转向法学文化自觉近乎相同的历史特征。一方面，法学在西学的影响下日渐分化成为更加科学、专门、独立的学科体系，这作为现代趋势越来越明显；另一方面，中国文化日渐自觉，中国法理学的主体性和学理性因此也越来越强。如果说，政治性是国家与法的理论的主要特点，科学性是法学基础理论相对而言更主要的特点，那么，主体性和学理性则是中国法理学自 20 世纪 90 年代以来特别是进入 21 世纪之后日渐呈现出的主要特点。而且，中国法理学的主体性和学理性并不排斥它同时具有政治性和科学性，在经历了国家与法的理论和法学基础理论两个阶段的发展之后，中国法理学明显表现出更为沉稳和包容的理性姿态。总体而言，法理学是在全球化条件下关于法理和政道的学问和学科，同国家与法的理论和法学基础理论相比较来看，它在价值体系、知识体系和方法体系上都得到了持续而充分的发展，研究领域更为宽广，研究内容更为丰富，研究水平也更显深度和力度。更为重要的是，它日渐表现出摆脱苏联、西方理论视角的支配而开始回到中国文化的理路上来的趋势。

纵向地看，中国法理学在 20 世纪 90 年代之后，进入最具有历史开拓意义的发展时期。这一时期，法理学在研究问题上比之国家与法的理论和法学基础理论更显斑驳陆离、细致繁芜，要发现其历

---

① 参见《陈寅恪集·金明馆丛稿二编》，生活·读书·新知三联书店 2001 年版，第 361—363 页；蔡枢衡《中国法理自觉的发展》，清华大学出版社 2005 年版，第 25 页。

史开拓意义，需要适当避开琐碎的细枝末节，而将中国法理学放到时代背景和思想潮流中，予以提纲挈领地审视和考量。自 1992 年以后，中国法理学在平稳的政治和文化环境中获得了持续快速发展。同国家与法的理论和法学基础理论不同的是，法理学不仅受到社会主义意识形态的指导，也受到继续迅猛发展的西学的进一步影响，而且，还日渐受到于 20 世纪 90 年代初重新兴起的中国传统文化的深层浸润，所有这些构成了中国法理学据以发展的重要理论资源。从实际的发展看，这三种理论资源并非如以前所认为的那样水火不容、完全对立，在全球化条件下，它们彼此作用、相互交融并且共同统一于中国的现代化历史进程。

在从国家与法的理论到法学基础理论再到法理学的发展过程中，突显中国文化自觉和文化主体性的法理学或"中国法理学"势必呈现出来。由于立足于根本而普适的文化因素，法理学的主体性或中国性日渐加强，并不表明中国法理学终将走入作茧自缚的境地。换言之，在法理学之前加上"中国的"这一限定词并不意味着故步自封。张扬中国法理学的主体性，意味着使法理学从苏联理论、西学的支配性影响中逐渐走出来，着眼于中国的现实问题和现实的法律发展道路，沿着中国文化的理路开拓法理和政道，既对中外普遍价值融会贯通，又使中外普世文化"互相推助"、彼此补充、内外衔接、共济并行。由此看来，自 20 世纪 90 年代以来，中国法理学文化自觉意识和主体性意识呈现出逐渐增强的态势。例如，针对近代以来的中西文化比较，有学者指出，"今天，我们要努力走出一条新路，以足够的文化主体自觉来重新认识我们自己，重新认识我们所处的世界。……在重新认识和深入研究中国法律文化的同时，推动中国法律文化走向世界，与包括西方法律文化在内的其他法律文化展开平等而有效的对话交流"。① 也有学者在"主体性的中国"的关

---

① 　中国法律史学会编：《中国文化与法治》，社会科学文献出版社 2007 年版，"序"。

照下，对支配中国法学的所谓"西方现代化范式"提出了批评，并试图开启文化自觉的"法学新时代"①。

法理学突显中国文化自觉和文化主体性，关键并不在于排斥包括西方文化在内的外来文化，而在于对普适的、根本的"道"和"理"的自觉体认。法理学的历史开拓意义，也正在于沿着中国文化理路对"道"和"理"的拓展和弘扬。质言之，文化自觉的法理学是在"法"与"理"之间建立道义联系、逻辑关系的法理学，它所要避免的是把苏联人、欧美人或其他人所认为的"理"未经审视地直接挪用过来作为自己的道理或理论前设，也避免把经典著作中的所谓"理"未经审视地机械照搬过来指导实践，同时，它还突显出使政治观点和法律实践合乎道义和逻辑的价值取向和知识诉求。就此来说，文化自觉实际上是道义、道理、法理的自觉。所谓"法理学"，既是关于"法"的"理学"，也是关于"法理"的学问和学科，"法理"实乃法理学关键之所在。"法理"更为明显地自觉呈现出来，正是法理学与国家与法的理论、法学基础理论相比更为强化的方面。所谓文化自觉的法理学，也就是能够自觉地体认"法"与"理"之间的道义联系和逻辑关系的法理学。相比于国家与法的理论、法学基础理论而言，将法理从诸如"以阶级斗争为纲"的政治运动以及外来理论的支配中抽出来，在全球化和开放世界条件下沿着中国的文化理路和现实道路重新思考建构法理和政道，是中国法理学逐渐成熟的重要标志。

这些特点在教材体系和权利理论上得到了进一步体现。在教材体系上，这一时期大多数法理学教材日渐采用了"学"加"法理"的体系结构，基本上由"法学"和"法理"两块内容组成。"法理"部分主要涉及法学原理和法律机制，具体包括法的概念、法的要素、法的价值、法的渊源、法律效力、法的发展、法律体系、法律关系、

---

① 参见邓正来《中国法学向何处去？——建构"中国法律理想图景"时代的论纲》，商务印书馆 2006 年版。

法律行为、法律职业、法律责任、法律文化、法的创制、法的执行、法的适用、法律程序、法律解释、法理推理、法律技术、权利、义务、法系、法治等内容。① 这些内容表明中国法理学更加注重从法理出发、从中国现实出发，尽管法理学研究所涉及的范围实际上要远远超出法理学教材所列"法理"内容。在权利理论上，与法学基础理论努力将权利与义务确立为法学基本范畴相比，法理学阶段的权利研究在"理"上有明显拓展。这一时期，出现了从中国文化传统中开掘权利和法治话语，以让人权和法治讲"中国话"的自主努力，由此也相应出现了试图融合中西文化、打通权利与德性的所谓"德性权利"概念，权利研究的学理性和"中国性"明显加强。②

二　中国的法理学进路

自 20 世纪 90 年代以来，法理学在安定的社会环境中也表现出多彩纷呈的特点。它在继续受到仍然迅猛发展的西学的影响的同时，也开始朝着拓展和建构主体性文化的方向努力。它既有立足中国自身文化和现实的研究，也有结合世界背景和他国法学的研究，出现了关于诸如批判法学、经济分析法学、法律与文学、法律与后现代主义、法律与全球化、法律与政治哲学、法律与社会理论等的研究。③ 它既包括所谓"法学家的法理学"或"法律人的法理学"④，也包括所谓"立法者的法理学"⑤，为法学基础理论所舍弃的国家理

---

① 例见，李步云主编《法理学》，经济科学出版社 2000 年版；刘作翔主编《法理学》，社会科学文献出版社 2005 年版；张文显主编《法理学》，高等教育出版社、北京大学出版社 2007 年版；朱景文主编《法理学》，中国人民大学出版社 2008 年版。

② 参见夏勇《中国民权哲学》，生活·读书·新知三联书店 2004 年版。

③ 例如，信春鹰就对西方后现代法学做了极为深刻的剖析，参见信春鹰《后现代法学：为法治探索未来》，《中国社会科学》2000 年第 5 期。

④ 参见舒国滢《由法律的理性与历史性考察看法学的思考方式》，《思想战线》2005 年第 4 期。

⑤ 参见强世功《迈向立法者的法理学》，《中国社会科学》2005 年第 1 期。

论在这一时期又被一些学者重新拉回到法理学之中，法学学科的独立自主性在得到进一步巩固的同时，关于"法律与……"的综合研究也得到了发展。它在从道义、道理上探求中国的法理和政道的同时，研究的知识点也明显增多，研究的领域和范围有所拓展，由此一方面表现出"以天下为己任"的经世致用倾向，另一方面也表现出"视学术为一目的""为学问而治学问"的知识探讨。它既有关于法律、权利、民主的价值和文化探讨，也有结合部门法或实际法律操作的研究，还呈现出尝试运用社会科学方法研究法律问题的趋向。① 随着中国特色社会主义法治实践的创造性发展，相关法理概念也被赋予了新的内涵或拓展了新的外延，例如，"中国特色社会主义法律体系形成的实践，赋予法律体系概念以新的涵义"。② 在学科上，诸如比较法学、法社会学等新兴学科不断发展，法律与其他学科的交叉研究也在加强。③

总之，这一时期，法理学在道德性与科学性，法律性与政治性，学理性与知识性等方面交相辉映，纷繁复杂。同国家与法的理论、法学基础理论相比，法理学显得更为独立、丰富和开阔，也更为持重、理性和深厚，中国据以发展的道统、政统、法统、学统在法理学的自觉发展中逐渐变得更有头绪，更加明朗。

"法理"在21世纪初成为法理学界力推的关键词。张文显于2017年发表长文指出，随着"法理"成为法理学的中心主题和中国法学的共同关注，成为法治中国的精神内涵，中国法学必将迎来法理时代，"法治中国"必将呈现"法理中国"的鲜明品质；然而，在当下的中国法学界，共识性"法理"概念尚未凝练出来，把"法理"作为法理学研究对象和中心主题尚未成为理论自觉，致使"法理"在应为"法

① 参见苏力主编《法律和社会科学》，法律出版社2006、2007年版。
② 信春鹰：《中国特色社会主义法律体系及其重大意义》，《法学研究》2014年第6期。
③ 例见，沈宗灵《比较法研究》，北京大学出版社1998年版；朱景文《比较法社会学的框架和方法——法制化、本土化和全球化》，中国人民大学出版社2001年版。

理之学"的法理学知识体系、理论体系、话语体系中处于缺席或半缺席状态，在部门法学研究中也没有引起足够的关注和倾力，因此大力倡导部门法学与法理学共同关注"法理"。[①] 不仅如此，张文显还在全国倡议发起"法理研究行动计划"，旨在承担明晰法理、挖掘法理、保育法理、弘扬法理的学术使命和责任，深入推进法理研究。2018 年8 月4—5 日，该行动计划继苏州、长沙之后在天津南开大学召开第三届学术研讨会，主题是"新时代法理的理论想象"，分议题包括"法理与法理学""法理与法理思维""法治运行环节中的法理"，"部门法中的法理"以及"古今中外经典中的法理"。在 2018 年修订出版的《法理学》教材第 5 版中，作为主编的张文显明确将法理学的研究对象确定为"法理"，将法理学界定为"法理之学"。在张文显看来，把法学范畴研究与法理研究对接起来，要义在于把"权利本位"与"法理中心"并轨，构建以权利为本位、以法理为中心的新时代中国法理学；这种对接有其客观的必然性、现实的必要性、方法的可能性；法学范畴研究与法理研究对接是中国法学走向科学化现代化的必由之路；从 1988 年"法学基本范畴学术研讨会"到 2018 年"法学范畴与法理研究学术研讨会"，贯穿着中国法学科学化和现代化的理论逻辑。总体看，21 世纪初从"作为权利之学的法理学"到"作为法理之学的法理学"的理论转向，体现出学界理论认识的提升和深化。这与中国法理学从"法学基础理论"转向"法理学"的学术进程是一致的，与中国社会从"礼俗社会"转向"法理社会"的现代进程也是一致的。中国法理学界的这样一种法理自觉，为中国全面建成小康社会之后迎接"法理社会"的到来发出了先声。

综合起来看，法理学日渐呈现沿着中国文化理路和现实道路向前开拓法理和政道的文化自觉趋势。它在"道"的方面表现出对古今中外普世道理的涵容、拓展和弘扬，既彰显人的权利，也传承人

---

① 张文显：《法理：法理学的中心主题和法学的共同关注》，《清华法学》2017 年第 4 期。

的道德精神，既注重法律平等，也维护社会正义；在"政"和"法"的方面继续表现出在人民民主的价值主导下理性地建构法治国家的努力；在"学"的方面既表现出专家之学，也表现出通人之学，既表现出社会科学方法的运用，也表现出经世致用的理学倾向。

三　中国的法理学指导①

党的十八大以来，以习近平同志为核心的党中央在坚持和发展中国特色社会主义的实践中，深刻阐明了中国特色社会主义法治的总体目标、理论依据、本质特征、科学内涵、价值功能、内在要求、中国特色、基本原则、发展方向等重大问题，对全面依法治国做出一系列重大决策部署，提出一系列新理念新思想新战略，开启了党领导人民建设法治中国的新征程。习近平总书记对中国特色社会主义法治体系、法治理念、法治战略的系列重要论述，成为中国特色法理学发展的重要指导思想。法学界对习近平全面依法治国的系列重要论述进行了深刻阐释和系统研究，其研究成果构成中国法理学的最新发展。

更有学者指出，习近平总书记站在治国理政的战略高度，立足"四个全面"战略布局，着眼"两个百年"战略目标，围绕全面依法治国提出了一系列新理念新思想新战略，为在历史新起点上推进法治中国建设提供了重要的思想指导、理论依据和实践遵循。习近平全面依法治国思想内容丰富，观点鲜明，是马克思主义法律观、法治观中国化的最新理论成果，其理论逻辑与创新发展可总结概括为治国方略论、人民主体论、宪法权威论、良法善治论、依法治权论、保障人权论、公平正义论、法治系统论、党法关系论等"九论"。②

---

① 本部分由刘小妹撰写。

② 参见李林《习近平全面依法治国思想的理论逻辑与创新发展》，《法学研究》2016 年第 2 期。

第一，正确把握政治和法治关系。习近平总书记指出，党和法的关系是政治和法治关系的集中反映，是一个根本问题。[①] 正确处理政治与法治的关系，必须立足我国国情和实际，坚定不移走中国特色社会主义法治道路；必须坚持党的领导，把党的领导贯彻到全面依法治国全过程和各方面；必须坚持人民主体地位，在法治建设中充分体现人民的整体意志和根本利益。

第二，统筹推进中国特色社会主义法治体系建设。建设中国特色社会主义法治体系是我们党提出的具有原创性、时代性的概念和理论之一，是全面依法治国的总目标和总抓手[②]，其科学内涵就是形成完备的法律规范体系、高效的法治实施体系、严密的法治监督体系、有力的法治保障体系，形成完善的党内法规体系。

第三，协调推进法治建设的各领域、各环节、各层次。全面依法治国涉及很多方面。比如，在法治建设与外部要素的关系上，强调全面依法治国的各项举措必须在"五位一体"总体布局和"四个全面"战略布局中，在党的领导、人民当家做主、依法治国的有机统一中，在法律和道德相辅相成、法治和德治相得益彰的基本要求中，依次展开和贯彻落实；在法治建设系统内部，要求坚持依法治国、依法执政、依法行政共同推进，坚持法治国家、法治政府、法治社会一体建设，推动立法、执法、司法、守法系统发展，促进国家法治与地方法治上下贯通。[③]

第四，坚持改革和法治相衔接。习近平总书记指出，科学立法是处理改革和法治关系的重要环节。要实现立法和改革决策相衔接，

---

① 习近平：《在省部级主要领导干部学习贯彻党的十八届四中全会精神全面推进依法治国专题研讨班上的讲话》（2015 年 2 月 2 日），载中共中央文献研究室编《习近平关于全面依法治国论述摘编》，人民出版社 2015 年版，第 33—34 页。

② 参见张文显《统筹推进中国特色社会主义法治体系建设》，《人民日报》2017 年 8 月 14 日第 7 版。

③ 参见莫纪宏、刘小妹《法治强国的中国道路》，《人民日报》2015 年 10 月 26 日第 7 版。

做到重大改革于法有据、立法主动适应改革发展需要。① 重大改革要于法有据，要求坚持在现行宪法和法律框架内进行改革，坚持需要修改解释废止法律的先立后改、先释后改、先废后改，坚持以立法授权的方式为确实需要突破现行宪法和法律规定的改革试点提供合法依据。②

习近平关于中国特色社会主义法治体系、法治理念、法治战略的系列重要论述，以及《在哲学社会科学工作座谈会上的讲话》中提出的"要按照立足中国、借鉴国外，挖掘历史、把握当代，关怀人类、面向未来的思路，着力构建中国特色哲学社会科学，在指导思想、学科体系、学术体系、话语体系等方面充分体现中国特色、中国风格、中国气派"的重要论述，是在任务与要求、目标与路径、内容与形式、本质与特色、体与用等诸多范畴，构成中国法理学由理论体系到知识体系发展升华的指导思想与构建方案。

第四节　现代化进程中的法理学

现代化，可视作中国近代以来的一条基本线索，也是中华人民共和国成立以来的主要发展脉络。从中华人民共和国成立初期提出的"四个现代化"，到十一届三中全会把工作重心转移到"社会主义现代化建设"上来，到党的十三大提出建设"富强、民主、文明的社会主义现代化国家"，再到党的十八大之后强调"国家治理体系和治理能力现代化"，都可看到现代化这样一条明显的贯穿线索。邓小平将"小康"视为"中国式的现代化"。从"解决温饱"，到"达

---

① 习近平：《在中央全面深化改革领导小组第六次会议上的讲话》，《人民日报》2014 年 10 月 28 日，载中共中央文献研究室编《习近平关于全面依法治国论述摘编》，人民出版社 2015 年版，第 51 页。

② 参见李林《在法治轨道上推进全面深化改革》，《人民日报》2014 年 10 月 22 日第 7 版。

到小康"，再到"达到中等发达国家水平"，是邓小平理论有关中国发展三步走战略的基本部署。其中，前两步已于 20 世纪末走完，第三步在 21 世纪被分为两个半步。前半步是到 2020 年"全面建成小康社会"，后半步是到 21 世纪中叶"基本实现现代化"。邓小平理论提出的第三步的后半步，在党的十九大报告中又被更明确地分为两步。"基本实现现代化"作为第一步被提前到 2035 年，而全面建成"社会主义现代化强国"，则被作为到 2050 年要达到的第二步。由"温饱""小康""全面建成小康社会""基本实现现代化""全面建成社会主义现代化强国"这五个战略步骤，可大致看到中国法理学在 21 世纪初的时空方位。

总体看，在建设小康社会阶段，中国法理学获得了前所未有的持续安定社会条件，也获得了前所未有的发展动力与建构成就。在文化自觉和文化自信语境下，在现代性在中国愈益成熟和完善、中国传统文化持续呈现复兴态势的现实情境下，寻求现代法理与中国文化的合理衔接，沿着中国文化理路开拓中国政道法理，是中国法理学在 21 世纪亟待进一步实现的历史使命，此种使命的完成需要继续朝着现代化的方向深化和拓展。现代化，在学界时常被作为一种像陷阱一样遭受审视、被认为是需要警醒和提防的范式。就后发展和正在发展中的中国来说，对于源自西方的现代化的审视和反思是必要的，但这并不适合用来阻滞中国的现代化进程。毋宁说，将现代化融入中国文化血脉，基于后发优势和文化传统开拓一种中国式的现代化道路，是中国现代发展更为合理的选择。沿着现代化的维度看，中国法理学的发展需要深深地融入构建中国民主法治的现代潮流中。结合中华人民共和国 70 年的历史，中国法治的崛兴和发展，在很大程度上是现代化加深的重要表现。"中国特色社会主义法律体系的形成，由具有强大合法性的执政党动员并推动，作为国家发展的政治目标，既与现代化进程相伴，本身又是中国现代化进程的一个重要方面。"① 沿着现代化的发展趋势看，在"基本实现现代化""全面建成社会主义现代化强国"的道路上，法治化应当成为中国现代化的基本内容，国家治理体系和治理能力的现代化应当包含国家治理体系和治理能力的法治化。具体来说，中国的现代化和法治化，特别需要注意朝三个方面发展。一是客观化。这涉及法治兴起与国家富强之间的紧密关系。就法理而言，形成一套客观规则体系，对社会的客观发展十分重要。这最终会形成国强民富的局面。二是权利化。在未来的现代化道路上，中国的法治建设要注重从权利出发，首先是将公民之间的关系确立为权利和义务关系，其次是将国家与公民的关系确立为权力与权利的关系。中国未来发展，需要特别注意权利发展、法律发展与国家发展之间的内在一致性，既强化公民的权利保障体系，也强化国家的对外保障能力。三是机制化。这方面特别需要重视和加强国家的立法化和司法化。一些学者对中国的立法化和司法化提出批评，认为还应重视其他的社会规则和处理方式。其实，这二者未必矛盾。现代司法并不排斥多元的替代性纠纷解决机制，但打造国家层面独立而刚性的司法体制，对于国家现代化而言却是基本而首要的。总之，在现代化道路上，中国的法治建设，一要形成客观的社会规则体系，二要形成完善的权利保障体系和政治权力制约体系，三要形成足以保障公民权利和制约政治权力的国家机构体系，特别是要在国家层面形成强有力的司法。

同时，在现代化不断深化的进程中，于 21 世纪初持续兴起的中国文化传统也是中国法治和中国法理学需要更为深入思考的基本方面。从文化传承和文明拓展角度看，强化中国法治和中国法理学的中国文化含量，以此提升中国发展的文化主体性和国家主体性，是值得尝试和努力的方向。其一，迈向中国法理学。要在 21 世纪形成健全完善的中国法理学，需要同时开通并维护好法律科学、法学哲

① 信春鹰：《中国特色社会主义法律体系及其重大意义》，《法学研究》2014 年第 6 期。

学和法律理学向前生发的认知渠道，避免以某一种形态去抑制其他形态。沿着中国文化系统看，除法律科学和法律哲学之外，中国法理学有必要把百年新文化和千年文化传统统合起来，在法律理学维度上作新的尝试和开拓。其二，法治的中国理论。改革开放，基于历史经验和教训，重启了中国政治的权利化和法律化道路，也为中国民主法治的发展打开了更宽广的文化汲取途径。中国的发展，与其说已模式化、固定化乃至中国化，不如说正面临着前所未有的融汇古今中外智慧、重铸中国政道法理的历史契机。在古今中外背景下，提升中国民主法治的人文品质和学理含量，既需要重新开通传统心性或道德系统的生发渠道，也需要充分吸纳西方近代以来的科学理性知识，以彰显政治德性和政治理性，使政治具有更大的道德正当性、权利正当性和法律正当性。其三，法治的中国道路。将法治置于古今历史和文化观念对比语境中思考，是充分理解现代法治的一个必要条件。对法治作一种总体的人文审视，有助于厘清现代法治之文化缘起、发育过程、历史特性和时空方位，进而展现出中国法治构建需要着力维护的基本方面和发展方向。现代中国法治需要吸收历史上三种法治形态的优长，兼顾人的认知理性和道德理性，同时开拓法治的理性价值和道德价值，形成兼具理性人文向度和道德人文向度的"道德的民主法治"。

第 三 章

鉴古识今的中国法制史学

第一节　法制史学发展概述

中国法制史学诞生于清末，在历史的风云中屡经兴废。改革开放之际，法制史学成为法学振兴的排头兵；继而沉潜史料、深耕细作，为中国法学与法治铺路。2012 年以后，法律史学转入继承传统、开创中国研究范式阶段，为形成具有中国特色、中国风格、中国气派的学科体系、学术体系、话语体系做出了重要的学术贡献。法史学具有法学、史学两种进路，不可偏废；法史学承担着探索中华法文化遗传密码的功能，经过积累与沉淀，终将绽放出难以取代的异彩，在正本清源的基础上助推现代法治中国建设。

中华人民共和国成立后，中国法制史学经历了 70 年曲折的发展过程，大体可以分为三个阶段。即第一阶段：改革开放前的中国法制史学（1949—1977）；第二阶段：中国法制史研究的恢复与发展（1978—1992）；第三阶段：中国法制史学的复兴与崛起（1992—2019）。

第一阶段：改革开放前的中国法制史学（1949—1977）。

主要关注对旧法的态度，也涉及受旧法影响的对新法的态度。

对"旧法观点"进行整体的批判，有助于后来对社会主义法学理论（当时主要是苏联法学理论）的全面继受。在 1949—1976 年的 20 多年时间里，旧的法律体系和旧的法学观点被批判和抛弃，然而新的法律体系和新的法学研究却没有能够很好地重建而走向正轨，这除旧无度、布新无着的局面是时代的悲剧，也是中国法学史上沉重的一页。

第二阶段：中国法制史研究的恢复与发展（1978—1992）。

中国法学要复兴，首先必须摆脱和纠正在"法是什么"问题上的一系列"左"倾错误看法。中国法学界拨乱反正的第一个突破口，就选择了"法的继承性问题"。接下来的人治与法治之争，是中国法学界在 20 世纪 70 年代末 80 年代初遇到的最重大的学术难题之一，因而争论更激烈、持续时间更长。法制史学者们积极引导、参与了这一争论，对历史上关于人治和法治的讨论及中华人民共和国成立后关于人治法治问题的观点，做了全面的总结研究，在法学界以及全国理论界引起了很大反响。

这一阶段主要从四个方面为中国法制史学的发展做出了重要的基础贡献。其一，课程设置基本定型，1984 年教育部将课程名称定为"中国法制史""中国法律思想史"且并列为高等教育法学专业课程必修课。其二，研究对象得到重新规范，中国法制史的研究对象被确定为中国历史上不同类型的法律制度的实质、特点、主要内容及其历史发展规律，中国法律思想史的研究对象被确定为中国历史上各个时期不同阶级、集团及其代表人物法律思想的内容、本质、特点、作用、产生与演变的过程。其三，研究方法日趋多元，除阶级分析和历史分析的方法仍占主流外，传统的考订、校勘、训诂、比较研究的方法也得到了应用，也有人开始尝试将哲学、人类学、西方现代语言学、解释学、法社会学、法经济学等其他学科的研究方法应用于中国法律史学。其四，学术活动日趋活跃，学术队伍日益壮大。1979 年中国法律史学会在长春举行成立大会后，分别于 1983 年在西安、1986 年在合肥、1990 年在长沙举行了第二、三、四届年会，并先后成立中国法制史研究会、中国法律思想史研究会等多个分支学术机构。此外，中国法律史学会还组织编写了《法律史通讯》和《法律史论丛》，组织人力、物力开始进行撰写《中国法制通史》和《中国法律思想通史》这两大标志性工程。在此时期，一大批优秀人才主动走入了法律史学研究的教学、研究队伍，他们不仅加强了法律史学的研究力量，还为法学其他学科的发展提供了知识储备和人才储备。

在学术研究方面，特别关注中华法系问题。在断代法制史研究方面，不论是西周法制、秦汉法制、魏晋隋唐法制、宋元明清法制研究，还是清末法制变革、中华民国法制研究，都出现了大量的论文和有分量的专著。在部门法制史研究方面，宪法、刑法、民法、行政法、监察制度方面的法制史都有论著予以涉猎。

但在20世纪80年代末期，随着法制建设工作重心的转移，法学研究的重心也迅速随之转移。与社会思潮密切关联的思辨型法学研究，为社会经济活动迫切需要的应用型法学研究，渐次成为法学研究的主角。与此相映照，法律史学研究则愈加受冷落，其在法学界的影响迅速下降，不仅已经不再是法学中的显学，甚至出现了边缘化的倾向。如何理性看待和应对这种令法制史学者不甘的局面，就成了法律史学者不得不面对的难题。

第三阶段：中国法制史学的复兴与崛起（1992—2019）。

在这一时期，一度出现了法制史研究历程中一个相对的"低谷"。但是法制史学人们依然坚守这块阵地，并做了以下三方面的工作：自练内功，加强学科建设和反思以及法律文献的挖掘、整理和考证工作；深化断代法史和部门法史研究，特别对中国民商法律制度史和民族法史以及近代法律史的研究取得了明显进展；在中华法文化研究和中西法律文化比较研究方面，也取得了长足的进步。

新时代以来，中国法制史学的研究，秉承以史为鉴的优良学术传统，发掘中国传统法律文化的学术价值与治世价值，基于中国特色的法律制度与法律文化研究，发掘中国古代治国理政方式的特殊性，展示了中华民族的政治智慧与法律智慧。在"德法共治"、民法典的编纂、国家监察体制改革、中华法系、中国古代法律形式等重大问题上，提供了法制史学的学术贡献，对中国传统法律文化进行创造性转化与创新性发展，对于中国传统法律文化进行内在性解读，为形成具有中国特色、中国风格、中国气派的学科体系、学术体系、话语体系，做出了重要的学术贡献。

第二节　改革开放前的法制史学
（1949—1977）

中华人民共和国成立前夕，中共中央于 1949 年 2 月发出《关于废除国民党〈六法全书〉与确定解放区的司法原则的指示》，其精神和原则预示了中华人民共和国成立初期掀起的那场规模巨大的摧毁旧法制的运动。1952 年 8 月 7 日《人民日报》的社论《必须彻底改革司法工作》就明确指出，"司法改革运动，是反对旧法观点和改革整个司法机关的运动"，其目的就是要在全国范围内，"从政治上、组织上、思想作风上纯洁各级司法机关"，"有系统地正确地建立和健全司法制度"。对旧法学和旧法观念的批判和斗争，由此在全国范围内展开。

所谓"旧法观点"，当时国家政法领导人将其界定为"从北洋军阀到国民党基本上一脉相传的、统治人民的反动的法律观点"[①]，学者进而将其描述为"国民党反动派的《六法全书》及其一切反动的法律观点，包括反动统治者所遗留的反人民的整套法律制度，从法律的思想体系到司法的组织制度，以及许多统治、压制人民的方

---

① 彭真：《论新中国的政法工作》，中央文献出版社 1992 年版，第 70 页。

法和作风"。① 由此看来，中华人民共和国成立初期对"旧法观点"的批判，实际上是对原南京国民党政权法律制度和法律思想的总清算。

　　受到批判的旧法观点实际是非常广泛的，既涉及对旧法的态度，也涉及受旧法影响的对新法的态度。其一，受到最严厉批判的是"旧法砖瓦论"和"旧法可用论"。这种观点认为，我们把法律旧建筑打碎之后，有的砖瓦还可以为我们所用。这实际上是对旧法的某些合理因素可以进行继承的观点。但是，这种观点被视为不懂得人民的法律与反动的旧法律有着本质的区别，不懂得从表现官僚资产阶级和地主阶级意志的反动的国民党旧法律中是不可能吸取任何东西来为人民司法工作服务的，因而就混淆了新旧法律的界限，不知不觉做了旧法的俘虏。② 其二，对于"法律面前人人平等的原则""契约自由"和"既往不咎的原则"之类的观点，将其批判为违反了人民民主专政原则，是用敌我不分的谬论来为人民的敌人服务。其三，对于那些认为"法官应当独立审判，只服从法律"的"司法独立原则"，以及认为县长、市长兼法院院长违反了司法与行政独立的原则，院长掌握案件的判处权侵犯了审判员的审判权，镇压反革命既是司法工作就不应由军法处办理等观点，均被视为不要政治领导，向政治"闹独立性"③，是资产阶级"三权分立"思想的体现。其四，对于"办案必须制定和遵循一套完备的司法程序"的观点，被视为严重脱离群众，会造成司法机关衙门化，成为压制人民的官老爷，成为用旧的机械的程序和烦琐的手续来拖延办案和压制人民的借口。其五，"司法应有自己的工作路线和方法"的观点认为，司法活动是与政治运动有别的专门知识和业务，需要由熟悉业务的专

---

① 李光灿、李剑飞：《肃清反人民的旧法观点》，《人民日报》1952年8月22日。
② 魏文伯：《彻底进行司法改革工作必须贯彻群众路线》，载武延平等编《刑事诉讼法参考资料汇编》（中册），北京大学出版社2005年版，第738页。
③ 叶澜：《清算反人民的旧法观点》，《人民日报》1952年10月17日。

门人员来完成。坚持司法工作路线的人员反对在司法活动中搞运动，认为走群众路线是一般的路线方法而不是或不完全是司法工作的路线和方法。而这种观点被批判为脱离群众运动、脱离党和国家中心工作，是孤立办案，"关起门来办案"的旧司法作风。其六，对于"重视法律的权威，依法治国"的观点，将其视为没有政治观念、拒绝接受中国共产党领导的表现。

今天的人们或许大多无法理解，上述大多可算作"公理"和常识的法律观点，怎么会被统统视为"旧法观点"而予以批判？这需要仔细回溯历史并探究其中的缘由之后，才能理性解答。"对于一场法律革命而言，如何对待它先前的法律遗产，这是革命的设计者和组织者必须认真严肃地思考的重要问题。在中国的历史条件下，中国共产党人清醒地意识到，中国社会主义法制不可能在旧法制的基础上建立，而必须运用革命的暴力手段打碎旧的国家机器，废除国民党反动政府的伪法统。"① 《关于废除国民党〈六法全书〉与确定解放区的司法原则的指示》符合当时共产党人对法制的一般理解，即国民党的法律体系和一般资产阶级法律一样，在所谓"法律面前人人平等"的虚伪面纱背后，实际上是维护地主阶级和官僚资产阶级统治的工具，是镇压和束缚人民的武器；而"我们的人民民主专政的国家制度是保障人民革命的胜利成果和反对内外敌人的复辟的有力的武器，我们必须牢牢地掌握这个武器"。② 在"枪杆子里面出政权"以后，共产党人就必须牢牢把握人民民主专政的"刀把子"，以此保证新民主主义社会的巩固、稳定和发展。所以，新中国法制建设的基本精神和方向必然是废除《六法全书》，另起炉灶。针对当时不少司法干部提出的在解放区使用国民党法律体系中合理部分的主张，中央指示明确表示不能保留《六法全书》的任何部分。这既表现了当时共产党人同旧政权坚决划清界限的决心，也体现了共产

---

① 公丕祥主编：《当代中国的法律革命》，法律出版社1999年版，第40—41页。
② 《毛泽东选集》第五卷，人民出版社1977年版，第5页。

党人对用自己的方式进行新政权建设的自信心。

在中华人民共和国成立初期，国民党《六法全书》虽然从总体上被废除，但其所遗留的"旧法观点"却在司法领域和法学教育领域有着广泛而深刻的影响。例如在土地改革中，有的司法人员按照"法律面前人人平等"的原则，把地主和农民同样对待，开庭时宣布严格的"庭规"十二条，结果文化程度普遍低下的农民说话处处受到限制，吓得不敢说话，而文化程度普遍较高的地主却能趾高气扬、侃侃而谈。这些司法人员不懂得人民法庭就是要保障农民有秩序地进行反封建的斗争，镇压地主的反抗，因而被认为在实际上帮助了地主。在镇压反革命运动中，对过去那些作恶多端、人民恨之入骨的反革命分子，有的法院却以"未遂""时效""反革命是执行上级命令的职务上的行为"等"旧法观点"处理，被认为是有意无意地产生为反革命分子开脱罪责并减免惩罚的效果。对待不法地主和资本家同群众签订的明显不平等合同，一些法院也以"契约自由""私权关系"等"旧法观点"予以法律上的承认，被认为没有考虑到人民法庭应当以革命法制对劳动人民和国家公共利益予以保障。所有这些都表明，主要在和平年代应用的"四平八稳""不偏不倚"的司法系统和理念，根本无法适应"急风暴雨"式的革命运动形式的发展，不能真正成为人民民主专政的有力武器和得心应手的"刀把子"。在旧法被废除后，上述看起来是很中性的法律观点和原则，被视为"旧法观点"而遭到批判就在政治情理之中了。今天看来，这明显是一种在泼洗澡水时连洗澡盆也一并扔了的不当做法。但考虑到当时的国内外形势和党的政治路线与思想路线，在客观条件上不允许、主观条件尚不具备的情况下，将"旧法观点"这个"洗澡盆"与"旧法"的"洗澡水"一并扔掉，也不失为快速解决当时革命实践问题的一种办法。

置于当时的时代背景中，可以看出对"旧法观点"的批判在总体上还是具有积极意义。其一，建设在性质与本质上全新的政权体制，必然伴随对旧政权体制包括法律及附着其上的意识形态的清除，因此在当时的情形下，对"旧法观点"的批判是不可避免的政治选择。其二，对"旧法观点"批判的基本指向是正确的，彻底揭露国民党旧政权法律制度的本质，可以在法律制度上和法律观念上清除其对社会的观念钳制。其三，对"旧法观点"的彻底批判，可以迅速统一法律界尤其是司法界的思想，有助于建立全新的司法队伍，以满足社会大变革时期的法制需要。其四，对"旧法观点"的彻底批判，有助于后来对社会主义法学理论（当时主要是苏联法学理论）的全面继受。

　　当然，1952 年开始的带有很强政治性的司法改革运动，还是给后来的社会主义法制建设留下了很大的后遗症。社会主义国家废除旧法律，绝不意味着新旧法律之间决无共同之处，诸如法律面前人人平等、契约自由、审判独立、程序正义、罪刑法定、不咎既往、承认法律的继承性等法学观点，都是任何法制社会应该接受的不言而喻的"公理"。这些法律"公理"被当作"旧法观点"而遭到批判和抛弃，只能说明新生政权仅仅看到了法律的政治性而忽视了法律的专门性和科学性。拒绝承认新旧法律的任何继承性，将使新的社会主义法制建设成了"无源之水、无本之木"。在组织上一批训练有素、有操守、懂法律的"旧法"工作人员被从司法机关清除出去，一大批无政治问题的法学专家、教授被拒于新的司法机关与大学法学讲坛之外，而一批文化偏低并缺乏法律知识的革命干部被调去充当审判员的工作，这种司法大众化的路线或许可以收效于一时，却给未来留下更大的危害。从这个意义上讲，司法改革运动中对"旧法观点"的批判存在着扩大化、偏执化的倾向，实际上否定了法律和司法本身。当时也有人敏锐而有预见地认识到了这一点。董必武在 1956 年中共八大的发言中就指出，"全国解放初期，我们接连发动了几次全国范围的群众运动，都获得了超过预期的成绩。革命的群众运动是不完全依靠法律的，这可能带来一种副产物，主张人们轻视一切法制的心理，这也就增加了党和国家克服这种心理的困难"。① 简单和粗暴地将所有"旧法观点"与"旧法"一并否定和抛弃，不可避免地造就了法律虚无主义的历史倾向。

1954 年宪法颁布后，全国的立法进程明显加快。在制定新的法律时，能否借鉴、吸取旧法律中有用的、合理的因素，就成为法学界迫切需要解决的问题。1956 年《华东政法大学学报》先后发表了李良的《"百家争鸣"和法律科学》、刘焕文的《在"百家争鸣"中谈旧法思想》以及杨兆龙的《法律的阶级性和继承性》三篇论文。接着在 1957 年出版的《法学》双月刊、《政法》双周刊和中央政法干校校刊《教与学》中，都陆续刊登了有关法律的阶级性和继承性方面的文章。在讨论中，大多数学者认为在法律文献汗牛充栋的旧时代，法律资料中有着丰富的遗产，经过批判后可以吸收利用。为了贯彻"双百"方针，上海法学会还于 1957 年 3 月 14 日召开了专题学术座谈会，参加座谈会的有华东政法学院、复旦大学法律系、上海法律学校的教师和上海市各政法机关的法律工作者以及社会法学界人士共 50 人。座谈会围绕着以下几个问题进行了研讨：法律和经济基础的关系；法律的阶级性是否统一；新旧法、新旧法思想和新旧法学是否有内在联系；旧法能否在社会主义国家利用；法学遗产的意义和范围。② 法学界在 1956—1957 年间围绕着法律的阶级性和继承性问题的学术争论，集中反映了当时的人们对法律的本质的一般看法。

有关如何对待旧法、辩证看待法的阶级性与继承性的讨论深化了人们关于法律本质的认识，其中提出的一些见解非常具有针对性和前瞻性。但遗憾的是，从 1957 年起，党的"左"倾错误在国家政治社会生活中的影响不断加深。倡导这些观点的人，大都被扣上"右派"的帽子而遭到长时间的批判和不公正待遇，由此阻塞了有关对法律本质进一步探讨的学术空间。以至在 1958 年"大跃进"中刮

---

① 《董必武法学文集》，法律出版社 2001 年版，第 350 页。

② 参见梅耐寒整理《关于"法的阶级性和继承性"的讨论——介绍上海法学会第二次学术座谈会》，《法学》1957 年第 2 期。

起的"共产风"和"浮夸风"中，错误地认为可以很快消灭一切反革命活动和其他刑事犯罪活动，司法机关在办理案件中，不再需要遵循法律程序；甚至第七次全国司法工作会议说司法程序是"烦琐哲学"，按照程序办案是"旧法观点"，因此要"打破陈规，改旧革新"。

在 1949—1976 年的 20 多年时间里，旧的法律体系和旧的法学观点被批判和抛弃，然而新的法律体系和新的法学研究却没有能够很好地重建而走向正轨，这除旧无度、布新无着的局面是时代的悲剧，也是中国法学史上沉重的一页。

第三节　法制史学的恢复与发展
（1978—1992）

1976 年"文化大革命"结束之后，中国法学迎来了科学的春天。1978 年 3 月 16 日，中国社会科学院召开法学科研规划座谈会，讨论如何开展和组织法学研究，这标志着中国法学研究在新时期的重新启动。1979 年 9 月，由中国社会科学院法学研究所、吉林大学法律系等单位发起，在长春市召开中国法制史、法律思想史学术讨论会，会议发起成立了我国第一个全国性法学学术组织——中国法律史学会。1979 年复刊的《法学研究》杂志第 1 期共登载了 9 篇学术论文，其中 7 篇文章大致属于法制史学的范畴。当今许多部门法的学者，如陈光中、高树异、王忠等，都曾经在 1978—1979 年前后对法制史学做过研究。这表明在中国法学复兴的道路上，在随后法学界展开的拨乱反正和思想解放大讨论中，法制史学者起到了"排头兵"的作用。

中国法学要复兴，首先必须摆脱和纠正在"法是什么"问题上的一系列"左"倾错误看法。但阶级分析方法当时在中国学术界"一统天下"，当时的中国法学界也不可能在关于"法的本质"问题上真正有所突破。于是中国法学界拨乱反正的第一个突破口，就选择了"法的继承性问题"。《法学研究》复刊后的第 1 期，登载法制史学者林榕年的文章《略谈法律的继承性》，第 2 期登载法制史学者栗劲的文章《必须肯定法的继承性》，正式提出了"法的继承性"这一命题。他们认为，从历史上看，剥削阶级在其上升时期创立的许多制度具有一定的人民性，而在其走向腐朽没落时也不会把这些优秀的东西完全抛弃，无产阶级对剥削阶级法律中的有人民性的部分应当继承。因此，历史上的法律所体现的地主阶级意志和资产阶级意志不能继承，但古代和近代法律的形式，也包括一些制度，如罪刑法定、公开审判、辩护制度、陪审制度等都可以继承。为了避免全盘接受剥削阶级法律的嫌疑，他们将"继承"解释为"扬弃"，并再三强调对旧的法律制度可以借鉴，对剥削阶级的法律思想可以吸收，而借鉴和吸收都不是全盘接受。对于因阶级性而异质的法律之间能否继承的问题，法制史学界给出了明确的回答，"法律的阶级性不能否定法律的继承性"[①]。承认法律的继承性问题，不仅为法制史学界研究中外历史一切所谓"剥削阶级"的法律制度和法律思想提供了正当性理由，而且也为中国社会主义法制建设应当借鉴和吸收中外历史上人类一切优秀文明成果打下了思想基础，其理论意义与实践意义都非常重大。

接下来的人治与法治之争，是中国法学界在 20 世纪 70 年代末 80 年代初遇到的最重大的学术难题之一，因而争论更激烈、持续时间更长。法制史学者们积极引导、参与了这一争论，1979 年《法学研究》第 5 期率先发表了谷春德、吕世伦、刘新的《论人治和法治》和张晋藩、曾宪义的《人治与法治的历史剖析》两篇论文，对历史上关于人治和法治的讨论及中华人民共和国成立后关于人治、法治问题的观点，做了全面地总结研究，在法学界以及全国理论界引起了很大反响。随后张国华发表《略论春秋战国时期的"法治"与

---

① 苏谦：《也谈法律的继承性》，《法学研究》1980 年第 10 期。

"人治"》①，不仅全面总结了先秦时期的人治和法治的观点，而且也对中国的人治法治论、西方的人治法治论和法治人治的本来含义，做了细致的比较研究。通过广泛而深入的讨论，法学界普遍接受了"法治优于人治"的历史观点，依法治国、倡导法治的观点成为学术主流，这不仅标志着法学界拨乱反正工作的基本结束，并为此后的依法治国方略的提出做了理论准备。

拨乱反正的工作基本完成后，许多法制史学者潜心学术，中国法制史学的研究进入了全面恢复与发展时期。这主要表现在这样一些方面：其一，课程设置基本定型，1984 年教育部将课程名称定为"中国法制史""中国法律思想史"，并列为高等教育法学专业课程必修课。其二，研究对象得到重新规范，中国法制史的研究对象被确定为中国历史上不同类型的法律制度的实质、特点、主要内容及其历史发展规律，中国法律思想史的研究对象被确定为中国历史上各个时期不同阶级、集团及其代表人物法律思想的内容、本质、特点、作用、产生与演变的过程。其三，研究方法日趋多元，除阶级分析和历史分析的方法仍占主流外，传统的考订、校勘、训诂、比较研究的方法也得到了应用，也有人开始尝试将哲学、人类学、西方现代语言学、解释学、法社会学、法经济学等其他学科的研究方法，应用于中国法制史学。其四，学术活动日趋活跃，学术队伍日益壮大。② 1979 年中国法律史学会在长春举行成立大会后，分别于1983 年在西安、1986 年在合肥、1990 年在长沙举行了第二、三、四届年会③，并先后成立中国法制史研究会、中国法律思想史研究会等多个分支学术机构。此外，中国法律史学会还组织编写了《法律史

---

① 张国华：《略论春秋战国时期的"法治"与"人治"》，《法学研究》1980 年第2 期。

② 以上内容参考了沈国明、王立民主编的《二十世纪中国社会科学》（法学卷），上海人民出版社 2005 年版，第 237—243 页。特此致谢。

③ 自 1995 年南京年会起，中国法律史学会年会每年召开，形成定制，迄今已连续召开 24 次年会。

通讯》和《法律史论丛》，组织人力、物力开始进行撰写《中国法制通史》和《中国法律思想通史》①这两大标志性工程。此时期，一大批优秀人才主动走入了法律史学研究的教学、研究队伍，他们不仅加强了法律史学的研究力量，还为法学其他学科的发展提供了知识储备和人才储备。

这个时期中国法制史研究的复兴，更多地还表现在研究内容的深化和研究范围的拓展上。法制史学者除了继续关注法制通史领域的一些重大理论问题外，在断代法制史、部门法制史、专题法制史以及法律史料学的研究方面，都取得了可喜的成果。

在一些涉及学科发展的重大理论问题上，除了法的继承性问题和关于中国法制史学科的研究对象、范围和方法的讨论之外，法制史学界还相继进行了关于中华法系问题、中国法律的起源问题、中国法律儒家化问题的讨论。如中华法系问题，早在20世纪二三十年代就有学者进行了研究，1980年陈朝壁发表了《中华法系特点初探》②，把这个半个世纪前的话题再次提了出来并引起了热烈的讨论，以致1983年中国法律史学会年会设专题专门讨论了这一问题。经过认真的讨论和争论，关于中华法系的断限、内涵、特点和历史成因等问题，都有了进一步清晰的认识。虽然对这个问题学界还没有完全达成共识，但围绕着这个问题的讨论，使得中国古代法律的基本特征和基本线索的宏观轮廓更加清晰，这对中国法制史学科的整体发展，都大有裨益。

断代法制史研究方面，不论是西周法制、秦汉法制、魏晋隋唐法制、宋元明清法制研究，还是清末法制变革、中华民国法制研究，都出现了大量的论文和有分量的专著。各朝代的一些重要问题，如

---

①　由张晋藩主编的《中国法制通史》（10卷本）于1998年由法律出版社出版；由李光灿、张国华主编的《中国法律思想通史》（11卷本）于2001年由山西人民出版社全部出齐。

②　陈朝壁：《中华法系特点初探》，《法学研究》1980年第10期。

《法经》的真伪、秦代的"隶臣妾"、《唐律疏议》的制颁年代、宋
代律敕关系、《明大诰》、明清律例关系、太平天国法制、革命根据
地法制研究，都得到了认真讨论和研究。特别是秦代法制史研究，
成就最大。1975 年睡虎地秦墓竹简被发现后，为秦代法制史研究提
供了丰富的原始资料，这时期先后有近 200 篇论文发表，《秦律通
论》也于 1985 年出版①，秦代（国）法制得到了更为全面深入的
研究。

在部门法制史研究方面，宪法、刑法、民法、行政法、监察制度
方面的法制史都有论著予以涉猎，其中以中国刑法史的研究最为深
入。这是毫不奇怪的。中国刑法的发达有着悠久的历史，代表着中华
法系的主要方向和特征，传统律学实际上就是刑法注释学。在如此丰
厚的历史积淀基础上，加上 1979 年刑法颁行的间接激发，蔡枢衡、周
密、张晋藩等关于中国刑法史的专著相继出版。② 另外由段秋关翻译
的日本人西田太一郎的《中国刑法史研究》，也于 1985 年由北京大
学出版社出版。日本人研究中国法制史的成果，为我们展示了中国
法制史研究的不同视野和角度，为我们的自我观照提供了镜鉴。

自 1978—1992 年的近 15 年里，"法律史学通过引领、开展和参
与改革开放初期一系列法学基本理论问题和法制实践问题的讨论，
不仅承担起连接历史的法与现在的法的任务，而且在实现法学理论
和法制建设的指导思想的拨乱反正，促进我国的民主和法制建设，
论证和推动改革开放等重大学术问题和实践问题的讨论中，发挥了
应有的作用，为中国法制建设提供了有益的借鉴，同时其自身也得
到充分发展"③。同时，我们也清醒地看到，随着中国经济和中国法

---

① 栗劲：《秦律通论》，山东人民出版社 1985 年版。

② 蔡枢衡：《中国刑法史》，广西人民出版社 1983 年版；周密：《中国刑法史》，
群众出版社 1985 年版；张晋藩主编：《中国刑法史稿》，中国政法大学出版社 1991 年
版；张晋藩等：《中国刑法史新论》，人民法院出版社 1992 年版。

③ 张中秋：《中国法治进程中的法律史学（1978—2008）》，《河南省政法管理干
部学院学报》2009 年第 2 期。

学在新时期的快速发展，中国法制史学科自身的缺陷和不足也明显起来，这主要表现在：不管是制度史研究还是思想史研究，对文献、典籍等史料的挖掘和整理工作重视不够，史料的运用明显不足，"以论带史"的现象比较普遍；阶级分析的方法没有同历史分析方法完全有机结合，对法律实践和历史人物的评价偏离历史唯物主义的要求，盲目拔高或苛求"古人"的现象时有发生，而且研究对象离研究者的时空越近，这个现象越严重；断代史研究中，中华民国法律史的研究明显不足，清末法律变革的研究也有待深化；部门法史研究中，除中国刑法史、司法制度史外，其他如民法、经济法、（少数）民族法等部门法史研究尚待加强。

　　在 20 世纪 80 年代末期，随着法制建设工作重心的转移，法学研究的重心也迅速随之转移。与社会思潮密切关联的思辨型法学研究，为社会经济活动迫切需要的应用型法学研究，渐次成为法学研究的主角。与此相映照，法制史学研究则愈加受冷落，其在法学界的影响迅速下降，不仅已经不再是法学中的显学，甚至出现了边缘化的倾向。如何理性看待和应对这种令法制史学者不甘的局面，就成了法制史学者不得不面对的难题。

第四节　法制史学的复兴与崛起
（1992—2019）

　　党的十四大确定了"建设社会主义市场经济"的中心工作目标，在"市场经济就是法制经济"的共识下，中国的立法进程明显加速，如《公司法》《合同法》《物权法》等一大批新法律先后颁布实施，一大批原有的法律被修改或被废止。正是在这样一个法律和社会生活都急剧变动的时代，关于中西法律文化的冲融关系问题，再次成为理论法学界关注的焦点和基本命题。在当代中国的法制化进程中，到底应该如何看待中国法律的内在因子和外来因素，以及如何处理中外因素的冲突，所有见证和参与当代中国法律现代化进程的法学学者，都不得不面对并回答这一问题。凭着丰厚的历史底蕴和独特的历史视野，中国法制史学界也正尝试着回答这一问题。

在这一时期，一度出现了法制史研究历程中一个相对的"低谷"。原因在于，为适应迅猛发展的市场经济的紧迫需求，经济法、民商法成为炙手可热的学科，大量的法律移植使介绍西方法制模式和理念的论著充斥报端媒体，中国法制史学科因而显得相对冷清。但是法制史学人们依然坚守这块阵地，并做了以下三方面的工作：自练内功，加强学科建设和反思以及法律文献的挖掘、整理和考证工作；深化断代法史和部门法史研究，特别对中国民商法律制度史和民族法史以及近代法律史的研究取得了明显进展；在中华法文化研究和中西法律文化比较研究方面，也取得了长足的进步。

如何科学地认识中国法律发展史，推动法制史研究走向科学，是当代法制史学者面临的重大命题。中国法律史学会 1999 年、2000 年年会，都以法史研究的"新思维、新方法"为中心议题展开了讨论。2002 年 2 月 1 日出版的《社会科学报》，开辟"中国法律史研究反拨"专栏，发表了四位学者的文章，就法史传统研究模式的缺陷、误区和在转折时期的使命等，发表了新的见解。在此之后的几年中，我国法制史学界陆续发表了一系列论文，对传统的"诸法合体"说、"民刑不分"说、"以刑为主"说、"以例破律"说及否认古代法律的社会功能的观点，进行了深刻剖析与批驳。在这场关于如何科学地认识中国法律发展史的探讨中，学者们提出了许多新的观点：正视法史传统研究模式的缺陷，变革研究思维和研究方法；质疑"诸法合体""以刑为主""民刑不分"说，正确认识中国古代法律体系；质疑"唐以后古代法制停滞"论和"律学衰败"说，正确阐述古代后期法制和律学的发展；厘正"以例破律"说和例的研究中的不实之论，正确评价例的历史作用；按照实事求是的认识论，准确地表述中国传统法制的基本特征。

为了给法史研究提供丰富的基础资料，很多学者还参加了法律文献的整理工作，并取得了重大成果。据不完全统计，仅在 1996—2006 年间，我国学界出版的法律古籍整理成果上百部，收入文献 500 余种，计 5000 余万字。这 10 年中法律古籍整理成果的数量，超过了中华人民共和国成立后的前 40 年的总和。近年来出版的一些法律古籍成果，其内容涉及历朝颁布的法律法令、地方法律、判例案牍、律学文献、法学文集等各个方面。其中，文献规模较大或有较大影响的代表性成果有《中国珍稀法律典籍续编》《张家山汉墓竹简》所载《二年律令》和《奏谳书》《天一阁藏明抄本天圣令校正》《元代台宪文书汇编》《中国监察制度文献辑要》《中国古代地方法律文献》甲编《古代榜文告示汇存》《古代乡约及乡治法律文献十种》《历代判例判牍》《刑案汇览》《中国律学丛刊》《中国律学文献》《沈家本未刻书集纂》《中国近代法学译丛》《中国历代民族法律典籍》《田藏契约文书粹编》《清代条约全集》等。①

不可否认，在部门法史研究中，民法史的研究一直不及刑法史。其主要原因在于：第一，一些学者对中国古代是否存在民法至今尚抱有疑虑，关于这一问题的争论时有出现。由于前提问题没有达成共识，导致整个民法史研究裹足不前。第二，中国古代民法没有形成像"亲亲相隐""以服制论罪"等具有典型中华特色的制度，导致学者们在研究总结时难以形成着力点。第三，中国古代民法的运用，民间远比国家活跃，大量的民法资源和文献，散见于官方的判牍、民间的契约、习惯法等，这给研究者带来了系统搜集材料的困难。然而，中国民法学的迅猛发展，迫使法律史学界不得不寻找沟通与对话的渠道，民法史研究因而有了很大进展，出版了以叶孝信、张晋藩等学者为代表的十余部民法通史专著。这些通史性民法著作的出现，标志着中国民法史领域的研究已日臻成熟和系统化。同时，从财产法、契约法到婚姻、继承制度都出现了专门性论著，而大量

---

① 参见中国社会科学院法学研究所法制史室编《中国法律史学的新发展》，中国社会科学出版社 2008 年版，第 2—9 页。

论文则对上述内容进行了补充、完善和深化，其中成就较突出的是关于民事习惯法、契约法、敦煌民事文书等内容的研究。但是，问题也是显而易见的，按照现代民法的体系生搬硬套我国古代民法的内容，虽然可以使其得到规范化的整理和系统编排，却也存在削足适履的危险。实际上最后可能还是达不到古今沟通与对话的目的。

关于中华法文化的研究自 20 世纪 90 年代中期以后逐步形成热潮，应当说，这是中国法制史研究和中国法律思想史研究发展的必然结果。然而，这一研究领域的出现和强劲势头，使中国法制史学科的格局发生了变化，原来以法制史和法律思想史为基本组成部分的体系正在被逐渐打破，中华法文化的研究有望成为独立于法制史和法律思想史之外的新的子学科。同时，在与 21 世纪交替之际诞生出这样一个新的研究领域，也有其深刻的社会环境根源。也许是历史的巧合，在与上一个世纪交替的时候，中国经历了一场前所未有的、旷日持久的法律文化大论争，而现在我们又一次面临着同样的命题。所不同的是，上一次论争重在"西法为用"，即如何引进西方法律制度为中国所用；这一次论争则重在是否以"中学为体"以及如何以"中学为体"。学者们更多关注的是应否回归到中国传统文化，如何利用固有法资源。在国际化与现代化的视野下，法史学人对中华法文化从内涵、表现形式到与西方法文化的异同以及现代化的转型等，进行了深刻的审视和反思。目前有关这方面的论著约 20 部，论文近 1000 篇，形成的结论大致可以分成两派，一些学者认为中华法文化有许多积极因素，应当在现代予以发扬和继承；另一些则认为中华法文化中消极的因素过多，应当进行大力的改造和摒弃。无论是褒扬还是贬抑，学者们的目的却是共同的：试图揭示中国原生态法文化的本来面目，并从中汲取可服务于现代的养分和资源。

关于中华法文化的研究主要集中在以下几个问题上：（1）中华法文化的特质及其形成原因。学者们从中华法文化起源、内核、阶段划分、演进方式到导致其产生的物质条件、思想根源、哲学基础等进行了多层面、多角度的考察，分析了中华法文化的公法性、家族化、宗教性、专制性等特质。（2）关于礼与法、礼治与法治、伦理道德与法律的研究。由于"依法治国"和"以德治国"等理念的政策化法律化，礼与法、礼治与法治、伦理道德与法律等这些自中华法文化产生以来就贯穿始终的关系被重新诠释和解读。学者们从礼与法的起源、家礼与国法的关系、权利与义务的内涵、道德信念和法治信念的价值等方面为中国未来的法治发展方向提供思路。（3）关于传统法文化的现代化转型。自 20 世纪 80 年代中期开始，"传统与现代化"这个话题可谓长盛不衰，法学界尤其是法律史学人侧身其间虽然稍晚，但后势甚雄。围绕这一领域展开的讨论，主要集中在传统法文化与现代法治精神的契合程度、冲突因素以及如何改造等问题。目前关于传统法文化与现代化的论著、论文层出不穷，几成滥觞，然而真正有理论高度的精品力作稍嫌欠缺。但这至少说明了一点：在经受了一系列法律移植所带来的负面效应后，学者们开始反思法律在中国运行的社会基础与伦理环境，并由此引发了回归本土法文化的浪潮。其中，梁治平[①]和朱苏力[②]的观点最有代表性，也最有影响。

自 1840 年鸦片战争后中国踏入近代以来，西方文化与中国传统文化的关系问题，就一直是导致中外冲突和国内重大事变的一大根源，问题的解决之道也一直让"历史的创造者"煞费苦心。从学习西方"船坚炮利"的"师夷长技以制夷"，到洋务运动的"求强求富"；从追求大变、全变的"百日维新"，到稍后的清末新政，解决之道大致不出"中体西用"的范畴，尽管西用的概念（西用、西器、西学）从兵器、军工、经济等物质的层面一直延伸到官制、法律、宪政等制度层面，中体的概念（中体、儒道、中学）则从"文

---

① 梁治平编：《法律的文化解释》，生活·读书·新知三联书店 1994 年版；《清代习惯法：社会与国家》，中国政法大学出版社 1996 年版；《乡土社会中的法律与秩序》，载王铭铭、王斯福主编《乡土社会中秩序、公正与权威》，中国政法大学出版社 1997 年版。

② 苏力：《法治及其本土资源》，中国政法大学出版社 1996 年版。

物制度"一直缩小为纲常之道。这说明在"五四"新文化运动之前，在物质、制度、精神三个层面上，中国"历史的创造者"试图通过不断重新解释和划定"中体""西用"的范围和界限，来解决它们之间的紧张。趋势是"西用"的内涵和外延不断扩大而"中体"的内涵和外延不断缩小，最后退守到精神领地以安身立命。"五四"新文化运动发动"思想革命"后，以儒家为代表的中国传统伦理道德遭到批判，思想界主张彻底反传统、全盘西化的倾向出现。伦理道德是精神领域里最核心的内容，一个民族的伦理道德是这个民族认识、改造世界的价值标准。放弃了本民族自己的标尺，就只能拿外来的标准为标准，失去了民族鉴别力，鲁迅所讲的"拿来主义"就是一句空话。所以自清末修律以来，历代立法者所标榜的，大都不出"折衷各国大同之良规，兼采近世最新之学说，而仍不戾乎我国历世相沿之礼教民情"① 的"会通中西"原则，但实际做的或者只能做到的，却是"专以折冲樽俎、模范列强为宗旨"②。今天，西方的法律精神和话语已经成为中国立法体系的主流，但却无法在中国这块土地上扎下根来，只能飘浮在中国的上空。传统法律的体系和话语在形式上已经荡然无存，却仍然顽强而深刻地影响着中国人的生活，并实际主宰着每一个中国人的命运。中外法律文化似乎从来就没有真正融合过，它们以这种奇特的二元对立的形式存在于中国社会当中。这显然是我们所不愿意看到的，也是法制史学者们应当给予解释之理和解决之道的。

法制史学作为历史学与法学的交叉研究学科，具有历史学研究的学术传统。"辨章学术，考镜源流"，首先需要对汗牛充栋的中国古代法律文献进行整理与研究。对于早期中国的法律文献整理，新

---

① 光绪三十三年十一月二十六日修订法律大臣、法部右侍郎沈家本《为刑律分则草案告成缮具清单折》，见《钦定大清律例》卷前奏折。

② 光绪三十四年正月二十九日修订法律大臣沈家本等《奏请编定现行刑律以立推行新律基础折》，参见故宫博物院明清档案部编《清末筹备立宪档案史料》，中华书局 1979 年版，第 852 页。

时代法律史研究主要集中于出土金文与包山楚简。商周时期，"国之大事，在祀与戎"，青铜器作为国之重器，相关学者利用新出金文对西周时代王畿之外的邦国法秩序与田土诉讼进行研究，想象建构早期中国的法秩序与诉讼文明。《刑鼎、宗族法令与成文法公布——以两周铭文为基础的研究》① 认为，春秋晚期铸造刑鼎争论的真正价值在于，它显示出宗族治理社会的模式行将崩溃，立法者的身份亟须重新界定，法令适用群体亟须超越宗族范围，此时宗族礼器及其铭文无法承载更多的社会功能。而战国时期包山楚简司法文书地整理与研究，为进一步认识早期中国的司法诉讼程序提供了重要的史料参考。

秦汉帝国是帝制中国的初期，遵循着文书行政的帝国政治运行逻辑，睡虎地秦简与张家山汉简的出土为秦汉法律史研究提供了重大的助推作用。2012 年以来，伴随着岳麓秦简、里耶秦简、睡虎地汉简、长沙五一广场东汉简牍的出土与整理研究，秦汉法律史研究迎来新的发展时期。尤以学界整理《岳麓书院藏秦简》（5 册）为代表，包含《为吏治官及黔首》《为狱等状四种》《秦律杂抄》《秦令杂抄》等重要法律资料，出版重要学术研究成果，如《秦律研究》《岳麓秦简复原研究》《岳麓书院藏秦简〈为狱等状四种〉与秦代法制研究》《秦汉刑事法律适用研究》《简牍秦律分类辑析》，有助于推进秦汉法律体系的复原，开启秦汉法律史研究的新局面。唐宋主要集中于敦煌文献再搜集整理与天圣令、西夏文书的整理研究。出版《两汉魏晋南北朝石刻法律文献整理与研究》《〈天盛律令〉研究》。②

中国社会科学院法学研究所杨一凡研究员长期从事中国古代珍稀法律文献的整理研究工作，自新时代以来，先后整理出版大型法

---

① 王沛：《刑鼎、宗族法令与成文法公布——以两周铭文为基础的研究》，《中国社会科学》2019 年第 3 期。

② 参见闫强乐整理《中国法律史研究论著目录》，《法律文化论丛》第 7 辑，知识产权出版社 2017 年版。

律古籍丛书，如《古代判牍案例新编》（20 册）、古代珍稀法律典籍新编（30 册）、《中国古代地方法律文献（丙编）》（15 册）、《中国律学文献》第五辑（14 册）、《皇明制书》（4 册）、《中国古代民间规约》（4 册）、《清代成案选编》（甲编）（乙编）（80 册）、《清代秋审文献》（30 册）、《清代判牍案例汇编》（甲编）（乙编）（100 册）、《大清会典》（康熙朝）（乾隆朝）、《沈家本辑刑案汇览三编》。亦主编《日本学者中国法制史论著选》《历代令考》《百年中国法律史学论文著作目录》①，为坚实中国法制史学研究的史料基础做出了贡献。

中国是一个文物大国，金石碑刻作为传统中国的独特文字载体，发掘其中的法治文明密码，有助于理解中国风格的中国法律史。中国政法大学法律古籍整理研究所以文物来构建中国传统法制文明，关注古代实物法律史料和碑刻法律文献的整理与研究，出版《法韵中华》《碑刻法律史料考》《中国古代石刻法律文献叙录》《法制镂之金石传统与明清碑禁体系》等文献成果。②

学界也关注整理晚清民国时期的法律文献资料，如《大清新法令（1901—1911）》《大清新刑律立法资料汇编》《朝阳法科讲义》《中国近代刑法立法文献汇编》《中华民国法规大全：1912—1949》《清末民国法政期刊汇编》。同时亦关注清末法律学人的私人著述，如《慎斋文集》《乐素堂文集》《唐烜日记》《大清律讲义》《大清律例讲义》《大清现行刑律讲义》，发掘晚清变法修律保守者的观点。学界在新时期亦关注民间司法、诉讼、契约档案资料的收集整理，出版《龙泉司法档案选编》《中国古代民间规约文献集成》《明清徽州诉讼文书研究》《山西民间契约文书搜集整理与研究》《清水江流域典当契约文书研究》《甘肃岷县新出大崇教寺契约文书研究》

---

① 参见赵九燕、杨一凡编《百年中国法律史学论文著作目录》，社会科学文献出版社 2014 年版。

② 李雪梅：《法制"镂之金石"传统与明清碑禁体系》，中华书局 2015 年版。

等成果。①

中国法制史学研究对于国家治国理政最具影响力的观点，是为"德法共治"。中共中央政治局 2016 年 12 月 9 日就我国历史上的法治和德治进行第三十七次集体学习，习近平总书记在主持学习时强调"法律是准绳，任何时候都必须遵循；道德是基石，任何时候都不可忽视。在新的历史条件下，我们要把依法治国基本方略、依法执政基本方式落实好，把法治中国建设好，必须坚持依法治国和以德治国相结合，使法治和德治在国家治理中相互补充、相互促进、相得益彰，推进国家治理体系和治理能力现代化"。中国政法大学法律史学研究院院长朱勇就这个问题进行讲解，并谈了意见和建议，之后在《中国社会科学》杂志刊文《中国古代社会基于人文精神的道德法律共同治理》②，基于中西文明比较的角度，阐释德法共治的中国历史传统。

随着全国人大常委会正式发布《中华人民共和国民法总则（草案）》，如何建立中国特色的民法典成为学术热点，专家学者一致认为中国民法典的编撰应该承继传统，体现特色，故民法史成为研究的重点。中国法制史学者从不同历史时期、不同发源、不同地域、不同民族习惯，发掘民法总则有效实施的本土资源，对中国古代律疏、判例和习惯进行了专题学术研究，形成了《中国古今的民、刑事正义体系——全球视野下的中华法系》《传统观念与民法结构：再论中国古代民法的价值》《中国早期民法的建构》《"事律"与"民法"之间——中国"民法史"研究再思考》《近代中国的"以礼入法"及其补正——以清末民初民事习惯法典化为例的实证研究》《中国近代民法法典化的理论论争——兼论对中国当下编纂民法典之

---

① 参见闫强乐整理《中国法律史研究论著目录》，《法律文化论丛》第 7 辑，知识产权出版社 2017 年版。

② 朱勇：《中国古代社会基于人文精神的道德法律共同治理》，《中国社会科学》2017 年第 12 期。

启示》《晚清制定民法典的始末及史鉴意义》《中国近代民法法典化的历史检讨》《陕甘宁边区法制史稿·民法篇》《传统民事习惯及观念与移植民法的本土化改良》等专题性学术论文与专著，为民法典的编纂提供了重要的历史借鉴与本土资源。

随着国家监察体制改革的深入推进，中国古代监察法制研究为此提供历史镜鉴。中国古代监察法在漫长的发展过程中，基于社会历史条件的不同，形成了不同的发展阶段以及与之相适应的时代特点。中国古代监察法的系统性、完整性、持续性是世界法制史上所少有的。张晋藩编纂《中国古代监察法制史》①《中国近代监察制度与法制研究》《中国古代监察思想、制度与法律论纲——历史经验的总结》，对中国古代监察法史料进行了系统梳理，对与监察法制相关的人物及其思想进行了评介。《中国古代监察机关的权力地位与监察法》《中国古代的治国之要——监察机构体系与监察法》阐释了中国古代监察机关的沿革与监察法的变迁。之后学者从不同角度、不同历史时期、不同监察官员对于中国古代的监察法治历史进行学理研究，形成《中国古代监察制度的演变：从复合性体系到单一性体系》《中国古代地方监察体系运作机制研究》《中国传统御史监察制度的经验教训》《秦监察官"执法"的历史启示》《唐代监察官员的职务犯罪行为及其处罚》《清代监察法及其效能分析》《中国古代监察法律的历史演变——以清代"台规"为重点的考察》等学术论著。这些著述明晰了中国古代监察制度的基本内容与历史沿革，特别是其实施效能与利弊经验，为完善我国监察制度提供了历史镜鉴。

中国特色社会主义法治道路是在改革开放新时期开创的，也是建立在党和人民长期奋斗基础上的。陕甘宁边区是在中国共产党的领导下，通过革命的武装斗争，彻底摧毁旧政权和国民党的反动法制，建立工农民主专政新政权的前提下，坚持以马克思主义法治理论为指导，从革命根据地的实际出发，适应广大人民群众革命利益

---

① 张晋藩主编：《中国古代监察法制史》，江苏人民出版社 2018 年版。

的需要，并学习和借鉴了苏联法治建设经验的基础上创建起来的。苏区法治所蕴含的坚持共产党领导的根本原则、支持人民当家做主的根本价值追求、探索依法执政的重要特征，成为中国特色社会主义法治的红色基因，为中国特色社会主义法治道路的探索奠定了重要基础。在苏区法治研究方面，关保英主编了陕甘宁边区重要法律文献汇编，张希坡编著了《革命根据地法律文献选辑》，程维荣著有《新民主主义革命时期中国共产党党内法规》。刘全娥的《陕甘宁边区司法改革与"政法传统"的形成》分析阐述了"政法传统"在边区司法改革中的形成过程与实践面相，指出这一传统在观念层面以服务于政权和司法为民为中心，在制度层面具有司法构造集中化、审级结构柱形化的特点，在运作层面显示出法官选任大众化、诉讼程序简便化、诉讼过程行政化、解纷方式多元化的特征。《陕甘宁边区法制史稿·民法篇》①《陕甘宁边区法制史概论》②两书对陕甘宁边区法制实践进行了系统的、直观的、详细的介绍，为传承中国法治的红色革命文化基因奠定了基础。

中国古代法律文化的集中表现形式即是中华法系，中华法系体现了中国文化的博大精深。中华法系在漫长的形成与发展过程中，不仅积淀下深厚的法文化底蕴，也表现出不同历史阶段法制文明的进步。它的惊人的感染力和渗透力不限于国内，也影响着朝鲜、越南、日本等国家，使得这些国家的法律制度、社会风气乃至生活习惯都带有中华法系的烙印，形成了一个以儒家学说为主导、以三纲为基本内容的法文化圈。中华法系不仅是中国法文化宝库中的财富，也被世界公认为体现人类社会进步与法制文明的瑰宝。正因为如此，中华法系不仅具有民族性，也具有世界性。

中国古代法律形式问题是重构中华法系最为重要的方面，杨一

---

① 韩伟、马成主编：《陕甘宁边区法制史稿·民法篇》，法律出版社 2018 年版。
② 马成主编：《陕甘宁边区法制史概论》，法律出版社 2019 年版。

凡指出，"这些法律形式具有体现和区分法律的产生方式、效力层级和法律地位的功能。历朝的制度、规矩总是要以一定的法律形式来表现。要全面揭示中国古代法律体系和运行机制，就必须清楚各代法律形式的种类、内涵和作用"。杨一凡长期关注中国古代法律形式问题，强调《会典》"大经大法"的作用与地位，认为明清建立的新法律体系是按照"以《会典》为纲、以律例为主要形式、以例为立法核心"的框架构建，可称为"典例法体系"。其《明代典例法律体系的确立与令的变迁》①一文修订了传统的明代"律例法律体系"说、"无令"说，认为明代新法律体系是"典例法律体系"。在以中华法系为代表中国古代法律形式中，令的作用是国家制定和认可的重要法律形式，它的创立、发展、演变对认识中华法系具有重要的研究意义。杨一凡、朱腾主编《历代令考》，汇集中国、日本学者研究古代令代表性成果，分为 29 个专题，针对古令探讨中的诸疑义和新问题进行了扎实考证，新见迭出，在多个方面有重大学术突破。

　　律学是中华法系研究中的奇葩，律学亦是法律史研究中"失踪者"。伴随中国学术本土化、中国化研究范式的兴起，这一传统法学流派逐渐受到学界的关注与研究，涌现出一系列颇有新意的研究成果。闫晓君关注陕派律学研究，整理《慎斋文集》《乐素堂文集》《大清律讲义》《大清律例讲义》《大清现行刑律讲义》，发掘晚清律学的现代价值。陈灵海的《记忆与遗忘的竞赛：清代律学史中的"箭垛"和"失踪者"》钩稽出沈之奇、洪弘绪、万维翰、许楗、潘骏德等被遗忘的清代律学"失踪者"的生平剪影。②陈锐的《论〈大清律辑注〉的注律特色及创新》《从"类"字的应用看中国古代

---

　　①　杨一凡：《明代典例法律体系的确立与令的变迁——"律例法律体系"说、"无令"说》，《华东政法大学学报》2017 年第 1 期。

　　②　陈灵海：《记忆与遗忘的竞赛：清代律学史中的"箭垛"和"失踪者"》，《学术月刊》2016 年第 11 期。

法律及律学的发展》① 发掘分析中国传统注律特色，运用"类推解释""体系解释""例分八字"等方法，从而形成了金字塔式、内部有着层级结构的法律解释方法系统。

民族法律史研究是中华法系的重要组成部分。张晋藩总主编的《中国少数民族法史通览》② 第一次系统整理、挖掘中国少数民族法制史料和法律文化，全面介绍了历史上及现代中国少数民族的分布；阐述了其对中华法制文明的贡献；系统梳理了蒙古族、藏族、回族、维吾尔族、满族、壮族等少数民族的法律制度、法律意识、法律习惯、法制状况及其法文化产生、发展及形成的过程。该书通过深入系统地挖掘、整理、研究中华各少数民族社会规范、秩序、习俗等法制文明史料，丰富了中华民族的法律文化宝库，对抢救及保护少数民族法律文化遗产，繁荣民族法学，进而增进民族团结具有理论和现实的重大意义。苏亦工考察《大清律例》中回民条例的立法目的问题，认为这不过是一种"应急手段"而已，并非基于种族、宗教立场上的身份歧视问题。马青连、白京兰考察中国古代新疆地区法制秩序，张科、杨红伟、李守良、阮兴利用青海循化厅档案，描述了安多藏区的法制社会秩序体系。

第五节　法制史学展望

回顾中国法制史学 70 年的发展历程，既经历了创建、发展和辉煌，也经历了顿挫、困难和危机。以 70 年的成就为一个新的起点，面对着新的历史背景下的各种挑战，法制史学者还需要进一步砥砺使命感与开拓进取创新精神，将中国法制史学的中心牢固地建立在

---

① 陈锐：《论〈大清律辑注〉的注律特色及创新》，《政法论丛》2016 年第 6 期；《从"类"字的应用看中国古代法律及律学的发展》，《环球法律评论》2015 年第 5 期。

② 张晋藩总主编：《中国少数民族法史通览》，陕西人民出版社 2014 年版。

中国。

一   创造性转化与创新性发展

需要深入发掘和弘扬中华传统法文化，对中国传统法律文化进行创造性转化与创新性发展，为建设中国特色社会主义法治道路提供科学借鉴。中华法文化历史悠久、丰富且从未中断，在这座宝库中有许多跨越时空的民主性的因素尚待发掘，它是中华民族理性思维的成果和民族精神的伟大创造。法制史学者的任务就是充分研究、深入挖掘中华法制文明中有价值的成分，融入当代中国法治建设中去。

在提出中华民族伟大复兴的目标以后，复兴中华文化成为重要任务，其中也包含复兴法文化问题。中国法文化经过四千多年连绵不绝的发展，在相当长时期，居于世界法文明的前列，唐明的法律被周边国家奉为母法，其影响至为深远。这不是偶然的，显示了中化法文化的先进性。中华法文化，不应该被漠视，应该受到尊重。中华民族的子弟，应该为古圣先贤在法文化上的艰难缔造感到自豪，漠视本民族优秀的文化传统，言必外国甚而数典忘祖，那是完全不应有的学术态度。

深入总结五千多年来在治国理政、明法治吏等方面的超越时空的历史经验。在中华民族立国四千多年的过程中，经历过汉唐明清的盛世，无论在控制社会的发展与国家的运行，调整各民族间的共存与协调，维系人与人、人与家庭、人与社会的法定权利义务关系，保证社会的螺旋式发展等方面都积累了极其丰富的经验，有些经验并不受时间、空间的限制，甚至具有普适性。认真地加以研究总结历史经验，对于建设中国特色社会主义法治体系十分重要，这也是法制史学者无可旁贷的使命。

二   勇于超越与自信开拓

晚清修律以来的中国法制建设表现出较为浓厚的西方化形态，

这在当时有其历史的必然性。20世纪50年代初期法制建设又经历了一面倒的学习苏联法制的过程。历史的经验证明，中国的法制建设要从本国的国情出发，要甄采中华传统法文化的精髓，要在借鉴吸收世界先进法制的基础上走自己的路。只有如此，中国法制才能自立于世界之林。中国古代法制曾经是东方世界的中心，今天的法制史学者要为构建中国特色社会主义法制提供法文化的支持，要勇于超越西方中心主义，发掘中国传统法律文化的现代价值，形成具有中国特色、中国风格、中国气派的学科体系、学术体系、话语体系。

要从中国的本土国情出发，关注世界法学发展的大势，引入国外的相关研究成果。从国情实际出发研究法制史学，是唯物主义的基本要求，只有如此，才能准确地概括中国古代法制的特点和价值取向；也只有如此，才会更有目的地吸收世界先进的法学，包括法制史学的成果，使二者很好地结合起来。20世纪初期改法修律不尽如人意的一个教训，就是未能解决好西方法律本土化的问题。引进的法律只有本土化，才能生活化，才能被人们所掌握，成为推动社会进步的一种物质力量。

总的来说，法制史学还缺乏强有力的创新理论支持。创新理论需要与史料统一，否则易于流入空泛。但重视史料也不是"唯史料论"，而是发挥它在实证法制历史中的价值。要对史料考证和理论构建二者给予充分的关注，既要系统地搜集史料，对史料进行严肃的整理分析，更需要在积累广博厚实的史料的基础上，对重大的理论问题做出创新性的研究。

第 四 章

建构依宪治国理念与
理论的宪法学

第一节　宪法学发展以改革开放
　　　　为分水岭

一　中华人民共和国成立初期宪法学的发展方向

中华人民共和国成立之后，宪法学者围绕《共同纲领》和 1954年宪法展开研究。一方面，伴随着对所谓"伪法统"的彻底抛弃，我国宪法学理论研究完全摒弃了先前的宪法学说；另一方面，其中大多数研究是直接照搬苏联的国家法学说，带有鲜明的时代特征。综观 1949—1978 年近 30 年我国宪法学理论研究的状况，可以发现，其间大致上经历了三个不同的发展变化阶段。①

在第一阶段，以《共同纲领》的贯彻实施、1954 年宪法的制定和实施为基础，我国法学界在借鉴苏联法学理论的基础上，翻译和介绍了大量的社会主义宪法理论。这些书籍和论文涉及宪法总论、中外宪法文献、中外宪法史、中外选举制度、国家机构、民族区域

---

① 张庆福编著：《宪法学研究述略》，天津教育出版社 1989 年版，第 78—82 页。

自治、公民的基本权利与义务等。①

在第二阶段，我国的宪法学研究工作也和其他社会主义事业一样，经历了曲折发展的过程，面临一系列十分重大的宪法性问题。1956 年中国共产党第八次代表大会宣布提前进入社会主义阶段，这明显影响了 1954 年宪法的稳定性和权威性，因为这一部宪法明确规定是适用于"过渡时期"的。当然，宪法学无法回应特定的时代背景下的巨大挑战，只能逐渐陷于停顿。1959 年开始的反右倾运动以及之后的"文化大革命"，使得包括科学研究自由在内的公民基本权利毫无保障，宪法研究更是难以开展。

在第三阶段，"文化大革命"使社会主义法制全面遭到破坏，宪法学研究工作完全停止。由于"左"倾错误的影响，宪法学著作不仅数量减少，质量也受到很大影响，出现了许许多多不能触及的"禁区"。宪法学科不具备正常开展学术研究和日常工作的条件，更不具备培养宪法学者的条件。

尽管如此，按照张庆福对中国宪法学的梳理和总结，宪法学科在这一时期确立了以马克思主义法学理论为基本研究方法，并影响至今。总体来说，这一时期我国宪法学说更多的是从"阶级意志"的角度来界定宪法概念，过于强调宪法的阶级属性而漠视其社会属性。受到苏联宪法理论的影响，我国早期的宪法学说对于宪法概念和本质的看法，仍局限于阶级斗争的理论。老一辈宪法学者普遍认为，在解释宪法概念的时候，除了必须认识它是国家的根本法，规定一个国家的根本制度外，还必须认识它的本质特征，即它是一定经济基础的上层建筑，是统治阶级意志和利益的集中表现，反映阶级力量的对比关系。② "宪法是国家的根本大法，是民主制度的法律

---

① 许崇德：《列宁对资产阶级宪法的批判》，《政法研究》1963 年第 4 期。肖蔚云：《列宁对考茨基、弗兰克宪法观点的批判》，《政法研究》1964 年第 2 期。

② 王叔文：《宪法》，四川人民出版社 1988 年版。

化，是阶级力量对比关系的表现。"① "宪法是集中表现统治阶级的
阶级意志和利益，确认、规定国家制度和社会制度的基本原则，具
有最高法律效力的国家根本法。"②

二　改革开放与宪法学复兴

党的十一届三中全会公报指出："宪法规定的公民权利，必须坚
决保障，任何人不得侵犯。"这对于经历了"文化大革命"洗荡的
中国宪法学界而言，颇有政治上再生宣言的意味，不仅解除了研究
宪法权利的后顾之忧，也保证学界对于宪法权利的研究具有正确的
政治方向。此后，宪法学界开始尝试进行宪法问题的学术研究，特
别是以 1982 年宪法修改为契机，不断开拓宪法学理论研究的深度与
广度。

从 1978 年起，我国的法学教育系统开始重新启动，宪法学
教育事业也随之得到了恢复，为我国宪法学的发展提供了专门人
才队伍的保障。宪法学教育的不断发展也推动了宪法学研究队伍
的扩大和研究水平的提高，涌现出了许多优秀的中青年宪法学
者。宪法学研究的发展也推动了宪法学教育水平的提高，进而形
成良性循环。

1985 年 10 月 12 日，作为中国法学会领导下的全国性学术
组织——中国法学会宪法学研究会成立。宪法学研究会通过举办
宪法学年会和学术研讨会、参与国际宪法学交流、出版文集等多
种形式，不断推动了中国宪法学研究的发展。除 1988 年、1989
年和 1996 年之外，宪法学研究会每年都举办宪法学年会，围绕
特定年会主题展开研讨，如宪法的实施、人民代表大会制度的完
善、公民基本权利保障、不断改革的社会当中宪法的变迁等。随
着参加年会人数的增多，年会成为国内宪法学学者交流、学术争鸣

---

① 吴家麟主编：《宪法学》，群众出版社 1983 年版，第 46 页。
② 田军：《宪法学原理》，南京大学出版社 1991 年版，第 25 页。

的重要平台，推进了宪法学研究的发展。^①

第二节　宪法学方法的分化与争论

一　"政治教义宪法学"的淡化

中华人民共和国成立以来，宪法学主要以阶级分析为基本方法，强调宪法在内容上是统治阶级意志和利益的集中体现，认为宪法是阶级力量对比关系的表现。这种宪法理论研究可以称为"政治教义宪法学"。^② 这些理论在方法论上，坚持马克思主义的立场，对宪法规范采取政治化的解说性研究。在宪法制定或者修改的时期，这种政治化的方法有其存在的历史合理性，即政治势力和政治理念主导着宪法规范的生成，宪法学理论的研究也不免受当时的政治和社会环境的影响。再加上自 1954 年宪法制定以来，一贯采取的政治动员式的制宪和修宪模式，政治理念对宪法学影响深刻也在情理之中。而且，改革开放之前的一些主流宪法学家兼具学者与政治家的双重身份，比如张友渔、王叔文等，加上高度政治化的学术环境，也导致了宪法学方法的政治化特征。因此，宪法学者在宪法起草、全民讨论和宣传过程中的功能不是研究问题，而是普及宪法知识，宣传解释宪法背后的政治原理。^③

改革开放以来，上述单一的"阶级分析方法"逐渐淡出宪法学研究领域，学者对于"宪法是什么"这一根本性问题的回答体现了这种变化。随着宪法学界逐渐将宪法权利作为宪法的价值核心的共

---

① 韩大元、胡弘弘：《宪法学人的学术共同体——纪念中国法学会宪法学研究会成立 20 周年》，载张庆福、韩大元主编《中国宪法年刊（2005）》，法律出版社 2006 年版。

② 林来梵：《中国宪法学的现状与展望》，《法学研究》2011 年第 6 期。

③ 参见张友渔主编、王叔文副主编《中国法学四十年（1949—1989）》，上海人民出版社 1989 年版，第 154 页。

识逐渐形成，学者们开始从国家和公民关系的角度认识宪法，认为宪法是调整国家（权力）与公民（权利）之间关系的根本法。

二　宪法解释学和规范宪法学的兴起

进入 21 世纪，关于宪法学的方法，大多数宪法学者认为，宪法学应当具有独立于其他邻近学科，尤其是政治学的方法。① 宪法学研究在整体上经历了一次由宏大叙事到精细化研究的法学方法的转型。这种方法论的转型的一个重要的思路就是将宪法看作是一种具有法律约束力的规范，并突出其实践导向性。因此主张采取法解释学的方法对宪法文本进行一种规范性解释，进而形成一个解释理论体系。中国法学界兴起的宪法解释学或者规范宪法学正是以此作为学术努力的方向，试图建构中国的宪法学知识体系。这种现实问题导向的研究方法和思路正在被越来越多的学者所肯定，成为宪法学界的主流学说。这种方法论的转型的原因是宪法法律实施的必然要求。此外，法律实践中不断出现大量的宪法问题也需要从理论上给予解答，由此产生了对抽象宪法条文进行法律解释的需求。

但是与理论界对宪法解释热切关注形成鲜明对比的是，宪法解释的法定机关全国人大常委会却并未做出任何具有法律效力的宪法解释。有鉴于这种现状，理论界开始反思仅仅在抽象层面研究宪法解释的一般方法和原理的现实意义。并逐渐认识到，仅仅关注宪法条文的宪法解释学无法有效地回应现实的需求，也无法促成现实中宪法制度的发展，因此理论界对于宪法解释的研究开始出现了两种发展趋势。一是以现实问题为切入点，进行一种问题导向的宪法解释学研究。最近十年以来出现的大量宪法案例或事案的研究体现了这种思路。二是将宪法解释与普通法律论证相结合，寻求宪法在一般法律中的贯彻落实。宪法理论界对合宪解

---

①　郑贤君：《宪法学为何需要方法论的自觉？——兼议宪法学方法论是什么》，《浙江学刊》2005 年第 2 期。

释方法、宪法权利的辐射效力等问题的关注，就体现了这种思路。如张翔认为，法学的核心工作是为法律人解释法律和处理案件提供规则指引的法教义学，中国宪法学尽管有其特殊性，但只要取向于实现法治，就不能脱离此基本进路。宪法是"政治法"，但其高度政治性并不妨碍宪法学的"教义化"。并且，宪法学的教义化并不会取消政治，而是会为政治系统保留功能空间，宪法学术也可借此避免沦为政治的工具。尽管中国缺乏运行良好的违宪审查制度，对现行宪法的教义学操作也存在若干正当性和技术性困难，但如果我们面对中国法治发展的真实问题，在既有的成文宪法之下，将各种利益纷争和意识形态对立限定于规范的场域，将各种价值争议技术化为规范性争议，完全可以实现宪法调和利益冲突、建构社会共识的功能。中国宪法学应该确立此种法教义学的基本进路。①

三 不同方法论之间的争论

我国宪法学的研究方法曾长期受到苏联宪法学的影响，在具体于特定问题的分析时，一般惯于引用政治性的话语解释宪法条文；甚至反其道而行，有学者将早期的宪法学的方法称为宪法学方法的"无特定性"状态。② 与上述关注传统意义上的宪法学方法不同，另有学者对宪法学的研究方法进行反思重构。比如童之伟主张"从根本上改造宪法学原有的阶级分析方法和相关基础理论，具体做法是用社会权利为核心概念或基石范畴，建立社会权利分析方法，作为宪法学的学科专门分析方法，进而以这种新方法为核心，对现有的基础理论进行革新和完善，形成更为系统科学的专业基础理论"。③

---

① 张翔：《宪法教义学初阶》，《中外法学》2013 年第 5 期。

② 林来梵：《从宪法规范到规范宪法：规范宪法学的一种前言》，法律出版社 2001 年版，第 28 页。

③ 童之伟：《宪法学研究方法之改造》，《法学》1994 年第 9 期。

作为一种分析方法，"社会权利分析方法指的是从分析社会权利入手，以把握社会的基本属性尤其是分解和再分解的规律为基础来说明和认识宪法现象的一种学理方法"。[①] 叶海波以方法论为标准，将中国宪法学理论研究分为三种：规范宪法学、政治宪法学和宪法社会学。他进一步指出，规范宪法学运用规范主义的方法和谋略，选择性地"返回"人权规范，谋求以规范宪法整饬非规范行为；政治宪法学以制宪权开篇，为政党决断权背书；宪法社会学采用功能分析方法，对超宪法行为作规范性认证。在方法、价值和观点上，三者截然对立，但深深嵌入我国的政治语境，形成某种形式的隐秘交锋和共识。我国宪法学应更进一步，直面政党国家的现实，围绕国家、政党和公民构建三元结构的宪法学理论，破解政党与宪法关系的僵局。[②]

其实，宪法学的研究方法并无绝对独立性可言，其与一般社会科学的方法并无二致，哲学、社会学、政治学等学科方法，可以被宪法学直接拿来和广泛采用。进入 21 世纪，关于宪法学的方法，大多数宪法学者认为，宪法学应当具有独立于其他邻近学科，尤其是政治学的方法。[③] 宪法学界较早关注宪法学方法问题的学者林来梵，就中国宪法学应当适用的根本方法与特定方法提出了独特的见解。他认为，就根本方法而言，宪法学的确具有"科学"的成分，有能力揭示"事实"，但也同时又包含了作为"学问"的构成要素，纠缠于种种复杂的价值判断之中，因此必须正视事实与价值之间的紧张关系以及宪法的具体价值取向。宪法学的特定方法其实就是宪法解释的方法，然而在当今的中国，人们却对注释宪法学持一种鄙夷

---

① 童之伟：《宪法学研究方法之改造》，《法学》1994 年第 9 期。
② 叶海波：《我国宪法学方法论争的理论脉络与基本共识》，《清华法学》2013年第 3 期。
③ 郑贤君：《宪法学为何需要方法论的自觉？——兼议宪法学方法论是什么》，《浙江学刊》2005 年第 2 期。

的态度，宪法学方法处于"无特定性"的状况当中。①

童之伟同样认为，"我国宪法学还基本处在用世界观层次的方法替代自己应有而尚未有的学科专门分析方法、它自己的学科专门分析方法还没有创造出来的落后状态"②。郑贤君也赞成宪法学方法应当具有独立品格，认为让宪法学成为一门独立的学科的途径之一就是方法问题，因此需要建立相对独立于政治学，乃至传统的哲学、历史学的方法，使之能够在应对宪法问题过程中成为不可替代的专业尝试，树立其学科自主性。③ 苗连营则倾向于认为，传统的宪法学离其他方法较远，当下我国宪法学必须借鉴其他学科的方法，能解决实际存在的宪法问题才是关键所在。④

尽管如此，宪法学应当具备特定的方法已成为大多数学者的共识。然而，关于如何确立当下中国宪法学的研究方法，学者们的观点却各有不同。林来梵提出了规范宪法学的方法，认为宪法学是以宪法现象为研究对象的一门学问，其中宪法规范是宪法现象围绕展开的轴心。基于中国宪法学研究的现状，必须让宪法学返回规范，围绕着规范而展开，确切说就是返回到适度地接近规范主义、但又不至于完全退到传统法律实证主义的那种立场。⑤ 围绕规范的宪法学研究，毫不讳言宪法解释学的重要价值。这种将宪法解释学作为宪法学核心的观点，也是宪法学界许多学者的共识。韩大元等认为，现代宪法学理论与体系的发展在很大程度上依赖宪法解释学的发展

---

① 林来梵：《从宪法规范到规范宪法：规范宪法学的一种前言》，法律出版社2001年版，第7—40页。

② 童之伟：《宪法学研究方法之改造》，《法学》1994年第9期。

③ 郑贤君：《宪法学为何需要方法论的自觉？——兼议宪法学方法论是什么》，《浙江学刊》2005年第2期。

④ 林来梵、郑磊等：《对话与约定的狂想——一场中国宪法学圆桌学术会议的评述》，《浙江社会科学》2005年第3期。

⑤ 林来梵、郑磊：《所谓"围绕规范"——续谈方法论意义上的规范宪法学》，《浙江学刊》2005年第4期。

与完善，现代宪法解释学反映了现代宪法学发展的基本去向。他不断地推进宪法解释学方法的研究与运用，发表了一系列宪法解释方法的论文。① 宪法解释方法的技术化容易导致宪法学满足于价值中立的神话而流于形式。张翔意识到宪法解释学必须重视解释方法的价值导向，他指出，"在宪法解释中纳入政治的考量是不可避免的。对于同样的宪法条款，在不同的政治理论引导下，会得出完全不同的解释结果"。同时他认为，宪法解释必须根植于本国的制宪历史、规范环境和宪法文本去容纳政治理论论证这种"外部论证"，消解其对宪法解释确定性的损害。② 郑贤君总结了我国宪法学研究的主要方法，认为现有的研究主要是在三个层次展开：一是停留在宪法的精神层面，二是进入宪法原则的研究，三是规范研究。我们应该打通精神、理念、原则，而进入规则里面，不能在精神的象牙塔里面待太久，必须在不忽视精神的同时，始终以规范为依据，面对现实，让正义重新回到人间。③ 其实，研究宪法学要注意区分宪法学研究方法与法的一般研究方法，以及政治学研究方法与宪法解释方法的差异与联系，同时确立中国宪法学研究方法还要有中国问题意识。④ 李树忠进一步指出，中国宪法学面临的最大问题在于"中国问题的特殊性"。长期以来，我们的研究主要是吸收国外理论成果，缺乏从中国历史角度和社会背景下解决中国问题的习惯，如何全面解释中国的宪法文本，将成为当下宪法学研究的重中之重。⑤ 刘茂林认为，中

① 韩大元、张翔：《试论宪法解释的客观性与主观性》，《法律科学》1999 年第 6 期；韩大元、张翔：《试论宪法解释的界限》，《法学评论》2001 年第 1 期。

② 张翔：《祛魅与自足：政治理论对宪法解释的影响及其限度》，《政法论坛》2007 年第 4 期。

③ 郑贤君：《宪法学为何需要方法论的自觉？——兼议宪法学方法论是什么》，《浙江学刊》2005 年第 2 期。

④ 胡锦光、陈雄：《关于中国宪法学研究方法的思考》，《浙江学刊》2005 年第 4 期。

⑤ 刘卉：《当代宪法学发展的挑战与趋势》，《检察日报》2006 年 11 月 10 日。

国宪法学必须遵循"以人为本"的精神，以"人的全面而自由的发展为基本原则"，整合宪法的社会哲学理论和宪法的解释理论，使宪法学得以全面、协调和可持续的发展。①

李忠夏认为，社会转型时期宪法规定与宪法现实经常会出现不一致的情况，为了应对宪法变迁问题，最重要的手段莫过于宪法解释，而当代价值多元主义的背景亦要求宪法解释任务的转变，即不再以客观和"唯一正确"为目标，而是致力于追求社会价值的整合，即在统一的宪法价值前提下保证宪法中可能冲突的各种价值能够共存于宪法的统一性当中。② 对于中国宪法与社会变迁，江国华则提出了实质合宪论。他认为，与改革并向而行的 1982 年宪法 30 多年来的演化历程实际上就是为回应试错性社会变革之压力，以"事后确认"为基本手段，而不断调适自身的过程。因此宪法的演化轨迹是一种回应型变迁路径，其正当性依据即实质合宪论。随着国家改革由"摸着石头过河"向"顶层设计"转变，"熔补式"的回应型宪法变迁恐难因应创新改革之需要，对 1982 年宪法做出全面修改或势在必行。③ 林彦认为，在中国社会变迁的过程中，立法是发展宪法的一种重要方法和途径。修改宪法、解释宪法与立法授权是现行宪法为其自身发展所储备的三种平行的程序通道。1982 年宪法实施 30 多年来，三种程序之间的制度竞争使得立法成为一种主流的宪法发展方式。④

---

① 刘茂林：《中国宪法学的困境与出路》，《法商研究》2005 年第 1 期。

② 李忠夏：《作为社会整合的宪法解释——以宪法变迁为切入点》《法制与社会发展》2013 年第 2 期。

③ 江国华：《实质合宪论：中国宪法三十年演化路径的检视》，《中国法学》2013 年第 4 期。

④ 林彦：《通过立法发展宪法——兼论宪法发展程序间的制度竞争》，《清华法学》2013 年第 2 期。

第三节　基本范畴与理念体系的变迁

　　长期以来，宪法学的体系基本上是按照宪法的篇章结构来展开，这种状况一直延续到改革开放后一段时间内。一种主流版本的宪法学教科书以宪法体系结构为依据，除绪论外，共分七章，即宪法总论、宪法的产生和发展、国家性质、国家形式、公民的基本权利和义务、选举制度、国家机构。① 晚近的宪法教科书在体系安排上则普遍以公民基本权利与基本义务和国家机构这种二元模式，比如胡锦光、韩大元所著的《中国宪法》一书共分为三部分：宪法总论、公民的基本权利和基本义务、国家机构。②

　　随着对我国宪法学研究方法和基本范畴的反思以及研究的不断深入，学者们开始致力于构建新的宪法学理论体系。王广辉指出，长期以来，中国法学界关于宪法学研究对象的界定一直是处于众说纷纭的状态，不仅影响了我们对宪法学究竟是研究什么问题的这一基本问题的明确，而且还导致了学理性宪法学体系的无法建构，从而在根本上影响了人们对宪法的精神实质与核心价值的把握。无论如何，宪法学研究对象的内涵应立足于宪法的调整对象来把握，不能偏离国家权力与公民权利的关系这一主题，据此，宪法学的学理体系应当由原理论、国家权力论、公民权利论、协调论这样几个部分来组成。③ 童之伟也认为，20 世纪 70 年代以来的中国宪法学教学和研究，从根本上说是围绕着反映经济社会发展要求的 1982 年宪法的形成、解说、实施和修改进行的，当然也在很大程度上受到后者发展状况的局限。中国的宪法学教学和研究得到了快速发展，但总

---

① 许崇德主编、胡锦光副主编：《宪法学》，中国人民大学出版社 1999 年版。
② 胡锦光、韩大元：《中国宪法》，法律出版社 2004 年版。
③ 王广辉：《论宪法的调整对象和宪法学的学理体系》，《法学家》2007 年第 6 期。

体水平还比较低，其主要原因在于中国的政治体制改革相对滞后，宪法实施还不能提供必要而足够的研究资源，宪法学教学和研究缺乏现实的推动力。

近些年来，中国宪法学教学和研究出现了一些新的发展趋势。这些新的发展趋势适应了现阶段中国经济社会发展的要求，引领着中国宪法学教学和研究的新方向。[①] 朱福惠认为，我国现行宪法学体系较为陈旧，不适应依法治国、建设社会主义法治国家的需要，以公民权利与国家权力相互关系的原理作为宪法学体系的主线，将宪法学的内容分为总论、国家论、公民论和典型案例分析四部分，以规范国家权力并保障公民权利作为各论的指导思路，是宪法学体系创新的重要思路。[②] 周叶中、周佑勇也认为，重构宪法学理论体系，首先要正确解决宪法学的道德基础、社会基础及其逻辑起点等问题，并认为人性的至尊与弱点是宪法学的道德基础，国家与社会的二元化是宪法学的社会基础，人民主权是宪法学的逻辑起点，公民权利与国家权力是宪法学的基本矛盾。[③] 还有学者认为，财产权是宪法产生的历史起点，是整个宪法制度的基石，主张以财产权为基石范畴构建经济宪法学的理论体系，其基本思路是：国家是靠税收来维持的，财政权是国家一切权力之根本。经济宪法学是宪法学科群的一个重要组成部分，属于宪法学与经济学之间的交叉学科。[④]

一 基本权利理论的体系化

1982 年宪法颁布实施以来，基本权利作为宪法核心价值的观念成为理论研究的共识，有关基本权利的研究逐步升温，特别是法理学界对于权利义务基本范畴的研究，更促使了宪法学界对于基本权

[①] 童之伟：《中国 30 年来的宪法学教学与研究》，《法律科学》2007 年第 6 期。

[②] 朱福惠：《论我国宪法学体系的创新》，《云梦学刊》2002 年第 5 期。

[③] 周叶中、周佑勇：《宪法学理论体系的反思与重构》，《法学研究》2001 年第 4 期。

[④] 赵世义：《经济宪法学基本问题》，《法学研究》2001 年第 4 期。

利的关注。近年来，基本权利理论研究已经开始将基本权利的保障
理念渗透至国家机构和各种公法制度中进行研究，进而试图构建以
基本权利为轴心的宪法学。① 加上宪法学方法论转型的影响，对基本
权利法解释学的构建，成为近十年来中青年宪法学者的努力目标。
目前，有关基本权利法解释学的研究成果已经颇具规模。刘茂林和
秦小建则对宪法权利体系的构成进行了研究。他们认为，宪法权利
体系可以视为"宪法权利价值体系""宪法权利规范体系""宪法义
务体系"与"宪法权利运行体系"四者的有机构成。宪法权利体系
理论摆脱了先验性和无逻辑的指控，超越了西方自由主义权利理论
有关个体与共同体关系的预设及由此引发的现代权利困境，有助于
建构适合中国国情的权利理论。②

　　随着中国宪法学研究的进一步精致化，宪法学者更多的关注在
既有宪法条款基础上研究宪法基本权利的具体保障问题。换言之，
把宪法上的基本权利规范作为有效的法规范加以研究，而非仅仅从
法哲学角度研究其道德基础和正当性。这种研究的出发点是基于宪
法实施中如何保护基本权利，在研究方法上兼采比较宪法学的方法，
借鉴宪法权利保障制度较为成熟的国家的理论来展开研究。更多的
宪法学者开始关注在既有宪法条款基础上研究宪法基本权利的具体
保障问题，并结合社会上发生的热点问题或典型案例来展开各种基
本权利的解释学说。例如，聂鑫对宪法上的住房权保障问题进行了
系统研究。他的研究表明，作为社会福利权的住房保障权首先并非
高深的宪法理论，而是需要具体落实的社会政策，它根源于社会的
需要。而由于财政、土地等稀缺资源的限制，住房权的落实困难
重重。③

---

① 翟国强：《新中国宪法权利理论发展评述》，《北方法学》2010 年第 3 期。

② 刘茂林、秦小建：《论宪法权利体系及其构成》，《法制与社会发展》2013 年
第 1 期。

③ 聂鑫：《如何保障住房权？——比较宪法的案例思考》，《比较法研究》2013
年第 4 期。

发生在世纪之交的所谓"宪法司法化第一案"涉及公民基本权利①，最高人民法院在批复中指出："陈晓琪等以侵犯姓名权的手段，侵犯了齐玉苓依据宪法规定而享有的受教育的基本权利，并促成了具体的损害后果，应承担相应的民事责任。"这一批复激起了宪法学界乃至整个法学界讨论宪法适用问题。一种观点认为，司法机关不能直接适用宪法条文。其理由在于宪法是行为规则，但不是裁判规则。宪法条文不具备裁判规则的逻辑结构，即同时规定构成要件和法律效果，毕竟宪法的任务，是确定国家生活的基本原则、基本制度，并不为法院裁判民事案件确立裁判基准。② 尤其在民事审判中，由于对私人侵害基本权利的案件是通过民法调整的，用宪法对公民之间的权利侵害案件进行调整，显然超越了宪法的调整范围，实际上是将违宪行为的概念泛化，不仅不利于维护宪法的权威，反而会起到相反的效果。③ 但也有学者认为，齐某的受教育权是属于民法理论中难以包容的权利，明显属于宪法规定的公民基本权利，如不直接适用宪法的规定，司法救济是无法实现的。因此，应当开创中国法院通过司法审查保障宪法意义上的公民基本权利的先例，开拓公民宪法权利的司法救济途径，开创宪法直接作为中国法院裁判案件的法律依据的先河。要言之，应当实现"宪法司法化"，让宪法进入司法程序。④ 应当在审判当中直接适用宪法规范，在法律文书中大胆引用宪法规范。⑤ 对于此案的见仁见智，可以看作是宪法学者在分析

---

① 参见郭国松《冒名上学事件引发宪法司法化第一案》，《南方周末》2001年8月16日。

② 梁慧星：《少女失学，何须宪法断案——宪法司法化的冷思考》，《法学天地》2002年第4期。

③ 殷啸虎：《宪法司法化问题的几点质疑和思考》，《华东政法大学学报》2001年第6期。

④ 王磊：《宪法的司法化——21世纪中国宪法学研究的基本思路》，《法学家》2000年第3期。

⑤ 刘连泰：《我国宪法规范在审判中直接适用的实证分析与评述》，《法学研究》1996年第6期。

同一案件时的"短兵相接",由此也直接体现了不同法学理论之间的交锋。齐玉苓案成为一个不同法学理论之间的交流的媒介与平台,对于本案宪法学角度的分析,也可以看作是宪法学者之间的一种对话。在这个过程中,有关宪法适用和基本权利的宪法学说,在这种对话与交锋中得到了很好的发展。①

毫无疑问,中国宪法学界一直都极为重视基本权利的系统研究,这一持续近 40 年的学术热潮至今也未消退。近年来,因为民法总则等一般法律的制定,宪法学界与部门法学界之间就基本权利产生了一次热烈的争论。有一部分宪法学者坚称,民法上的诸多权利都是立法机关在制定民法时,落实贯彻宪法上的基本权利,即履行其作为国家机关所相应承担的国家保护义务。王锴强调,法官在司法实践中,应当依据宪法和民法上有关一般人格权的规定,来充实、填补并保护未列举的人格权。② 持有类似观点的刘志刚更为直白。他强调:"基本权利对民事法律行为效力的影响是基本权利进入民法场域的重要管道。"所谓的管道主要有两种:其一是公法性强制规范,其二是民法上的公序良俗条款。他进一步认为,在个案中,判断民事法律行为的核心标准,乃是基本权利是否遭到过当侵害。此外,抽象而空洞的公序良俗原则必须仰赖宪法上基本权利才得以显现其中规范性内涵。③

二 国家机构理论的新发展

(一) 人民代表大会制度的理论重塑

在 1982 年宪法颁行之后,阐释人民代表大会制度的合理性

---

① 林来梵、朱玉霞:《错位与暗合——试论我国当下有关宪法与民法关系的四种思维倾向》,《浙江社会科学》2007 年第 1 期。

② 王锴:《论宪法上的一般人格权及其对民法的影响》,《中国法学》2017 年第 3 期。

③ 刘志刚:《基本权利对民事法律行为效力的影响及其限度》,《中国法学》2017 年第 2 期。

和必要性，就成为宪法学者在这一时期的重要学术任务。宪法学者阐释人民代表大会制度时，是沿着两条主线从两个方向上展开的：一是从正面论述我国人民代表大会制度的科学性、合理性与必要性；二是通过批判那些试图用西方的三权分立制度取代人民代表大会制度的错误观点，论述人民代表大会制度的优越性与不可替代性。

关于人民代表大会制度的性质和地位，肖蔚云在《宪法学概论》中的相关观点具有代表性，代表了宪法学界当时的一般看法。[①] 关于我国现行宪法所建立的人民代表大会制度与西方国家三权分立制度的本质区别，许多学者都作了明确地阐述。许崇德等认为，我国的国家机构实行的民主集中制原则、议行合一制度，而不是三权分立制度。[②] 就中国不能实行三权分立的理由，何华辉在《谈中国不能实行三权分立》一文中，作了非常详细的解释和说明。[③]

关于"议行合一"是否属于我国国家机构的组织原则和人民代表大会制度的理论基础，宪法学者们存在不同看法。明确持肯定观点的学者有许崇德、何华辉等；对此提出质疑的学者有吴家麟等。所谓"议行合一"是指立法机关和行政机关合二为一，制定法律的机关同时负责执行法律。[④] 我国宪法学界曾经一度把"议行合一"看成是社会主义国家政权组织的普遍原则，并将之与资本主义之"三权分立"相对立、体现社会主义制度优越性的体制或原则，以此作为姓"资"还是姓"社"的区分标准。吴家麟对"议行合一"学说进行了深刻反思，并从巴黎公社是怎样实行议行合一的、为什么巴黎公社要实行议行合一、马克思和列宁是怎样肯定议行合一的、议行合一的利弊何在、我国政权组织原则是民主集中制还是议行合

---

① 肖蔚云等：《宪法学概论》，北京大学出版社 1982 年版，第 220—221 页。

② 许崇德、何华辉：《三权分立与议行合一的比较研究》，《法学评论》1987 年第 5 期。

③ 何华辉：《谈中国不能实行三权分立》，《法学评论》1990 年第 1 期。

④ 蔡定剑：《中国人民代表大会制度》，法律出版社 2003 年版，第 92—93 页。

一、议行合一与议行统一是否相同六个方面，论证了议行不宜合一。① 大多数学者认为，强调"议行合一"容易忽视政权之间的合理分工和制约，不利于保障各国家机关依法行使职权，而且由于其实际上主张人大代表和人大常委会委员兼职，不利于加强人大监督权的发挥。② 经过一番激烈的争论之后，"议行合一"说在我国的理论研究和实践中的影响逐渐式微。这种理念变化是承认国家机关之间权力分工和制约的一个重要标志，也为通过国家机构组织法和监督法等法律来实施宪法提供了理论基础。

（二）对 1954 年宪法的深入研究

宪法学的研究本身就包括宪法史研究在内，对宪法史的研究可以促进宪法学人积累深厚的宪法文化底蕴，以便能够高屋建瓴地从历史发展的进程中，来观察宪法的演变与社会发展之间的关系，深化对现行宪法及其制度的认识与理解。许崇德结合其本人参加宪法制定过程的亲身经历为背景，撰写了《中华人民共和国宪法史》一书。③ 在书中作者提供了大量第一手的宪法史料，将修改宪法的过程生动地加以再现，并以结合宪法原理加以分析和评述，为研究历史、探求宪法规范原意提供了丰富的素材。2014 年是全国人民代表大会成立和 1954 年宪法诞生 60 周年，宪法界举办了一系列的研讨会。韩大元认为，1954 年宪法所遭遇的历史命运为我们思考宪法与国家关系留下了深刻教训。回顾 1954 年宪法的历史，有助于进一步发挥宪法对国家治理所起到的价值引导、维护共识与保障自由的作用，进一步完善宪法保障机制与程序。④ 朱福惠认为，1954 年宪法充分借鉴苏联东欧社会主义国家宪法的规定，在总结历史经验的基础上，

---

① 吴家麟：《"议行"不宜"合一"》，《中国法学》1992 年第 5 期。

② 蔡定剑：《中国人民代表大会制度》，法律出版社 2003 年版，第 88—91 页；童之伟、伍瑾、朱梅全：《法学界对"议行合一"的反思与再评价》，《江海学刊》2003年第 5 期。

③ 许崇德：《中华人民共和国宪法史》，福建人民出版社 2003 年版。

④ 韩大元：《1954 年宪法的历史地位与时代精神》，《中国法学》2014 年第 4 期。

确立了符合中国国情并具有本国特色的国家机构体系。① 郑贤君指出，1954 年宪法基本权利体现了民主主义的积极自由思想，是对近代自由主义宪法对抗国家权力的消极自由的超越，具有鲜明的现代性。它是在试图克服个人主义与个人本位前提下，参考苏联东欧等人民民主国家宪法，结合本民族历史与现实的权利创制。人民主权消除了个人权利与国家权力的紧张，乐观唯理主义的法律实证主义反映了对国家权力的信任，通过建构法律秩序而非怀疑和抵制公权力保障个人自由。作为共同体成员资格的公民是主权的所有者，享有平等身份与地位，政治自由与社会权条款混合了两类形式的积极自由，最大化地体现了人民民主与社会主义两大宪法原则。② 秦前红则对 1954 年宪法草案中的国家主席制度进行了研究，认为草案初稿中的国家主席制度由于是毛泽东亲自设计的，因而更加具有特殊性，蕴含了我国的制宪者对于国家元首制度的最初思考和设计，对于进一步理解中国的国家主席制度有着重要的意义。③

（三）中央地方关系的动态观察

1982 年宪法对于中央地方关系有意留白，仅有抽象的规定，即第 3 条第 4 款确立地方主动性和积极性原则。为此，我国有些宪法学者在这一领域长期辛勤耕耘。王建学认为宪法中的地方政府事权应分为两类：一是地方自主事权；二是中央委托事权。就地方自主事权，他强调应塑造地方自主法律制度，使地方人大和政府共同兴办地方事业并向地方人民负责。就委托事权，他强调应以国务院为中心实现委托的扁平化和规范化。最后他主张央地事权划分应由政

_____

① 朱福惠：《"五四宪法"与国家机构体系的形成与创新》，《中国法学》2014 年第 4 期。

② 郑贤君：《现代与超越："五四宪法"的民主主义的自由观》，《中国法学》2014 年第 4 期。

③ 秦前红：《"五四宪法"草案初稿中国家主席制度的雏形》，《中国法学》2014 年第 4 期。

策型划分模式向法理型划分模式转化。① 有明显自身特点的是丁轶的观点，他也认为传统的等级制分权容易发生组织失灵。为此，"契约制分权模式"已经作为一种可行的辅助手段被引入。他依此进而将宪法形态分为两种类型：一是具有组织章程；二是长期性契约。②

（四）国家监察委员会成为焦点

2016 年以来，在宪法中增加国家监察委员会这一极为重大的宪法改革无疑成为整个中国法学界最热门的问题之一。尤其是刑法、刑诉法学者对于其中涉及的诸多问题进行了深入的探讨。诸多法学期刊专门就此组织研讨会，许多研究成果非常值得宪法学界关注和思考。可以预见在未来数年内，将有更多的宪法学者关注这一领域。莫纪宏主张将监察权一分为二。第一，即党的监察权。基于党管干部这一原则，党的监察权是从党的执政权延伸出来的政治权力。第二，即国家机关的监察权。他强调，"这种监察权需要纳入由宪法和法律所确立的国家权力运行体系以及法律监督权的运行秩序中"。③在另一篇文章中，他以监督行为为研究对象，通过语言学研究方法，明确其内涵，由此进一步阐明了监督有两种：一是宪法直接规定特定国家机关所拥有的监督权，即人民检察院的"依法监督"，二是宪法基于组织上的从属关系，赋予人大对其所产生的"一府两院"的监督权。他也指出，人大与监察委员会之间很可能将产生事实上的相互监督关系，必须予以解决。④ 翟国强认为，当务之急是厘清监察委员会的宪法依据，方能设立这一全新的国家机关；其次必须明确监察委员会的职权范围和性质，厘清监察委员会与其他国家机关，

---

①　王建学：《论地方政府事权的法理基础与宪法结构》，《中国法学》2017 年第 4 期。

②　丁轶：《等级体制下的契约化治理重新认识中国宪法中的"两个积极性"》，《中外法学》2017 年第 4 期。

③　莫纪宏：《国家监察体制改革要注重对监察权性质的研究》，《中州学刊》2017 年第 10 期。

④　莫纪宏：《论监督行为的合法性依据》，《中国政法大学学报》2017 年第 5 期。

尤其是作为权力机关的人大之间的关系。① 李忠则强调，国家监察委员会的设立必须修改宪法，从而明确监察机关的宪法地位及其与其他国家机关的关系。②

童之伟认为，设立监察委员会应注重权力与权力的平衡，以及权力和权利之间的平衡。如果片面强调其中一方而牺牲另一方，都是过犹不及。他尤其强调宪法赋予公民的基本权利乃是对监察委员会的强有力制约。强化对监察委员会自身的监督和防止改革过犹不及的较可靠办法，是创造和维持制约者与被制约者享有的政法综合权重比大致均衡的局面。③ 与童之伟观点近似的是张翔等人，他们强调基本权利限制权利的两方面功能。一方面宪法要求"公权力机关行使职权不得侵害基本权利"，另一方面"还要求国家机构的设置及其权力配置本身不会导致危害基本权利的结果"。同翟国强的观点一样，他也强调设置监察委员会应该在宪法框架下积极稳妥推进。④

三　宪法实施的方案选择和理论变迁

（一）宪法实施的不同方案

宪法的生命在于实施，宪法的权威也在于实施。全面贯彻实施宪法，是全面推进依法治国、加快建设法治中国的首要任务和基础性工作。中国宪法规定了立法不抵触原则和人大监督政府、法院和检察院的制度，其他有关法律还规定了法律的备案审查制度、立法解释制度等，但是，由于没有专门的违宪审查监督体制，立法的合

---

① 翟国强：《设立监察委员会的三个宪法问题》，《中国法律评论》2017 年第 2 期。

② 李忠：《国家监察体制改革与宪法再造》，《环球法律评论》2017 年第 2 期。

③ 童之伟：《对监察委员会自身的监督制约何以强化》，《法学评论》2017 年第 1 期。

④ 张翔、赖伟能：《基本权利作为国家权力配置的消极规范——以监察制度改革试点中的留置措施为例》，《法律科学》2017 年第 6 期。

法性原则仍难以保证。对此，有学者指出："违宪是最严重的违法，依法治国首先是依宪治国。因此，宪法监督便成为人大监督的核心和第一要务。但是，我国宪法监督的职能尚未得到有效行使。原因之一就是宪法监督机制和程序有待进一步完善。"①

早期的宪法学研究主要致力于研究如何在人大制度下构建宪法监督制度，特别是如何设立宪法监督机构的问题。关于设立宪法监督机构的必要性问题，宪法学界曾提出了两种截然相反的观点。一种观点认为，宪法监督在资本主义国家中是为了适应多元化民主政治的需要而存在的，宪法监督往往是在野党提出的，并且是在野党制约执政党的民主形式。我国不实行多党制，因此，没有必要建立宪法监督制度。另一种观点认为，宪法监督的存在本身是由宪法的法律特性而决定的，没有宪法监督，就等于没有宪法。随着宪法适用的观念逐渐深入人心，后一种观点成为宪法学界的主流学说。许多学者主张设立一个宪法委员会或宪法监督委员会，其地位或隶属于全国人大常委会或者平行于全国人大常务委员会。当然，也有学者认为无须另设立宪法监督机构，也可以实施宪法监督。② 这种观点忽视了宪法监督的核心是对法律的合宪性进行监督，因而受到了许多学者的批评。

通过借鉴世界其他国家的宪法监督制度，有学者认为，中国应当建立由普通法院来审查合宪性的监督体制，即借鉴美国模式，允许人民法院受理宪法诉讼的案件，同时赋予最高人民法院在审理具体案件中行使合宪性审查的权力。这种模式的优点是，可以通过高度专业化、职业化的分工，由"异体"对立法进行独立地审查和监督；但它面临的困难是，在不实行三权分立原则的人民代表大会制度中，人民法院产生并从属于人大，对人大负责，受人大监督，法院如果再反过来监督人大行使立法权的状况，就会从根本上改变它

① 程湘清：《论完善人大监督制度》，《中国人大》2004 年第 8 期。
② 胡锦光：《中国宪法问题研究》，新华出版社 1998 年版。

们之间的宪法关系，使法院成为制约人大的力量，进而成为与人大"平起平坐"的一种权力，其理论逻辑和现实结果势必构成对人民代表大会制度的挑战。如何"避免司法权与立法权正面冲突以及相应的副作用"，是建构由普通法院行使合宪性附带审查权难以逾越的鸿沟。① 还有一种观点认为，中国应当设立独立于人大之外的专门的合宪性审查机构——宪法法院，来负责行使这项权力。② 实行宪法法院审查的体制，同样需要协调与现行人民代表大会制度的关系，合理解释人大最高国家权力机关地位及其监督权是否可以分享的问题。如果这两点不能做出突破性的重新解释，那就会缺乏设立宪法法院的合理性和合法性根据；如果能够突破现行体制重新做出解释和设计，又很可能会导致人民代表大会理论及其制度解体。

但大多数学者认为，在现行人民代表大会制度体制下，只能在全国人民代表大会中设立一个宪法委员会。主要理由是：设立这样的机构符合人民代表大会制度的基本原则和体制；宪法已对设立专门委员会做出了明确规定，增设一个新的专门委员会不涉及宪法和有关法律的修改，有利于保持宪法的稳定性；宪法监督委员会作为一个常设机构协助全国人大及其常委会专门监督宪法实施，可以弥补最高国家权力机关因会期短、任务重而无暇顾及宪法监督，其他专门委员会也难以兼顾宪法监督的不足，有利于保持宪法监督的专门化和经常化；宪法监督委员会可以被授权对全国人大及其常委会制定的法律，以及国务院的行政法规、部门规章和地方性法规等，进行合宪性审查。③

2015 年 12 月 4 日，乔晓阳在《人民日报》撰文论述我国的宪法监督制度。他强调，全国人大及其常委会具有"监督宪法实施"的职权，也就是说只有全国人大及其常委会才有权监督宪法实施。

① 李林：《全球化背景下的中国立法发展》，《学习与探索》1998 年第 1 期。
② 季卫东：《合宪性审查与司法权的强化》，《中国社会科学》2002 年第 2 期。
③ 李林：《全球化背景下的中国立法发展》，《学习与探索》1998 年第 1 期。

对于宪法监督的方案，他指出："有人提出，另设一个与最高国家权力机关的常设机关全国人大常委会平行的宪法监督委员会或者宪法法院来监督宪法的实施。这个提议是不符合宪法规定的，如果这样做，就从根本上动摇了人民代表大会制度。因此，这种制度设计是不可取的。"有学者认为，国家设立宪法日的目的是全面推进宪法实施。宪法是国家的根本法，是治国安邦的总章程，宪法也是一种政治和法律的象征，凝聚着国家的价值共识。而设立国家宪法日是对宪法的一种仪式化表达，具有重要的象征意义，有助于提高全体公民的宪法意识，使宪法观念深入人心，进而唤起社会各界维护宪法权威的积极性和自觉性。

从宪法本身的规定来看，全国人民代表大会以及其常务委员会并不是一个纯粹立法机关，宪法规定了全国人民代表大会有"监督宪法的实施"的职权，全国人大常委会有"解释宪法，监督宪法的实施"的职权。从现行宪法中推导出人大常委会具有独立于立法权之外的宪法审查的职权和功能，在制度上并不会遭遇太大的困难和阻力。正因如此，主张我国宪法中已经蕴含了由人大进行宪法审查的观点是学界的一种有力学说。① 业已通过的《监督法》并没有涉及宪法监督的问题，而全国人大常委会在法工委下设的法规审查备案室专门处理行政法规、地方性法规和部门规章等法律规范的违宪与违法问题。这项措施对于维护国家的法制统一和保障公民的宪法权利固然具有积极意义，但是自其成立以来至今，法规审查备案室并没有做出任何合宪或是违宪的决定。当前我国社会不乏公民向全国人大提请违宪审查的申请，有学者认为，对于这些申请中那些与宪法不相抵触的国家行为完全可以做出合宪的决定，这样一方面可以消除社会各界对于国家行为合宪性的疑虑，另一方面也有利于为国家行为提供宪法上的正

---

① 程湘清：《关于宪法监督的几个有争议的问题》，《法学研究》1992 年第 4 期；王叔文：《论宪法实施的保障》，《中国法学》1992 年第 6 期。

当性依据，树立法治政府的权威性。待到时机成熟时再针对那些明显且较为严重的违宪法规直接做出违宪无效的决定，甚至进一步做出修改指示，消除并纠正违宪行为，以此来建立和完善中国的宪法审查制度。①

（二）宪法实施的理论研究

宪法实施是中国宪法学研究的一个重要问题。林来梵认为，我国宪法的实施方式在历史类型学上较接近于欧陆国家的近代宪法，所不同的是作为宪法实施"第一责任者"的国家立法机关倾向于采取自我谦抑主义的立场。这种实施形态是由多种原因促成的，在现行宪法作为转型期宪法完成其转型之前，难以完全改变。但宪法转型已然发生，从现下即开始着手健全违宪审查制度，至少在现有制度框架内部整合出一种"合宪性审查优先移送机制"，不仅至为切要，亦大可裨益于宪法转型。②

翟国强认为，伴随着法治化进程，中国的宪法实施逐渐由单一依靠政治化实施，过渡到政治化实施与法律化实施同步推进、相互影响的双轨制格局。宪法的政治化实施体现为执政党主导的政治动员模式，而宪法的法律化实施则是以积极性实施为主、消极性实施为辅的多元实施机制。在比较法的意义上，政治化实施和法律化实施的双轨制，可以为描述中国宪法实施提供一个理论框架。③ 翟国强还认为，"宪法实施"是一个具有中国特色的宪法学基本范畴。从概念的源流与演变来看，民国时期的宪法学说和苏联国家法学说是两个重要的理论渊源。回顾近代以来的宪法学说史，"宪法实施"概念整体上体现了一种变法思维，即通过实施宪法来建立新的法律和政治秩序。受此观念影响，宪法实施也是一个具有高度政治性的概念，

---

① 翟国强：《违宪判决的形态》，《法学研究》2009 年第 3 期。
② 林来梵：《转型期宪法的实施形态》，《比较法研究》2014 年第 4 期。
③ 翟国强：《中国宪法实施的双轨制》，《法学研究》2014 年第 3 期。

宪法实施更多的是依靠政治化的方式。①

我国宪法规定，全国各族人民、一切国家机关和武装力量、各政党和各社会团体、各企业事业组织，都必须以宪法为根本的活动准则，并且负有维护宪法尊严、保证宪法实施的职责。一切违反宪法的行为都必须予以追究和纠正。党的十八届四中全会决定明确提出要完善全国人大及其常委会宪法监督制度，健全宪法解释程序机制。同时提出，要完善备案审查制度，把所有规范性文件纳入备案审查范围，依据宪法和法律，对违宪行为进行撤销和纠正。关于我国的违宪审查制度，我国宪法和立法法中已经有所规定。除此以外，全国人大常委会也做出了一些程序性的规定。胡锦光等认为，这一项制度目前还有需要改进和完善的方面：首先，依照现行的立法法规定，社会上任何一个主体，包括国家机关、企事业单位、社会团体，甚至于公民个人都可以去启动违宪审查程序。这样的规定使得能够启动违宪审查的主体范围过于宽泛，容易导致权力被滥用。其次，违宪审查受理和审理的程序规定过于简单粗糙，审查之后采取何种措施也没有规定。对哪些法律法规可以进行违宪审查，规定比较分散。这几方面要尽快得到解决，适当的时候可以制定宪法监督法。②

（三）宪法实施中的宪法解释

合宪性审查并非唯一的宪法实施方式。上官丕亮认为，除了违宪审查、宪法遵守、依宪立法等方式之外，我国宪法还可以而且应当在普通的法律适用中通过"依宪释法"的方式得以实施，这是当下中国宪法实施的重要途径。广大司法者和行政执法者在适用法律处理具体案件时，应当开展"依宪释法"，即依照宪法的规定及其精

---

① 翟国强：《中国语境下的"宪法实施"：一项概念史的考察》，《中国法学》2016 年第 3 期。

② 胡锦光、席锋宇：《完善健全宪法监督制度和解释机制》，《法制日报》2014 年 12 月 5 日。

神来解释所要适用的法律条款，使宪法在法律适用中得以间接实施。法律适用中的宪法实施，可让中国宪法在当下广泛实施起来，并有利于维护法制的统一，有助于宪法文化的建构，应当予以高度重视。① 刘国认为，宪法解释是宪法实施的必经路径，对于弭除宪法问题上的分歧和争议等具有无可替代的重要作用。对我国宪法实施的反思应实现从观念反思到实践反思的转变，其关键在于宪法解释作用的展开，在这方面，国外通过解释实施宪法的经验为我们提供了镜鉴。结合我国转型期的实际，构建复合型释宪机制是发挥宪法解释在宪法实施中的作用的前提条件。② 他进一步认为，释宪机制作为宪法解释的制度装置，深受国家政治制度、法律传统和思想文化的影响。以提高宪法实施效果为宗旨的释宪机制，需要平衡其政治合法性功能和现实有效性价值，为此，中国释宪机制纠偏的重点是补强有效性价值。③

　　对于宪法解释的程序，有学者认为，我国宪法解释的主体主要是全国人大常委会，在特殊情况下也可以是全国人大。其提出者应包括国务院、中央军委、最高人民法院、最高人民检察院、60 人以上的全国人大代表和代表团、省级和较大市的人大及其常委会以及社会团体、企业事业组织和个人等。法制工作委员会应对宪法解释请求做形式要件审查，同时成立宪法委员会做实质要件审查，但是否受理应由常委会决定。宪法解释的效力应在宪法之下，与基本法律平行，高于普通法律。还有学者对宪法解释的基准进行了深入的研究。④ 也有学者提出了不同意见。马岭认为，我国目前采用的是立法机关解释宪法的体制，当宪法条文在具体化为法律后，如果出现了

---

① 上官丕亮：《法律适用中的宪法实施：方式、特点及意义》，《法学评论》2016 年第 1 期。

② 刘国：《我国宪法实施与释宪机制的完善探析》，《法学评论》2016 年第 2 期。

③ 刘国：《释宪机制的影响因子及其中国构造》，《中国法学》2016 年第 1 期。

④ 汪进元：《宪法个案解释基准的证成逻辑及其法律控制》，《中国法学》2016 年第 6 期。

空白或有争议，全国人大常委会可以选择制定新法律、修改旧法律、解释法律、解释宪法等多种途径弥补，其中宪法解释的空间相对较小。目前我们所能做的宪法解释大致有修宪前作为铺垫的宪法解释、制定规范性法律文件时做出的宪法解释以及作为填补立法空白的宪法解释。①

（四）特别行政区的宪法实施问题

关于宪法在特别行政区适用的问题，多数学者认为，中国宪法应当在特别行政区适用，但在为什么应当适用以及如何适用等问题上存在不同观点。有的学者指出，那种认为宪法不适用特别行政区的观点是不正确的。中国是社会主义国家，它的宪法是社会主义宪法，为了维护国家统一和领土完整，并考虑香港、澳门和台湾地区的历史和现实，才做出了宪法第 31 条的规定。在内地广阔的行政区域实行社会主义制度，在香港、澳门和台湾地区这些局部实行资本主义制度，这是一种整体和局部、一般和特殊的关系。现行宪法和其第 31 条恰恰是正确处理了一般与特殊的关系。② 有的学者认为，在整体和一般意义上，宪法作为主权国家的根本大法，自然在其主权范围内具有法律效力；另外，在局部和特殊的意义上，香港特别行政区具有相当的特殊性，它不可能同全国其他行政区一样，直接适用包括宪法在内的全国所有法律制度，宪法的法律效力不可能完整地、直接地适用于香港特别行政区。宪法的法律效力体现在特别行政区基本法中，并通过基本法以及根据基本法制定的其他法律，对香港特别行政区发生法律效力。③

———————

① 马岭：《我国宪法解释的范围兼与〈宪法解释程序法（专家建议稿）〉第 6 条商榷》，《法学评论》2016 年第 3 期。

② 肖蔚云：《论中华人民共和国宪法与香港特别行政区基本法的关系》，《北京大学学报》1990 年第 3 期。

③ 丁焕春：《论我国宪法对香港特别行政区的法律效力》，《法学评论》1991 年第 3 期。

四　部门法的宪法化

在我国法治建设的进程中，诸多部门法的问题日益展现出其宪法性面向。在推进合宪性审查的背景下，部门法议题的宪法化更加成为理论与实践的热点，宪法学科的学者也积极参与"部门法的宪法化"这一议题的研究与讨论。近年来，由于民法典的制定，宪法与民法关系成为宪法学研究的重点。韩大元认为，宪法与民法具有不同的调整对象与功能，但在价值体系与规范体系上民法受宪法的制约，成为宪法的"具体化法"。同时，他梳理了宪法与民法关系的历史演变，力求为宪法与民法关系的合理解释提供学理基础，倡导通过学术对话寻求学术共识。[①] 林来梵认为，民法典也被寄寓了发挥宪法性功能的雄心，但该功能只具有限定性的内容，可理解为一种"准宪法性"的社会建构功能，尽管其不应被刻意夸大，但毕竟有助于宪法国家统合功能的实现，并可奠立宪法秩序的基础。[②]

近几年来，我国一些自然资源权属纠纷的事件引发法学界的广泛讨论。从宪法学角度看，问题的关键在于如何理解宪法第 9 条规定的自然资源的国家所有权。有学者认为，自然资源归国家所有是国家财产制的组成部分，是现代宪法创设的用以实现国家目的的手段，其基本特征是国家垄断，其基本工具价值是垄断。宪法上的自然资源国家所有权的实质是国家权力，是管理权，而非自由财产权。[③] 张翔认为，国家所有权所带来的种种问题，需要民法学和宪法学合力来解决。宪法学的任务在于，基于对宪法上的国家所有权条款的解释，建构出适当的教义学模型，使之能与既有的民法制度和民法所有权理论相互融洽。[④] 林来梵认为，在典型的法治国家，民

---

① 韩大元：《宪法与民法关系在中国的演变》，《清华法学》2016 年第 6 期。
② 林来梵：《民法典编纂的宪法学透析》，《法学研究》2016 年第 4 期。
③ 徐祥民：《自然资源国家所有权之国家所有制说》，《法学研究》2013 年第 4 期。
④ 张翔：《国家所有权的具体内容有待立法形成》，《法学研究》2013 年第 4 期。

法、行政法可能能够解决相关问题，而在这之上宪法也可能对这个
问题作一个基本的建构。但我国目前法治化发展程度仍然不够，所
以这个问题没有得到很好的解决，尤其是在立法阶段、规范的创设
阶段并不是很完善，因此实践中才会产生混乱。① 王旭则认为，对于
自然资源，宪法上的"国家所有"不能简单认为是国家通过占有自
然资源而直接获取其中的利益，而首先应理解为国家必须在充分发
挥市场的决定作用基础下，通过使用负责任的规制手段，包括以建
立国家所有权防止垄断为核心的措施，以确保社会成员持续性共享
自然资源。②

　　谢海定认为，我国宪法规定了作为公有制形式之一的国家所有
制，却并没有确立其具体的法律实现机制。为满足发展市场经济的
现实需要，物权法以国家所有权概念为基础初步建立了国家所有制
的物权实现机制。当前，需要通过全面深化改革和全面推进依法治
国予以解决，当然也需要学术研究提供相关智识支持。③ 刘练军认
为，宪法第 9 条第 1 款规定自然资源属于国家所有。该条款的规范
特性决定了它属于不完全法条。自然资源国家所有的制度性保障不
但要求立法者对自然资源建构多层级的法律制度体系，而且该制度
体系的结构及内容必须符合基本权利保障的现代宪法要求，以使国
民能够公平地获取自然资源物，并对之切实享有所有权、用益物权
等权益。④ 彭錞认为，30 多年的改革与修宪给宪法土地条款注入
了市场、法治和人权，特别是非国有财产平等保护等规范意蕴，
但现行制度的种种现实弊病也日益突显。因此，需要重新思考该
条款，清理其遗产。原旨主义立场回顾但不固执历史，要求我们

_____

① 林来梵：《宪法规定的所有权需要制度性保障》，《法学研究》2013 年第 4 期。
② 王旭：《论自然资源国家所有权的宪法规制功能》，《中国法学》2013 年第
6 期。
③ 谢海定：《国家所有的法律表达及其解释》，《中国法学》2016 年第 2 期。
④ 刘练军：《自然资源国家所有的制度性保障功能》，《中国法学》2016 年第
6 期。

超脱一时一地的具体土地制度安排，去把握宪法条文背后的实践理性、价值平衡等鲜活而深沉的宪法原理，指导并推动中国土地制度进一步改革。①

五　合宪性审查

值得特别强调的是合宪性审查。自现行宪法生效以来，合宪性一直是中国宪法学界的重要研究范畴，一直受到宪法学界的关注。彭真同志在 1982 年 11 月 26 日五届人大五次会议上所作的《关于修改中华人民共和国宪法草案的报告》中，对"违宪"问题就特别加以强调。

围绕着如何贯彻落实宪法，宪法学就"违宪"概念的含义展开了激烈而有针对性的讨论，出现了不同的观点。一种意见认为，违宪是指国家机关的法律、命令、行政措施和其他法规以及国家机关或公民的行为与宪法原则或内容相抵触。其理由是现行宪法序言规定的"全国各族人民、一切国家机关和武装力量、各政党和各社会团体、各企业事业组织，都必须以宪法为根本的活动准则，并且负有维护宪法尊严、保证宪法实施的职责"，以及宪法第 5 条所规定的"一切法律、行政法规和地方性法规都不得同宪法相抵触。一切国家机关和武装力量、各政党和各社会团体、各企业事业组织都必须遵守宪法和法律。一切违反宪法和法律的行为，必须予以追究。任何组织或者个人都不得有超越宪法和法律的特权"。

持上述观点的学者认为，宪法的上述规定实际上明确了违宪行为在我国的主体范围，而且认为，普通公民、国家领导干部和一般干部违反宪法原则和条文内容的一切行为，也被看作是违宪，有助于教育我国全体公民普遍树立起正确的宪法观念，有助于维护宪法的尊严和权威。针对有的人提出因为宪法对公民的违宪行为没有规

---

①　彭錞：《八二宪法土地条款：一个原旨主义的解释》，《法学研究》2016 年第 3 期。

定相应的制裁措施，因而公民也就不是违宪主体的观点。持这种观点的学者认为，宪法是国家的根本大法，它必须全面地规定国家生活中的根本性问题，因此，在宪法中往往只能做出原则性的规定，具体规定有待日常立法，它不可能规定一般法律中违反该规范的具体制裁措施。这是宪法规范的一个特点。而且，法律规范的制裁部分完全可能规定在该法律文件的另一条文中，也可能规定在另一法律文件中。认为违反宪法规范必定要带来相应的宪法上的制裁，才是违宪主体的观点，不仅忽视了宪法规范的特点，而且也混淆了法律规范与法律条文之间的关系。

另一种意见认为，违宪有广义、狭义之分。广义的违宪是指国家中的一切权利主体，即国家机关、社会团体、企事业组织和公民的行为与宪法的原则相违背；而狭义的违宪是指国家机关制定的法律、行政法规、决定、命令、地方性法规、决议和它们所采取的措施以及重要国家机关领导人行使职权，与宪法或宪法性文件的原则和内容相抵触。这种观点认为，广义的违宪具有一定的抽象性和概括性，它是与要求人们应该遵守宪法，以宪法作为最高活动准则相适应的；而狭义的违宪才是宪法学所说的违宪。持这种观点的学者把第一种观点称为"广义违宪论"，把自己的观点称为"狭义违宪论"①。

由于宪法的直接适用在司法场域遭遇政治阻力，合宪性解释成为法学研究的热点问题。杜强强认为，我国法院尽管不以宪法作为直接的裁判依据，但法院对个案正义的追求还是为合宪性解释提供了相当大的存在空间。合宪性解释既能为司法造法提供宪法上的正当依据，也能对其予以宪法上的控制，有助于裁判的规范化。合宪性解释还能弥补我国合宪性审查体制的制度性缺漏。② 由宪法与部门法的关系切入，是合宪性解释的一种重要研究路径。张翔认为，有

① 张庆福编著：《宪法学研究述略》，天津教育出版社 1989 年版，第 95—97 页。
② 杜强强：《合宪性解释在我国法院的实践》，《法学研究》2016 年第 6 期。

必要将刑法学理置于宪法教义学的观察之下。有关《刑法修正案（九）》中扰乱国家机关工作秩序罪的设立、严重贪污受贿犯罪可适用终身监禁等争议问题的刑法学分析，可以得到宪法教义学的补强与回应。可以说，两个学科共同承担着对刑法体系的合宪性调控任务。①

党的十九大报告中首次明确提出合宪性审查。这在我国法学界，尤其是宪法学界，引起剧烈且积极的反响。夏正林不赞同近些年许多学者所主张的由法院在裁判过程中对相关法律进行合乎宪法的解释，他强调应该由全国人大常委会进行合宪性审查。② 针对同一个问题，朱福惠虽然也强调，合宪性解释应该适应中国的法律解释体制与实践，但就具体制度构建上却有不同观点。他认为，全国人大常委会和最高人民法院都有法律合宪性解释的必要与可能；应该妥当安排全国人大常委会与最高人民法院在法律合宪性解释方面的分工与合作。唯有如此，法律合宪性解释才在司法实践中发挥实效。③ 可以预见的是，合宪性解释将长期是我国宪法学界的热点问题。

第四节　宪法学展望

改革开放以来，中国的政治、社会、文化、经济等各个领域迅速发展和变革。正如习近平总书记在党的十九大报告中指出的，世界正处于大发展大变革大调整时期，随着经济全球化、社会信息化、文化多样化深入发展，中国的宪法学面临着大量不断涌现的新问题。

---

① 张翔：《刑法体系的合宪性调控——以"李斯特鸿沟"为视角》，《法学研究》2016 年第 4 期。

② 夏正林：《"合宪性解释"理论辨析及其可能前景》，《中国法学》2017 年第 1 期。

③ 朱福惠：《法律合宪性解释的中国语境与制度逻辑——兼论我国法院适用宪法的形式》，《现代法学》2017 年第 1 期。

因此，在宪法学中坚持理论联系实际，既能避免个人自身的价值判断随意影响对宪法的研究和理解，也能避免无视中国实际情况，生搬硬套其他国家的制度和理论。宪法规范既是宪法实践的产物，又是宪法实践的基础；宪法规范同时也是宪法理论的研究对象。在宪法学中坚持理论联系实际，就一定要以宪法规范为依据，而非脱离中国宪法条文、脱离中国宪法实践的论述。因此，宪法学者一方面高度关切中国宪法的理论和现实问题，另一方面在面对改革开放不断涌现的具体复杂问题时，普遍倾向审慎的态度，以保持理性分析和论证能力，从而给出成熟而又富有学理的洞见。这些学者的坚持和强调虽不免被误读为重复和保守，却最大限度地维护了宪法的连续性、稳定性和权威性。

整体上看，中国宪法学者在科研工作中始终如一地坚持以马克思主义为指导，坚持理论联系实际、实事求是和求真务实，在建立和发展马克思主义宪法学理论方面，进行了大量的探索和开创性研究。他们的研究重点从宪法监督、宪法修改和国家机构，逐渐扩张到基本权利、宪法方法论等领域，也反映了新中国宪法学理论的发展和演变过程。他们结合我国宪法实施的实践，逐一阐述了宪法若干指导思想和基本原则，厘清了宪法解释、宪法修改、宪法监督、公民的基本权利和基本义务等宪法基本范畴，形成了比较系统的宪法学术思想。在他们的努力下，宪法学界的学术共同体得以建立和发展，共同的宪法价值观得以夯实和稳固，有中国特色的宪法学得以在百家争鸣和有序发展中进入新时代。

越来越多的学者关注并致力于宪法学分支学科的建设，宪法学研究逐渐呈现出诸多分支，例如宪法经济学、宪法与文学、宪法社会学、宪法人类学等等。① 通过学者们的努力，我国宪法学研究已经在宪法哲学、宪法社会学、比较宪法学、中国宪法史研究等诸多领域，取得了丰硕的研究成果。目前，宪法学存在的主要问题是研究

---

① 侯猛：《分支学科制度建设与中国宪法学发展》，《江海学刊》2006 年第 3 期。

重点仍不够突出，对法治中国建设相关的重大问题研究还不够深入，如何构建立足中国、面向世界的宪法学理论仍是中国宪法学面临的重大挑战。在未来，宪法学还需围绕贯彻依法治国等重大理论问题，继续深入开展中国特色社会主义宪法理论的研究，为全面推进依法治国提供宪法理论支持。

第 五 章

旨在依法行政的行政法学

中国行政法学是一个晚熟的学科。在此，我们将行政法学的起始点定位于1949年，但严格意义上，我国的行政法学真正从一个学科意义上进行理论体系建构，是在1978年之后才开始的，并且随着国家政治生活的变迁和理论注意力的转移，明显形成了几个不平衡的发展阶段。然而，梳理1978年以前的行政法学发展历程也是必要的，尽管此阶段的行政法学并不是当代中国行政法学得以接续的序曲，但是我们可以从一条更为完整的历史轨迹，看到行政法学的曲折历程，引发我们更加深邃的思考。

1978年之后，随着国家法制全面恢复，行政法学的研究和教育迎来新生。前辈们在理论与制度的荒地上，开始埋头耕作属于自己国家的理论体系。彼时，整个学界都忙于为国家法制建设提供理论补给，研究中不免存在比较法引介与本土适用的杂糅。在老一辈学人的努力下，终究迎来了作为现代意义上行政法基础的行政诉讼法的制定。

1989年《行政诉讼法》颁布实施，作为"法治"核心的"依法行政"得以落实。自此，一般公众也有了撬动公权力的阿基米德支点，在通过正当手段敲击、质疑政府行为合法性的同时，国家的政治体制改革及人权保障水平也迅速提升。随之而来的便是中国行政法学理论从主体、行为、程序、救济等方面的全方位建构，并逐渐摆脱理论研究初期的种种弊病，走向以本土释义学为核心的发展路径。

2012年至今，既是全面建设法治政府的深化期，也是行政法学研究自我反思与超越的重要时期，理论研究积极因应国家发展大局，跟进行政法治的客观需求，在权利保障、福利给付、风险规制、信息治理等多元面向共同建设现代行政法的理论大厦，将中国行政法学的基础理论不断夯实。

第一节　行政法学的萌芽(1949—1978)

中华人民共和国成立之初，是从新民主主义到社会主义转变的历史阶段，随着国家一定范围内行政法制工作的起步，行政法学也一度引起重视。包括中国人民大学法律系在内的少数法律院校也曾开设过行政法课程，并编写出了几本内部教材，也有不少苏联学者应邀来华讲授苏维埃行政法学。早期一系列苏维埃行政法论著的出版，也反映了当时行政法学研究的显著特点。[1]

在当时的国际环境下，我国的行政法研究仅限于介绍苏联的行政法，没有形成中国特色的系统理论。而且行政法学与行政学之间并没有明显区分，行政法基本上被认为是行政管理的手段。因此，从一开始，中国行政法学就脱离了中国的现实，机械移植本来就畸形发展的苏联行政法学，使刚刚诞生的中国行政法学先天不足。这个时期，本来就十分落后的法律科学体系中，行政法学处于一种相当微不足道的地位。

1956年，我国开始有学者发表行政法学论文。[2] 1958年8月15

---

[1]　早在1950年4月，商务印书馆就出版了沈大鍷翻译、维辛斯基著的《苏联国家行政机关暨各盟员共和国及自治共和国国家行政机关》一书。

[2]　例如，夏书章《加强行政法科学的研究工作》，《政法研究》1957年第2期。

日，中国政法学会成立国家法行政法研究组，开展对行政法学的研究。中国行政法学正当要走上发展正轨时，自 1957 年起却受"左"倾错误路线的干扰，之后在"文化大革命"中更陷入灭顶之灾。彼时，法律已被当作"资本主义、修正主义"的东西予以批判，国家的行政立法工作陷于瘫痪，监察部、司法部、检察院相继被撤销，不要法律、否定法治的呼声甚嚣尘上，法学研究戛然而止。这一搁置，就是整整 20 年。

第二节　行政法学的新生(1978—1989)

一　行政法学研究和教育的恢复

1978 年党的第十一届三中全会召开，全会决定把全党全国的工作重心转移到社会主义现代化建设上来，将民主和法制建设提到重要的议事日程，为行政法学研究带来了新的生机。1979 年 11 月第五届全国人大常委会通过《关于中华人民共和国建国以来制定的法律、法令效力问题的决议》，整理和恢复了中华人民共和国成立以来的法律、法令。此后，我国迅速在人事和组织、公安、工业、民政、税务等领域制定颁布了大量行政法律规范。受此鼓舞，法学界开始研究行政法，呼吁加强立法、严格执法并探讨在中国建立行政诉讼制度的可能。夏书章、张尚鷟、刘海年、常兆儒、王明三等纷纷发文，为健全行政法制和建立行政法学鼓与呼。[1]

1981 年，司法部和教育部领导试编的高校法学教材书目中，列入了行政法学项目，我国行政法学的研究和教学迈出了第一步。安徽大学、北京大学、北京政法学院、西南政法学院等院系相继开始

---

[1]　参见许崇德、皮纯协主编《新中国行政法学研究综述（1949—1990）》，法律出版社 1991 年版，第 4—5 页。

开设行政法课程。① 北京大学法律系率先在本科和研究生中开设外国行政法和行政诉讼法课程，而安徽大学于 1982 年开始招收国内首届行政法研究生。② 1982 年现行宪法的颁布，有力地推动了行政法制建设，同年《民事诉讼法（试行）》颁布施行，第一次以法律形式肯定了行政案件在一定条件下的可诉性。1983 年，我国第一部高校行政法学教材《行政法概要》③ 出版，行政法学研究和教育开始步入正轨。此后，教材、理论专著、工具书、普法读物大量出版，行政法研究文章不断见诸各种法律报纸杂志。1985 年，"行政法师资培训班"的开设和"行政法学研究会"的成立，对中国行政法学的发展产生了深远影响。④

---

①　当时，除了民国时期的几本行政法著作、20 世纪 50 年代翻译的几本《苏维埃行政法》以及配套的《行政法总则参考资料》外，全国没有一部行政法学教科书或行政法学专门著作，各个学校只能自己编写讲义。1982 年 4 月，西南政法学院国家与法理论教研室，编印了 141 页的《中华人民共和国行政法概论》作为校内教学用书。同年 6 月，北京政法学院国家法教研室编印了《行政法概要教学参考资料选编》作为校内教学用书。

②　安徽大学的陈安明自 1981 年开始为安徽大学法律系学生讲授行政法学，开全国高校行政法课程之先河，并于 1982 年开始招收全国首届行政法学硕士研究生。

③　该书由王珉灿任主编，张尚鷟任副主编，包括全国一些法律院校、科研单位和实务部门 13 位撰稿人在内的编写组共同编写，法律出版社 1983 年版。根据应松年回忆，由于当时行政法学教师匮乏，担任主编的王珉灿本来是研究宪法的，而张尚鷟则是研究刑法的；王名扬也参加了该教材的编写，他是编写者中唯一完整、系统地学习和研究过行政法并获得公法学博士学位（法国巴黎大学博士学位）的作者。参见应松年《曾经的行政法和行政法学》，《法制早报》2006 年 10 月 30 日。

④　1985 年的 3—7 月，北京政法学院受司法部委托，开设"行政法师资进修班"。来自全国 30 余所法学院系的 44 名学员参加了一学期的行政法培训。在进修班上，应松年、朱维究和王名扬三位担任主讲，龚祥瑞、张晋藩等承担了一些课程，另外还请了部分实务部门的负责同志作讲座。这次进修班为中国当代早期的行政法教学培育了师资骨干，也为行政法学研究凝聚了重要力量，被誉为"行政法的黄埔一期"。同年 8 月，行政法学研究会在常州召开成立大会，这次会议选举产生了 27 人组成的第一届干事会。张尚鷟被选为总干事，罗豪才、应松年等被选为副总干事，应松年还兼任秘书长。

二 行政法理论体系的初步建构

（一）关于行政法的本质

西方有些学者关于"行政法是控权法"的主张，能否作为我国行政法性质的描述，不仅涉及对行政法本质的认识，同时也涉及对行政法作用的认识。有一种观点主张"行政法就是限制政府的法"，如此才符合现代民主政治的要求。行政法的精髓在于管理行政而不是行政管理，行政法通过监控行政权，保障公民宪法上和法律上规定的种种权利自由不受非法行政侵害。其中，司法审查制度是行政法的核心。对于行政权的授予，应该明确行政权的来源，界定行政权的大小，树立法律先于行政的原则，限制行政裁量权，并明确和限制对公民权益有重大影响的几种行政权。① 另一种观点则认为，认识行政法的本质应从我国的实际出发，只强调"限制政府"这一个方面，将会失之片面。在我国，行政法是人民手中掌握的一种法律手段，人民把这种法律手段交给代表他们行使国家行政权的各级国家行政机关，据以有效地管理各个方面的国家行政工作。只有在国家行政机关及其工作人员采取了违反行政法的违法措施，从而侵犯了公民或其他当事人的民主权利或合法权益时，才谈得上采用行政诉讼手段来限制或监督政府的问题。该说还强调，在资本主义国家，有些学者虽然在口头上很强调"行政法是限制政府的法"，而在实践中，他们的政府却是在充分运用行政法这种法律手段来达到有效管理国家行政事务的目的。而在社会划分为剥削阶级与被剥削阶级的情况下，行政法更多地表现为资产阶级从行政管理角度统治和压迫广大劳动人民的阶级压迫工具。② 这两种观点的争锋，反映了我国行

---

① 参见王天成《治人者治于法——行政法与人权》，《中外法学》1992 年第 5 期。

② 张友渔主编，王叔文副主编：《中国法学四十年（1949—1989）》，上海人民出版社 1989 年版，第 198—199 页。

政法理论初创时期的时代背景和研究特点，观点鲜明、论证简单。在这这场争论中，可以隐约看出后来"控权论"和"平衡论"之争的雏形。

（二）关于行政法原则

我国学者对行政法基本原则的认识和研究始于 20 世纪 80 年代，大致经历了两个阶段。第一阶段为初步探讨，着重把握正确的政治方向，主要照搬宪法原则和行政管理的基本原则，缺乏深入的具有行政法学特色的探讨。第二阶段为深入探讨。1985 年中国行政法学会成立时，有学者提出，行政法的基本原则应不同于行政管理的基本原则，要充分考虑到行政法基本原则所具备的特殊性、普遍性和层次性等要求，由此提出了行政民主原则、行政法治原则、行政合理原则、行政平等原则、行政公开原则、行政统一原则和行政责任制原则。此后，一个探讨独立的、区别于宪法和行政管理基本原则的行政法基本原则的热潮到来了，许多学者从不同角度提出了不同见解。① 这一阶段的争鸣开拓了学人的思路，为日后的研究提供了丰富的思想资料。

（三）关于行政法的渊源

行政法学界在这方面主要研究的是行政法的形式渊源，即行政法的表现形式。② 作为一个法律部门，行政法究竟是一个国家全部行政管理法规的总称，还是全部行政法规范的总称，由此形成了两派学术观点，这些观点鲜明呈现了《立法法》颁布之前的时代烙印。最终，按照行政法应是全部行政法规范的总称的看法占据了主流，得到了学界的普遍认可。③

① 参见罗豪才主编《行政法论》，光明日报出版社 1988 年版；赵克仁等编著《行政法学教程》，中山大学出版社 1990 年版；姜明安《行政法的基本原则》，《中外法学》1989 年第 1 期，等等。

② 但也有对实质渊源的研究，参见杨海坤《试论我国行政法的实质渊源和形式渊源》，《山东社会科学》1989 年第 3 期。

③ 参见朱维究《略论我国行政法的法源》，《政法论坛》1983 年第 1 期。

三　行政法学的理论拓展

（一）关于比较行政法研究

中国行政法学研究素来重视阅读西方论著、吸收和移植西方行政法律制度，并在批判的基础上借此建构中国行政法理论。关于在此方面的学术贡献，不得不提及王名扬与龚祥瑞两位学者。王名扬在 20 世纪 80 年代出版了《英国行政法》和《法国行政法》，90 年代中期出版了《美国行政法》，这套"外国行政法三部曲"，"至少在当下中国，是我们这代行政法学人难以企及的成果"①。对于我国行政法学研究，乃至对于我国整个法治和宪制建设，其意义都是难以估量的。由于身体的原因，王名扬的《比较行政法》和《中国行政法》并没有完成。但无论如何，在外国行政法和比较行政法的研究上，中国当代法学无可置疑地存在着一个"王名扬时代"，但他的著作至今仍然保持那么高的引用频率，说明我们还没有走出"王名扬时代"。② 与王名扬一样，龚祥瑞也曾求学国外，师从英国现代宪法大师拉斯基，所以他的学问研究更着眼于宪法领域。不过，龚祥瑞于 1985 年出版的《比较宪法与行政法》，不仅在宪法领域，也在比较行政法的领域占有重要地位。在这一时期的行政法比较研究中，还有许多学者的译著或撰文介绍外国行政法的发展情况，对国内行政法学的发展起到了积极作用。③

（二）行政法理论拓展的其他方面

在这一时期，行政组织法理论也得到一定发展，对于丰富行政法基础理论，影响并促进国家机构及人事制度改革起到了重要作用。

---

① 参见王名扬《比较行政法》，北京大学出版社 2006 年版，姜明安序言。

② 参见应松年《行政法学的新面相：2005—2006 年行政法学研究述评》，《中国法学》2007 年第 1 期。

③ 相关译著、著作情况请见杨建顺《中国行政法和行政法学 20 年的回顾与展望》，《法学家》1999 年第 Z1 期。

研究主要集中于行政组织法的研究对象（包括机关、机构、工作人员以及相对人），行政组织法、编制法和公务员法的具体内容、基本原则，行政组织、相对人的权利义务，行政法主体、行政法律关系主体、行政组织等用语之间的差异，等等。

在20世纪80年代，行政法学界对行政违法和责任问题进行了较为深入的研究，其成果对立法活动产生了直接影响。首先，对行政违法的内涵展开了广泛深入的讨论，初步明确了行政违法与刑事犯罪、民事违法以及其他违法行为的界限。其次，对行政违法的外延达成共识，行政违法可以包括行政机关及公务员违法和行政相对人违法两部分。复次，对行政违法的构成要件进行了一定探索，有些文章对违法和过错的关系也有所研究。再次，确认了行政法律责任的特殊性，使之与民事责任、刑事责任及纪律责任区别开来。最后，责任形式逐步确定。学者们对行政法律责任形式进行了多种概括和总结。最具代表性的是将行政法律责任分为惩戒、补救、强制三类。上述研究加快了行政违法与责任的立法规范化进程，促使很多立法部门重视对责任条款的规定，使法律的执行获得有力保证。

行政法学研究刚刚起步时，学者们就十分重视国家赔偿问题的研究，在这一阶段已取得一定的理论成果。特别是在社会生活中，国家赔偿的权利观念开始深入人心。关于国家赔偿与民事赔偿的区别、赔偿原则、范围、请求权人及义务机关、经费、程序等问题的研究日渐深入。国家赔偿实践也初露端倪，《行政诉讼法》明确规定了国家行政赔偿责任和赔偿程序，《国家赔偿法》呼之欲出。[①]

四　制定行政诉讼法的理论准备

在中国的诉讼法体系中，行政诉讼法的制定稍晚了几年。在1978年之前，尽管在个别领域立法上已经出现行政诉讼制度的

---

① 应松年、马怀德：《向新的高峰迈进——九十年代我国行政法学展望》，《中国法学》1992年第3期。

萌芽①，但真正意义上的行政诉讼制度未能建立，在实践中主要由各个国家机关的信访机构处理行政纠纷，法律途径无从谈起。直至1978 年十一届三中全会以后，国家积极推行改革，大力发展商品经济，各种社会主体之间的经济利益逐渐独立，各种新的矛盾越来越多地反映出来。

在这样的时代背景下，行政诉讼法的起草、制定工作被纳入全国人大的议事日程，全国人大法工委组织了由有关专家参加的行政立法研究组，开始研究和起草行政诉讼法。行政立法研究组起初，曾致力于发动广大理论与实际工作者起草行政法大纲，1987 年转向起草行政诉讼法，1988 年向全国人大法工委提交了《行政诉讼法（试拟稿）》，成为 1989 年正式通过的《行政诉讼法》的基础。行政立法研究组编发的《行政立法研究资料》和《行政立法研究动态》，向全国各地行政法学者提供了国外行政法理论和国内行政法研究的最新成果，推动了行政法学研究的发展。1988 年，行政立法研究组开始创办《行政法学研究》杂志（不定期），极大地促进和推动了全国性行政法学研究。

《行政诉讼法》颁布之前的行政诉讼法学，被称为"理论准备阶段"。由于我国的行政诉讼制度是在立法和理论都很欠缺的基础上建立起来的，因此研究的主要途径是比较法研究②，同时期大量译著的出版，均包含行政诉讼制度的内容。③ 在建立行政诉讼制度的过程

---

① 林莉红：《我国行政诉讼法学的研究状况及其发展趋势》，《法学评论》1998年第 3 期。

② 其中有代表性的论文包括，姜明安编译：《美国行政诉讼若干问题》，《国外法学》1988 年第 4 期；刘兆兴：《联邦德国的行政诉讼法及行政诉讼制度》，《法学研究》1988 年第 1 期；王名扬：《法国行政审判制度的最新发展》，《法学论丛》1988 年第4 期。

③ 其中影响较大的有 ［美］伯纳德·施瓦茨《行政法》，徐炳译，群众出版社1986 年版；［日］南博方《日本行政法》，杨建顺、周作彩译，中国人民大学出版社1988 年版。

中，围绕《行政诉讼法》及其配套法律、法规的制定和实施，法学界和司法实际部门进行了大量广泛、深入的理论研究和探讨，行政诉讼法学顺应历史的潮流和社会的需要，从无到有，很快发展起来。①

第三节　行政法学的繁荣(1989—2012)

《行政诉讼法》施行后，"民不告官"成为历史，"依法行政"的观念日益深入人心，中国行政法学进入全新的发展阶段。随着法治政府建设的步伐加快，《行政复议法》《行政复议法实施细则》《行政许可法》《行政强制法》《立法法》《政府信息公开条例》等基础性法律、法规陆续颁布施行，国务院于2004年、2010年分别颁布的《全面推进依法行政实施纲要》和《国务院关于加强法治政府建设的意见》，对全面推进依法行政的战略规划做出了顶层设计。这一阶段的行政法理论研究向纵深发展，形成了理论研究与立法、执法、司法实践相辅相成、相互促进的良性循环，亦酝酿了下一阶段更深层次的理论基础研究的争鸣。

一　行政法学一般理论的基础性建构

早在1983年，应松年等就提出了行政法理论基础的研究问题②，但直到罗豪才、袁曙宏、李文栋于1993年发表《现代行政法的理论基础——论行政机关与相对人一方的权利义务平衡》③一文之后，我

---

① 参见应松年主编《行政诉讼知识手册》，中国政法大学出版社1988年版；王礼明、张焕光、胡建淼《行政官司漫谈》，人民日报出版社1988年版，等等。

② 参见应松年、朱维究、方彦《行政法学理论基础问题探讨》，《政法论坛》1983年第2期。

③ 罗豪才、袁曙宏、李文栋：《现代行政法的理论基础——论行政机关与相对人一方的权利义务平衡》，《中国法学》1993年第1期。

国行政法学界才掀起了关于行政法学理论基础的讨论。这场持续至今的争论热烈而开放，呈现出百花齐放、百家争鸣的局面，形成了若干具有代表性的学说、观点。① 各种学说的提出、交锋、论证、修正以及学者们对行政法基本范畴的提炼和理论体系的构建，大大提升了中国行政法学整体的研究水平，标志着我国行政法学已经冲破传统的规范分析，正在走向理性思维的发展阶段。

　　简而言之，20 世纪末叶提出的平衡论，促发了中国行政法学界对行政法制度目标和价值取向的思考。在这场讨论中得到的一个共识是，"强化行政管理"的行政法受到学界几乎一致的批判。自此之后，中国行政法学彻底扫清了源自苏联的以强化行政管理为理念的痕迹，挣脱了传统的规范分析窠臼，开始走向弘扬人文精神、崇尚法治理念、健全理论体系的发展阶段。自进入 21 世纪以来，对这一问题的讨论走向深入。行政法学者或着眼于经济全球化、信息化、市场化与民主化的世界潮流，或关注中国经济社会变迁对行政与行政法制改革的特别需求，对中国行政法制建设的价值导向、功能定位、正当性基础、保障机制等进行了探析。从着力于对传统"管理论"的批判转向于反思"控权论"的缺失。进而认为，中国的行政法制度，需要在对其目标和功能进行反思的基础上，进行结构性重

----

　　① 这场争论中的论文、论著不胜枚举。在 2000 年前主要有武步云《行政法的理论基础——公共权力论》，《法律科学》1994 年第 3 期；陈泉生《论现代行政法学的理论基础》，《法制与社会发展》1995 年第 5 期；王锡锌、沈岿《行政法理论基础再探讨——与杨解君同志商榷》，《中国法学》1996 年第 4 期；叶必丰《行政法的理论基础问题研究》，《法学评论》1997 年第 5 期；皮纯协、冯军《关于"平衡论"疏漏问题的几点思考——兼议"平衡论"的完善方向》，《中国法学》1997 年第 12 期；等等。在 2000 年后，主要有姜明安《法治思维与新行政法》，北京大学出版社 2013 年版；周汉华《现实主义法律运动与中国法制改革》，山东人民出版社 2002 年版；章剑生《现代行政法面临的挑战及其回应》，《法商研究》2006 年第 6 期；何海波《实质法治：寻求行政判决的合法性》，法律出版社 2009 年版；朱新力、唐明良等《行政法基础理论改革的基本图谱："合法性"与"最佳性"二维结构的展开路径》，法律出版社 2013 年版。

塑。中国行政法的目标和功能不应局限于对私人权利自由的保障，也应为提高行政效率效能、保障公共利益、进行利益协调提供制度保障；行政法制度建设不仅要致力于对秩序行政的规范与制约，也要探究对服务行政的保障之道；行政法的正当性不仅来自法的形式权威，也应来自法本身的价值合理性以及公民对于行政过程的参与；行政法的合法性保障机制不仅局限于司法审查制度，也应扩展到成本效益分析和信息公开等行政过程中的制度设计；行政法的制度建设不仅需要借鉴吸收西方法治发达国家的先进经验，亦应扎根于中国的经济社会政治现实。①

二　行政法主体理论的全面更新

（一）关于行政主体理论

行政主体是中国行政法学中的一个极为重要的基本范畴，它不仅是行政组织法领域的核心概念，也是行政行为、行政程序以及行政诉讼领域的基本问题。西方国家对于行政主体的界定与创设，不管是否直接采用了行政主体的概念，均包含一种"行使公权力并独立承担法律后果的法律人格"。我国行政法学界在考察这些国家和地区情况的基础上，借鉴法国的做法，在 20 世纪 80 年代末引入了"行政主体"概念，并结合我国的实际情况，对该概念进行了相应的改造，使之具有本土化的特定内涵。通过对中外行政主体概念进行比较分析，行政法学界明确了行政主体作为行政法上的独立法律人格的实质含义，将我国行政法学上的行政主体予以正确定位，并理顺了行政法中行政主体、行政机关、行政机关构成人员三者之间的关系，从而形成了全方位、深层次、多角度的行政主体理论。除了行政主体的界定外，行政主体理论的其他基本内容还包括行政主体的范围和分类、行政主体的职权和职责、行政主体的资格及其确认

---

① 参见李洪雷《中国行政法（学）的发展趋势——兼评"新行政法"的兴起》，《行政法学研究》2014 年第 1 期。

等。对于行政主体的定义，各位学者的表述各有不同，但其基本内核一致。① 值得注意的是，学界同时对国外行政主体理论引入我国时发生的误读进行了反思。②

（二）关于行政相对人理论

随着当代行政法从传统的以权力制约行政权力的模式逐步发展为强化以行政相对人的程序权制约行政权力，从早期单一的秩序行政逐步发展到当代福利国家秩序行政、给付行政的多元化，传统权力色彩淡化的行政合同、行政指导等行政行为方式被广泛加以运用，调动行政相对人积极参与的行政民主做法备受青睐。随着我国政治经济体制改革和行政法治的发展，也使相对人的地位有了很大提高，这给行政法学研究行政相对人提供了实证基础和契机。因此，这一时期出现了我国第一部系统研究行政相对人的著作。③ 在这一时期所发表的有关行政相对人的论文，大多数都围绕相对人的法律地位、程序权利等问题进行了进一步的探讨。而在近几年有关公众参与的理论探讨中，行政法学人卓有成效地讨论了在行政立法、行政决策等行政行为中，相对人参与行政过程的权利、程序、救济等问题。④

三　行政行为理论的体系化建构

从某种意义上说，传统行政法学的基本理论就是指行政行为理论，因为行政法的任务是规制行政主体的行政行为，确保行政行为的合法性与合理性。

---

① 参见应松年主编《行政法学新论》，中国方正出版社 1998 年版，第 58—62 页。

② 参见薛刚凌《我国行政主体理论之检讨——兼论全面研究行政组织法的必要性》，《政法论坛》1998 年第 6 期。

③ 参见方世荣《论行政相对人》，中国政法大学出版社 2000 年版，"前言"第 4—6 页。

④ 参见王锡锌《行政过程中相对人程序性权利研究》，《中国法学》2001 年第 4 期；陈海萍《论对行政相对人合法预期利益损害的救济》，《政治与法律》2009 年第 6 期；等等。

（一）关于行政行为总论的研究

在我国的行政法学教材中，行政行为被区分为制定抽象的规范和处理具体事件的行为。这是我国特有的概念名称，但也是在国外有关理论的启发下产生的。由于在《行政诉讼法》及其司法解释中，都涉及具体行政行为，学理上也就推定出相对的抽象行政行为的区分，这一对概念成为行政行为研究中的热点问题之一。[①] 除了抽象行政行为和具体行政行为这一对范畴之外，学界还探讨了内部行政行为与外部行政行为、依职权行政行为与依申请行政行为、羁束行政行为与裁量行政行为、行政行为与行政不作为、要式行政行为与不要式行政行为、授益行政行为与负担行政行为、中间行政行为与最终行政行为、行政法律行为与行政事实行为、合法行政行为与违法行政行为、无效行政行为等多组范畴。

（二）典型行政行为的研究

行政立法作为典型的抽象行政行为，学者们 20 世纪 80 年代就已经对其展开了丰富的研究。在这一时期，行政法学者继续在这方面的研究上发力，出现了几部全面研究行政立法的专著，填补了该方面研究的空白。[②] 随着地方行政规章立法的实践，理论研究又将行政立法的制定与公众参与结合起来，行政立法的不作为问题也引起学者的关注。

在《行政处罚法》颁布前后，学界围绕行政处罚的概念、原则（尤其是一事不再罚原则）、设定、主体、管辖、种类（尤其是劳动教养）、程序（尤其是听证程序）以及相关的行政违法责任、对《行政处罚法》的反思等问题，进行了激烈探讨[③]，并深入各个部门

---

① 关于这些问题的各家观点和研究深度，参见胡建淼主编《行政行为基本范畴研究》，浙江大学出版社 2005 年版，"第一章 抽象行政行为与具体行政行为"。

② 如刘莘《行政立法研究》，法律出版社 2003 年版。

③ 如胡锦光《行政处罚研究》，法律出版社 1998 年版。

行政法中，讨论更具专业性和技术性的部门行政处罚问题。①

直到我国确立了社会主义市场经济体制之后，学界才出现研究行政许可的著作。② 此后行政许可的研究层出不穷。2001 年中国加入世界贸易组织（WTO）之后，国家开始着手进行行政许可的立法工作，行政许可的研究成为一时显学。在《行政许可法》正式颁布之后，学者们除了对行政许可立法做出解读、阐释，对行政许可实务予以指导之外，一些学者还跳出行政许可的教义学概念，分析指出《行政许可法》背后所蕴含的有关法治进路、个人自由等更为深远的命题和意义。③ 有的学者运用分析法学的方法，剖析行政许可的概念本质以及逻辑脉络，阐述行政许可背后的个人自由、权利的演变和范围。④ 近年来，随着社会经济的快速发展及其对许可制度的客观需求不断提高，促使行政许可研究的议题日益精细化。⑤

对于行政强制的研究，浙江大学在这一领域走在了全国的前沿。由胡建淼主持的有关"行政强制"的国家社科基金项目，出版了一系列研究行政强制的著作⑥，为行政强制的研究和立法提供了可靠、便利的文献基础。

在继续深入研究传统管制手段的同时，学界也越来越关注那些非权力行政问题，包括行政契约、行政指导、行政规划、行政给付等议题。但总体说来，与传统行政行为的研究相比，几种新型行政行为的研究仍然不够深入，直至 20 世纪 90 年代后半期，国内才出

---

① 如宋功德编著《税务行政处罚》，武汉大学出版社 2002 年版。

② 马怀德：《行政许可》，中国政法大学出版社 1994 年版。

③ 参见周汉华《行政许可法：观念创新与实践挑战》，《法学研究》2005 年第 2 期。

④ 参见陈端洪《行政许可与个人自由》，《法学研究》2004 年第 5 期。

⑤ 如章剑生《行政许可审查标准：形式抑或实质——以工商企业登记为例》，《法商研究》2009 年第 1 期。

⑥ 胡建淼主编：《行政强制法研究》，法律出版社 2003 年版；金伟峰主编：《中国行政强制法律制度》，法律出版社 2003 年版；朱新力主编：《外国行政强制法律制度》，法律出版社 2003 年版；章剑生主编：《中外行政强制法研究资料》，法律出版社 2003 年版。

现相关领域的著作。①

四　行政程序研究的蓬勃发展

回顾行政程序法研究的发展历程，总体上可以划分为四个阶段：

1989 年《行政诉讼法》实施前后为"初始阶段"。此时，国内行政法学界对于行政程序制度的研究还未有足够重视，个别学者的研究亦仅处于对外国行政程序制度非系统化或简单、零散的介绍。

1996 年《行政处罚法》实施前后为"前成熟阶段"。《行政诉讼法》实施后，学界对于监督公权力行使过程的行政程序制度给予了前所未有的关注，涌现出大量有见地的专著、论文。② 但客观而言，总体水平仍停留在浅层次的比较层面上。尽管有个别学者已经提出程序正义的观点，但程序工具主义思想仍然占主流地位，这是该阶段中国行政法学界对于现代行政程序制度理解上的偏狭认识。

2004 年《行政许可法》实施前后为"逐步成熟阶段"。中国加入"WTO"和中国行政程序立法提上议事日程为行政程序法的研究提供了强大的动力。学界对于行政程序法的研究开始向更深、更广的领域发展，许多学者专门从事行政程序的研究且硕果累累③，而且也译介了大量比较法上的行政程序法制度。④"程序正义"的理念已为更多的研究人员所接受⑤，研究视角亦从早期的以规范行政主体行使权力之过程为基点扩展至行政过程中的相对人程序性权利。

---

① 参见余凌云《行政契约论》，中国人民大学出版社 2000 年版、2006 年第 2 版；郭润生、宋功德《论行政指导》，中国政法大学出版社 1999 年；等等。

② 如应松年《论行政程序法》，《中国法学》1990 年第 1 期；章剑生《行政程序法学原理》，中国政法大学出版社 1994 年版；等等。

③ 王锡锌所著《行政程序法理念与制度研究》和《公众参与和行政过程———一个理念和制度分析的框架》均由中国民主法制出版社于 2007 年出版。

④ 参见章剑生《行政程序法比较研究》，杭州大学出版社 1997 年版；应松年主编《外国行政程序法汇编》，中国法制出版社 1999 年版；张兴祥等《外国行政程序法研究》，中国法制出版社 2010 年版；等等。

⑤ 如陈端洪《法律程序价值观》，《中外法学》1997 年第 6 期。

2008 年《湖南省行政程序规定》实施后进入"饱和阶段"。《湖南省行政程序规定》标志着行政程序研究的理论成果为本土实践所吸纳。针对统一行政程序法，我国学界和实务界 2000 年以来曾提出过 7 个版本的建议稿，分别是皮纯协版、姜明安版、应松年版、全国人大法工委行政立法研究组版、马怀德版、王万华版、北京大学宪法与行政法研究中心版。① 制定行政程序法曾列入十届全国人大常委会的立法规划二类项目，几近立法审读。但遗憾的是，后几届人大工作中，行政程序立法始终没有突破，也导致 2012 年之后的行政程序法理论研究逐渐遇冷。

五　行政救济研究的深入

以《行政诉讼法》《国家赔偿法》《行政复议法》的制定和实施为契机，学界在行政救济领域的研究有了长足发展，在行政法学教科书、专著和论文中，行政救济越来越占有重要分量。

在关于行政救济的研究著述中，学者的研究对象主要集中于分论部分的行政复议、行政诉讼和行政赔偿研究，相对而言，行政救济总论并不是重点。早期行政法学界学者大都较少使用行政救济这个概念，也鲜有著述加以专门讨论，一些有影响的行政法教科书、专著都采用监督行政、行政监督、行政法制监督、对行政的监督等概念，以专章或专编进行论述。不过 2000 年以后，学界已经普遍接受并使用行政救济这一概念。② 行政法学界对于行政救济总论部分的研究范围也未形成统一的观点，有的学者主要研究行政救济（或称

---

① 参见皮纯协主编《行政程序法比较研究》，中国人民公安大学出版社 2000 年版，第 567—582 页；罗豪才主编《行政法论丛》（第 6 卷），法律出版社 2003 年版，第 482—502 页；马怀德主编《行政程序立法研究——〈行政程序法〉草案建议稿及理由说明书》，法律出版社 2005 年版；王万华《中国行政程序法典试拟稿及立法理由》，中国法制出版社 2010 年版。

② 最早以"行政教济"为名的专著是刘恒的《行政救济制度研究》，法律出版社 1998 年版。近年来以"行政救济"为名的著作渐多。

为监督行政、行政法制监督等）的概念、特征、模式、分类，但有的学者还将关于行政违法和行政责任的研究也纳入进来。①

（一）复议制度的发展

对于行政复议的定位，有的学者将其放在"行政行为"中"行政司法"的主题下予以研究，有的学者将其放在"行政救济"的主题下予以研究。② 这两种定位其实都没有错，反映了学者们关注行政复议的不同角度，体现了行政复议的多重性质。但总的来说，越来越多的学者现在趋向于将行政复议作为行政救济的一种手段予以研究。以1996年《行政复议法》为界，早期学者们对行政复议的各项制度以及行政复议与行政诉讼的关系、异同进行了研究，而随着1996年《行政复议法》的正式出台，学者对行政复议的研究一方面在理论上更加深入，另一方面更加关注行政复议实施中出现的实践问题③，并更加具体地关注和研究特定部门或领域的行政复议制度。④

（二）行政诉讼法学的发展

从1989—2000年最高人民法院《关于执行〈中华人民共和国行政诉讼法〉若干问题的解释》（以下简称"行政诉讼法解释"）颁布这一时期，我国学界较为普遍采用的是一种注释式的实证研究方法，偏好于分析立法在实践中存在的不足，而很少就其中的理论问题展开有深度的讨论。例如学界对受案范围问题的讨论，主要是具体讨论《行政诉讼法》立法条文的内涵以及立法规范的不足所导致的实践中行政诉讼受案范围不清的现状⑤，而不是致力于研究受案范围的

---

① 参见应松年主编《行政法学新论》，中国方正出版社1998年版，第371—391页。
② 如许崇德、皮纯协主编《新中国行政法学研究综述》，法律出版社1991年版。
③ 如周汉华主编《行政复议司法化：理论、实践与改革》，北京大学出版社2005年版。
④ 如刘敬东、姚臻主编《反倾销案件行政复议、司法审查制度的理论与实践》，中国人民公安大学出版社2004年版。
⑤ 如刘善春《行政诉讼受案范围的理论与实践探究》，《政法论坛》1995年第3期。

理论基础。对于判决形式问题的研究，学界主要针对实践中如何适用判决形式等基本问题展开讨论①，而没有更深层次的判决类型理论。这段时期的研究成果集中反映于"行政诉讼法解释"。在这段时期出版的大量行政诉讼法教材，都具有一个共同的特点，即依据《行政诉讼法》的体例加以编排。学界在这段时期翻译或者编著的有关国外行政诉讼制度的专著或教材②，也更多地停留在对国外行政诉讼制度的介绍上，而对国外有关行政诉讼法学理论基础研究的成果则引进不足。这也充分说明了当时我国行政诉讼法学研究总体上还呈不成熟状态。

　　"行政诉讼法解释"颁行后，伴随《行政诉讼法》实施的遗留问题以及司法解释引发的实践新问题，行政诉讼制度的注释研究走向了一个新高潮。③另外，由于"行政诉讼法解释"充实了行政诉讼法律制度，并落实了当时的研究成果，学界开始逐步加强了对行政诉讼具体制度产生背景、原因和利弊的研究，并开始关注行政诉讼的基础理论问题。这一时期，研究方法已经走向多样化，研究的重心也开始转向对现存行政诉讼具体制度的利弊、存废、完善等深层次的分析研究。理论联系实际的研究方法得到了较为广泛的运用，如对受案范围、原告资格、审判体制、撤诉等问题的讨论基本上是围绕其实践问题而展开的④；学界也开始意识到行政诉讼制度与其他制度之间的关联性，形成了跨领域研究行政诉讼制度的基本态势。

---

　　①　如庄加祥《谈行政诉讼中变更判决的适用》，《行政法学研究》1995 年第 4 期。

　　②　如王名扬《美国行政法》（上、下），中国法制出版社 1995 年版；［英］威廉·韦德《行政法》，徐炳等译，中国大百科全书出版社 1997 年版；杨建顺《日本行政法通论》，中国法制出版社 1998 年版；等等。

　　③　如江必新《中国行政诉讼制度之发展——行政诉讼司法解释解读》，金城出版社 2001 年版。

　　④　如应松年、薛刚凌《"行政审判制度改革"调查报告》，载《诉讼法学研究》第 4 卷、第 5 卷，中国检察出版社 2002 年版。

除了比较研究方法外，部分学者也在有意识地采用经济分析方法、价值分析方法等多种手段考察行政诉讼制度。可以说，对于行政诉讼制度的研究在深度与广度上都有了显著的进步，开始关注行政诉讼法学的基础理论问题，如行政诉权、行政诉讼的价值、诉的利益、行政诉讼类型化、司法审查的强度与审查标准问题等。针对行政诉讼目的问题，学界已经形成"三大类、不下十数种"的观点。① 一批较高质量的专著、博士论文以及学术期刊论文等相继问世。② 应该说，这一时期学界对行政诉讼法学基础理论问题的研究相对前一阶段有较大的发展，也为行政诉讼法的下一步修改奠定了坚实基础。

六　行政法其他方面研究的多维展开

（一）关于部门行政法

尽管大多数行政法学论著都认为部门行政法是行政法学的当然组成部分，也是行政法最有魅力的部分，但行政法学者在具有较强专业色彩和技术色彩的部门行政法面前往往驻足不前。此后，我国部门行政法研究进入了"散兵游勇"的阶段，各行政领域的实务工作者在各自行政领域的刊物上自觉或不自觉地发表了一些不系统的、零碎的部门行政法研究成果。这对部门行政法研究起到了一定的促进作用，但这种对具体部门行政法律制度的介绍，尚未达到"部门行政法理论"的高度。可见，部门行政法理论研究远远滞后于现实社会生活，反过来又掣肘了部门法的进一步发展，我国当前部门立法及部门执法中的种种不尽如人意

---

① 参见刘东亮《行政诉讼目的论——"保障人民权益"与我国行政诉讼法的修改和完善》，博士学位论文，中国政法大学，2004 年。

② 如解志勇《行政诉讼的审查标准——兼论行政诉讼审查前提问题》，中国人民公安大学出版社 2003 年版；王宝明等《抽象行政行为的司法审查》，人民法院出版社 2004 年版；杨伟东《行政行为的司法审查强度研究——行政审判权纵向范围分析》，中国人民大学出版社 2008 年版；章志远《行政诉讼类型构造研究》，法律出版社 2007 年版；章剑生主编《行政诉讼判决研究》，浙江大学出版社 2010 年版；等等。

之处，也许与此不无关系。随着行政活动法治化的加强，行政法学界对部门行政法领域的研究也逐渐深入。从各个角度对国家行政活动的法律问题作了系统探讨，对于我国行政法学体系的逐步完善起到了积极的推动作用。尤其是教育行政法，由于实践的推动以及对教育权利救济的现实需求，关于高校的行政法律地位、司法审查与大学自治的关系的研究，以及对学生诉高校的司法审判的实证研究方面，结出了累累果实。①

（二）关于政府规制

政府规制研究与部门行政法学研究有着紧密的联系。我国对政府规制问题的关注和研究起步较晚。大约在 2000 年以后，随着经济体制改革的不断深化，政府机构改革问题日益紧迫，法学领域才开始关注规制问题。朱新力、刘恒、朱芒、于安、杨建顺、周汉华等是国内比较早从行政法的视角关注政府规制的学者。② 在上述学者的努力研究和带动下，近些年来，对政府规制的研究以及在行政法学研究中对实证方法和法社会学的运用，成为行政法学界的一个亮点。同时需要指出的是，现代行政法学对政府规制理论和方法的引入，对行政过程的关注，并不会引起"行政法学的终结"，相反还可以为行政法学研究增添新的生机和活力。③

（三）关于行政法案例研究

尽管以"规范—个案"为中心的教义学研究是法学安身立命的根基，但是行政法学界真正有规模地开展实证意义上的司法案例研究，至今不过十余年。其中以 2008 年开始举办的"判例研读沙龙"为标志，大量公法学者都积极参与其中，产出了丰硕的学术成果，

---

① 如王敬波《高等教育领域里的行政法问题研究》，中国法制出版社 2007 年版；湛中乐《大学法治与权益保护》，中国法制出版社 2011 年版；等等。

② 如刘恒主编《典型行业政府规制研究》，北京大学出版社 2007 年版；周汉华《政府监管与行政法》，北京大学出版社 2007 年版；等等。

③ 参见朱新力、宋华琳《现代行政法学的建构与政府规制研究的兴起》，《法律科学》2005 年第 5 期。

也对当下的行政法学研究范式产生了较大影响。与此同时，随着行政诉讼制度的不断深化发展，司法案例在统一法律适用标准、指导下级法院审判工作等方面的作用得到进一步重视。2010 年最高人民法院印发《关于案例指导工作的规定》，标志着中国特色案例指导制度的初步确立。2012 年 4 月，最高人民法院发布了第二批指导性案例，其中首次出现两个行政审判案例。截至 2019 年 6 月，最高人民法院已经发布了 24 个行政诉讼指导性案例和 3 个国家赔偿指导性案例。指导案例与其他典型案例有所区别，其效力并不停留在柔性指引上，而是属于制定法与司法解释之外下级法院"应当参照"的准法源。行政诉讼和国家赔偿指导性案例的发布，为行政法案例研究拓展和深化提供了支撑。

第四节　新时代的行政法学
（2012—2019）

在新时代，随着行政审批改革的不断推进、《行政诉讼法》的修改顺利完成、国家监察体制改革、党的十八届四中全会做出《中共中央关于全面推进依法治国若干重大问题的决定》等重大举措，中共中央将法治政府基本建成确立为到 2020 年全面建成小康社会的重要目标之一，对行政法学理论和实践的研究提出了更高的要求。学界关注改革顶层设计的理论基础研究，对行政法制及其改革以及行政法的目标、功能、制度建设、研究对象以及研究方法等方面，均有新的学术突破。

一　行政法研究的政治机能

行政法研究者直面我国现阶段行政法治的现实情景，从相对宏大的政治话语中寻找新的行政法学理论增长点，积极因应中央对国家发展的顶层设计和政治发展目标，参与国家重大战略方针的论证和研讨，是新时代行政法学研究的主要亮点，亦是行政法学本土化发展的必要路径。

（一）关于法治政府的内涵

党的十八届三中全会提出实现"国家治理体系与治理能力现代化"的目标之后，"治理"的概念和理论进入行政法学领域，学者们开始讨论如何用法治手段和法治思维实现政府治理目标，强调要"坚持依法治理，加强法治保障，运用法治思维和法治方式化解社会矛盾"，对新时期"法治"相关概念、概念相互之间的关系、建设途径、评价标准等问题进行了深入探讨①，同时对作为执政理念的法治思维展开论证②，并进一步将治理理论引入行政法学，全方位激励治理主体的普遍参与，提升社会合作的水平，尽可能地拓展、开放公共过程。③

（二）关于法治政府的制度

《国家监察法》制定后，学者对通过《国家监察法》以弥补现行监察制度不足的必然性，以及实现反腐败、法治化的客观需要展开了讨论，围绕监察机关的定位和运作机制、监察对象、监察手段和程序、对监察机关的监督和制约、监察机关与司法机关的衔接等制度设计进行了深入研究。④ 与此同时，目前《监察法》在律师介入、留置后通知亲属等方面，仍有很大的进一步完善空间。⑤

党的十九大报告提出"党政合署办公"引发行政主体多样化的集中讨论。在关注党政合署办公于我国的实践模式、合并设立的合法性依据和标准之时，亦会对包括行政主体、行政行为、监督以及

---

① 如余凌云《法治国家、法治政府与法治社会一体建设的途径》，《法学杂志》2013 年第 6 期。

② 如姜明安《法治思维与新行政法》，北京大学出版社 2013 年版。

③ 参见王瑞雪《治理语境下的多元行政法》，《行政法学研究》2014 年第 4 期。

④ 姜明安：《国家监察法立法的若干问题探讨》，《法学杂志》2017 年第 3 期。

⑤ 参见陈光中、兰哲《监察制度改革的重大成就与完善期待》，《行政法学研究》2018 年第 4 期。

行政救济在内的行政法基本理论产生深刻影响。

权力清单制度是行政组织法领域新兴的研究对象，但无论如何都不能否认权力清单本身是一个行政法治问题。在责任清单的既有实践形态中，独立型责任清单可能最具理论与现实意义，可以成为推进政务公开的理想类型。[①]

（三）关于法治政府的标准

随着中国特色社会主义法治建设的不断推进，以法治水平，而不仅仅是经济水平来衡量国家和社会的发展，正逐渐成为一种主流声音，并深刻影响着法治中国建设的实践。[②] 法治政府是法治中国的核心。近年来，在党和国家的重要报告中已经多次指出，我国要在2020年基本建成法治政府，为法治政府标准的实证研究指明了一个方向。我国法治政府的标准研究因应全球范围法治定量研究的发展趋势，同时结合了我国法治政府的特定内涵和政治背景，不仅扎根于理论研究，并且已经在实践层面广泛开展法治指数的设计与应用。具体成果主要有五个方面：第一，对比较法上法治政府定量研究的理论引介；第二，对我国法治政府衡量标准的理论内涵进行建构；第三，对法治政府评估定量研究的必要性、可行性进行论述和展开；第四，对法治发展现存差距的定量分析及理论解释，包括法治评估指数的具体应用[③]和实证路径下的行政诉讼制度实施实效研究；第五，对现阶段我国法治政府定量研究中存在的问题进行反思、总结以及进一步的精细化探索。

[①]　参见刘启川《责任清单编制规则的法治逻辑》，《中国法学》2018年第5期等。

[②]　叶必丰、张亮、肖军、何卫东、邓少岭：《以司法丈量法治中国之进度——法治政府司法指数报告》，《中国法律评论》2019年第1期。

[③]　其中有两个较有影响的评估：其一是中国政法大学法治政府研究院自2013年起开始实施的"中国法治政府评估"，其二是上海社会科学院法学研究所2017年开始制作的"法治政府司法指数评估"。

二　行政执法制度的反思与完善

《行政处罚法》《行政许可法》《行政强制法》三法是规范我国行政执法行为的通则性法律，兼具实体法与程序法的功能。多年的执法实践已经暴露出立法的诸多问题，亦是学界关注的重点和难点。基于这一时期的理论积累，行政三法即将迎来新一轮的修改，行政法学正在为此做理论准备。

（一）关于行政处罚

在新时期城市治理的复杂形势下，《行政处罚法》的部分规范和理念已经略显陈旧，亟须从概念和分类、处罚主体、处罚程序、法定原则和便宜原则、一事不再罚以及处罚时效等多个方面进行修正。学界对行政处罚体制的思考，主要集中于城市管理领域相对集中行政处罚权制度。① 在行政处罚的具体实施上，引发讨论较多的是行政处罚法律责任与刑罚、民事赔偿等其他责任的衔接与协调对应问题，行政处罚的裁量及其基准问题，行政处罚依据的解释与适用问题，行政处罚行为与其他行政制裁的界分，以及行政处罚的监督机制等等。

（二）关于行政许可

行政许可与行政审批制度改革既是我国新时期行政体制改革的一个重要着力点，也是行政法学研究的一个重点。2013 年，国务院把简政放权、放管结合、优化服务的行政审批制度改革，作为推进全面深化改革的"先手棋"和转变政府职能的"当头炮"。2013 年印发的《国务院关于严格控制新设行政许可的通知》，对新设行政许可的标准、审查程序和监督等作了更为具体严格的规定。但《行政许可法》在实施中也遭遇了很多的挑战，表现为：法律的适用范围受到很大限制；许可设定的合理性缺乏保障；因为体制性原因，导致一些立法目标落空；诸多规定因欠

---

①　如王敬波《相对集中行政处罚权改革研究》，《中国法学》2015 年第 4 期。

缺可操作性而影响实效。《行政许可法》实质上是规制改革或行政改革法，涉及政府职能的转变，政府与市场、社会关系的重塑，行政管理方式的变革，以及行政管理理念的更新。行政法研究应当系统反思并有效应对《行政许可法》实施中存在的问题，从机构设置、规则细化和体制完善等方面，研究并建议有力的应对措施。

（三）关于行政强制

《行政强制法》是 2012 年新近实施的重要法律，包括行政强制执行与行政强制措施的实体依据与程序依据。新法实施之初，学界的研究主要围绕于法条适用的释义分析以及行政强制实现的手段，如违法事实公布、行政调查取证中的职务协助、其他"非强制方式"、行政强制执行和解协议等。而近年来，随着监察体制改革的推进以及检察机关职能的精简，行政法学者开始将研究焦点转移至行政强制规范化的法律控制及其检察监督职能的实现。总体而言，行政强制理论的研究逐渐式微，似乎与现实生活中高发的行政强制违法纠纷形成了鲜明反差。

三　任务取向的行政规制研究

随着行政法学发展和时代变迁，行政法在恪守行政合法性的前提下，以宪法为依归，去追求"正确性"的目标，探究如何改革行政行为形式，依法有效实现行政任务。[1] 这不仅需要行政法释义学以特定的行政法秩序为中心，以法律方法为主要工具，探求行政法适用中之疑难问题。[2] 而且还要引入政策研究的思维，考量可行性因素，相关因素的支持性作用与合法性问题以及实效性的评估

---

[1]　宋华琳：《宪法引导下的行政行为形式改革》，《中国社会科学报》2019 年 5 月 8 日第 5 版。

[2]　李洪雷：《行政法释义学需要关注的基本问题》，《中国社会科学报》2019 年 5 月 8 日第 5 版。

和判断。①

（一）规制研究的基本理论

规制模式的选择与政府角色定位关系密切。近年来，在中共中央转变政府职能，积极建立健全现代治理体系，我国政府的角色逐渐从管理者变为监督者，市场的作用日益凸显，因此这一时期的研究热点在于政府如何引导市场积极发挥规制中的作用，相关完善自我规制体制，以及行政机关的自我约束。② 与此同时，学界对合作规制的兴趣逐步提升，即如何有效通过多中心、多主体、多层次的合作治理实现行政任务，合作规制的合理性以及合作治理中的多元社会主体的定位。值得注意的是，我国学界对于"共同规制"与"自我规制"逐渐趋于理性，主要表现在学界已经出现了对以上两者持有批判性观点的作品。在这方面较为代表性的有，李洪雷梳理了英国金融服务自我规制的发展历程，并对其衰落的成因进行了简要梳理。③ 胡敏洁结合规制理论与社会政策的差异、社会政策的独特性以及中国式规制的特殊性，得出规制理论不足以分析社会政策问题的结论。④

（二）规制研究的领域扩展

风险规制是我国规制研究最早涉及的议题，经过一段时期的理论沉淀和积累，这个阶段集中产出了一批高质量学术著作⑤，亦有多本法学核心刊物组织了风险规制的专题讨论⑥，可以说，中国风险规

---

① 胡敏洁：《摆正行政法学研究与政策的关系》，《中国社会科学报》2019 年 5 月 8 日第 5 版。

② 于立深：《多元行政任务下的行政机关自我规制》，《当代法学》2014 年第 1 期。

③ 李洪雷：《走向衰落的自我规制——英国金融服务规制体制改革评述》，《行政法学研究》2016 年第 3 期。

④ 胡敏洁：《规制理论是否足以解释社会政策？》，《清华法学》2016 年第 3 期。

⑤ 其中最重要的是沈岿主编，北京大学出版社出版的"风险规制"丛书，包括刘刚编译的《风险规制：德国的理论与实践》、金自宁编译的《风险规制与行政法》、沈岿的《风险规制与行政法新发展》、金自宁的《风险中的行政法》等。

⑥ 主要有《中外法学》2014 年第 1 期和《当代法学》2014 年第 6 期。

制理论的体系性建构是在这个时期基本完成的，其中包括对风险规制的逻辑起点和核心目标、风险认知的模式理论、行政法理论的风险应对、风险决定过程中科学理性与社会理性的张力与缓和、风险决策程序、公众参与风险评估的意义及可能性，风险评估的政策偏好以及法律应对等方面。

　　2015 年《中华人民共和国食品安全法》修订后，学者从食品安全规制角度提出建议，针对食品安全标准，可以要求新法中的食品安全企业标准备案定位为对"更严型标准"的备案，且应进行必要的比对审查①，同时以私人标准回应国家食品安全立法对食品生产经营者责任的强调。② 在食品规制体制上，除了矫正我国某些地区实行大一统监管体制的弊端之外，还要逐步建立激励与约束相容的自我规制机制，并进一步发展出以标准与认证、流程监管、与第三方签订合同等多元化手段。在食品安全执法模式上，要通过执法力量的分配、罚款数额设定以及归责原则的设计来实现最佳威慑，也可以建构公法规制与私法救济并举、行政法律责任和民事法律责任共存的声誉惩罚机制。

　　随着网络信息化技术的迅速发展，尤其是我国网络产业在全球市场中不断实现"弯道超车"，由此导致我国的行政法规制体系受到诸多冲击。对此，有学者提出，我国互联网规制的发展方向应当是政府规制与自我规制互相补充、互为支持的合作式规制体制。在具体的网络规制领域中，近年来最具影响的议题无疑是网约车规制问题，虽然以共享经济为核心的网约车在优化交通资源配置、挖掘产业发展潜力方面具有明显优势，并已逐渐得到市场的普遍接受，然而在产业发展的过程中也产生了许多发展创新与合法性之间的冲突。在网约车法政策更新的不同阶段，理论研究与政策实践几乎齐头并

---

　　① 　沈岿：《食品安全企业标准备案的定位与走向》，《现代法学》2016 年第 4 期。

　　② 　高秦伟：《跨国私人规制与全球行政法的发展——以食品安全私人标准为例》，《当代法学》2016 年第 5 期。

进，相辅相成。通过这一讨论过程，不断比较网约车与传统出租车行业的功能差异，审慎结合网约车的共享经济特点，对我国目前网约车在数量管制、价格管制、车辆安全、司机资质与垄断认定等方面的监管措施和制度设计，以及司法机关对行业创新规制的审查强度都展开了充分讨论。

此外，行政法规制研究也在诸多领域取得了丰硕成果，涌现了一批具有开拓意义的学术成果，不仅在研究领域与视野上拓展了现代行政法的疆土，也促进部门行政法与总论行政法之间的良性互动关系。① 值得注意的是，随着规制理论在方法论上的成熟，越来越多的学者已经有意识地展开行政规制的教义学分析，捕捉到了行政法学方法论更新和自创生的稳固抓点。②

四　行政救济研究的精进

2012 年之后，为全面实现依法治国的目标，加快《行政诉讼法》和《行政复议法》的修改进程，加强公民权益保护，是法制建设的重要内容之一。有学者亦指出，制定于计划经济时代的行政诉讼法必须发展和改革。③ 随后，围绕《行政诉讼法》修改所产生的一系列连锁反应，行政诉讼研究迎来了一系列新高潮。

（一）行政诉讼法的修改与实施

随着全国人大常委会启动《行政诉讼法》修正案的审议，学者围绕修正案草案稿展开了激烈讨论，在行政诉讼受案范围、行政审判体制与管辖、法院对规范性文件的审查与适用、行政案件调解与协调以及行政裁判的执行与非诉执行等诸多方面探讨了现行《行政

---

① 参见宋华琳《药品行政法专论》，清华大学出版社 2015 年版；张红《证券行政法专论》，中国政法大学出版社 2017 年版；伏创宇《核能规制与行政法体系的变革》，北京大学出版社 2017 年版；等等。

② 如谭冰霖《环境行政处罚规制功能之补强》，《法学研究》2018 年第 4 期。

③ 江必新：《完善行政诉讼制度的若干思考》，《中国法学》2013 年第 1 期。

诉讼法》的主要缺陷和问题①，相关成果充分体现在《行政诉讼法》草案稿的三次审议过程中。

2014 年 11 月 2 日，全国人大常委会通过了修改《行政诉讼法》的决定，并于 2015 年 5 月 1 日施行。新法的创新点主要体现在八个方面：立案审查登记制、跨行政区域管辖、受案范围扩大、当事人资格限制放宽、增加复议机关被告责任和被诉行政机关负责人出庭应诉责任、延长起诉时限并减少诉讼耗时、增加裁判形式、增加行政裁判的执行方式。有行政法学者认为，这些新制度降低了起诉门槛，增加了地方干预的难度，拓宽了行政纠纷法治渠道，使利害关系人有更多机会参与诉讼，增大了司法审查强度和监督力度，更好地树立了行政审判的权威和公信力。②

2015 年试点，2017 年立法修正确立的检察机关提起行政公益诉讼制度，已经开始全面实施。目前，行政公益诉讼也是行政法学研究的热点。行政法学者积极深入参与相关立法，结合比较法上相关制度和中国国情的独特选择，逐步建构我国行政公益诉讼制度的客观诉讼机制。③ 现阶段的实践中，较多研究还聚焦于行政公益诉讼所特有的"诉前程序"，以及在何种程度上把握"履行法定职责"④。

（二）行政复议制度的低谷

行政复议在新时期已经明显进入发展的瓶颈期，国务院法制办的甘藏春明确指出，中国行政复议制度不适应现实需要，其基础理论滞后是其中一个重要原因。⑤ 但是行政法学界对此方面的研究并未中断过，尤其是在《行政诉讼法》修改期间，关于行政复议制度的

---

① 如余凌云《论行政诉讼法的修改》，《清华法学》2014 年第 3 期。

② 参见姜明安《论新〈行政诉讼法〉的若干制度创新》，《行政法学研究》2015 年第 4 期。

③ 参见刘艺《构建行政公益诉讼的客观诉讼机制》，《法学研究》2018 年第 3 期等。

④ 如卢超《从司法过程到组织激励：行政公益诉讼的中国试验》，《法商研究》2018 年第 5 期。

⑤ 甘藏春：《关于行政复议基础理论的几点思考》，《行政法学研究》2013 年第 2 期。

改革呼声越来越高。2015 年 9 月，浙江义乌设立全省乃至全国首家实体意义的行政复议局。为总结行政复议改革试点经验，进一步完善我国的行政复议制度，并与修改后的《行政诉讼法》有效对接，《行政复议法》的修改已列入十二届全国人大常委会的立法规划。总而言之，实现我国行政复议制度的完善，需要对行政复议行政化和司法化的利弊得失加以权衡，并且需要处理好不同专业领域行政化复议制度的统一和多元化，以及本级政府集中管辖与各个行政职能部门分散管辖等关系。

（三）以判例为中心的行政诉讼研究

在近年来，中国行政诉讼研究日益成熟的标志之一，就是学界对重要司法案例的理论聚焦度与日俱增，这也是大陆法系行政法研究的典型风格。

立案登记制实施后，针对日益突出的滥诉问题，最高人民法院通过刘广明案将"主观公权利"与"保护规范理论"引入我国司法审判实践[1]，确立了行政诉讼原告资格的新标准，围绕本案及其延伸的原告资格问题，也引起部分学者展开了极有深度的探讨。其中，与多数学者的积极态度不同，杨建顺则主张，如果将所谓"保护规范理论"泛化适用为判断是否具有原告资格的标准，则存在与该立法旨趣相悖的危险。应当正确理解和把握"利害关系"，尽可能承认"利害关系"，从而扩大行政诉讼的原告资格，而不应当恣意适用反射性利益理论或曰保护规范理论来对其加以限缩解释。[2]

"陆红霞案"体现了司法机关对政府信息公开诉讼所衍生的滥诉问题的防御机制，同样引发了学界热议，其中比较有代表性的观点

---

① 参见最高人民法院（2017）最高法行申 169 号行政裁定书。

② 参见杨建顺《适用"保护规范理论"应当慎重》，《检察日报》2019 年 4 月 24 日第 7 版；赵宏《原告资格从"不利影响"到"主观公权利"的转向与影响——刘广明诉张家港市人民政府行政复议案评析》，《交大法学》2019 年第 2 期；李年清《主观公权利、保护规范理论与行政诉讼中原告资格的判定——基于（2017）最高法行申 169 号刘广明案的分析》，《法律适用（司法案例）》2019 年第 2 期；等等。

有：章剑生认为认定是否滥用诉权应当以当事人有诉权为前提，诉权由当事人适格和利害关系两个要件构成，而滥用诉权判断的标准是主观上有过错或者恶意，客观上有为了获取违法利益而实施的诉讼行为。但是王贵松则指出，知情权是一种实体性权利，理应受到正当程序的保障。具备实体和程序中的一项，就足以具有信息公开行政诉讼的诉的利益。因此对于信息公开的行政诉讼，原则上不应做出滥用诉权的判断。①

五　行政法基础理论研究的深化

（一）关于体系性的反思

当代行政法学人的自我反省与批判，是基础理论研究不断深化的重要现象。必须要承认，我国行政法学经过多年的发展，已经取得了很大突破，但基础理论研究乃至方法论共识上仍然缺乏统一性和整体性，这在相当程度上制约了行政法学科体系的整体性和均衡性。有观点批评公法学研究的事实论倾向②，对认识和思想上的背景性限制意识不强，相应表现出中国问题意识薄弱。③ 不能仅停留在鼓吹"外来的和尚会念经"的境界，而无视中国现实的社会状态以及传承千年的独特文化。④ 行政法学研究应回答，哪些文化因素可以进行创造性转化，哪些必须摒弃，哪些只能适应。⑤ 有学者认为，法学国家观下的"国家法人"，这一以法秩序的统一性为目标的技术概念及其背后的法学思考方式值得学习借鉴。⑥ 还有批评尖锐地指出，尽

---

① 参见章剑生《行政诉讼中滥用诉权的判定——陆红霞诉南通市发展和改革委员会政府信息公开答复案评释》，《交大法学》2017年第2期；王贵松《信息公开行政诉讼的诉的利益》，《比较法研究》2017年第2期等。

② 翟国强：《公法学如何对待政治事实》，《法学研究》2012年第4期。

③ 谢海定：《我们需要什么样的公法研究》，《法学研究》2012年第4期。

④ 郑春燕：《行政任务取向的行政法学变革》，《法学研究》2012年第4期。

⑤ 李洪雷：《中国比较行政法研究的前瞻》，《法学研究》2012年第4期。

⑥ 王天华：《国家法人说的兴衰及其法学遗产》，《法学研究》2012年第5期。

管行政法学乃至整个公法学成果文献的数据呈爆发式增长，但在这样的繁荣表象之下难以见到作为学术繁荣标识的学术流派竞争。很多文章有观点无论证，有讨论无理论，有方法无逻辑，有材料无分析，有答案无问题。① 总之，在范畴提炼和原则更新的基础上，行政法学理论体系面临着修缮乃至重构的抉择。

（二）关于行政行为理论

行政行为是贯穿我国行政法学的一个基础概念，但又是理论上未能厘清的基本问题。有学者基于"学说—立法—裁判"的互动中，考察了这个概念在释义学意义上的本土生成路径，指出最高人民法院"行政诉讼法解释"及其根据《行政诉讼法》立法精神扩大受案范围的司法政策，促成了其在一系列重要判决和案例中，实质性地舍弃"抽象—具体"框架，从内容是否直接设定权利义务的角度论证行为的可诉性，不再讨论行为的外在形式及其归类。《行政诉讼法》（2014）的最新修订则使"行政行为"可诉、可审查的释义，不再依托于"抽象—具体"的分类，行政行为释义的对象发生变化，"行政行为"作为法学概念的功能也有可能得以再造。给付行政、城市规划行政、风险行政等不断复杂的实践对行政法释义体系提出了新问题和挑战，对此，"行政过程""行政法律关系"等概念开始扮演起"行政行为"竞争者或协作者的角色。②

相对于行政行为的厚重，行政决策则是一个完全"土生土长"的行政法律概念。对此，学界曾积极论证行政决策作为行政行为类型的体系地位，如认为，在实行以行政行为为对象的行政程序制度和以行政行为为"通道"的行政诉讼制度的我国，能够确保"行政决策"作为法学概念的成立以及作为一类独立

---

① 谢海定：《我们需要什么样的公法研究》，《法学研究》2012 年第 4 期。

② 参见陈越峰《中国行政法（释义）学的本土生成——以"行政行为"概念为中心的考察》，《清华法学》2015 年第 1 期。

的行政行为。① 但亦有学者敏锐地指出，行政决策是一个行政学概念而非法学概念，不能实现法学概念的技术功能，无法与现有行政行为类型兼容，也不能实现法学概念的实质功能。行政决策程序化和制度化的法律安排，不在于行政决策的类型化，而在于实现与公众参与、工作规则和人大批准决定制度的对接。②

（三）关于行政组织理论

在我国，行政组织法长期处在行政法学的边缘地带，对于行政组织法的研究仅限于行政主体、行政授权、行政委托等高度形式化的范畴，对于行政组织法中的实体性问题少有触及。这个阶段行政组织法研究体现出比较鲜明的新时代特色，治理视域下的行政组织法被认为不再仅是政府内部的结构法，而是包括协调党政群关系、体现共同治理的治理主体法。③ 因此行政组织法治化可以作为行政体制改革的制度框架。④ 此外，不仅公私合作主体的兴起助推了新行政组织法的产生和成长⑤，行政组织法理论同样需要回应现代行政任务的变迁，拓展行政组织法的研究对象，关注规范、理论功能、理论框架，从而实现行政组织法的理论范式革新。⑥ 当然，传统路径的组织法研究同样重要，有必要追溯我国行政组织立法模式的苏维埃行政法渊源，分析其在于以国家管理机关为中心安排法律结构和法律位阶等级体系的模

---

① 茅铭晨：《"行政决策"概念的证立及行为的刻画》，《政治与法律》2017年第6期。
② 叶必丰：《行政决策的法律表达》，《法商研究》2016年第2期。
③ 金国坤：《国家治理体系现代化视域下的行政组织立法》，《行政法学研究》2014年第4期。
④ 熊文钊、史艳丽：《试论行政组织法治下的行政体制改革》，《行政法学研究》2014年第4期。
⑤ 邹焕聪：《公私合作主体的兴起与行政组织法的新发展》，《政治法律》2017年第11期。
⑥ 贾圣真：《行政任务视角下的行政组织法学理革新》，《浙江学刊》2019年第1期。

糊性。^① 与此同时，根据实定法来正视和分析我国行政机关之间的横向关系规则的不足。尝试创设在实现规制目标的同时承担起相应组织法功能的行为法机制，由宪法加普通法、分散的实体法或者统一行政程序法加以创设。^②

第五节   行政法学展望^③

中国行政法学研究 70 年的发展历程，不仅意味着一个学科的萌芽、生长、成熟以及走向繁荣，更标示着一个中国特色社会主义法治政府的理论根基逐渐稳固。这些经过年代积累的"重叠共识"，有助于学人们对我国行政法与行政法学的渊源和脉络有更加清晰的认识，对于未来的发展趋势才能有更为准确地把握。

第一，行政法解释论与行政法立法论齐头并进。行政法学者必须拓展自己的知识面，深化对现实行政过程的理解，对国家行政法制的建构做出更大贡献。但另外，即使是在法制发达、立法质量相对较高的国家，由于法律文字本身的缺陷而导致的模糊性、因制定主体或时间的差异而导致的法律规范之间的冲突、因人类理性认识能力的固有局限或者社会经济形势快速变迁而导致的立法漏洞等，均要求法律适用者具有娴熟的法律解释技巧，建构科学合理的法律解释体制。与其他学科相比，法学这门学科的独特性正是在于发展出一套解决法律解释和适用问题的独特技术和理论，从这一角度来看，法学研究者忽视对法律规范的解释和适用的研究又是不可原谅的。行政法的解释问题，涉及狭义的法律解释、法律漏洞的补充、

---

① 钱宁峰：《重新认识我国行政组织立法模式》，《行政法学研究》2014 年第 4 期。

② 叶必丰：《行政组织法功能的行为法机制》，《中国社会科学》2017 年第 7 期。

③ 参见李洪雷《中国行政法（学）的发展趋势——兼评"新行政法"的兴起》，《行政法学研究》2014 年第 1 期。

法律解释权及其配置、法院对行政解释的司法审查等，均需要结合行政法规范的特殊性，作深入研究。行政法释义学作为行政法学的核心内容，是行政法学者的安身立命之所在，也是行政法学与公共行政学、经济学、社会学等其他学科对话交流之"资本"所系。中国行政法释义学体系的建构，仍应是中国行政法学研究的重点甚至重心所在，这一点不应因"新行政法"的崛起而受到太大的冲击。如何在对大陆法系和英美法系的行政法学概念体系进行比较研究的基础上，结合中国的法制实践，建构一套相对成熟的行政法释义学体系，是中国行政法学界面临的一个重要课题。

第二，既关注一般行政法，亦关注部门行政法。当行政法学真正将目光转移到部门行政领域以后，行政法学的面貌必将发生重大变化：其一，行政法学不再仅处于行政的边缘而是深入其核心，不是仅着眼于行政的形式而是深入行政过程；其二，行政法学所关注的不仅是控制行政权，而且要通过制度设计保障行政的效率效能，不仅是保障公民权利，而且要推进（真正的）公共利益与福祉，并协调相互冲突的利益；其三，部门行政领域问题的研究涉及经济学、政治学、公共行政、社会学，行政法学者必须能够整合其他学科的学术资源。

第三，既重视借鉴外国行政法的经验，又注意有更加明确的中国问题意识。一方面，在全球化的今天，外国行政法的经验对中国行政法制度的完善和行政法学理论水准的提升，仍具有极重要的借鉴意义。但我国目前的外国行政法研究中还存在着诸多的缺陷，对国外制度和学理的了解往往不成系统，只见树木不见森林；只知现状，不知历史，未能动态把握制度变迁的过程；只知英美法德日，不知北欧、东欧、印度、南美等；另一方面，我国既处在城市化和工业化的快速推进期，又面临着全球化、信息化和后工业化等新的挑战，同时还要处理从传统的全能政府向有限政府的转型问题，前现代、现代与后现代的问题叠加，所处阶段的特殊性和所面临问题的复杂性，都要求不能对任一域外制度或理论马首是瞻。我们在设计行政法制的改革方案时，必须审慎面对中国的本土国情和问题。中国也亟待建立能够有效解释中国行政法制现象、回应中国行政法制需求的行政法学理论。

第 六 章

与社会发展同行的刑法学

第一节　刑法起草与刑法学的
起步（1949—1978）

一　刑法起草

1949 年中华人民共和国成立后，明令废除了国民党的"六法全书"，使依附于它的刑法学知识也遭废黜。"破中有立"，中华人民共和国成立初期国家先后制定了一些应急性的单行刑事法规，如1951 年颁布的《惩治反革命条例》和《妨害国家货币治罪暂行条例》、1952 年颁布的《惩治贪污条例》。

与此同时，起草系统的刑法典的准备工作也一直在进行。从1950 年到 1954 年，当时的中央人民政府法制委员会写出了两部刑法立法草案，一部是《中华人民共和国刑法大纲草案》，另一部是《中华人民共和国刑法指导原则草案（初稿）》。但遗憾的是，由于当时正在进行抗美援朝、土地改革以及"三反""五反"等，国家的注意力并没有集中在立法工作上，所以上述两部稿子也就只停留在法制委员会内作为两份书面材料保存下来，它们始终没有被提上立法程序，因而这段刑法典起草工作我们只能叫它"练笔"，两部稿子也只能算作是立法资料。①

1954 年通过了中华人民共和国第一部宪法和《人民法院组织法》《人民检察院组织法》等五个组织法，标志着我国法制建设进入一个新的阶段，这对刑法典的起草工作是一个很大的推动。那时，刑法典起草工作由全国人大常委会办公厅法律室负责。法律室从 1954 年 10 月开始起草，到 1956 年 11 月，已草拟出第 13 稿。党的八大明确指出："由于社会主义革命已经基本完成，国家的主要任务已经由解放生产力变为保护和发展生产力，我们必须进一步加强人民民主法制⋯⋯逐步地系统地制定完备的法律。"在这种形势下，刑法典起草工作加紧进行，到 1957 年 6 月，已经写出第 22 稿。这个稿子经过中共中央法律委员会、中央书记处审查修改，又经过全国人大法案委员会审议，并在第一届全国人民代表大会第四次会议上发给全体代表征求意见。这次会议还做出决议：授权人大常委会根据人大代表和其他方面所提的意见，将第 22 稿进行修改后，作为草案公布试行。②

虽然决议做了，征求意见的工作也做了，但是刑法草案并没有公布。其中的原因，正如有学者所分析指出："'反右派'运动以后，'左'的思想倾向急剧抬头，反映到法律工作方面，否定法律，轻视法制，认为法律可有可无，法律会束缚手脚⋯⋯足足有三四年时间，刑法典起草工作停止了下来。"③

1962 年 3 月，毛泽东同志就法律工作指出："不仅刑法要，民法也需要，现在是无法无天。没有法律不行，刑法、民法一定要搞。"这个指示对刑法起草是个很大的鼓舞。从该年 5 月开始，全国人大常委会法律室在有关部门的协同下，对 22 稿进行全面修改。经过多次的修改和征求意见，其中也包括中央政法小组的几次开会审

---

① 参见高铭暄等《中国刑法立法之演进》，法律出版社 2007 年版，第 39—40 页。

② 参见高铭暄编著《中华人民共和国刑法的孕育和诞生》，法律出版社 1981 年版，第 2 页。

③ 参见高铭暄等《中国刑法立法之演进》，法律出版社 2007 年版，第 40—41 页。

查修改，到 1963 年 10 月，拟出第 33 稿。这个稿子经过中共中央政治局常委和毛泽东同志审查，也想过是否要公布，但很快"四清"运动就起来了，接着又进行"文化大革命"，在这种形势下，刑法典第 33 稿终被束之高阁，"在文件箱里睡了十五个年头"[1]。

粉碎"四人帮"后，1978 年 2 月召开的五届人大一次会议对法制工作是个转折点。叶剑英同志在《关于修改宪法的报告》中指出："我们还要依据新宪法，修改和制定各种法律、法令和各方面的工作条例、规章制度。"特别是邓小平同志在 1978 年 10 月的一次谈话中指出："过去'文化大革命'前，曾经搞过刑法草案，经过多次修改，准备公布。'四清'一来，事情就放下了。"现在"很需要搞个机构，集中些人，着手研究这方面的问题，起草有关法律"。这次谈话后不久，中央政法小组就组成刑法草案的修订班子，对第 33 稿进行修改工作，先后搞了两个稿子。[2] 在此过程中，中国共产党召开了具有历史意义的十一届三中全会，会议精神对刑法典起草工作起到了极大的推动作用，为 1979 年刑法典的正式出台奠定了坚实的基础。

二 该阶段刑法学研究的主要内容

一是全面介绍、学习苏联刑法理论。为此，翻译出版了一批苏联的刑法教科书和专著[3]，包括后来对中国犯罪构成理论产生深远影响的特拉伊宁的《犯罪构成的一般学说》（中国人民大学出版社1958 年版）。

二是对一些现实问题进行了研究，如刑法溯及力问题，这是当时刑事司法实践面临的一个现实问题。旧法被彻底否定之后，中华人民共和国陆续颁布了一些单行刑事法律，其中有些明确规定了溯

---

[1] 参见高铭暄编著《中华人民共和国刑法的孕育和诞生》，法律出版社 1981 年版，第 3 页。

[2] 参见高铭暄等《中国刑法立法之演进》，法律出版社 2007 年版，第 41—42 页。

[3] 参见高铭暄等主编《新中国刑法学五十年》（上），中国方正出版社 2000 年版，第 5 页。

及力问题，但大都没有明确规定。对于没有明确规定的是否适用于它颁布以前的行为，当时有三种观点：第一种认为新法具有溯及力；第二种认为加重刑罚的刑事法律在任何情况下都不应适用于它颁布以前的行为；第三种认为应当按照原则性和灵活性相结合的办法来解决我国刑法的溯及力问题，即原则上遵守从旧兼从轻的原则，但不排除例外。①

三是结合刑法典的起草对相关问题作研究。刑法典起草时断时续，在恢复起草时，刑法学的某些问题客观上需要研究，如死缓制度。死缓制度是在 1951 年第一次镇压反革命的高潮中产生的，当其在社会主义改造运动中发挥了积极作用之后，刑事立法中是否还应当继续保留，刑法学界对此存在争议。"今天看来，这场争论无疑为死缓制度的存在及完善奠定了坚实的理论基础，也在一定程度上推动了刑法学研究的发展。"②

四是对犯罪与两类矛盾问题进行了热烈研讨。1957 年，毛泽东发表《关于正确处理人民内部矛盾的问题》一文，刑法学界一些人在学习过程中，把两类矛盾学说引入刑法领域，认为犯罪现象中存在两类不同性质的矛盾，司法工作在定罪量刑时，要严格区分两类不同性质的矛盾，由此引起对该问题的长期争论。③

---

①　参见高铭暄等主编《新中国刑法学五十年》（上），中国方正出版社 2000 年版，第 5—6 页。刑法在时间效力上不能溯及既往、遵循"从旧兼从轻"的原则，这是和平时期法治社会的一项基本原则，突破这一原则的做法是典型的用政策刑法来取代原则刑法的做法。当然，在革命刚刚胜利、旧制度垮台的特殊时期，这个问题有一定的复杂性和特殊性（如废除国民党的"六法全书"后，若一概不准新生政权的刑法溯及既往，那么就会出现对于新法之前的杀人等犯罪也无法追究的情形），但如果就此认为新法理所当然地具有溯及既往的效力，不加区别地将新法适用于所有过去的行为，则显然也是不合理的。

②　参见高铭暄等主编《新中国刑法学五十年》（上），中国方正出版社 2000 年版，第 7 页。

③　参见高铭暄主编《新中国刑法学研究综述（1949—1985）》，河南人民出版社 1986 年版，第 24 页。

三　该阶段的刑法学研究特点

首先，带有比较浓厚的政治色彩。前述关于犯罪与两类矛盾问题的讨论，就是一个明显的例子。另外，关于反革命罪有无未遂的问题也是。更为遗憾的是，反革命罪有无未遂的争论本来是一个纯法律的学术问题，但在特定的历史环境下，竟上升为一个敏感的政治问题：在1952年的司法改革运动中，主张反革命罪有未遂的观点开始被斥责为旧中国的"六法"观点，这一趋势在1957年下半年开始的反右斗争中达到顶峰，凡是主张反革命罪有未遂的人均被打成右倾分子。这种"用简单的政治分析替代深入的法律分析"的做法，给我们留下了惨痛而深刻的教训。①

其次，有比较明显的历史虚无主义和教条主义倾向。中华人民共和国成立后，对于晚清以来至民国时期按照大陆法系的模式逐步累积起来的刑法学知识，从形式到内容被彻底否定。无论是刑事古典学派，还是刑事实证学派，由于均隶属于"剥削阶级"而无一幸免地受到清算。② 与此同时，对苏俄刑法学进行了全面的移植。

再次，刑法学研究起步不久即走向萧条。从1949年10月到1957年上半年，被我国刑法学界称为新中国刑法学的起步阶段，这期间出版的论著"虽然还很不成熟"，却"是新中国刑法学史上极其重要的一个时期，它为刑法学以后的发展奠定了基础"。③而从1957年下半年开始，随着反右斗争的展开，刑法学研究开

---

① 参见高铭暄等主编《新中国刑法学五十年》（上），中国方正出版社2000年版，第7—9页。

② 参见车浩《未竟的循环——"犯罪论体系"在近现代中国的历史展开》，《政法论坛》2006年第3期。

③ 参见高铭暄等主编《新中国刑法学五十年》（上），中国方正出版社2000年版，第4—5页。

始冷落①，到 1966 年"文化大革命"开始，刑法学研究进入停滞、倒退时期，这种状况一直持续到"文化大革命"结束。"连绵不断的政治运动和社会动乱，刑法学研究从其中前十年（1957—1966年）的逐步萧条、成果很少，到后十年（1966—1976年）的偃旗息鼓、完全停止。"② 反右斗争后，法律虚无主义盛行，一些刑法上的重要理论，如刑法基本原则、犯罪构成等，人们不敢问津。在这种形势下，不仅"罪刑法定"这样一些贴有西方刑法学标签的刑法原理被打成"右派"的言论，连从苏联引进的犯罪构成理论也被打入冷宫，成为政治上的禁忌。正如有学者指出的那样，"犯罪构成"一词不能再提了，犯罪构成各个要件不能再分析了，不准讲犯罪必须是主客观的统一，等等。③ 如中国人民大学法律系刑法教研室在 1958 年出版的《中华人民共和国刑法是无产阶级专政的工具》一书中，关于怎样认定犯罪的论述，只字不提犯罪构成。④ 这种情形一直持续到 1976 年，如该年 12 月北京大学法律系刑法教研室编写的一本《刑事政策讲义》（讨论稿），该书在正确认定犯罪这一题目下，不仅同样讳言"犯罪构成"一词，还强调在认定犯罪的时候要查明被告人的出身、成分和一贯的政治表现等，要以阶级斗争为纲，坚持党的基本路线，用阶级斗争的观点和阶级分析的方法分析问题、处理问题。⑤

─────────────

① 不过，法律出版社 1957 年出版的李光灿的《论共犯》一书，算是一个例外，该书被认为在该领域提高了当时的刑法学理论研究水平。

② 参见高铭暄等主编《新中国刑法学五十年》（上），中国方正出版社 2000 年版，第 8 页。

③ 参见杨春洗等《刑法总论》，北京大学出版社 1981 年版，第 108 页。

④ 参见中国人民大学法律系刑法教研室《中华人民共和国刑法是无产阶级专政的工具》，中国人民大学出版社 1958 年版，第 20 页以下。

⑤ 参见北京大学法律系刑法教研室《刑事政策讲义》（讨论稿），1976 年 12 月内部印行，第 118 页以下。

第二节　刑法学的复苏与繁荣
（1978—1997）

一　1979 年刑法的颁布与刑法学研究的复苏

从 1979 年开始，对刑事立法工作抓紧进行。刑法典草案以 33 稿为基础，结合新情况、新经验和新问题，征求了中央有关部门的意见，先后拟出了两个稿子。① 第二个稿子于 1979 年 5 月 29 日获得中央政治局原则通过，接着又在法制委员会全体会议和第五届全国人大常委会第八次会议上进行了审议，最后于 7 月 1 日在五届全国人大二次会议上获得一致通过，并规定自 1980 年 1 月 1 日起施行。② 中华人民共和国成立近 30 年来第一次有了自己的刑法典，其过程和意义令人感慨。正如有学者所指出的："回顾新中国刑法的孕育诞生历程，不禁使人感慨万千：其道路的确是曲折的、艰辛的。一部出台时不过 192 个条文的刑法典（条文数在当代世界各国刑法典中可以说是最少的），从全国人大常委会法律室起草算起，先后竟然孕育了 25 年之久。其实工作时间只用了 5 年多，有 19 年多是处于停顿状态。第 22 稿拟出后停顿了 4 年多，第 33 稿拟出后居然停顿了 15 年！这说明'以阶级斗争为纲'的思想，法律虚无主义，一个接一个的政治运动，对中国法制建设的冲击有多么大！建国近 30 年，中国才有了第一部粗放型的刑法典，这不能不说是法制的严重滞后。有法才能治国，无法就要祸国，这是中国人民付出了无数血的代价之后才总结出来的一条经验教训。"③

---

① 参见高铭暄等编《新中国刑法立法文献资料总览》（上册），中国人民公安大学出版社 1998 年版，第 435 页以下。

② 参见高铭暄编著《中华人民共和国刑法的孕育和诞生》，法律出版社 1981 年版，第 4 页。

③ 参见高铭暄等《中国刑法立法之演进》，法律出版社 2007 年版，第 43 页。

刑法典的颁布直接推动了刑法学研究。据学者统计,刑法典颁布前,主要是"文化大革命"之前的 17 年,发表的刑法论文仅有 176 篇,而刑法颁布后至 1985 年年底的 6 年多时间里,发表的论文近 2300 篇,约相当于过去的 13 倍。① 虽然我们对此还可以从"人治"向"法治"转变的社会大背景中寻找原因(法学刊物增多、发表文章的机会增多),但刑法文本的出现,以及刑法的实施所引发的大量疑难问题,无疑为刑法学研究提供了丰富的素材和巨大的内驱力。正如有刑法学者所描述的:"经过了将近 20 年的寂静之后,随着我国第一部刑法的颁布,刑法学在各部门法学中一马当先……很快在法苑中立住了脚跟,恢复了大刑法昔日的自信。"②

复苏后的刑法学研究刚开始还带有比较浓厚的"大词"色彩,将马克思列宁主义毛泽东思想对我国刑法具有指导意义的基本原理,概括为社会主义时期阶级斗争和无产阶级专政的理论、严格区分和正确处理两类不同性质的矛盾的思想等。③ 但随着国家工作重心转入经济建设,这种粗放式研究不断地被一个个现实问题推向深入:一方面,刑法典的注释和对刑法施行后司法实践中反映出来的大量问题进行解答,成为刑法学界的迫切任务;另一方面,犯罪领域的新情况和新特点促使立法机关和司法机关做出反应,而对这种反应的理论准备、理论论证和理论评析又成为学界不可回避的问题,如经济犯罪的日趋严重使得全国人大常委会相继通过了《关于严惩严重破坏经济的罪犯的决定》(1982 年)、《关于惩治走私罪的补充规定》(1988 年)、《关于惩治生产、销售伪劣商品犯罪的决定》(1993 年)等一系列打击经济犯罪的单行刑法;社会治安的恶化使得全国人大常委会于 1981 年通过了《关于死刑案件核准问题的决定》,1983 年

---

① 参见高铭暄主编《新中国刑法学研究综述(1949—1985)》,河南人民出版社 1986 年版,第 8—9 页。

② 陈兴良:《刑法哲学》,中国政法大学出版社 1992 年版,"前言"。

③ 参见高铭暄主编《新中国刑法学研究综述(1949—1985)》,河南人民出版社 1986 年版,第 19 页以下。

又通过了《关于严惩严重危害社会治安的犯罪分子的决定》；腐败犯罪的加剧使得全国人大常委会于 1988 年通过了《关于惩治贪污贿赂罪的补充规定》；等等。据统计，自 1981—1997 年新刑法通过前，全国人大常委会先后通过了 25 部单行刑法，此外，还在 107 个非刑事法律中设置了附属刑法规范。经过这些不断补充，刑法中的罪名由 1979 年刑法典中的 130 个增加到 263 个。[①] 针对这样的刑法制度变动，囿于"大词"建构的学术话语体系不敷应付。

二　刑法学知识的更新

20 世纪 70 年代末 80 年代初的刑法学复苏，是建立在 50 年代引进的苏联刑法学知识的基础之上的。例如 1982 年出版的高等学校法学试用教材《刑法学》，基本沿袭了苏联刑法教科书的体系和原理，其"犯罪构成体系几乎是特拉伊宁的翻版"。[②] 这说明当时的刑法学主流知识是苏联刑法学。

自 80 年代初，一批台湾地区刑法学著作被陆续影印在大陆出版，成为当时刑法学知识的一个增长点。[③] 从 20 世纪 80 年代中后期开始，越来越多的外国刑法学论著经过编译和翻译传入我国，其中既有大陆法系的，也有英美法系的，它们为封闭了数十年的我国刑法学打开了一扇大门，开阔了刑法学者的眼界。早期影响较大的有：1984 年和 1985 年分上、下两册分别由北京大学出版社出版的《外国刑法学》（甘雨沛、何鹏著），"该书内容庞杂，虽然存在文字艰涩且无注释的不足，但其丰富的资料对于处于饥

---

① 参见高铭暄等《中国刑法立法之演进》，法律出版社 2007 年版，第 44—45 页。

② 参见陈兴良、周光权《刑法学的现代展开》，中国人民大学出版社 2006 年版，第 727 页。

③ 陈兴良在回忆自己 20 世纪 80 年代刑法论著的引注时，曾指出有 1/4 引自民国时期的刑法论著（另有 1/4 引自我国台湾地区刑法论著，1/4 引自早期苏联刑法论著，1/4 引自当时我国大陆学者的刑法论著）（参见陈兴良、周光权《刑法学的现代展开》，中国人民大学出版社 2006 年版，第 728—729 页）。

渴状态的我国刑法学界不啻是一道盛宴"。① 1986 年辽宁人民出版社出版的《日本刑法总论讲义》（福田平、大塚仁编，李乔等译），该书简明扼要，体系清晰，对启蒙大陆法系刑法理论有较大的参考价值。1987 年北京大学出版社出版的《美国刑法》（储槐植著），为人们了解美国刑法理论提供了便利。进入 90 年代，大批刑法译著和外国刑法典源源不断地汉译出版。译著的来源既有德国、日本等在我国有传统影响的大陆法系国家，也有法国、意大利等其他大陆法系国家，还有美国、英国等英美法系国家，以及俄罗斯等转型后的国家。

对于这些刑法学著述的翻译，一位外国作者将其理解为"中国对外国文化开放的表示"（耶赛克为其《德国刑法教科书》所作的中译本序言中语）。尽管翻译的质量良莠不齐，但总的来讲，它对开阔我国刑法学者的视野做出了有益的贡献。这从近些年来我国刑法学者的著述引注中也可见一斑，过去那种很少有引注或者引注来源单一的学术局面已经大大地改善了。

三　注释刑法学的兴起

1979 年刑法颁行后，刑法学界在刑法注释上下了很大的功夫，为司法实务界掌握刑法做出了贡献。②

注释刑法学是 20 世纪 80 年代中国刑法学研究的主要体裁，这有其时代必然性。首先，国家的惩罚策略正在实现从运动到法制的整体性转变，在刑事领域，中共中央专门发布"关于坚决保证刑法、刑事诉讼法切实实施的指示"。可见，当时全社会都面临一个"学会

---

① 陈兴良、周光权：《刑法学的现代展开》，中国人民大学出版社 2006 年版，第 729—730 页。

② 例如，中国社会科学院法学研究所欧阳涛、张绳祖等著的《中华人民共和国刑法注释》（北京出版社 1980 年版）曾先后数次再版，总印数达 100 多万册，成为当时司法实际工作人员几乎人手一册的畅销书。参见欧阳涛《犯罪、刑法学领域热点问题剖析及对策》，中国人民公安大学出版社 1998 年版，第 8 页。

使用法律武器"的问题。① 其次，那时公、检、法、司队伍的业务素
质整体还偏低，专业化程度远不能跟今日相比，由此决定了其适用
法律的自身解释能力较弱，对法律解释有较强的依赖性。最后，刑
法文本的出现，以及其后大量单行刑法和附属刑法的颁布，加上司
法实践中不断反映出来的问题，迫切需要刑法学界释疑解惑。正因
如此，当时的许多刑法学论著几乎都有共同的格式，那就是要讨论
"罪与非罪、此罪与彼罪的界限"。

四　该阶段刑法学研究的主要内容与特点

该阶段刑法学研究的主要课题涉及刑法基本原则、犯罪概念、
犯罪构成、因果关系、刑罚目的、刑事责任、法人犯罪、经济犯罪、
未成年人犯罪等②，并具有鲜明的时代特点。

1. 研究不断走向深入。如刑事责任问题，我国刑法学界从 20 世
纪 80 年代后期开始，对这个问题着力进行了研讨，充实了我国刑法
学的体系。又如对因果关系的研究，有些探讨也还是比较深入的，
推动了该领域甚至整个刑法理论的发展。当然，于今回头看，在因
果关系的研究中也存在一些不足，如过于纠缠名词，过于倚重哲学
上的因果关系理论而无视刑法中因果关系的独特性，研究方法单一，
有经院哲学的倾向。③ 将"因果关系中断"这类外来学说称为"资
产阶级刑法学家"的理论，也反映了当时刑法学知识还没有与意识
形态话语区隔的时代印痕。今天，刑法学上的因果关系之所以再也
不复当年风起云涌之势，并非是因为这方面的理论争议和困惑都已
得到解决，而是因为刑法学者从"长期执迷于一种哲学框架，烘云

---

① 参见强世功《法制与治理——国家转型中的法律》，中国政法大学出版社 2003
年版，第 178 页以下。

② 详见陈甦主编：《当代中国法学研究（1949—2009）》，中国社会科学出版社
2009 年版，第六章。

③ 参见高铭暄等主编《新中国刑法学五十年》（上），中国方正出版社 2000 年
版，第 13—14 页。

托月般地构建因果关系的海市蜃楼"中走了出来，注意使自己的研究不脱离刑法语境，清醒自己的研究目的。①

2. 对有的问题的研究还比较粗浅。如这一时期对刑法基本原则的研究，大多只停留在基本原则范围的争论上，而对各个基本原则的具体内容缺乏深入的阐述。在 1979 年刑法规定了类推制度的情况下，刑法学界的通说还认为我国刑法贯穿了罪刑法定原则②，这在现在看来显然是不妥当的。相比之下，1997 年新刑法在明确规定了刑法的基本原则之后，学界对此问题的研究就要深刻得多。正如有学者所指出：从对刑法基本原则问题的研究上，可以看到刑法学科和刑法学者逐渐走向成熟。③

3. 出现了一些反思性思考。以犯罪构成为例，1982 年出版的全国刑法统编教材将犯罪构成界定为我国刑法所规定的、决定某一具体行为的社会危害性及其程度而为该行为构成犯罪所必需的一切客观和主观要件的总和，并将苏俄刑法学中的犯罪构成四要件移植过来：（1）犯罪客体；（2）犯罪客观方面；（3）犯罪主体；（4）犯罪主观方面。④ 由于刑法统编教材的权威性，犯罪构成四要件理论从此定于一尊。但从 1986 年开始，以何秉松发表的"建立有中国特色的犯罪构成理论新体系"一文为标志⑤，刑法学界开始有部分学者对苏俄的犯罪构成理论模式进行反思性思考，这种反思性思考在进入 21 世纪后日趋强烈，形成对传统理论的严重挑战。

4. 关注现实中的热点问题。如从 20 世纪 80 年代开始，对经济犯罪的研究逐渐成为刑法学界的一方热土，相继出版了许多这方面的著作。

---

① 参见陈兴良主编《刑法知识论研究》，清华大学出版社 2009 年版，第 257 页。

② 参见高铭暄主编《中国刑法学》，中国人民大学出版社 1989 年版，第 33 页。

③ 参见高铭暄等主编《新中国刑法学五十年》（上），中国方正出版社 2000 年版，第 31 页。

④ 参见高铭暄主编《刑法学》，法律出版社 1982 年版，第 97 页以下。

⑤ 参见何秉松《建立有中国特色的犯罪构成理论新体系》，《法学研究》1986 年第 1 期。

又如，20 世纪 70 年代末 80 年代初以来，未成年人犯罪成为一个日益突出的社会问题，从而引起我国刑法学界对此问题的关注，特别在是否降低我国刑法中的最低刑事责任年龄这个问题上，产生过激烈的争论。

第三节　刑法修改与刑法学的现代化（1997—2012）

一　刑法修改研究

1988 年，全国人大常委会将刑法典的修改列入立法规划。尽管在此之前，有些刑法学者也曾对刑法修改作过探讨，但是在立法部门这一举措之后，刑法学界才如火如荼地全面展开对刑法修改问题的研讨。1997 年颁布的新刑法典，对 1979 年刑法典作了全面修改，使我国的刑法制度朝着现代化方向迈进了一大步，刑法学界的许多研究成果和建议被新刑法所采纳。试举两例：

1. 关于类推的废止与罪刑法定原则的确立。对于我国 1979 年刑法中的类推制度何去何从，在 1997 年新刑法出台前存在争议。大体的方向是刚开始多数学者认同类推制度的合理性，到后来越来越多的学者主张废除这一制度，这一历程反映了中国刑法学界观念的变革，即从过去的偏重刑法的社会保护功能逐渐转向偏重刑法的人权保障功能。经过学界的充分讨论，最后立法机关采纳了废除类推制度、在我国刑法中明文确立罪刑法定原则的建议。

2. 关于将"反革命罪"改为"危害国家安全罪"。1979 年刑法分则第一章规定了"反革命罪"，但随着社会的发展，对这一类罪名的科学性开始出现争议。早在 1981 年，就有学者发表文章，认为"反革命罪"已不适合当今形势，建议将其改为"危害国家安全罪"。[①] 后来又陆续有学者提出这种主张。针对这种主张，有的刑法

---

① 参见徐建《"反革命"罪名科学吗?》，《探索与争鸣》1981 年第 1 期。

学者提出了反对意见，认为我国刑法中的反革命罪名应继续保留。[①]但多数刑法学者认为，将"反革命罪"改名为"危害国家安全罪"，是一个更科学、合理的选择。经过广泛而深入的讨论，1997 年新刑法采纳了将"反革命罪"改为"危害国家安全罪"的主张，同时删去了此类犯罪主观上反革命目的的定义，并按照危害国家安全罪的性质对此类犯罪作了修改和调整，将该章中实际属于普通刑事犯罪性质的罪行移入其他章节。应当说，这一修改是中国刑法走向科学化、与现代刑法的国际通例相衔接的一个重要举措，在国内外引起了良好的反响。

二 刑法理论的新发展

20 世纪 90 年代以来，刑法学界的诸多有识之士勤奋耕耘，使我国的刑法理论达到了一个新的高度，其主要表现有三。

1. 刑法学研究中的理论品质有较大提升

在提升刑法学的理论品质方面，陈兴良于 1992 年出版的《刑法哲学》（中国政法大学出版社）起到了很好的带动作用。该书连同作者后来出版的《刑法的人性基础》（中国方正出版社 1996 年版）和《刑法的价值构造》（中国人民大学出版社 1998 年版），构成了其刑法哲学三部曲，带动了理论刑法学的发展。

在形而上的研究蔚然成风的形势下，注释刑法学几近贬义词。此时，张明楷发出了自己独立的声音："刑法解释学不是低层次的学

---

① 参见何秉松《一个危险的抉择——对刑法上取消反革命罪之我见》，《政法论坛》1990 年第 2 期。值得注意的是，虽然刑法学界绝大多数人对于该文采取了比较激烈的批判态度，但据学者披露，其实该文对于刑法修改还是有价值的。这篇文章发表后，作者的意见受到立法机关的重视，并对刑法的修改产生了一定的影响，如 1997 年修订后的刑法在危害国家安全罪（即原反革命罪）一章中，有的条文保留了"颠覆国家政权、推翻社会主义制度"的规定，"这证明，在学术研究中包括刑事立法中，充分发挥民主的重要性"（参见曲新久《何秉松教授刑法学思想述评》，《法律文献信息与研究》1998 年第 4 期）。

问，对刑法的注释也是一种理论，刑法的适用依赖于解释。因此，没有刑法解释学就没有发达的刑法学，一个国家的刑法学如果落后，主要原因就在于没有解释好刑法，一个国家的刑法学如果发达，主要原因就在于对解释刑法下了工夫。"① 从此，注释刑法学与理论刑法学并行不悖，互相促进。回归后的注释刑法学也摆脱了当初就事论事的稚嫩，更多地上升到方法论高度来阐明问题，如刑法解释中的目的性解释、刑法教义学中的司法三段论等。正是在这个意义上，我们说注释刑法学也是一种广义上的理论刑法学。我国刑法学要增强专业性和对一些问题的解释力，必须建立起发达的刑法教义学，而不能停留于过去那种对分则中某些条文的注释几乎就是对原条文的分解和重复那种模式。

近年来，在理论刑法学和注释刑法学之外，又出现了一门动态刑法学。其基本考虑是：理论刑法属于一种理念刑法，注释刑法属于一种文本刑法，两者均属静态，但刑法在运作中存在和发展，刑法的本性是动态的和实践的，于是根据刑法的本性打造一门新的学问——动态刑法，就成为刑法本身和社会的需要。②

2. 刑事一体化的影响日渐广泛

刑事一体化的命题最初由储槐植在 1989 年提出，当时他将其界定为：刑法内部结构合理（横向协调）与刑法运行前后制约（纵向协调）。③ 这个意义上的刑事一体化，实际上是就刑事政策而言的，其基本思想与关系刑法论极为接近④，都是主张从刑法的内部与外部

---

① 张明楷：《刑法学》，法律出版社 1997 年版，"导言"。

② 参见储槐植等《刑法机制》，法律出版社 2004 年版；刘仁文《关注刑法运作》，《人民检察》2007 年 9 月（上）。

③ 参见储槐植《建立刑事一体化思想》，《中外法学》1989 年第 1 期。

④ 关系刑法论是储槐植另一重要学术思想，它主张把刑法放到整个关系网络中去进行研究，具体包括：1. 社会经济与刑法；2. 政权结构与刑法；3. 意识形态与刑法；4. 犯罪与刑法；5. 行刑与刑法；6. 其他部门法与刑法。参见储槐植《刑法存活关系中——关系刑法论纲》，《法制与社会发展》1996 年第 2 期。

关系入手，实现刑法运行的内外协调。到 1991 年，他又进一步指出：研究刑法要从刑法之外研究刑法，这涉及研究的广度；在刑法之上研究刑法，这涉及深度；于刑法之中研究刑法，这是起点和归宿。在刑法之外研究刑法这个话题下，储槐植指出：刑法不会自我推动向前迈进，它总是受犯罪态势和行刑效果两头的制约和影响，即刑法之外的事物推动着刑法的发展，这是刑法的发展规律。正因为犯罪决定刑法，刑法决定刑罚执行，行刑效果又返回来影响犯罪升降，所以刑法要接受前后两头信息，不问两头的刑法研究不可能卓有成效。正是在这个意义上，研究刑法必须确立刑事一体化意识，刑法研究者要有健全的知识结构——具有一定的犯罪学和行刑学素养。[①] 至此，储槐植从刑事政策和方法论两个方面提出了刑事一体化的初步构想。

虽然储槐植对刑事一体化的阐述只是一种简约的概述，并没有长篇大论地展开，但这一命题提出后，在我国刑法学界产生了出乎意料的影响，成为许多学者所推崇的一种研究方法。[②] 1997 年，陈兴良创办连续出版物《刑事法评论》，至今已出版 20 余卷，其编辑宗旨就将刑事一体化确立为一种研究模式，因而被评论者称为刑事一体化的自觉实践。[③] 陈兴良本人还对储槐植的刑法之上研究刑法、刑法之外研究刑法和刑法之中研究刑法作了重新解读和扩展，认为刑法之上研究刑法是刑法的哲学研究，刑法之外研究刑法是刑法的社会学研究和经济学研究等，而刑法之中研究刑法则是刑法的规范研究。在此基础上，他提出还要增加一个研究向度：在刑法之下研

---

①　参见储槐植《刑法研究的思路》，《中外法学》1991 年第 1 期。

②　对此，陈兴良的一个解释是：这与 20 世纪 90 年代我国刑法知识经过一个时期的恢复积累以后所处的蓄势待发的特定背景有关。参见陈兴良《"老而弥新"：储槐植教授学术印象》，《刑事法评论》第 21 卷，北京大学出版社 2007 年版。

③　参见付立庆《刑事一体化：梳理、评价与展望——一种学科建设意义上的现场叙事》，载陈兴良、梁根林主编《刑事一体化与刑事政策》，法律出版社 2005 年版。

究刑法，这就是刑法的判例研究。①

在刑事一体化思想的基础上，学界进一步发展出"立体刑法学"的思想，主张刑法学研究要瞻前望后、左看右盼、上下兼顾、内外结合。"瞻前望后"，就是要前瞻犯罪学，后望行刑学；"左看右盼"，就是要左看刑事诉讼法，右盼民法、行政法等部门法；"上下兼顾"，就是要上对宪法和国际公约，下对治安管理处罚和劳动教养；"内外结合"，就是对内要加强刑法的解释，对外要重视刑法的运作。② 刑事一体化和立体刑法学的思想与百年前德国刑法学者李斯特提出的整体刑法学思想深有契合，其哲学基础是普遍联系的观点和系统论。系统论强调整体性原则，整体性原则又与唯物辩证法的普遍联系、相互作用原理十分接近。刑事一体化和立体刑法学的各对范畴之间存在相互联系和相互作用的关系，它们共同结合成一个系统，这个系统的功能要大于各部分的简单相加。而刑法效益则是其经济学基础。刑事一体化和立体刑法学有助于建立一个良好的刑法机制，其理念的贯彻必将节省刑法成本、提高刑法收益，增强立法、司法和研究中的协调性，减少因内耗而产生的资源浪费。

3. 犯罪构成理论的争鸣——中国刑法学派之争初现

犯罪构成理论是规范刑法学中的理论基石，近年来，围绕我国传统犯罪构成理论的完善和存废产生激烈的学术论争，这首先是刑法学界贯彻"百花齐放、百家争鸣"的"双百"方针的结果，同时也是我国对外开放、比较刑法学日益兴隆的结果。它是我国刑法学走出"无声的刑法学"、形成不同学派的端倪。如前所述，中华人民共和国成立后，犯罪构成理论长期沿袭苏联的学说，缺乏必要的创新和争鸣。直到 1986 年何秉松发表《建立有中国特色的犯罪构成体系》一文后，该问题才开始引起我国刑法学界的反思。对此，有评论说，《法学研究》1986 年第 1 期发表了何秉松《建立有中国特色的犯罪构成体系》

---

① 参见陈兴良《判例刑法学》，中国人民大学出版社 2009 年版，"序"。

② 参见刘仁文《构建我国立体刑法学的思考》，《东方法学》2009 年第 5 期。

一文，涉及当时的刑法学体系中所没有的一系列刑法学重大问题，如犯罪构成理论的体系、定罪的根据、刑事责任的概念、犯罪的本质特征等。[①] 到 1993 年，何秉松主编的《刑法教科书》问世（中国法制出版社），其中最耀眼之处在于该书创立了一个崭新的犯罪构成理论新体系，即"犯罪构成系统论"。1995 年，何秉松又在此基础上出版了专著《犯罪构成系统论》（中国法制出版社），进一步巩固和完善了前述理论。"犯罪构成系统论"把犯罪构成看成是一个整体性、主体性、动态性、模糊性、多层次性和开放性的有机整体。"犯罪构成系统论的提出，向人们展示了全新的理论观点和研究方法，令人耳目一新。"[②]

时至今日，我国刑法学界对完善犯罪构成理论的学术探讨已经出现了异常活跃的气氛。没有人主张一成不变地固守传统的犯罪构成理论，争论在于：是在传统的基础上进行改良还是彻底抛弃传统的犯罪构成理论模式，转而全盘引进德日的犯罪论体系？包括前述"犯罪构成系统论"在内的多种观点，主张对传统的犯罪构成理论进行改良，以建立有中国特色的犯罪构成理论。但另一种观点则主张全盘引进大陆法系的犯罪论体系，用在德日也还颇有争议的三阶层犯罪论体系取代我国通行的犯罪构成四要件理论体系。

第四节　新时代的刑法学研究与理论自觉（2012—2019）

一　近年来我国刑法学研究的重点

（一）重大理论与现实问题研究齐头并进

一方面，刑法学基础理论继续在借鉴域外理论的基础上得以深

---

①　参见陈兴良《刑法哲学》，中国政法大学出版社 1992 年版，第 678 页。

②　参见曲新久《何秉松教授刑法学思想述评》，《法律文献信息与研究》1998 年第 4 期。

化；另一方面，现实中提出的新课题也不断引起刑法学界的重视，这些都大大丰富了新时代的中国刑法学。

1. 风险刑法的理念

随着全球风险社会的到来，风险刑法理念得到越来越多的认同。总的来看，风险刑法理念在中国也是在批判声中逐渐获得展开。虽然有学者从法教义学角度批判风险刑法，认为风险刑法理论只能获得一时之观点喧嚣，而难以取得长久之学术积淀①；或认为风险刑法的实质是刑法威吓作用在新时期的重新泛滥，是对合法性原则的突破，信守刑事政策和法治的底线、厘清刑事政策与刑事法治的关系才是根本出路。② 但越来越多的学者对风险社会的刑法理念进行了务实研究，风险社会的刑法理念也逐渐明朗化。③

有观点指出，应当厘清风险刑法的社会基础与现代刑法的社会基础之间所存在的原则性差异，借鉴既有的风险社会理论并认清中国风险社会的特殊性，理解中国语境下的风险刑法。④ 还有学者指出，要建构中国的风险刑法，则需要把风险刑法作为正统刑法的例外，并重视抽象危险犯、过失犯罪等在控制风险中的规范意义。⑤ 另有观点指出，1997 年刑法典全面修订以来的刑法扩张并非风险刑法理论推动的结果，而是由风险社会中出现的新问题所推动，刑法研究面临的问题是，尽管活跃的刑法立法与传统刑法理论的保守理念日趋背离，我们却迟迟没有新的理论对此提供解释和指导；风险刑法理论要求把对刑法发展的理解放在风险社会理论及其社会学知识传统中把握，考察犯罪形态的变化以及刑事政策的要求，在承继现代刑法知识传统的基础上有所创新，提出风险刑法的理论阐释及限

---

① 参见陈兴良《风险刑法理论的法教义学批判》，《中外法学》2014 年第 1 期。

② 参见孙万怀《风险刑法的现实风险与控制》，《法律科学》2013 年第 6 期。

③ 参见劳东燕《风险社会与变动中的刑法理论》，《中外法学》2014 年第 1 期。

④ 参见刘仁文、焦旭鹏《风险刑法的社会基础》，《政法论坛》2014 年第 3 期。

⑤ 参见姜涛《风险刑法的理论逻辑——兼及转型中国的路径选择》，《当代法学》2014 年第 1 期。

度反思。①

传统刑法理论和风险刑法理论之争，日渐成为在新问题新情况上旧理论的解释能力边界是否应予突破之争。传统刑法理论试图扩张既有概念、原则和释义学方法以增强理论的应对能力，风险刑法理论则致力于在传承中创新，结合风险类型和风险情境展开研究。应当承认，风险刑法理念有其时代场景，我们面临的不是要不要有风险刑法的问题，而是把风险刑法控制在一个什么范围的问题。

2. 网络与人工智能时代的刑法应对

随着网络时代的到来，原来的单层社会变成了现实与网络共同组成的双层社会。现实社会需要刑法规制，网络社会也同样需要刑法规制。

在网络犯罪的立法方面，有学者指出，面对网络时代的新型犯罪时，能够通过刑法解释路径予以应对的，就不需要采取刑事立法路径。在采取刑事立法路径应对网络犯罪时，没有必要也不应当制定所谓"网络刑法"；当下应当在刑法典内，分别采取增设条款或者在既有条款中增设行为方式与行为对象的立法模式规制新型犯罪。②也有学者认为，《刑法修正案（九）》专门规定了拒不履行信息网络安全管理义务罪、非法利用信息网络罪、帮助信息网络犯罪活动罪和编造、故意传播虚假信息罪四个纯正网络犯罪的构成要件与法定刑，这标志着我国刑法的一个专门领域即网络刑法的真正诞生。③

人工智能的刑事责任成为近年最具时代色彩的崭新议题。首要的问题是人工智能能否成为刑事责任的主体。否定者认为，不管人工智能是依照预设程序运行还是脱逸预设程序的自主运行，都不具备认定决定刑事责任主体的关键要素——自由意志（包括认识因素

① 参见焦旭鹏《现代刑法的风险转向——兼评中国当下的刑法观》，《西南民族大学学报》（人文社会科学版）2018 年第 12 期。

② 参见张明楷《网络时代的刑事立法》，《法律科学》2017 年第 3 期。

③ 参见梁根林《传统犯罪网络化：归责障碍、刑法应对与教义限缩》，《法学》2017 年第 2 期。

和意志因素）。① 肯定者则认为，依据辨认能力和控制能力不同，可将人工智能区分为弱人工智能和强人工智能。前者是在预设程序范围内运行，充其量是犯罪工具，故无承担刑事责任可言；后者则是在预设的程序外犯罪，应肯定人工智能产品具备独立的人格和刑事责任能力。② 对人工智能刑事责任的研究正方兴未艾，成为一个充满魅力的刑法探索新领域。

3. 正当防卫制度的反思

最近几年，"于欢案""昆山反杀案"等几个广受社会关注的正当防卫案件叠加，使得"正当防卫"成为刑法研究的一个热点。大致来说，刑法学界就以下问题展开热议：

首先是正当防卫正当化根据之争。有学者主张法确证说（法秩序维护说），即通过对不法侵害的消极预防和积极预防维护法秩序的经验有效性。③ 有学者则提倡法益悬置说，主张正当防卫的依据在于行为人违反了不得侵犯他人之义务，其法益在必要限度内被悬置，防卫人损害行为人悬置程度内的法益不成立犯罪。④ 也有学者在批判德国个人保全原理与法确证原理相结合的二元结合论的基础上，提倡正当防卫的原理是优越的利益保护。⑤

其次是正当防卫在司法实践中的异化问题。有学者通过实证研究发现，实务中正当防卫多面临着仅以损害结果来认定防卫过当、将防卫过当普遍认定为故意犯罪、防卫过当免除处罚的适用范围较

---

① 时方：《人工智能刑事主体地位之否定》，《法律科学》2018 年第 6 期。

② 刘宪权：《人工智能时代的"内忧""外患"与刑事责任》，《东方法学》2018 年第 1 期。

③ 王钢：《法秩序维护说之思辨——兼论正当防卫的正当性依据》，《比较法研究》2018 年第 6 期。

④ 魏超：《法确证利益说之否定与法益悬置说之提倡——正当防卫正当化依据的重新划定》，《比较法研究》2018 年第 3 期。

⑤ 张明楷：《正当防卫的原理及其运用——对二元论的批判性考察》，《环球法律评论》2018 年第 2 期。

窄等问题。① 有学者认为，克服防卫限度判断中唯结果论的倾向，需要将考察重心转移到行为上。② 有学者强调，正当防卫在我国的司法异化不在于法教义学的建构不足，而在于司法裁判将自身的功能错误地定位为纠纷解决，并进而主张重新认知刑法系统的功能：在风险社会中刑法系统的功能在于维持与稳定人们的规范期待。③

最后是正当防卫限度判断规则的建构。有学者主张，应当将"明显超过必要限度"拆分成"必要限度"和"明显超过"分别加以理解。④ 也有学者认为，应从正当防卫是权利保护和公力救济例外之制度目的着眼，来说明作为权利行使行为之正当防卫的内在限度。对不具有可恢复性或恢复原状困难的法益，若是为保护法益所必需的行为即无须进行利益衡量；对超出必要限度造成的损害，则可根据利益衡量的原理来评价是否属于防卫过当。⑤

虽然对正当防卫制度的研究还远未达成共识，但毫无疑问的是，它成为本土案例推动理论研究的一个重要动因，也带动了整个刑法学研究的理论提升和风格转型，对于从总体上激活正当防卫权的行使、确立"法不能向不法让步"，起到了积极的作用。

（二）制度改革为刑法学研究供给新知识

随着依法治国的深入推进，中国的刑法制度不断走向完善；同时，为了适应社会的发展，刑法制度也在不断创新。对这些制度进行理论阐释和分析，成为刑法知识重要的增长点。也举例说明。

---

① 尹子文：《防卫过当的实务认定与反思——基于 722 份刑事判决的分析》，《现代法学》2018 年第 1 期。

② 陈璇：《正当防卫、维稳优先与结果导向——以"于欢故意伤害案"为契机展开的法理思考》，《法律科学》2018 年第 3 期。

③ 劳东燕：《正当防卫的异化与刑法系统的功能》，《法学家》2018 年第 5 期。

④ 邹兵建：《正当防卫中"明显超过必要限度"的法教义学研究》，《法学》2018 年第 11 期。

⑤ 吴允锋：《正当防卫限度的判断规则》，《政治与法律》2018 年第 6 期。

1. 宽严相济刑事政策与减少死刑

随着宽严相济刑事政策对"严打"刑事政策的取代，"以宽济严"在刑事立法中得到体现。如 2009 年的《刑法修正案（七）》首次在刑法修正案中，出现了"除罪"和减轻刑罚的立法内容。"以宽济严"的一个突出表现是死刑的减少。继 2007 年最高人民法院收回死刑核准权后，2011 年全国人大常委会通过的《刑法修正案（八）》首次从立法上取消了 13 个非暴力犯罪的死刑，此外，还增加规定："审判的时候已满七十五周岁的人，不适用死刑，但以特别残忍手段致人死亡的除外。" 2015 年通过的《刑法修正案（九）》为贯彻落实十八届三中全会"逐步减少适用死刑罪名"的要求，又进一步取消 9 个罪名的死刑。此外，刑法修正案（九）还提高了死缓执行死刑的门槛，将死刑缓期执行期间"故意犯罪，查证属实的，由最高人民法院核准，执行死刑"修改为"故意犯罪，情节恶劣的，报请最高人民法院核准后执行死刑；对于故意犯罪未执行死刑的，死刑缓期执行的期间重新计算，并报最高人民法院备案"。另外，还取消了绑架罪、贪污罪和受贿罪的绝对确定死刑，将其修改为相对确定死刑。①

关于"宽严相济"和"减少死刑"，是刑法学界最近十几年的研究热点，相关著述层出不穷，诸多观点见解纷呈，并且在刑事政策、刑事立法和刑事司法中得到了积极的反响和回应。上述刑法制度的改革与完善，与刑法学界的深入研究和长期耕耘是分不开的。

2. 废除劳教与刑法结构调整

2012 年 11 月，党的十八大强调要运用法治思维和法治方法来治理社会，给推动徘徊不前的劳教制度改革工作带来了转机。2013 年 11 月，党的十八届三中全会通过的《中共中央关于全面深化改革若干重大问题的决定》明确指出：废止劳教制度，完善对违法犯罪行为的惩治和矫正法律，健全社区矫正制度。12 月 28 日，全国人大常

---

① 参见胡云腾《刑法修正案（九）的理论与实践创新》，载郎胜主编《〈中华人民共和国刑法〉的理解与适用》，中国民主法制出版社 2015 年版，第 9 页。

委会通过《关于废止有关劳动教养法律规定的决定》，宣布废止劳动教养制度，同时还宣布对正在被依法执行劳教的人员解除劳教，剩余期限不再执行。至此，在中国实施了近 60 年、广受关注和争议的劳教制度被正式废止。

劳动教养制度废除后，刑法学界加强了对其后续改革和相关配套措施的研究。① 例如，对类似劳动教养措施如强制戒毒、收容教育、收容教养、预计治安拘留等如何进行司法化的改造？我国强制医疗制度已经实现司法化，这昭示着，未来这些较长时间剥夺人身自由的行政处罚和措施也要朝司法化的改革方向前进。经过司法化的改造后，像治安拘留这类警察罚就可转化为轻罪的法律后果，而强制戒毒、强制医疗、收容教育、收容教养等则可成为与刑罚相并列的保安处分措施。又如，劳教制度废除后，醉驾、扒窃等轻罪行为纷纷入刑，对抢夺罪等进一步去数额化，这表明我国刑法在一定程度上正在改变重罪重刑的"小刑法"格局，走向"大刑法"格局，即犯罪圈扩大、与轻罪相适应的轻刑增多。鉴于废止劳教后犯罪圈扩大这一无可回避的事实，许多学者指出，有必要探讨我国刑法中的轻罪重罪之分类，对轻罪实行经过一定的考验期限之后即可宣告前科消灭的制度，以弥补犯罪标签化所带来的消极效应。②

3. 强化反恐与预防性刑法

2015 年出台的《刑法修正案（九）》是反恐刑事立法中的一个标志性事件，本次修正案进一步严密了反恐的刑事法网，修改了相关罪状，还增设了新的罪名，完善了刑罚配置。与此同时，2015 年还通过了专门的《反恐怖主义法》，从反恐工作的原则、机制、管辖，恐怖活动组织和人员的认定、审查，情报信息和调查程序，恐

---

① 例如，陈泽宪主编：《劳教制度的前世今生与后续改革》，中国民主法制出版社 2014 年版。

② 参见刘仁文主编《废止劳教后的刑法结构完善》，社会科学文献出版社 2015 年版，第 607 页以下。

怖事件应对处置，国际合作，反恐工作保障措施，恐怖活动法律责任等方面建立起了一个较为完整的反恐工作和处罚体系。其中特别值得注意的是，《反恐怖主义法》针对恐怖主义犯罪设立了"安置教育"这一保安处分新措施。对此，正如有学者所指出的，目前我国反恐怖主义法对安置教育的规定仍然是初步的，规范安置教育对象、行为、程序、机制等内容的制度体系还远未完善；安置教育有突出的预防导向，安置教育的实施可能对行为人造成社会否定评价和人格谴责，因此一种基于自由导向的执行和管理具有重要意义；被安置教育的行为人应该有更多的自由会见来访者或者安排其空闲时间，以抵消限制自由可能带来的负面效应，应分阶段实行区别于自由刑服刑期间的改造手段，帮助这些人复归社会。①

反恐刑法带来学界对预防性刑法和积极刑法观的讨论。传统刑法以规制结果犯特别是实害犯为主，介入的时间比较晚，这主要是考虑到刑法的严厉后果以及对人权可能造成的危害，但现代风险社会的来临使得风险刑法观得以确立，刑法介入前置化的现象大量涌现，刑法中的危险犯特别是抽象危险犯大量增多。风险刑法一改传统刑法的报应色彩，而把预防放在首位。以恐怖主义犯罪为例，如果不打早打小，刑法不在恐怖主义组织成立、成员招募、培训等阶段及时介入，而非得等恐怖犯罪活动实施时才去介入，那就为时已晚，不仅造成的损失巨大，而且恐怖主义组织成员一经洗脑，则普通的刑罚几乎对他没有威慑力。因此，在这些特殊领域，预防性刑法有其存在的空间。正如有学者所指出，那种批判预防性刑法的观点是从消极刑法立法观出发，其论证以古典刑法思想为支撑，未能有效回应中国当下的社会情势；在刑法观念逐步转向功能主义、刑法与政策考虑紧密关联的今天，刑法的谦抑性并不反对及时增设一定数量的新罪，刑罚早期化与转型中国社会的发展存在内在联系，意欲建设法治国家，就必须将限

---

① 参见陈泽宪《安置教育需要全面坚持法治原则》，《检察日报》2016年10月28日。

制、剥夺公民人身权利的处罚事项纳入刑事司法的审查范围。①

二　对我国刑法学研究的省思与展望

应当说，我国刑法学研究近年来在广度和深度上继续取得长足进展，这不仅是我们自己能感受到的，而且也可以从国外学者的感受中得到反映，如日本刑法学者高桥则夫在回顾近年来与中国刑法学界的学术交流时就指出："感觉中国方面的讨论水平有了很大的进步。"西原春夫对此更是以见证人的身份予以确认：中国刑法学界研究问题的领域有了很大拓展，不同观点的讨论程度也日趋热烈，可以说学术取得了突飞猛进的发展。②

然而，这只是说我们的刑法学研究有发展、有进步，并不意味着我们的刑法学研究就已经臻于完善了，相反，存在的问题及有待改进之处还不少。

首先，对我国刑法学发展所处的时代还缺乏比较准确的认知。不可否认，过去一些年来，我们的刑法学从域外特别是从德日刑法学界吸收到了许多营养，这对于深化我国刑法教义学、促进我国刑法理论的精细化无疑起到了很好的作用。但必须看到，刑法基础理论是与一个时代的哲学思想紧密相连的，而一个时代的哲学思想又往往与一个时代的科技发展及其所面临的其他社会问题紧密相连。我国当前一方面在对域外刑法理论进行吸收时还停留在其过去的刑法理论上，却对其潜在的危机和最新发展缺乏足够的认识③；另一方

---

①　参见周光权《积极刑法立法观在中国的确立》，《法学研究》2016 年第 4 期。

②　参见［日］西原春夫《我的刑法研究》，曹菲译，北京大学出版社 2016 年版，第 236—237 页。

③　例如，出于应对恐怖主义威胁的时代需求，德国立法者开始寻求将刑事可罚性前置，使刑法提前介入打击恐怖主义犯罪，2009 年在刑法中新设的第 89a 条就是典型的例子。这种可罚性前置是否以及如何能够在传统的教义学上正当化，成为当前令德国学者棘手的问题。参见王钢《德国刑法学的新发展——侧重于违法性阶层的考察》，载《清华法律评论》编委会编《清华法律评论》第八卷第一辑，清华大学出版社 2015 年版。

面，对我们国家自己法学所处的时代背景也缺乏一种自觉。张文显曾经指出：起初，我们几乎全盘接受了苏式法治理论，这一套以阶级斗争和专政专制为核心的话语体系支配了我们的法律思维与法律实践，也造成了灾难性的后果；苏式法学话语体系破产之后，我们在法学恢复重建阶段几乎又不加反思地转而求助于西方的法学话语体系，成为西方法学的"搬运工"；现在，我们应朝着中国化、时代化转换，进入自主阶段，即不依赖外来理论、观念与言说方式的指引就能思考自己的问题、阐述自己的实践、构建自己的话语体系。[①]这虽然是针对我国整个法学尤其是法理学而言，但从大方向看，也适用于我国的刑法学。对于中国刑法制度及刑法学的发展，"西方现成的知识体系不见得能为中国复杂、独特的问题提供配套的科学、理性的答案"。[②]中国如此之大，发展又如此之快，在许多方面有自己的特色，有些方面如互联网公司还处在世界前沿水平，相应地，我们在网络犯罪的刑事立法和刑事司法方面也就有自己的创新和特点，这既是中国刑法学研究宝贵的本土资源，也是我们可能给世界刑法学做出贡献的机会。

其次，在引入域外知识的过程中没有很好地本土化，造成用语混乱，使各种理论的准确性更加捉摸不定，给后来者的借鉴和研究起点带来困扰。如"共犯"一词，本来在我国刑法学的语境中就是"共同犯罪"的简称（包括主犯和从犯、胁从犯以及教唆犯），但现在一些论著引入德日刑法中的"共犯"一词后，也不加区分不加说明地混合使用，而德日刑法中的共犯是指教唆犯和帮助犯（与正犯相对应），所以含义不一样，如果同一篇论文或同一本书前后用词相同，含义却不同，就难免给读者造成混乱。过去我们为刑法学界大家都同一个声音、缺乏学派之争而苦恼，现在学术讨论活跃起来了，

---

① 参见张文显《关于构建中国特色法学体系的几个问题》，《中国大学教学》2017 年第 5 期。

② 邓子滨：《犯罪论的体系更迭与学派之争》，《法学研究》2013 年第 1 期。

甚至有了不同程度的学派之争，但又造成了刑法知识的混乱，对不同概念、不同理论大家都各说各话，有的是理解不准确（如对客观归责，有的认为能限制处罚范围，有的则认为会扩大处罚范围），有的是无视我国的具体语境而盲目引进一些即使在国外也有严重争议的理论（如敌人刑法①），更多的则是只搬运而不注意与中国刑法话语的衔接与转换（其实有些完全可以转换成中国刑法学自己的话语，或者在中国刑法学的话语体系内加以改造，这样对于避免理论的混乱和减少理论的内耗可以起到事半功倍的作用）。近年来我国刑法理论界和司法实务界之所以在很多地方存在两张皮的现象，一个重要原因就是理论界在热衷于引进各种域外理论和学说的时候，没有有效地转换成我们自己的语言，或者在我们自己已经形成的话语体系内尽可能地给有关域外理论和学说找到一个相应的位置。

最后，在研究方法上有待进一步改进。一是有些研究方法过于简单甚至极端。例如，一段时间以来，刑法学界对所谓的形式解释格外青睐，而对所谓的实质解释则警惕有加。姑且不论论者在形式解释和实质解释的内涵与外延上互相交错，就以对形式解释的过分青睐而言，其实也要辩证地看，用形式解释来反对类推、推动罪刑法定原则的确立及其适用，这种旨在限制公权力的做法当然是可取的，但如果把它推至极致，则也有副作用。其实，对有些表面看来违反刑法但欠缺刑事可罚性的行为，恰恰需要运用实质解释来排除社会危害性，做除罪化处理，如内蒙古的王力军无许可证收购玉米改判无罪一案就是如此。② 类似的还有社会危害性问题，不少学者对社会危害性一词颇不以为然，甚至主张要把这个概念从我国刑法学中驱逐出去。其实，这同样只是看到问题的一面，而没有看到另一

---

① 考虑到"敌人"在中国具有强烈的政治意味，"敌我矛盾"曾经成为"无产阶级专政下继续革命"的理论基石，不宜把即使在德国也引发巨大争议的"敌人刑法"照搬到我国的刑法学术话语体系并为其背书。参见刘仁文《敌人刑法：一个初步的清理》，《法律科学》2007 年第 6 期。

② 参见阮齐林《刑事司法应坚持罪责实质评价》，《中国法学》2017 年第 4 期。

面，即在拥有类推制度的前提下，社会危害性可能成为扩大处罚范围的一个理由，但在确立了罪刑法定原则的情况下，欠缺社会危害性恰恰可以成为限制处罚范围的一个理由。如前述王力军无许可证收购玉米改判无罪一案，法院再审认定宣告无罪的理由就是："其行为违反了当时的国家粮食流通管理有关规定，但尚未达到严重扰乱市场秩序的危害程度，不具备与刑法第225条规定的非法经营罪相当的社会危害性和刑事处罚的必要性，不构成非法经营罪。"① 二是研究方法过于单一，扎根中国的接地气的成果还不够多。总的来看，当前以引进德日刑法学知识为主的刑法教义学方法占据中国刑法学研究的绝对主流，但问题是，刑法学研究方法应当是多元的，尤其应当是立足中国的。在这方面，笔者个人也有一些研究心得，如本人关于立体刑法学的探索②，其所引起的社会反响在某种程度上甚至超出了最初的预料，究其原因，应当与它关注中国自己的问题有关。③ 刑法终究是要解决本国实际问题的，刑法学终究是要以本国刑法文本和判例为研究支点的，为了使中国刑法学在国际上成为有声的刑法学，而不是有的学者所批评的"无声的中国刑法学"。④ 我们应当有更强的主体意识和理论自觉，从中国实际出发，以切实解决中国的问题作为出发点和归宿点，建构起国际的视野、中国的视角和自己的方案三位一体的研究格局。

---

① 内蒙古自治区巴彦淖尔市中级人民法院《刑事判决书》（2017）内08刑再1号。

② 即刑法学研究要前瞻后望（前瞻犯罪学、后望行刑学），左顾右盼（左顾刑事诉讼法、右盼民法等其他部门法），上下兼顾（上对国际公约和宪法，下接治安处罚和原来的劳动教养），内外结合（对内加强对刑法的解释，对外重视刑法的运作环境）。

③ 参见刘仁文《立体刑法学：回顾与展望》，《北京工业大学学报》2017年第5期。

④ 参见周光权《无声的中国刑法学》，载高鸿钧主编《清华法治论衡》2005年第1期，清华大学出版社2005年版。

第 七 章

追求程序正义的刑事诉讼法学

第一节 刑事诉讼法学的发展阶段

刑事诉讼法学是以刑事诉讼立法和刑事诉讼实践为研究对象的法律学科。在我国清末之前的数千年历史中,中国法律不仅民刑混杂,而且实体法与程序法也没有得到区分,作为一门学科的刑事诉讼法学无从产生。我国近现代刑事诉讼法学的产生源于清朝末年的变法运动。1906 年学制为 3 年的京师法律学堂开学,刑事诉讼法被列为第二和第三学年的主要课程。刑事诉讼法课程在高等学堂的设立,意味着刑事诉讼法学作为一门独立法律学科在中国的产生。我国刑事诉讼法学体系的形成,始于 20 世纪 20 年代夏勤的《刑事诉讼法要论》① 一书的出版,后来经陈瑾昆、蔡枢衡等学者的努力,中国刑事诉讼法学初步形成了一个较为完整的理论体系。中华人民共和国成立之后,抛弃了 20 世纪 20—40 年代所积累的学术传统、理论体系和研究方法,开启了对社会主义刑事诉讼法学的探索。改革开放以来,刑事诉讼法学研究呈现出全新的气象,刑事诉讼法学研究立足国情并在古今中外的会通融合中获得了长足的发展。

---

① 参见夏勤《刑事诉讼法学要论》,中国政法大学出版社 2012 年版。

一　中华人民共和国成立初期的刑事诉讼法学

中华人民共和国成立之后，刑事诉讼法学"在批判国民党的旧法观点，继承革命根据地时期人民司法工作的优良传统，并学习苏联刑事诉讼法学理论的基础上发展起来"。[①] 1954 年颁布了新宪法，后又陆续颁布了《中华人民共和国人民法院组织法》《中华人民共和国人民检察院组织法》和其他有关刑事诉讼程序的法律、法规，如《逮捕拘留条例》等；1956 年，最高人民法院发布了《各级人民法院刑事案件审判程序总结》。刑事立法以及对刑事司法实践经验的总结推动了对刑事诉讼法学的理论探索。

当时中国刑事诉讼法学的主要知识来源是苏联法学理论。20 世纪 50 年代初期，我国翻译出版了一大批苏联学者撰写的刑事诉讼法学专著和教科书，如《苏维埃刑事诉讼》（切里佐夫著）、《苏维埃法律上的诉讼证据理论》（维辛斯基著）、《苏联刑事诉讼法概论》（杜尔曼诺夫著）等；还翻译出版了苏联和其他社会主义国家的刑事诉讼法典；一批学者和留学生被派到苏联进修和学习。通过学习、借鉴苏联的刑事诉讼法学理论，我国刑事诉讼法学的转型得以逐步完成，新的刑事诉讼法学理论体系初步得到确立，各大专院校设立了刑事诉讼课程并编写了教材，如中央政法干部学校编写了《中华人民共和国刑事诉讼基本问题讲稿》，1956 年 12 月法律出版社出版了《中华人民共和国刑事诉讼教学大纲》。

在这一时期，我国学者对刑事诉讼和司法制度中的一些理论和实践问题开展了专题研讨，发表了百余篇论文[②]，刑事诉讼法学研究呈现出活跃的景象。1954 年 5 月 1 日，中国政治法律学会创办了法学理论刊物《政法研究》，至 1956 年年底，该刊物共发表有关刑事

---

①　徐益初：《刑事诉讼法学研究概述》，天津教育出版社 1989 年版，第 49 页。

②　参见陈瑞华《刑事诉讼的前沿问题》，中国人民大学出版社 2000 年版，第 28 页。

诉讼法学方面的文章 40 余篇，其内容包括法院独立审判、被告人的诉讼地位和诉讼权利以及辩护制度、证据制度、检察制度、审判制度等。在这一时期，倡导联系中国实际，建立中国特色刑事诉讼法学理论，逐步形成了我国刑事诉讼法学的理论个性。①

二　1957—1978 年间的刑事诉讼法学

1957 年 5 月，最高人民法院完成了《中华人民共和国刑事诉讼法（草案）》（共 325 条）的起草工作，但由于不久"反右"斗争开始，起草工作便停了下来。② 1957 年下半年开始，《政法研究》《法学》等刊物开始发表"反击右派"的文章，一大批学者被点名批判。在刑事诉讼法学领域，将一些刑事诉讼原则、制度，如独立审判原则、律师辩护制度等，当作资产阶级的诉讼原则、制度予以全盘否定；对一些不同的学术观点如"无罪推定论""有利被告论""自由心证论"等，当作右派言论或右倾思想加以批判。这种思潮与做法完全脱离了科学理性，致使学术研究和讨论无法正常进行。大专院校取消了刑事诉讼法的课程，合并为刑事政策课。报纸杂志上很少再有正面论述刑事诉讼程序的文章。③

1962—1966 年，刑事诉讼法学研究经历了短暂的复苏。1962 年 6 月，由中央政法小组牵头，组织有关单位参加，又重新开始修订刑事诉讼法草案。在 1957 年草案的基础上，经过反复讨论、修改，于 1963 年 4 月形成了《中华人民共和国刑事诉讼法草案（初稿）》，条文总数为 200 条。当时报刊上发表了百余篇刑事诉讼法学的文章，其中大部分是刑事证据理论方面的文章，如刑事证据的概念、属性、人证与物证的作用等。④

---

①　参见陈光中主编《刑事诉讼法学五十年》，警官教育出版社 1999 年版，第 6 页。
②　同上书，第 5 页。
③　参见徐益初《刑事诉讼法学研究概述》，天津教育出版社 1989 年版，第 50 页。
④　参见陈光中主编《刑事诉讼法学五十年》，警官教育出版社 1999 年版，第 12 页。

1966 年，随着"文化大革命"开始，包括证据争论在内的各项刑事诉讼法学研究活动一律停止。十年"文化大革命"期间，法制遭到破坏，刑事诉讼法被视为束缚"专政手足"的绊脚石被彻底砸烂和废除，刑事诉讼法学理论被视为"禁区"，无人敢于问津。[①]

三　改革开放以来的刑事诉讼法学

党的十一届三中全会以来，实行改革开放政策，加强社会主义民主和法制，制定和颁布了刑事诉讼法和一系列有关刑事诉讼程序的法律、法规，刑事诉讼法学进入了重建和发展时期。

（一）1979—1996 年的刑事诉讼法学

党的十一届三中全会以后，随着思想解放，刑事诉讼法学领域也开始进行系统性的拨乱反正，对曾经受到批判和彻底否定的一些刑事诉讼原则和制度重新做了肯定性的论述和评价，并较为深入地论述了刑事诉讼法在社会主义民主和法制建设中的重要地位和作用，批判了"重实体、轻程序""认为程序制度可有可无、束缚手脚"的错误观点和做法。

1979 年我国颁布了第一部社会主义的刑事诉讼法，随之要求对刑事诉讼法进行广泛而深入的宣传；全国政法教育的恢复和发展，要求编写刑事诉讼法教科书来满足教学的需要；全国普及法律常识教育的开展，需要有介绍刑事诉讼法基本内容的小册子。为了适应法学教育和法制宣传的需要，学术界写出了一批具有一定质量和反映我国刑事诉讼特点的教材、专著、普及读物和参考资料。在这一阶段，学术界对刑事诉讼理论中的一些基本问题进行了研究和探讨，如刑事诉讼法的指导思想、任务、刑事诉讼中民主与专政的关系；刑事诉讼的基本原则体系、证据的属性、证明对象、举证责任、判断证据的原则；检察人员在第二审程序中的法律地位、上诉不加刑原则的理解和运用等。法学高等教育的恢复和发展，大大促进了刑

---

① 参见徐益初《刑事诉讼法学研究概述》，天津教育出版社 1989 年版，第 50 页。

事诉讼法学研究。全国近十个单位陆续被批准招收诉讼法学硕士研究生，1987 年首次批准在中国政法大学设立了诉讼法学博士学位授予点，导师为陈光中教授。

进入 20 世纪 90 年代，一批攻读刑事诉讼法学博士学位的中青年学者相继展开了对刑事诉讼构造、刑事诉讼证明、刑事诉讼目的、刑事诉讼职能、刑事诉讼价值等基本理论范畴和刑事起诉制度、刑事鉴定制度、刑事强制措施制度、刑事辩护制度等基本制度的专题研究，拓展了刑事诉讼法学研究的深度和广度，促进了符合中国国情的刑事诉讼法学理论体系的逐步形成。

1984 年以来，全国性的诉讼法学学术团体中国法学会诉讼法学研究会及各省、自治区、直辖市诉讼法学研究会相继成立，中国法学会诉讼法学研究会每年都要举行一次全国性的诉讼法学年会，讨论诉讼法学的有关理论问题以及改革与完善诉讼制度的问题，有力地推动了诉讼立法的发展，促进了诉讼法学的繁荣。1993—1994 年，陈光中受全国人大法工委的委托，组织该校的一批教授、专家和博士生起草了《刑事诉讼法修改建议稿》，其中大部分意见和建议被吸收到后来由立法机关正式起草的修改草案中。1991—1995 年，中国法学会诉讼法学研究会均将"刑事诉讼法的修改与完善"作为诉讼法学年会的中心议题。

（二）1996—2012 年的刑事诉讼法学

从 1996 年刑事诉讼法首次修改到 2012 年刑事诉讼法再次修改，其间由于经济社会的迅速发展，全社会对人权的关注与日俱增，与公民基本权利关系密切的刑事诉讼法学研究也因此进入了一个新的发展阶段。在此阶段，与立法修改相联系的研究发展迅速，其内容涉及刑事诉讼法实施细则、执法观念的转变、实际执法中的具体问题以及改善执法环境的建议等。

刑事诉讼基本理论研究持续推进，一些学者对刑事诉讼法律观的转变、刑事程序的法哲学原理、刑事诉讼的目的、价值及其关系、刑事诉讼模式的类型以及中国刑事诉讼模式的本土建构、刑事诉讼方式、宪法与刑事诉讼、刑事诉讼的现代化、刑事诉讼的经济分析、刑事诉讼主体、刑事诉讼法原则、刑事程序公开、刑事正当程序、刑事司法行为的道德界限、检警关系、检察的内涵以及检察权的性质、公正审判权、中国的刑事审判方式、审判对象的运行规律、程序性制裁、恢复性司法、诉讼文化等基本理论问题，进行了有深度的研究，取得了一些突破性成就。

刑事证据法学研究受到重视，一些学者对证据法学学科体系的构建、证据法学的理论基础和基本问题、证据概念、证据的种类与分类、证据规则的价值基础和理论体系、刑事证据法的规范体系及合理建构、举证责任、刑事诉讼证明模式、证明对象、司法证明的目的与标准、刑事证据立法的方向、司法证明逻辑与机理以及一些具体的证据规则，进行了深入研究。

在此阶段，学术研讨活动蓬勃开展，所涉议题包括刑事诉讼法修改与实施、刑事证据制度完善、刑事司法体制改革、审前程序、遏制刑讯逼供、保释制度、羁押必要性审查、刑事强制措施、搜查与扣押、看守所管理机制创新、律师辩护、法律援助、刑事和解、不起诉制度、证据开示、非法证据排除、审判程序、量刑程序改革、死刑案件诉讼程序、未成年人案件诉讼程序、精神病人强制医疗程序等。

1998 年 10 月 5 日，我国签署了《公民权利和政治权利国际公约》，由此带动了对于国际刑事司法准则的研究；2002 年我国正式加入世界贸易组织（WTO），经济全球化、法律世界化的浪潮对我国刑事诉讼法学研究产生进一步的冲击，此后对国际刑事司法准则的研究逐渐成为一种"显学"。

2006 年中国法学会诉讼法学研究会一分为二，中国刑事诉讼法学研究会和中国民事诉讼法学研究会相继成立，改变了以往"刑事诉讼附带民事诉讼"的局面，刑事诉讼法学和民事诉讼法学的专业研究各自向纵深发展。

（三）2012 年以来的刑事诉讼法学

2012 年刑事诉讼法修改之后，学术界将主要关注点放在刑事诉讼法的立法、司法解释以及实施问题，与此同时，刑事诉讼法的再修改仍然受到关注。2018 年刑事诉讼法进行了第三次修改，修改所涉监察法与刑事诉讼法的衔接、认罪认罚从宽制度、速裁程序、缺席审判等问题成为研究热点。

2012 年以来，刑事诉讼法学的研究重点主要包括刑事程序法治现代化、刑事诉讼的目的与价值、刑事诉讼模式、刑事诉讼文化、刑事诉讼人权保障、遏制刑讯逼供的程序机制、刑事管辖、刑事辩护和法律援助、刑事强制措施、技术侦查措施、刑事诉讼检察监督、公诉制度、公诉变更与附条件不起诉、庭前会议、以审判为中心的刑事诉讼制度改革、未成年人刑事案件诉讼程序、刑事和解程序、违法所得没收与缺席审判程序、强制医疗程序、腐败犯罪诉讼程序、刑事错案与再审程序、死刑控制与刑罚执行、刑事速裁程序与认罪认罚从宽制度、非法证据排除规则与诉讼证明、监察法与刑事诉讼法的衔接、刑事裁判文书繁简分流、刑事涉案财物处置、行政执法与刑事司法的衔接、捕诉合一、对域外制度的比较研究等。

2011 年全国人大法工委起草了《中华人民共和国刑事证据法修正案（草案）》，2012 年以来，刑事诉讼法学界形成了一批针对《修正案（草案）》相关内容进行分析的研究成果。刑事证据法学的研究重点主要包括证据制度的价值结构、证据学的学科定位、证据学的研究现状及走向、证据的概念和种类、证据的本质与属性、证据规则与非法证据排除、证据收集与审查程序、证人作证与言词证据、司法鉴定与科学证据、证据能力、证明标准与证明责任、司法证明、证据法史、域外证据制度等。①

在此阶段，关于刑事诉讼法学研究转型的学术讨论不断深

---

① 参见卞建林主编《中国诉讼法治发展报告（2012—2013）》《中国诉讼法治发展报告（2014）》《中国诉讼法治发展报告（2015）》《中国诉讼法治发展报告（2016）》《中国诉讼法治发展报告（2017）》，中国政法大学出版社 2014、2015、2016、2017、2018 年版。

化，实证研究方法在刑事诉讼法学研究中的应用日益受到重视，多学科研究方法被引入刑事诉讼法学和证据法学研究中来，学术界试图通过研究范式或研究方法的创新与转换，进而推动刑事诉讼法学整个知识体系的更新。许多高校建立了专门从事刑事诉讼法学或司法改革研究的学术机构或团队，在理论研究、人才培养、立法司法咨询、社会服务等方面发挥了重要作用。2016 年 6 月，由最高人民检察院和中国刑事诉讼法学研究会共同策划翻译的《世界各国刑事诉讼法》一书出版，为刑事诉讼法研究提供了重要的工具书。

第二节　刑事诉讼基础理论研究

刑事诉讼法学体系可以分为刑事诉讼原理、刑事诉讼原则、刑事诉讼制度和刑事诉讼程序四大部分，其中刑事诉讼原理部分构成刑事诉讼学科体系的基石，而刑事诉讼原则在整个刑事诉讼制度体系中具有基础性地位。早在 20 世纪 50 年代，我国学者就对无罪推定、自由心证、独立审判、律师辩护等刑事诉讼法学的理论问题展开过研究和讨论；20 世纪 80 年代末，刑诉法学界对刑事诉讼主体、职能和法律关系作了初步研究；紧接着，刑事诉讼结构、刑事诉讼目的、刑事诉讼职能等逐渐受到关注；再后来，程序正义、程序效益等刑事诉讼价值问题受到了重视。21 世纪以来，刑事诉讼基础理论研究不断得到拓展，一些新的理论问题被纳入研究视野。在走出了"注释法学"的樊篱之后，学术界一方面致力于厘清刑事诉讼基本理论范畴的内涵，以便为学术研讨的开展提供基础性的对话工具；另一方面则试图超越"拿来主义"的研究范式，提出符合中国立法和司法实际的理论命题。

一　宪法与刑事诉讼

（一）关于"国家尊重和保障人权"

2004 年 3 月，"国家尊重和保障人权"被写入宪法，在刑事司法中如何落实人权保护，因而成为刑事诉讼法学研究中的重要内容。有学者认为，2012 年刑事诉讼法将"尊重和保障人权"写入刑事诉讼法总则，既有利于彰显我国刑事司法制度的社会主义性质，也有利于公安司法机关在刑事诉讼程序中更好地遵循和贯彻这一宪法原则。[①] 学术界围绕犯罪嫌疑人、被告人的人身权、财产权、隐私权等基本权利的保护、被害人的权利保护以及遏制刑讯逼供的程序机制等问题，进行了深入的研究。

（二）关于宪法与刑事诉讼法的关系

自从 20 世纪 80 年代以来，宪法与刑事诉讼法的关系一直为学界所关注。有学者认为，作为一项国家立法活动，刑事诉讼法的修改应当依据宪法来展开。其中，宪法所确立的司法权力配置以及公民权利保障条款，对于刑事诉讼法的修改构成了一种严格的外部限制。[②] 还有学者认为，宪法与刑事诉讼法的关系，应定位于"价值法"与"实在法"之关系，宪法属于"价值法"，是"人民"制定的法律，而刑事诉讼法属于"实在法"，是由立法机关制定的法律。[③]

二　刑事诉讼的现代化

我国学界对刑事诉讼的现代化问题进行专门讨论始于 2003 年。

---

① 参见卞建林《中国特色社会主义刑事司法制度的重大发展——〈全国人民代表大会关于修改《中华人民共和国刑事诉讼法》的决定〉概览》，《检察日报》2012 年 3 月 16 日第 3 版。

② 参见陈瑞华《法律程序构建的基本逻辑》，《中国法学》2012 年第 1 期。

③ 参见莫纪宏《论宪法与其他法律形式的关系》，《法治论丛》2007 年第 6 期。

有论者认为，从现代化理论来看，刑事诉讼制度的发展经历了一个从传统型刑事诉讼制度向现代型刑事诉讼制度转变的历程。传统型刑事诉讼制度与现代型刑事诉讼制度之间，在程序理念、结构和运作等方面都存在重大的差异。我国刑事诉讼制度改革的目标应当定位为建立现代型刑事诉讼制度，改革的路径是兼采当事人主义与职权主义之长。①

有论者从应然和实然两个层面，对中国刑事司法现代化的图景作了分析，认为中国刑事司法的现代化既是本土的也是一种全球的现代化，联合国刑事司法准则是中国刑事司法实现其现代化图景的最佳参照系。② 另有学者对刑事诉讼的全球化趋势作了评析。③ 有论者指出，我国刑事诉讼的现代化便是包括制度、理念、主体三方面在内的全方位的现代化。④ 有论者认为，刑事程序现代性存在理性化、主体性和合法性三个维度。⑤

三　刑事诉讼目的与价值

（一）关于刑事诉讼目的

在 1978 年之前，由于受阶级斗争观念的影响，我国刑事诉讼立法和司法奉行的是一切为了并服从于惩罚犯罪的一元目的观。改革开放以后，特别是 20 世纪 90 年代以来，权利意识的萌发促使刑事诉讼法学界开始对片面的诉讼目的观进行反思，逐步确立起惩罚犯

① 参见左卫民、万毅《我国刑事诉讼制度改革若干基本理论问题研究》，《中国法学》2003 年第 4 期。

② 参见卞建林《刑事诉讼的现代化》，中国法制出版社 2003 年版，第 35 页以下。

③ 参见陈卫东、程雷《刑事诉讼的全球化趋势析评》，《山东公安专科学校学报》2003 年第 2 期。

④ 参见孙记《论我国刑事诉讼现代化的多重意蕴》，《公民与法》2011 年第 7 期。

⑤ 参见许身健《刑事程序现代性研究》，博士学位论文，中国政法大学，2004 年。

罪与保障人权、发现真实与程序正当的双重目的论。《刑事诉讼目的论》一书将刑事诉讼目的分为"直接目的"和"根本目的"两个层次，将刑事诉讼中涉及的人权问题分为"实体性权利"和"程序性权利"两大类，并对实现刑罚权与保障人权的关系及发生冲突时的平衡原则进行了论述。①

有学者主张，应当抛弃犯罪控制的旧观念，而将人权保障作为我国刑事诉讼唯一或主要的目的。② 有学者提出，应该超越惩罚犯罪、保障人权的二元论，以恢复社会和谐为旨归的犯罪治理思想为指针，进一步整合诉讼目标，使诉讼目的更加合理化，进而增强诉讼程序在保障法和平性方面的功能。③

（二）关于刑事诉讼价值

对刑事诉讼价值的研究始于 20 世纪 90 年代。由于受到一般法律价值理论的影响，最初多数学者将刑事诉讼价值概括为自由、秩序、公正和效率；还有学者认为，自由与安全是刑事诉讼的两大法律价值。《刑事审判原理论》一书对刑事诉讼价值作了内在价值、外在价值和经济效益价值三个层面的区分，其中最为关键的是内在价值，即程序本身的伦理价值——程序正义，程序正义包括程序中立、程序对等、程序参与、程序理性、程序自治、程序及时、程序终结 7 个方面的要求。④

有学者指出，刑事诉讼的本质是一个利益分配、利益冲突、利益衡量的过程。刑事诉讼的现代化之路，即是一部价值权衡的曲折史。当前，随着法学方法论的发展以及刑事诉讼的现代化进程，两大法系在刑事诉讼价值权衡上面临一系列深刻变革：利益形态逐步

---

① 参见宋英辉《刑事诉讼目的论》，中国人民公安大学出版社 1995 年版。

② 参见郝银钟《刑事诉讼目的的双重论之反思与重构》，《法学》2005 年第 8 期。

③ 参见马明亮《"犯罪治理"作为刑事诉讼目的的若干思考》，《法律科学》2006 年第 6 期。

④ 参见陈瑞华《刑事审判原理论》，北京大学出版社 1999 年版，第 37 页。

从封闭走向开放；利益主体出现多元化倾向；普遍寻求价值权衡的方法论规制。中国刑事诉讼法可确立综合式利益衡平模式，融合静态位阶方法和动态衡平方法。①

四　刑事诉讼构造

20 世纪 80 年代中后期，我国学者提出并运用"刑事诉讼形式"的概念，对两大法系的刑事诉讼程序进行比较研究。② 90 年代，有学者将"刑事诉讼构造"理论由日本引入我国，并指出："刑事诉讼构造"又称刑事诉讼形式、刑事诉讼模式、刑事诉讼结构。刑事诉讼构造是由一定的诉讼目的所决定的，并由主要诉讼程序和证据规则中的诉讼基本方式所体现的控诉、辩护、裁判三方的法律地位和相互关系。③

学术界还提出了纵向构造和横向构造；三角结构与线性结构；对抗模式与合作模式等刑事诉讼构造类型理论。有学者认为，我国刑事诉讼中的审判构造是一种"伞形构造"④。

五　刑事诉讼法律关系

有论者指出，刑事诉讼法律关系是进行或参加刑事诉讼的机关或个人基于刑事诉讼法的规定而产生的相互间的权利义务关系。刑事诉讼法律关系的主体既包括参与刑事诉讼的国家机关、当事人，也包括其他诉讼参与人。⑤ 关于刑事诉讼法律关系的范围，有"一面

---

① 参见雷小政《比较与借鉴：刑事诉讼价值权衡的方法论基础》，《法律科学》2009 年第 1 期。

② 参见陈光中主编《刑事诉讼法学》，中国政法大学出版社 1990 年版，第 9 页。

③ 参见李心鉴《刑事诉讼构造论》，中国政法大学出版社 1998 年版，第 7 页。

④ 参见卞建林、李菁菁《从我国刑事法庭设置看刑事审判构造的完善》，《法学研究》2004 年第 3 期。

⑤ 参见陈瑞华《刑事诉讼的前沿问题》，中国人民大学出版社 2000 年版，第 144 页。

关系说”“两面关系说”“三面关系说”和“多面关系说”等学说，
其中“三面关系说”① 和“多面关系说”② 是较为通行的观点。③

对刑事诉讼法律关系主体的界定，有广义和狭义两种观点。采用
广义界定，刑事诉讼主体等同于刑事诉讼法律关系主体；采用狭义界
定，刑事诉讼主体的范围小于刑事诉讼法律关系的主体。有论者提
出，在刑事诉讼法律关系的主体中，根据他们各自承担的责任和与案
件的利害关系不同，又分为两大类：第一类，是负责审理刑事案件的
国家专门机关和与案件有直接利害关系的人员，他们属于“诉讼主
体”；第二类，则是与本案没有直接关系，而只是由于偶然的原因，
参与到诉讼中为案情事实作证或者承担某些辅助性工作的人员，他
们也是刑事诉讼法律关系的主体，但不属于“诉讼主体”。④

六　程序性制裁

从 20 世纪 90 年代中期开始，我国有学者开始关注程序性法律
后果问题，认为程序性法律后果是指违反诉讼程序的行为及其后果，
在诉讼程序上不予认可，或应予否定或予以补正的法律规定。⑤ 2004
年以来，后续研究者将程序性法律后果称为“程序性制裁”。⑥

---

① “三面关系说”认为，刑事诉讼法律关系是刑事诉讼中各个专门机关之间、专
门机关和诉讼参与人之间以及诉讼参与人之间权利义务关系的产生、发展、变化和终
止，同刑事诉讼活动有不可分割的联系。

② “多面关系说”认为，刑事诉讼法律关系是指进行或参加刑事诉讼的机关或个
人基于刑事诉讼法的规定而产生的相互间的权利义务关系。

③ 参见陈瑞华《刑事诉讼的前沿问题》，中国人民大学出版社 2000 年版，第
143—145 页。

④ 参见崔敏《略论刑事诉讼基本原理》，《江西公安高等专科学校学报》2001 年
第 3 期。

⑤ 参见王敏远《违反刑事诉讼程序的程序性法律后果》，《中国法学》1994 年第
5 期。

⑥ 参见陈永生《刑事诉讼的程序性制裁》，《现代法学》2004 年第 1 期；陈瑞华
《程序性制裁理论》，中国法制出版社 2005 年版。

关于程序性法律后果的类型，有四类型说和五类型说之分。前者认为，程序性法律后果包括四种类型：（1）否定该违反诉讼程序的行为的效力，并使诉讼从违反诉讼程序的行为发生的那个阶段重新开始；（2）否定该违反诉讼程序的行为的效力，并否定该行为已得到的诉讼效果；（3）否定违反诉讼程序的行为及其结果，并使诉讼进入另一阶段；（4）补正该违反诉讼程序的行为，以使其得到纠正。① 2004 年以来，有学者提出了五类型说，五类型说还可区分为两种观点：一种五类型说把程序性制裁的类型归纳为非法证据排除规则、终止诉讼制度、撤销原判制度、诉讼行为无效制度与解除羁押制度。② 另一种将程序性制裁的主要方式概括为终止诉讼、撤销原判、排除非法证据、诉讼行为无效（包括绝对无效与相对无效）与从轻量刑。③

七　刑事诉讼基本原则

中华人民共和国成立初期，学术界围绕人民法院独立审判、公民在法律面前一律平等、审判中使用民族语言文字、无罪推定、有利被告、自由心证等原则以及被告人的诉讼地位、辩护人的诉讼地位、被害人的诉讼地位等展开了讨论。1979 年之后，关于刑事诉讼基本原则体系，形成了四种观点：一是认为 1979 年刑事诉讼法第3—12 条的规定，都是刑事诉讼法的基本原则，主张把公开审判、两审终审和陪审制一律称作原则，而不称为制度；二是认为第3—12条规定中既包括基本原则，也包括基本制度，公开审判、两审终审和人民陪审制度，虽然只在审判阶段起作用，但它们在刑事诉讼中

---

① 参见王敏远《违反刑事诉讼程序的程序性法律后果》，《中国法学》1994 年第5 期。

② 参见陈瑞华《程序性制裁理论》，中国法制出版社 2005 年版，第161—187 页。关于各种程序性法律后果的含义，请参见作者原文中的分析。

③ 参见陈永生《刑事诉讼的程序性制裁》，《现代法学》2004 年第 1 期。关于各种程序性法律后果的含义，请参见作者原文中的分析。

占有重要地位，虽称制度也属基本原则；三是认为第 3—12 条规定，并不全是原则，有的属于刑事诉讼制度，应将基本原则和制度分开；四是认为应当将人民法院、人民检察院依法独立行使职权、无罪推定、人民检察院法律监督等作为基本原则。① 这些讨论对刑事诉讼法的修改和完善起了促进作用。

20 世纪 50 年代中期，刑事诉讼法学界曾对无罪推定如何评价以及是否适用于我国进行过研讨；反右派斗争中将无罪推定的主张当作右派观点；十一届三中全会以后，无罪推定原则被重新提出，学术界对无罪推定的表述、无罪推定是否适用于我国刑事诉讼以及疑案如何处理进行了讨论。关于司法机关依法独立行使职权原则，学术界主要讨论了党的领导与司法机关独立行使职权的关系、上下级法院的关系等问题。学术界还提出了将程序法定、控审分离、平等对抗、诉讼及时、比例原则、直接言词、禁止双重危险等纳入刑事诉讼原则体系的建议。

第三节　刑事诉讼基本制度研究

根据我国刑事诉讼法的规定，刑事诉讼基本制度主要包括管辖、回避、辩护与代理、强制措施、证据、附带民事诉讼、期间与送达、刑事诉讼的中止与终止等。刑事诉讼基本制度研究既包括对基本制度理论基础的研究，也包括对完善相关制度的对策研究，所涉议题十分广泛，其中大量的研究围绕着刑事诉讼法的修改和完善而展开，具有较强的"技术性"。

一　管辖制度

关于管辖制度，理论界的争议主要集中于管辖制度的立法体例、

---

① 参见陈光中主编《刑事诉讼法学五十年》，警官教育出版社 1999 年版，第 19 页。

职能管辖的范围、级别管辖的调整、地域管辖的明确、管辖权异议、管辖权争议等问题。

有论者认为，现代刑事诉讼所确立的审判中心原则要求在法典的通则中应当明确审判管辖问题，侦查分工的内容可以参照审判管辖中对地域管辖与级别管辖的划分。因此，在体例上，法典通则部分只规定法院审判管辖，立案管辖应放在"侦查"章中。[①]

对于自诉案件范围的法律规定，学术界有不同观点。有论者认为，关于告诉才处理的案件中，侵占罪不宜作为绝对的自诉案件。[②]有论者认为，在被害人有证据证明的轻微刑事案件中，重婚罪、遗弃罪、生产销售伪劣商品罪不应作为自诉案件。关于"公诉转自诉"案件，有些学者认为此类案件侵犯了检察机关的公诉权，甚至可能导致公安、检察机关怠于行使自己追诉犯罪的职责，因此建议废除此类自诉案件。另有观点认为，此种不起诉在实践中确实能够起到保障被害人诉讼权利和制约公安、检察机关权力的作用，因此应该将其保留。[③]

二　回避制度

我国学术界对于申请回避权的主体、对象、程序等均存在不同程度的争议。对于申请回避的主体，有论者认为应当赋予辩护人、执行阶段的当事人申请回避权。

关于律师是否应适用回避问题，有观点认为，律师为诉讼中的一方当事人服务，在谋求其服务当事人利益最大化的前提下，如果律师与司法官员存在有血缘、姻亲、朋友等利益关系，他必然会千

[①]　参见陈卫东主编《模范刑事诉讼法典》，中国人民大学出版社2005年版，第10页。

[②]　参见陈光中主编《刑事诉讼法实施问题研究》，中国法制出版社2000年版，第19—20页。

[③]　参见陈光中主编《〈中华人民共和国刑事诉讼法〉再修改专家建议稿与论证》，中国法制出版社2006年版，第571页。

方百计地去利用这种所谓的"资源"去影响裁判者，因而律师回避是十分必要的。另有观点认为，回避制度是为限制公权力而设置的，律师行为从本质上看是一种"私权力"，如果案件的裁决者与律师的关系影响案件公正审判，应当回避的是裁决者，而不是律师，就此而言，律师不应作为回避的对象。

三　辩护制度

在我国长期的刑事司法实践中，辩护职能一直比较微弱，尽管刑事诉讼法规定了辩护制度，但人们对辩护存在的许多认识误区并未得到彻底消除。20 世纪 80 年代之后，我国学者陆续编写了一些有关辩护制度的书籍，但大都偏重于诉讼实务。学术界对辩护律师的性质、辩护律师介入刑事诉讼的时间、辩护人对被告人未被揭发的犯罪事实应否保守秘密等问题进行了讨论。《刑事辩护论》一书对辩护制度作了系统研究，该书融理论探索与实务辨析于一体，提出了辩护制度的理论基础多元论的观点，并对辩护制度的诉讼价值作了全面、深入的论述。[1]

有学者提出，在刑事辩护领域，存在着一种"五形态分类理论"。根据这一理论，刑事辩护被区分为无罪辩护、量刑辩护、罪轻辩护、程序性辩护和证据辩护五种类型，这些辩护形态各有其诉讼目标，也各有其辩护手段。这种辩护形态的划分不仅存在于法庭审判阶段，在审判前阶段也有其发挥作用的空间。[2]

有论者通过试点研究，提出应进一步拓展法律援助的主体范围，明确被追诉人有尽早、全面告知获得法律援助的权利，加强对援助案件的质量监控。[3]《刑事法律援助的中国实践与国际视野》一书，

---

① 参见陈光中主编《刑事诉讼法学五十年》，警官教育出版社 1999 年版，第 49 页。

② 参见陈瑞华《论刑事辩护的理论分类》，《法学》2016 年第 7 期。

③ 参见左卫民《中国应当构建什么样的刑事法律援助制度》，《中国法学》2013 年第 1 期。

探讨了各国刑事法律援助面临的问题与挑战，总结了刑事法律援助制度的发展规律及趋势，并对我国刑事法律援助制度的现状进行了分析。[①]

四　强制措施制度

在 1979 年刑事诉讼法规定的强制措施中，逮捕和拘留是最严厉的强制措施。但是，多年来在司法实践中公安机关往往以"收容审查"代替拘留和逮捕。在关于刑事诉讼法修改的讨论中，一些学者提出了放宽逮捕条件、延长拘留期限并取消收容审查的建议，最终促进了 1996 年刑事诉讼法取消了"收容审查"制度。

有论者认为，强制措施应当包括三部分：一是对人的强制措施；二是对物的强制措施；三是对隐私权的强制措施。[②] 有论者认为，应当将目前的取保候审、监视居住制度改造为保释制度，单列一章，体现其权利性质与羁押替代手段的性质，而"拘传、拘捕、羁押"章集中规定各种限制人身自由的强制措施。[③]

针对司法实践中监视居住普遍异化的现象，有主张认为，在刑事诉讼法再修改时，应当将监视居住的法律性质界定为剥夺人身自由的措施。[④] 也有论者主张废除这种强制措施。还有学者认为监视居住虽然实际适用率很低，效果不理想，但毕竟是一种不同于羁押的强制候审措施，对于减少未决羁押的人数，节约司法成本以及减小对公民人身自由的侵犯，具有一定的积极意义，应当予以保留。[⑤]

---

① 参见顾永忠主编《刑事法律援助的中国实践与国际视野：刑事法律援助国际研讨会论文集》，北京大学出版社 2013 年版。

② 参见陈光中主编《刑事诉讼法实施问题研究》，中国法制出版社 2000 年版，第 79 页。

③ 参见陈卫东主编《模范刑事诉讼法典》，中国人民大学出版社 2005 年版，第 12 页。

④ 参见潘金贵《监视居住保留论：反思与出路》，《人民检察》2007 年第 14 期。

⑤ 参见孙长永《比较法视野中的刑事强制措施》，《法学研究》2005 年第 1 期。

对于逮捕制度的重构、羁押的司法审查以及逮捕的条件等，学界争论比较激烈。不少学者建议，在我国应当建立法院对羁押的司法审查以及司法救济制度；也有学者反对，认为从现实出发，将羁押决定权赋予法院会存在极大困难。①

五　附带民事诉讼

关于刑事附带民事诉讼的性质，理论界有"刑事说""民事说""综合说"三种不同的观点。② 有论者认为，将民事诉讼放在刑事诉讼中附带提出，主要是为了简化诉讼程序，减少当事人的讼累，并不意味着刑事诉讼优先于民事诉讼。国家利益要求把刑事诉讼置于优先的位置，被害人的民事赔偿问题在刑事诉讼的过程中附带解决，而被害人的个人利益则往往要求优先解决民事损害赔偿问题。③ 对附带民事诉讼赔偿范围的改革，呼声最大的是在附带民事诉讼中允许针对犯罪行为提出精神损害赔偿。

学术界还围绕附带民事诉讼制度的存废进行了讨论。主张废除者认为，刑事附带民事诉讼则是一种没落的边缘化的制度，其历史合理性丧失、现实制度矛盾重重，我国应采用刑事、民事诉讼分别进行的诉讼模式。④ 主张保留者认为，附带民事诉讼制度有其存在的内在合理性和价值基础，这不仅表现在该程序能将两个不同的诉讼置于同一个诉讼程序中处理，避免了诉讼程序的重复启动，节省了司法资源，提高了诉讼效率，而且该程序为受害人的民事诉求目的

---

① 参见徐静村、潘金贵《我国刑事强制措施制度改革的基本构想》，《甘肃社会科学》2006 年第 2 期。

② 参见邵世星、刘选《刑事附带民事诉讼疑难问题研究》，中国检察出版社 2002 年版。

③ 参见奚玮《刑民合一抑或刑民分审——刑事附带民事诉讼制度评析》，《国家检察官学院学报》2002 年第 6 期。

④ 参见谢佑平、江涌《质疑与废止：刑事附带民事诉讼》，《法学论坛》2006 年第 2 期。

的实现，提供了较之另行起诉更具有保障性的程序基础。① 附带民事诉讼还可以避免因审判组织的不同而做出对同一个事实相互矛盾的判决，从而促进公正的实现。② 有学者提出了完善附带民事诉讼制度的措施，主要是突出附带民事诉讼制度的独立性，赋予当事人程序选择权，在刑事附带民事诉讼制度和单独的民事诉讼制度之间可以进行选择。③

第四节　刑事诉讼主要程序研究

根据我国刑事诉讼法的规定，刑事诉讼主要程序包括立案、侦查、起诉、第一审程序、第二审程序、死刑复核程序、审判监督程序、执行以及特别程序。刑事诉讼主要程序的研究所涉及的议题有：立案程序与犯罪嫌疑人的确认；刑事侦讯；无证搜查；强制性侦查措施；技术侦查；秘密侦查；补充侦查；侦查监督；公诉方式；酌定不起诉；撤回起诉；庭审方式；合议制度；刑事诉讼中的和解、调解与合议；刑事法官庭审指挥权；刑事缺席审判制度；程序分流；刑事二审"发回重审"制度；刑事再审制度；审级制度；刑事赔偿制度；未成年人刑事诉讼程序；特别没收程序；精神病人强制医疗程序等。刑事诉讼主要程序研究在很大程度上围绕着刑事诉讼法的修改和完善而展开。

---

① 参见陈卫东主编《模范刑事诉讼法典》，中国人民大学出版社 2005 年版，第 27 页；庞君森《刑事附带民事诉讼制度存在的价值质疑》，《中国刑事法杂志》2004 年第 5 期。

② 参见陈卫东主编《模范刑事诉讼法典》，中国人民大学出版社 2005 年版，第 27 页。

③ 参见谌鸿伟、贾伟杰《我国刑事附带民事诉讼制度的设计缺陷及重构》，《法学评论》2006 年第 2 期。

一　侦查程序

对于侦查权的性质，我国学术界主要存在两种观点：一是"行政权本质说"①；二是"司法权本质说"②。从目前来看，无论对侦查权的性质作何种定位，学术界普遍认识到：一方面，侦查权与审判权具有明显不同，但二者在"诉讼"这一共同的框架下也存在某些共性；但另一方面，侦查权与一般的行政管理权之间存在区别，但也不乏众多共同点。

对侦查构造的分类研究一直承袭诉讼构造相关理论，如对应于当事人主义诉讼构造与职权主义诉讼构造提出对抗式侦查构造与职权式侦查构造。后有学者进行了创新，从不同的角度、按照不同的标准对侦查构造进行了新的分类，主要包括司法型侦查模式与行政型侦查模式、主观型侦查模式与客观型侦查模式。③

二　审查起诉程序

关于公诉标准与定罪标准的关系，学术界主要有三种观点：第一种是"降低说"④；第二种是"接近说"⑤；第三种是"同一说"。⑥

---

①　参见但伟、姜涛《论侦查权的性质》，《国家检察官学院学报》2003 年第 5 期。

②　参见杨宗辉《论我国侦查权的性质——驳"行政权本质说"》，《法学》2005 年第 9 期。

③　参见万毅《程序正义的重心——底限正义视野下的侦查程序》，中国检察出版社 2006 年版，第 62—72 页。

④　参见王超、姚晓东《我国刑事起诉标准的模式选择》，《时代法学》2009 年第 5 期；刘根菊、唐海娟《提起公诉的证据标准探讨》，《现代法学》2003 年第 2 期；李培龙等《证明层次理论下的公诉证明标准》，《华东政法大学学报》2008 年第 1 期；黄国盛《反思提起公诉证据之标准》，《中国检察官》2007 年第 3 期；李玉华《刑事证明标准研究》，中国人民公安大学出版社 2008 年版，第 197 页；汪海燕、胡常龙《刑事证据基本问题研究》，法律出版社 2002 年版，第 123 页；陈卫东《程序正义之路》（第二卷），法律出版社 2005 年版，第 148—149 页。

⑤　参见奚玮、孙康《论提起公诉的证明标准》，《中国刑事法杂志》2008 年第 1 期。

⑥　参见龙宗智《再论提起公诉的证据标准》，《人民检察》2002 年第 3 期。

在 1996 年刑事诉讼法修改之前，学术界就免予起诉制度的存废进行了讨论，最终导致了对免予起诉制度的废除。针对酌定不起诉制度及其适用存在的问题，学术界和实务部门一致的意见是，适当扩大酌定不起诉的适用范围，提高其适用比例，充分发挥该项制度设置的积极功效。① 在 2012 年刑事诉讼法修改之前，学术界对是否应当实行附条件不起诉制度，持有肯定与否定两种不同意见。持肯定意见者在讨论中更多的是关注附条件不起诉的价值②，而持否定意见者则重在揭示我国实行附条件不起诉所存在的问题。③

学术界还结合我国司法解释的规定以及司法实践中存在的问题，在借鉴域外立法经验的基础上，提出了建立和完善我国公诉变更制度的建议。④ 学术界普遍认为，我国在立法上有必要确立撤回公诉制度。⑤ 针对撤回公诉制度及其实践中存在的问题，学者们从撤回公诉的理论基础、范围或事由、撤回公诉的时间、当事人的异议和救济、撤回公诉的效力等方面，提出了改革和完善我国撤回公诉制度的构想。

三　审判程序

刑事审判方式是否需要改革以及如何进行改革，是刑事诉讼法

---

① 参见宋英辉《酌定不起诉适用中面临的问题与对策——基于未成年人案件的实证研究》，《现代法学》2007 年第 1 期。

② 参见王敏远《暂缓起诉制度——争议及前景》，《人民检察》2006 年第 4 期；兰耀军《论附条件不起诉》，《法律科学》2006 年第 5 期；陈光中《关于附条件不起诉问题的思考》，《人民检察》2007 年第 24 期；刘炽、王建荣《比较与借鉴：暂缓起诉制度研究》，《人民检察》2005 年第 3 期。

③ 参见刘桃荣《对暂缓起诉制度的质疑》，《中国刑事法杂志》2001 年第 3 期；沈春梅《暂缓不起诉不宜推行》，《人民检察》2003 年第 4 期。

④ 参见龙宗智《论公诉变更》，《现代法学》2004 年第 6 期；杨建民《公诉变更的制度构建与法律效力探讨》，《人民检察》2007 年第 18 期；杨虹《比较法视野中的公诉变更制度之完善》，《国家检察官学院学报》2003 年第 5 期。

⑤ 参见顾永忠、刘莹《论撤回公诉的司法误区与立法重构》，《法律科学》2007 年第 2 期。

学界长期争论的问题。一些学者认为，1979 年刑事诉讼法关于庭审方式的规定存在许多弊端，表现为庭前审查实质化、开庭审判形式化、控审职能一体化、举证责任变相化、法庭辩论削弱化、审辩主体对抗化、法官思维定式化、审判权力集体化、控辩地位悬殊化、有罪推定现实化，因此，庭审方式改革势在必行。另有学者认为，要想在我国实行"控辩式庭审"，就要求控辩双方法律地位平等，法庭采取直接言词原则，而这些条件尚不具备。学术界还对合议庭与审判委员会的关系、二审审理方式、上诉不加刑原则、审级制度、死刑复核程序等问题进行了讨论。

从 20 世纪 90 年代末开始，一些地方法院开展了"相对独立的量刑程序"的改革试验。定罪与量刑在程序关系上存在两种模式：一是定罪与量刑程序分离模式，二是定罪与量刑程序一体化模式。有学者提出，我国的刑事诉讼应当在一体化模式和分离模式之间寻找一条折中路线，建立"相对独立"的量刑程序。有学者则提出反对意见：对于被告人不认罪的案件，应当采取隔离式的审判模式。① 对于适用简易程序审理的案件，有学者提出，这类案件的定罪和量刑的法庭辩论不必分离，因为轻罪案件的定罪事实和量刑事实往往密切相关。②

党的十八届四中全会提出"推进以审判为中心的诉讼制度改革"，引起学术界热议。有论者对审判中心主义的内涵作了界定，认为包括三个层面：一是应当在侦查、审查起诉和审判的关系上实现"以审判为中心"；二是在审判阶段应当做到"以庭审为中心"；三是在纵向的审级构造上应当"以一审为重心"。③ 有论者对庭审实质化的路径和方法进行了探讨，认为实现庭审实质化，需适度阻断侦审联结，直接、有效地审查证据，包括完善证人出庭作证制度和非

---

① 参见陈瑞华《论量刑程序的独立性——一种以量刑控制为中心的程序理论》，《中国法学》2009 年第 1 期；万毅《量刑正义的程序之维》，《华东政法大学学报》2006 年第 5 期。

② 参见谢鹏程《论量刑程序的张力》，《中国法学》2011 年第 1 期。

③ 参见魏晓娜《以审判为中心的刑事诉讼制度改革》，《法学研究》2015 年第 4 期。

法证据排除程序；需充实庭审调查，改善举证、质证与认证；需完善庭审调查规则，调整审判节奏，加强释明权的运用，改革裁判方式；需充实二审庭审，明确检察官在二审法庭的职能定位，发挥其诉讼功能，合议庭则应当运用职权推动二审审理的精细化和庭审实质化。为适应庭审实质化要求，应改善庭审准备、加强辩护权保障、推动案件繁简分流以及建立、完善司法责任制。①

四 特别程序

早在 1996 年刑事诉讼法修改时，就有很多学者提及特别程序的创设。有代表性的如《中华人民共和国刑事诉讼法修改建议稿与论证》中就有特别程序一编，当时建议设置的特别程序包括三种——未成年人案件、涉外案件和司法协助，同时通过附件的形式建议增设司法处分和强制性医疗程序的规定。有个别学者提出一些针对特殊种类犯罪和特殊犯罪主体创设独立的特别程序，如建议设立反恐刑事特别程序②、设立黑社会性质组织犯罪的特别程序③，又如建议设立单位犯罪特别程序。④ 还有学者建议，除现有的特别程序一编的四种程序（未成年人刑事案件诉讼程序、当事人和解的公诉案件诉讼程序、犯罪嫌疑人、被告人逃匿、死亡案件违法所得没收程序、依法不负刑事责任的精神病人的强制医疗程序）之外，还应增设三种，即危害国家安全案件、死刑案件和反恐案件的特殊程序。⑤

---

① 参见龙宗智《庭审实质化的路径和方法》，《法学研究》2015 年第 5 期。

② 参见康海军《论反恐刑事特别程序》，《中国人民公安大学学报》（社会科学版）2008 年第 6 期。

③ 参见谭娜辉《论黑社会性质组织犯罪的特别程序》，《四川警察学院学报》2010 年第 3 期。

④ 参见蒋熙辉《应当针对单位犯罪刑事诉讼增设特别程序》，《江西警察学院学报》2011 年第 5 期。

⑤ 参见陈卫东《构建中国特色刑事特别程序》，《中国法学》2011 年第 6 期。

第五节　刑事证据法学研究

刑事证据法学是刑事诉讼法学的重要分支。中华人民共和国成立以来，刑事证据问题一直是学术界关注的热点。早在中华人民共和国成立初期，就有学者对证据的分类及间接证据的运用规则进行了阐述，对刑事证据是否具有阶级性以及"诉讼证据是主观、客观矛盾统一体"等问题进行了讨论。改革开放以来，《证据学》《刑事证据理论》《刑事证据的理论与实践》等教科书和专著相继出版；证据的概念和基本属性、我国证据制度的特点、证明对象、证明责任、非法证据排除、自由心证问题得到了探讨。进入 21 世纪，刑事证据法学研究成果层出不穷，研究内容不断得到拓展，研究方法也逐步走向多元化，不仅为我国刑事证据立法的完善奠定了基础，也为我国刑事证明实践提供了理论支持。

一　刑事证据法学理论基础研究

对于刑事证据法学的理论基础，学术界展开了热烈的讨论，形成了以认识论为核心、以价值论为核心、认识论与价值论并重、多元并重论的证据法学理论基础等学术主张。有学者认为，除认识论和价值论之外，人性论也应是证据法学的理论基础之一。[①] 还有学者认为，除了认识论和价值论外，方法论也应是证据法学的理论基础之一。[②] 还有学者提出了认识论、价值论、效率论、信息论四元并重的主张。[③]

---

① 参见汪建成《刑事证据理论的哲学基础》，《法学研究》2004 年第 6 期。

② 参见何家弘、刘品新《证据法学》，法律出版社 2004 年版，第 58—70 页。

③ 参见高家伟、邵明、王万华《证据法原理》，中国人民大学出版社 2004 年版，第 198—206 页。

刑事证据法学理论基础学说的发展经历了从一元到多元、从认识论到多元论的过程。在传统的认识论中，仅仅将"认定案件事实"作为证据法的唯一价值诉求。后来学术界对此进行反思，认为"证据法学的理论基础是一个复杂的法律规范系统，过分单一的基础，难以支撑这个复杂和庞大的法律建筑，因此应当以多元化的视角和思维，探讨和考虑建立我国证据法学应当遵循的理论基础"。[①]

二　刑事证据法的理念与原则

1. 关于刑事证据法的理念

有学者阐述了刑事证据法的五大基本理念，即人权、秩序、公正、真实、效率。[②] 有学者主张在运用证据的价值选择上，从客观真实的实质合理的法律观转变为法律真实的形式合理的法律观。[③] 有学者将刑事证明理念概括为刑事证明的客观性、相对性、正当性和价值权衡四个方面。[④] 该论者还主张，以证明概念的重塑为基础，重建我国刑事证明的诉讼观、认识观、功能观和价值观。[⑤] 此外，有学者将刑事证据法的基本理念，归纳为无罪推定和任何人不受强迫自证其罪两个方面。[⑥] 有学者指出，证据法只能反映社会上大多数人共享的价值或者对社会发展至关重要的价值，其中最具普遍意义的是准确、公正、和谐与效率，它们共同构成了证据法的四大价值

---

① 参见宋英辉、雷小政《证据法学理论基础：争议焦点及评述》，载何家弘主编《证据学论坛》第 10 卷，中国检察出版社 2005 年版。

② 参见陈光中主编《中华人民共和国刑事证据法专家拟制稿（条文、释义与论证）》，中国法制出版社 2004 年版，"代序言"。

③ 参见樊崇义《论刑事诉讼法律观的转变》，《政法论坛》2001 年第 2 期。

④ 参见卞建林主编《刑事证明理论》，中国人民公安大学出版社 2004 年版，第 27—78 页。

⑤ 参见卞建林《再论刑事证明观的更新》，载何家弘主编《证据学论坛》第 10 卷，中国检察出版社 2005 年版。

⑥ 参见宋英辉、汤维建主编《我国证据制度的理论与实践》，中国人民公安大学出版社 2006 年版，第 169—175 页。

基础。① 还有学者认为，"真实发现与价值选择相结合""形式正义
与实质正义并重""法定证明与自由证明相统一""真实优先，兼顾
效率"四个方面的内容，构成了现代诉讼证明理念的完整内涵。②

2. 关于刑事证据法的原则

有学者将刑事证据法的原则概括为证据裁判原则、程序法定原
则、无罪推定原则以及反对强迫自证其罪原则四个方面。③ 有学者概
括为真实发现原则、证据裁判原则、自由评价原则三个方面。④ 有学
者概括为证据裁判原则、直接言词原则和无罪推定原则三个方面。⑤
有学者认为，刑事证据法的基本原则应当包括证据裁判原则、合法
性原则、关联性原则、直接言词原则、质证原则。⑥ 有学者认为，证
据法的基本原则包括遵守法制原则、实事求是原则、证据为本原则、
直接言词原则、公平诚信原则以及法定证明与自由证明相结合的原
则。⑦ 还有学者认为，证据法的基本原则包括证据裁判原则、自由心
证原则、直接言词原则、诚实信用原则和利益衡量原则。⑧ 尽管学者
们各自采取了不同的归纳方式，但大多数学者都把证据裁判原则与
自由心证原则视为刑事证据法的两个基本原则。

三　刑事证据法的基本范畴

长期以来，学术界在"证据"定义问题上众说纷纭，有事实说、
材料/资料说、根据说、原因说等不同主张。针对学者们在"证据"

---

① 参见张保生《证据规则的价值基础和理论体系》，《法学研究》2008 年第 2 期。

② 参见封利强《诉讼证明理念初探》，《黑龙江省政法管理干部学院学报》2007
年第 6 期。

③ 参见陈光中主编《证据法学》，法律出版社 2011 年版，第 108—130 页。

④ 参见卞建林主编《证据法学》，中国政法大学出版社 2005 年版，第 77—91 页。

⑤ 参见樊崇义主编《证据法学》，法律出版社 2010 年版。

⑥ 参见陈卫东《论刑事证据法的基本原则》，《中外法学》2004 年第 4 期。

⑦ 参见何家弘、刘品新《证据法学》，法律出版社 2004 年版，第 71—95 页。

⑧ 参见宋英辉、汤维建主编《证据法学研究述评》，中国人民公安大学出版社
2006 年版，第 100—126 页。

概念问题上各执一词的现状，一些学者在对前述学说进行吸收、借鉴的基础上，试图通过依某种标准将证据划分为不同的层次并分别对其进行界定的方式，来构建内涵更为丰富和全面的证据概念，并对前述学说进行某种程度的调和。如有的学者主张，将证据分为广义证据与狭义证据①；有的学者主张，将证据区分为审前证据与审判证据。②

　　在 20 世纪，学术界对"证明"这一概念的界定并无太大的分歧，即证明"是指司法机关或当事人依法运用证据阐明或确定案件事实的诉讼活动"。③ 进入 21 世纪以后，学者们开始对传统的"证明"定义进行反思，从而提出了各式各样的新学说。如有学者提出了狭义的"证明"概念学说，即"证明就是国家公诉机关和诉讼当事人在法庭审理中依照法律规定的程序和要求向审判机关提出证据，运用证据阐明系争事实、论证诉讼主张的活动"。④ 有些学者将证明界定为说服裁判者的活动。⑤ 针对证明概念的"广义说"与"狭义说"之间的争论，有学者提出了"自向证明"与"他向证明"这样一组概念，以期弥合"广义说"与"狭义说"之间的分歧。还有学者将"广义说"与"狭义说"有机结合起来，提出了整合性的证明概念。该论者认为，司法证明就是一种由举证主体、质证主体、认证主体以及其他相关主体共同进行的探求事实真相的活动。⑥

---

① 参见刘金友主编《证据法学》，中国政法大学出版社 2003 年版，第 83—87 页。

② 参见吴宏耀《证据概念的重塑》，载樊崇义主编《诉讼法学研究》第 6 卷，中国检察出版社 2003 年版，第 210 页以下。

③ 巫宇甦主编：《证据学》，群众出版社 1987 年版，第 77 页。

④ 卞建林主编：《证据法学》，中国政法大学出版社 2000 年版，第 264 页。

⑤ 参见吴宏耀《刑事诉讼证明解析》，《检察日报》2000 年 12 月 17 日第 3 版；吴宏耀、魏晓娜《诉讼证明原理》，法律出版社 2002 年版，第 4 页以下；闵春雷《刑事诉讼证明概念的重新思考》，载陈光中主编《诉讼法理论与实践（上）》，中国政法大学出版社 2004 年版。

⑥ 参见封利强《司法证明过程论——以系统科学为视角》，法律出版社 2012 年版，第 48—59 页。

四　证据能力与证明力

我国传统证据理论通常将证据的属性概括为"三性",即"客观性""相关性"与"合法性"。近些年来,大陆法系国家所采用的"证据能力"和"证明力"这两个概念,越来越受到国内学者青睐,逐渐成为证据属性的新的表述方式。对于证据能力与证明力之间的关系,我国学界目前主要有以下几种观点:第一种是证据能力优先论;第二种是证明力优先论;第三种是互为前提论;第四种是折衷论,该观点认为证据能力和证明力既不能产生孰先孰后的问题,也不能产生互为前提的问题。[①] 将证据的属性换用证据能力和证明力的视角来加以阐述,并没有否定证据的客观性、关联性和合法性,证据的证据能力和证明力实际上暗含了证据的上述三种属性,除此之外这种表达方式还有许多额外的意义。[②] 首先,这种方法指出了证据可采性与证据能力、证据合法性之间存在差别;其次,该理论使得理论界开始注意到,证据可采性并非专属于证据属性中的问题,而与证据规则的功能密切相关。有学者呼吁,我国未来的刑事证据立法,应当"从对证明力的关注转向对证据能力的关注"。[③]

五　刑事证据规则

早期的证据学研究对刑事证据规则疏于关注,后来学术界对国外证据规则进行了翻译、介绍和梳理,并对两大法系证据规则产生差异的原因进行了深入分析。[④] 由于与大陆法系国家相比,英

---

① 参见何家弘主编《新编证据法学》,法律出版社 2000 年版,第 431 页。

② 参见宋英辉、汤维建主编《证据法学研究述评》,中国人民公安大学出版社 2006 年版,第 168 页。

③ 参见汪建成、孙远《刑事证据立法方向的转变》,《法学研究》2003 年第 5 期。

④ 参见卞建林主编《证据法学》,中国政法大学出版社 2000 年版,第 334—335 页。

美法系国家的证据规则更为发达，所以英美证据规则的内容和发展趋势成为国内学者研究的重点。在具体的证据规则方面，有学者对英美法系国家的传闻规则与大陆法系国家的直接言词原则进行了比较，指出了二者之间的差异。① 近年来，学者们一方面深入开展刑事证据规则的本土化研究；另一方面积极为我国刑事证据立法建言献策。②

在具体规则的研究上，非法证据排除规则无疑是学术界关注的重点。对于非法证据排除规则，主要有"完全排除说""不予排除说"以及"原则排除说"等几种观点。③ 分歧的关键和争论的焦点在于非法证据排除的范围和程序。多数学者认为，非法证据排除规则是必要的，但该规则的确立必须兼顾中国的现实国情，保障惩罚犯罪与保障人权、实体公正与程序公正等多元价值的平衡。

六　刑事证明主体

中华人民共和国成立后曾深受苏联法的影响，将侦查机关、检察机关和审判机关均作为证明犯罪事实的主体。进入 20 世纪 80 年代，一些学者开始明确地指出侦查机关不是证明的主体，他们进行的活动是查明而不是证明。而对于法院是否应成为证明主体的问题，越来越多的学者也开始否认其地位，但对此问题的争议还很大。关

---

① 参见宋英辉、李哲《直接、言词原则与传闻证据规则之比较》，《比较法研究》2003 年第 5 期。

② 具有代表性的立法建议稿包括：毕玉谦、郑旭、刘善春《中国证据法草案建议稿及论证》，法律出版社 2003 年版；陈光中主编《中华人民共和国刑事证据法专家拟制稿（条文、释义与论证）》，中国法制出版社 2004 年版；江伟主编《中国证据法草案（建议稿）及立法理由书》，中国人民大学出版社 2004 年版；张保生主编《〈人民法院统一证据规定〉司法解释建议稿及论证》，中国政法大学出版社 2008 年版。

③ 参见杨宇冠《非法证据排除规则研究》，中国人民公安大学出版社 2002 年版，第 231—234 页。

于被告人是否证明主体，传统诉讼法学理论认为，刑事诉讼实行严格的单边举证责任原则，即由要求追究被告人刑事责任的控方承担证明责任，被告方不承担证明责任，因此被告人不是证明主体。① 但是，从两大法系国家辩护方负证明责任的有关立法和司法来看，被告人对于特定事实应当承担一定的证明责任，在这种情况下被告人是证明主体。② 将证明主体界定为证明责任主体，有利于明确证明责任的归属，形成科学合理的刑事诉讼构造。

七　刑事证明对象

学术界对刑事证明对象的概念及其范围的界定一直存在着分歧，有案件事实说③、争议事实说④、法律要件事实说⑤等主张。其中案件事实说长期以来作为证据理论的基础学说，对诉讼理论与实践都产生了广泛的影响。但是，这种基于查明案件事实的广义证明观将证明与整个刑事诉讼活动混同，这种泛化的证明概念导致证明理论的模糊不清。⑥

在我国关于证明对象范围的各种学说中，实体法事实是各学说都普遍认可的证明对象。而程序法事实和证据事实是否为证明对象，则存在争议。关于程序法事实是否是证明对象，有如下三种观点：

---

①　参见叶良芳《论被告人承担证明责任的不适用性》，载陈兴良主编《刑事法判解》第 5 卷，法律出版社 2002 年版。

②　参见卞建林、郭志媛《刑事证明主体新论——基于证明责任的分析》，《中国刑事法杂志》2003 年第 1 期。

③　参见陈光中等《刑事证据制度与认识论：兼与误区论、法律真实论、相对真实论商榷》，《中国法学》2001 年第 2 期；何家弘主编《新编证据法学》，法律出版社 2000 年版；陈一云主编《证据学》，中国人民大学出版社 2000 年版。

④　参见卞建林等《诉讼证明：一个亟待重塑的概念》，载何家弘主编《证据学论坛》第 3 卷，中国检察出版社 2001 年版，第 24 页以下。

⑤　参见熊秋红《刑事证明对象再认识》，载王敏远编《公法》第 4 卷，法律出版社 2003 年版。

⑥　参见闵春雷《妨害证据犯罪研究》，吉林大学出版社 2005 年版，第 10 页。

一是肯定说；二是否定说①；三是折衷说，认为证明对象包括程序法事实，但举证责任分配问题的研究仅以实体法事实为对象。②

在证据事实是否属于证明对象的问题上，也有三种观点：一是肯定说；二是否定说；三是折衷说。折衷说反对一般意义上将证据事实作为证明对象，但并不是说证据事实在任何情况下都不能作为证明对象，在例外情况下，当证据事实成为主要的系争点时，证据事实才能是证明对象。③ 还有学者认为，证据事实不能成为证明对象，并不意味着证据法事实不构成证明对象，因为"刑事证明对象可分为实体法事实、程序法事实和证据法事实三部分，分别与刑法、刑事诉讼法、刑事证据法相对应"。④

八　刑事证明责任

在"证明责任"的概念上，我国理论界主要是围绕着证明责任和举证责任之间的关系展开的，大致形成了如下三种主要学说：一是"同一说"⑤；二是"包容说"，认为证明责任包括举证责任⑥；三是"区别说"，认为证明责任与举证责任是两个完全不同的概念。⑦

在证明责任的属性上，我国学者争议较大，主要有以下几种学说：一是"权利说"；二是"义务说"⑧；三是"权利义务说"；四是

---

① 参见陈一云主编《证据法学》，中国人民大学出版社 2000 年版，第 137 页；肖胜喜《刑事诉讼证明论》，中国政法大学出版社 1994 年版，第 121 页；卞建林主编《证据法学》，中国政法大学出版社 2002 年版，第 204 页。

② 参见何家弘主编《新编证据法学》，法律出版社 2000 年版，第 283—285 页。

③ 参见卞建林主编《证据法学》，中国政法大学出版社 2002 年版，第 208 页。

④ 熊秋红：《转变中的刑事诉讼法学》，北京大学出版社 2004 年版，第 289 页。

⑤ 参见何家弘《刑事诉讼中举证责任分配之我见》，《政治与法律》2002 年第 1 期。

⑥ 参见陈一云主编《证据学》，中国人民大学出版社 2000 年版，第 165 页。

⑦ 参见程荣斌主编《刑事诉讼法》，中国人民大学出版社 1999 年版，第 202 页。

⑧ 参见胡锡庆《诉讼证明学》，中国法制出版社 2002 年版，第 190 页。

"责任说"①；五是"负担说"。② 在证明责任的属性问题上，还存在着"证明责任"是实体法问题还是诉讼法问题的争论。对此，我国理论界主要有三种学说：即"实体法说""诉讼法说"和"折衷说"。③ 从整体上来看，坚持实体法说和折衷说两种观点的学者较多，而坚持纯粹诉讼法说的学者较少。

九　刑事证明标准

我国学术界关于刑事证明标准的概念表述本身存在分歧，主要有以下几种观点：一是"证明标准说"④；二是"证明要求说"⑤；三是"证明程度说"⑥；四是"证明任务说"⑦；五是"证明目的说"⑧。对于这些学说之间的关系，学界形成了"等同说"与"区别说"两种观点。即使在"证明标准"这一概念框架内，对其内涵与外延的界定，学界仍然有比较大的分歧意见，有"尺度说"⑨ "要求说"⑩

---

① 参见陈一云主编《证据法学》，中国人民大学出版社 1991 年版，第 154 页。

② 参见何家弘主编《新编证据法学》，法律出版社 2000 年版，第 362—363 页。

③ 参见宋英辉、汤维建主编《证据法学研究述评》，中国人民公安大学出版社 2006 年版，第 318 页。

④ 参见陈光中、徐静村主编《刑事诉讼法学》，中国政法大学出版社 1999 年版，第 177—181 页。

⑤ 参见谢佑平《刑事诉讼模式与精神》，成都科技大学出版社 1994 年版，第 207—208 页。

⑥ 参见张大群《刑事证明程度新论》，《政法论坛》1994 年第 2 期。

⑦ 参见胡锡庆主编《诉讼证据学通论》，华东理工大学出版社 1995 年版，第 233—235 页。

⑧ 参见何家弘、杨迎泽《检察证据教程》，法律出版社 2002 年版，第 540—546 页。

⑨ 参见徐静村《我的"证明标准"观》，载陈光中、江伟主编《诉讼法论丛》第 7 卷，法律出版社 2002 年版，第 12 页。

⑩ 参见卞建林等《诉讼证明：一个亟待重塑的概念》，载何家弘主编《证据法论坛》第 3 卷，中国检察出版社 2001 年版。

"程度说"① 之别。由于证明标准的内涵问题与对证明概念本身的理解密不可分，因此不同学者对证明标准概念的界定，实际上与其对证明内涵的认识息息相关。

关于刑事证明标准的具体界定，主要存在两种学说，即客观真实论和法律真实论。从本质上来看，学界关于刑事证明标准的争论，主要体现在对以下两个问题所做出的不同回答：一是作为裁判基础的事实能否达到客观真实的程度？二是以客观真实作为刑事证明的标准是否可行？从学术争鸣的情况来看，大多数学者倾向于认同司法人员对案件事实的认识有可能达到客观真实的程度。对于第二个问题，坚持客观真实论的学者主张司法人员对案件的裁判必须以客观事实为标准，司法人员据以认定有罪的事实根据必须正确地反映客观事实。② 学界关于刑事证明标准应当是"客观真实"抑或"法律真实"的讨论固然并非没有意义，但相关学说对刑事证明标准的研究大多是理论上的务虚探讨。从目前来看，这种理论层面的探讨已经较为深入。从发展的角度来说，应当将建立能够科学量化并在司法实践中具体应用的、务实的刑事证明标准，作为未来刑事证明标准研究的方向。

第六节　刑事诉讼法学展望

回顾中华人民共和国成立以来刑事诉讼法学发展的历史，可以看到：刑事诉讼法学的发展与社会发展和法治环境变迁之间呈现出互动关系，社会进步和法治发展促进了刑事诉讼法学研究在广度和深度上不断加强。改革开放以来，在依法治国方略指引下，法学教

---

① 参见樊崇义主编《证据法学》，法律出版社 2001 年版，第 215 页。

② 参见阮方民、封利强《论我国刑事证明标准的现实选择：混合标准》，《浙江大学学报》（人文社会科学版）2002 年第 5 期。

育蓬勃发展，刑事诉讼法学科培养出了一大批硕士、博士，为刑事诉讼法学的可持续发展储备了大量优秀人才；经过 70 年的发展，刑事诉讼法学在理论创新方面已经迈出了坚实的步伐；司法改革持续推进，将会为刑事诉讼法学研究注入新的动力；随着我国综合国力的增强和国际地位的提高，我国的刑事诉讼法学研究在国际上的影响力也会相应提高。可以预见，未来我国的刑事诉讼法学研究将会更加繁荣。

一　刑事诉讼法学的发展动因

中华人民共和国成立之初的社会主义建设带来了刑事诉讼立法、司法以及法学研究的转型；而此后的政治运动导致法制建设中断以及刑事诉讼法学研究长期停滞不前。从 20 世纪 70 年代末到 90 年代中期，中国社会经历了从计划经济转向市场经济的整体性嬗变，在市场经济体制下，"个人的人格主体性"是商品经济社会所提供的基本法律价值。该价值观的确立，打破了长期以来我国的刑事诉讼理论将犯罪嫌疑人、被告人作为打击对象、纠问客体的历史窠臼，为刑事诉讼主体理论的研究扫清了障碍。市场经济的发展刺激了公民权利意识的增长，在刑事诉讼中，如何保障诉讼参与人尤其是被指控人的权利不受侵犯，成为刑事诉讼理论研究中的一个核心问题。意识形态绝对化壁垒的消除也使刑事诉讼法学者对刑事诉讼中许多问题的认识，逐步从"真理论"转向"价值论"，价值分析成为评价一项刑事诉讼制度优劣的基本方法。市场经济中的效率原则也使刑事诉讼法学者开始注重刑事诉讼法学研究中的经济分析方法。

由于实行改革开放的基本国策，中国签署和批准了刑事司法领域的诸多国际性文件，由此带动了对于国际刑事司法准则的研究。随着"国家尊重和保护人权"的规定被载入宪法，"人权"日益成为中国社会的主流话语，在刑事司法中如何落实人权保护，因而成为刑事诉讼法学研究中的重要内容。《国家人权行动计划》的发布，使得刑事诉讼法学的研究不仅关注人权保护在立法层面的落实，而且关注人权保护在司法层面的实现。"构建社会主义和谐社会""恢复性司法"以及"建立人类命运共同体"等理念的提出，为刑事诉讼领域的观念革新提供了助力。刑事和解制度、刑事附带民事诉讼制度、未成年人刑事诉讼特别程序、社区矫正制度、认罪认罚从宽制度等成为刑事诉讼法学研究中的热点问题。

由于特定的历史和时代背景，我国刑事诉讼法学界所取得的研究成果，在相当大程度上都是围绕着刑事诉讼法的制定、贯彻实施和修改所做的学术研究与探讨。刑事诉讼法的三次修改，大幅度推进了我国刑事诉讼制度的发展与完善。刑事诉讼法的修改凝结着立法机关、刑事执法机关和全国人民的心血，而其中刑事诉讼法学的研究更是功不可没。中国刑事诉讼实践是刑事诉讼法学研究的重要组成部分。公安司法机关发布的司法解释和其他规范性文件、刑事司法实践中的指导性案例和其他典型案例、人民法院的裁判文书等均成为刑事诉讼法学研究的对象。刑事司法实践中所出现的刑讯逼供、超期羁押、律师辩护难等问题，促使学术界进行了回应式的研究。①

刑事诉讼法学研究与司法改革相互呼应。从 20 世纪 80 年代末启动司法改革至今，大体经历了以审判方式改革为主导的司法改革、依法治国方略所带来的全方位的司法改革、更多地涉及体制性问题的司法改革三个阶段，司法改革逐步走向深入。而刑事司法体制和刑事司法程序改革也是刑事诉讼法学研究的对象。公安司法机关所进行的看守所规范化建设、附条件不起诉、人民监督员、刑事和解、相对独立的量刑程序、被害人司法救助、审判中心、刑事速裁程序、认罪认罚从宽制度、值班律师制度、律师辩护全覆盖试点、预防和

---

① 相关研究如崔敏主编《刑讯考论——历史·现状·未来》，中国人民公安大学出版社 2011 年版；刘昂《遏制刑讯逼供的理论与实践》，中国人民公安大学出版社 2012 年版；卞建林《论我国审前羁押制度的完善》，《法学家》2012 年第 3 期；冀祥德《中国刑事辩护的困境与出路》，《政法论坛》2004 年第 2 期等。

纠正刑事错案等改革，为刑事诉讼法学研究提供了实践源泉。

二　刑事诉讼法学研究存在的主要问题

刑事诉讼法学研究在取得长足进步的同时，也面临着发展的"瓶颈"问题。具体来说，刑事诉讼法学研究中主要存在以下值得思考和关注的问题：

第一，理论创新以及对理论体系建构的宏观思考不足。刑事诉讼法学理论体系的构建是刑事诉讼法学逐步走向成熟的标志。刑事诉讼法学界一方面致力于厘清刑事诉讼基本范畴的内涵，另一方面则试图提出符合中国立法和司法实际的理论创新命题，如在刑事诉讼模式的研究上，突破当事人主义与职权主义、犯罪控制模式与正当程序模式的分类方法，从一个新的维度提出司法过程中的"对抗与合作"两种形态；在证明模式的研究上，不是简单照搬西方国家的"自由心证"理论，而是提出具有中国特色的"印证证明模式"；还有将我国刑事审判方式概括为"案卷笔录中心主义"，将我国刑事审判构造归结为"伞形结构"，以及运用"相对合理主义"的学术立场和方法，分析我国刑事法治实践，这些均反映了学术界在创建"刑事诉讼的中国模式"方面所做的努力。但是，迄今为止，刑事诉讼法学的理论体系尚未建成，学术界在刑事诉讼法律关系、刑事诉讼主体、刑事诉讼客体、刑事诉讼行为等基本范畴上尚未达成共识；对于刑事诉讼原则体系的研究止步不前，难以担当构建科学、合理的刑事诉讼原则体系之使命，也难以对刑事诉讼制度和程序研究起到引领作用。

第二，基本价值追求方面的恒定性与通约性不够。现有的刑事诉讼法学研究在很大程度上体现出"对策法学"的特点，大量的研究围绕着刑事诉讼法的修改和完善而展开。一方面是从现有制度和程序的实施中发现问题，进而提出完善该制度和程序的设想；另一方面则是从比较法研究中获得灵感，发现中国相关制度的缺失，从而提出拾遗补阙的建议。在制度研究方面，首先一个较为明显的问题是，由于我们在一些基本价值问题上未能达成共识，影响了始终如一的深入研究，比如由于"司法裁判中心主义"的理念未能建立，检警关系、检法关系成为刑事诉讼法学研究中纠缠不清的问题，继而导致在强制性侦查措施制度建构上的长期争论，检察机关的法律监督应当强化还是弱化乃至取消，成为刑事诉讼法学研究中难解的"理论之结"；其次，"实事求是，有错必纠"与"禁止双重危险"原则的对垒，也直接影响到对于刑事再审程序的研究；再次，还有刑事证明标准上的客观真实与法律真实之争，刑事诉讼目的方面的惩罚犯罪与保障人权"先后论"与"并重论"之争，等等。

第三，对于中西方学术传统的梳理与承继不足。学术研究应当站在"前人的肩膀"上，以避免自说自话或重复性的研究，这就涉及对于学术传统的梳理和承继问题，或曰"专业槽"问题。在刑事诉讼法学研究中，与刑事诉讼制度和程序研究相比，刑事证据法学的研究更显薄弱，虽然偶有亮点（如关于刑事诉讼证明模式的研究和证明力规则的研究），但总体上歧见丛生，所达成的共识更少。比如，关于证据法学的学科体系应当如何构建，至今仍是一个没有定论的问题；对于刑事证据立法的方向与模式问题，还存在着较大的意见分歧；对于证明标准问题、推定问题，尽管进行了较为集中的研讨，碰撞出智慧的火花，并推动了相关立法的完善，但是，关于证明标准的层次性问题、死刑案件的证明标准问题、推定的含义与分类问题等，仍存在着争论，刑事证据法学的发展举步维艰。刑事证据法学研究中所存在的问题和所面临的困境，与我们对西方证据法学逻辑体系以及发展脉络缺乏深入的了解和准确的把握有着密切的关系。从我国自有学术传统而言，清末变法以来，刑事诉讼法学研究曾经获得初步的发展；中华人民共和国成立以后，刑事诉讼法学研究经历了重大转型；改革开放以来的40多年间，刑事诉讼法学研究获得了显著的发展。然而，由于缺乏对于学术传统的应有尊重，一些研究者习惯于"另起炉灶""天马行空"，随意"下判断""得结论"，导致所谓的"最新成果"反而不及已有的研究，更谈不上体系性思维和教义学思维的形成，也使得真正的学术争鸣与对话难以展开，更遑论学术流派的形成与发展。

第四，刑事诉讼法学研究与相关学科相分离。从刑事诉讼法与宪法的关系来看，刑事诉讼法常常被冠之以"小宪法""应用之宪法""宪法之施行法""宪法之测震仪"等称谓，但是，宪法在刑事司法实践中并没有真正得到应用，刑事诉讼法学者也很少关注宪法学者对于刑事诉讼问题的研究，在研究中刑事诉讼法学视角与宪法学视角未能做到有效对接。从刑事诉讼法学与刑法学、犯罪学的关系来看，尽管"刑事一体化"研究被大力提倡，但是，由于长期以来所形成的学术惯性，"刑事一体化"研究在很大程度上流于一种口号，不少刑事诉讼法学者疏于关注刑法学与犯罪学的研究成果，更谈不上将"刑事一体化"思维注入自己的研究之中，如关于诉讼时效、管辖权、自诉、强制性措施、证明对象、证明标准、推定、分案审理与合并审理、量刑改革等问题的研究，均是适例。刑事诉讼法学与民事诉讼法学、行政诉讼法学同为程序法学，彼此间的相互借鉴与协同研究，也极为不足。在刑事诉讼法学研究中，较为普遍地存在着学术视野狭隘的问题，在理论层面，不能有效借鉴法理学的研究成果；在规范层面，未能重视宪法规范对于刑事诉讼立法与司法实践的实质约束力；在经验层面，忽视了犯罪学研究的基础性作用。刑事诉讼法学研究与相关学科相分离，影响和制约着刑事诉讼法学研究的广度、深度和视角，也不利于法秩序的统一和安定。

第五，缺乏对于中国刑事司法实践的深度关注。尽管刑事诉讼法学者对于"理论联系实际"的研究定律耳熟能详，也往往声称自己的研究做到了"理论与实践相结合"，但是，从实际情况来看，结合的程度却并不能令人满意。长期以来，刑事诉讼法学界将大量的学术资源投入了刑事诉讼法的修改和完善以及司法改革的研究之中，研究的焦点集中在对于法律规范的设计、分析和解释上，而对于法律规范的实施效果、刑事诉讼的现实状况以及刑事诉讼程序运作中的法内外影响性因素等，却缺乏足够的关注；一些研究虽然问题意识来源于司法实践，但仅限于局部情况或者来自第二手材料，缺乏对于司法实践状况的全面、系统了解和切实感受，司法实践常常成为批判的对象；近些年来"改革"成为刑事司法的主流话语，刑事司法实践呈现出日新月异的局面，更使一些学者的研究越发跟不上实践的步伐。刑事诉讼程序的运作过程通常也是多种社会矛盾聚焦、博弈和解决的过程，转型期社会的复杂性必然会折射到刑事诉讼程序的实际运作过程之中，如果缺乏对于中国刑事司法实践的深度关注，只是借助西方话语一味地进行批判，显然难以找到使"中国问题"得到规范化解决的有效途径和方法，也难以弥合理论与实践之间的巨大鸿沟。

三　刑事诉讼法学研究之转型

刑事诉讼法学发展所面临的"瓶颈"状态以及上述问题的存在，意味着刑事诉讼法学研究需要进行转型。这种转型包括观念更新、学理递进、视野拓宽、重点调整、方法转换等诸多方面，其中的基点是从中国刑事司法实践出发，构建关于中国刑事诉讼理论、制度和经验的知识体系。

一方面，刑事诉讼法学研究的转型离不开中国社会的转型这一大的背景。对于我国当前的刑事法治建设而言，由于作为现代刑事诉讼法学核心概念的"正当程序"意识立足未稳，基本价值追求与选择尚未达成普遍共识，我们还需要通过深入细致的比较法研究和国际法研究，来推动相关理论和制度的完善和进步。从这个意义上讲，讨论刑事诉讼法学研究的转型问题，需要警惕以"转型"之名行"转向"之实，走背离刑事诉讼制度的历史发展规律之路。

另一方面，中国社会转型期所面临的刑事司法问题空前复杂，它包括了司法现代化与中国特色、司法现代化与后现代化、现实社会与虚拟社会等诸多层面，过去那种对西方法律理论和制度进行"复制加解读"的研究方式，难以充分回答中国刑事法治实践中所面临的一系列具体问题。刑事诉讼法学研究的主流范式有待实现从法律移植向本土资源，从立法研究向司法研究，从案头研究向实证研究，从本学科研究向多学科研究，从粗放式研究向精细化研究的转换。

第 八 章

在法理与技术之间优化的
民事诉讼法学

第一节　民事诉讼法学的发展概述

中华人民共和国民事诉讼法学已经走过了 70 年，在这 70 年间，我国民事诉讼法学取得了丰硕的成果，学者们不仅建立起了现代意义上的民事诉讼法学的基本理论体系，学科构建日渐完善，而且在推动立法和民事司法改革方面都发挥了重要作用。

一　总体概况

从 1949 年中华人民共和国成立，围绕着民事诉讼制度的创建，我国民事诉讼法学者开始了探索性的研究工作。之后，遭受 1957 年极"左"思潮的泛滥和十年"文化大革命"的破坏，刚刚起步的民事诉讼法学研究处于停滞和倒退的状态。一直到 1978 年改革开放，国家法制建设重新起步，伴随着民事诉讼法的立法工作被列入国家法制建设的重要议程，民事诉讼法学进入全面恢复和快速发展的阶段。

70 年来，民事诉讼法学走过了一个从创建到长足发展的过程，经历从最初单一的注释法学到理论法学、规范法学、法教义学、比较法学、社科法学等多种研究方法并重，研究领域、研究内容和研究形式不断拓展的多样化，民事诉讼法学取得了前所未有的丰硕成果。据不完全统计，迄今在全国各类报纸杂志上发表的民事诉讼法学学术论文已逾万篇，出版学术著作 2000 余种[1]，这些著述所涉范围非常广泛，既涵盖了民事诉讼理论法学的各个方面，也包含了关于诉讼制度、司法实践的实证研究，同时还有关于比较民事诉讼法学、外国民事诉讼法学和国际公约等方面的研究；在形式上也非常多样化，包括了论文、译文、调研报告、综述、要报、专著、译著、文集等，同时还出版了大量的教材，并已形成了国家教育部统编教材、司法部规划教材、核心课程教材以及各高等政法院校、系的民事诉讼法学教材体系。

目前，从事民事诉讼法学的研究人员已达一定规模。在组成结构上，主要由来自大学、科研院所和来自公、检、法、律师等实务部门的专家这两部分人员构成。其中，大学、科研院所的教师、科研人员是民事诉讼法学研究的主力，来自实务部门的专家则是一支重要的、不可或缺的研究力量。目前，全国有近 700 所高校开设了法学专业，民事诉讼法作为高校法学专业的主干课程，在这些院校讲授民事诉讼法学的教师以及中国社会科学院系统等专门研究机构的研究人员是从事民事诉讼法学研究的主力。相当一批具有硕士、博士等高学历的中青年诉讼法学学者正在成为民事诉讼法学研究的中坚和骨干。

二　研究特点

中国社会长期形成的"重刑轻民""重实体、轻程序"观念的影响，致使民事诉讼法学在相当长一段时期里，一直处于边缘地位。这种边缘化的状况主要体现在两个方面：首先是在诉讼法

---

[1]　中国国家图书馆"馆藏资源"数据库的检索结果。

学领域中，民事诉讼法学长期处于被刑事诉讼法研究"附带"的状况；其次是在民事法学领域中，民事实体法学因属于显学而受到高度重视，民事诉讼法学则属于隐学，关注程度明显较弱。由此导致长期以来，民事诉讼法学在研究队伍、学科建设等多方面，均显著落后于民商法学、经济法学和刑事诉讼法学等学科。但另一方面，或许正是由于这种边缘化的状况，使得民事诉讼法学者能够更加清醒地认识到自身存在的差距与不足，并且能够以较为开放的心态去学习和吸收各方面有益的理论精髓和实践经验①；同时，正是由于身在边缘，民事诉讼法学者得以较少地受到在某些时期非理论的或反理论的话语控制，从而更能够解放思想、大胆探索。② 因此，尽管民事诉讼法学在总体上起步晚、力量弱，但还是为本学科以至其他学科如民法学、刑事诉讼法学，贡献了一些颇有价值的研究成果。③

综观民事诉讼法学 70 年所取得的成果，总体看来，呈现出以下三方面的特点。

---

① 例如，为推动民事诉讼法学研究的发展和人才的培养，1983 年 2—6 月，西南政法学院举办了"司法部第三期全国法律专业（民诉法）师资进修班"，聘请当时国内一流的专家、学者前去授课、培训；2000 年 7—8 月，中国人民大学法学院举办了为期一个月的"比较民事诉讼法国际研讨班"，聘请来自德国、美国的资深专家、学者为一批国内骨干的中青年民事诉讼法学研究人员授课、研讨。当年参加培训的人员，现在有相当一部分已成为其所在单位民事诉讼法学科的学术带头人。而如此大规模、系统地组织本专业的中青年学者对内、对外进行学习、研讨，这在当时的中国法学界尚属罕见。

② 尽管诉讼法学界的主流研究范式是以立法和政策为主导的对策性研究，但是，有一些民事诉讼法学者很早即在研究中采用更重视"描述""透视"而不是"要求"或"主张"的视角，这方面代表性的论著，如王亚新《论民事经济审判方式的改革》，《中国社会科学》1994 年第 1 期；徐昕《论私力救济》，中国政法大学出版社 2005 年版。

③ 例如，民事诉讼法学者关于证明责任、诉权、既判力等理论的研究，对于刑事诉讼法学的发展具有很大的参考价值，参见陈瑞华《刑事诉讼法学研究范式的反思》，《政法论坛》2005 年第 3 期。

（一）立法和政策导向型的学术研究

中国民事诉讼法学走过的历程及其取得的成就，是与国家民事诉讼法的立法和程序法制建设事业发展紧密联系在一起的。民事诉讼法学界的研究成果，在相当大程度上都是围绕着民事诉讼法的制定和贯彻实施而进行的广泛深入的学术研究与探讨所取得的，民事诉讼法学的每一次整体性发展与深化，都是以民事诉讼法典的颁行和修改为契机的特征体现。

一直以来，推动民事诉讼法的全面贯彻实施，是民事诉讼法学研究的重要任务。① 除承担与立法相关的研究工作外，民事诉讼法学界在总体上，是以党的政策为导向而展开研究工作的。如党的十四大提出了建立社会主义市场经济的目标；为了与市场经济发展的内在要求相适应，党的十五大进一步提出了依法治国的要求；党的十六大明确提出了推进司法体制改革的目标和任务；党的十七大提出构建和谐社会的目标；党的十八大提出推进国家治理体系和治理能力现代化；党的十九大提出全面推进依法治国的重要目标和重要任务，这六个时期的政策目标，同时也是中国民事诉讼法学的主导方向。

（二）以司法改革为主线而展开的对策研究

中国的司法改革于 20 世纪 90 年代初开始酝酿，自 90 年代中期正式启动，以民事审判方式改革为肇端，引发了法院的举证责任改革和庭审方式改革；庭审方式改革所牵涉的法官权力等问题又涉及司法管理体制和律师、检察官的角色和权力，因而诉讼机制改革接踵而来，由此，整个司法体制改革渐成浩然之势。② 在这个过程中，民事诉讼法学不仅不断面对来自于改革实践的挑战，而且，基于理论指导实践的需要，来回应司法改革实践的需求，进而对实践起指

① 《中国法学会刑法学研究会、中国法学会诉讼法学研究会成立会议纪要》，载中国法学会《法学研究动态》1984 年第 22 期。

② 司法改革研究课题组编、张明杰主编：《改革司法——中国司法改革的回顾与前瞻》，社会科学文献出版社 2005 年版，第 3、5 页。

导作用，因此，司法改革不仅一直是民事诉讼法学的热点问题，而且是民事诉讼法学的主线，围绕司法改革开展的研究几乎涉及民事诉讼法学的各个方面。同时，作为一种对策性研究，这种研究范式典型地体现为，从司法改革的目标出发，探讨当前相关领域中存在的问题，对之展开理论分析和比较借鉴研究，进而提出改革的战略和策略、步骤、保障措施等。

（三）立足中国国情与借鉴外国理论、经验的研究

随着我国对外开放的进一步扩大，民事诉讼法学界与世界各国及港、澳、台地区的接触与交流也日益加深，要促使中国的民事诉讼法制现代化，就必须了解和掌握近世各国民事诉讼法制的发展变化情况和法学理论。并且在世界范围内，民事诉讼的国际化代表了一种全新正义景象的潮流。在大规模的立法和法制建设过程中，我国的民事程序法律在很多方面都烙上了外国法的印迹，审判独立、审判公开、律师制度、代理制度等无一不是舶来品。就此意义而言，中国民事诉讼制度的现代化历程在很大程度上是一部法律移植史。但与此同时，以西方制度作为构筑我国民事诉讼程序体系的做法，也受到了质疑与批驳。在关于立足中国国情与借鉴外国理论、经验的关系上，大多数学者主张采取渐进的方式推进我国的民事程序司法制度改革，也有少数学者强调应充分利用"本土资源"改进司法制度。从总体状况看，普遍主义略占上风，但是二者间的交锋与论争从未停歇。在民事诉讼法学界近年来的研究中，一直都是处在这种以普适性面目出现的"西方中心主义"的国际化思潮和本土化意识之间呈现紧张关系的底色之下。

三　研究成就

（一）学科体系的构建日趋完善

在跨越了 20 世纪对民事诉讼法律知识的普及宣传和对民事诉讼法进行理论注释的历史阶段之后，民事诉讼法学者完成了研究工作的理念转型和基本理论体系的重构，学科体系的构建日趋完善和成

熟，建立了我国民事诉讼法学理论体系。该理论体系对我国民事诉讼法学的研究对象、体系结构、基本原理、程序规则均做了大量的论证，探讨了我国民事诉讼法学的结构与研究内容，在大量翻译外国民事诉讼立法与理论文献的基础上推进了外国民事诉讼法学、比较民事诉讼法学的繁荣，形成了一大批民事诉讼法学教材、专著与论文等文献资料。

（二）为我国民事诉讼法的修改与完善提供了重要的理论支持

民事诉讼法学对于我国民事诉讼的立法完善起到了积极的推动作用。无论是 1982 年民事诉讼试行法和 1991 年民事诉讼法典的制定，还是 2007 年、2012 年、2017 年全国人民代表大会常务委员会三次对民事诉讼法进行的修订，在立法和修法的进程中，民事诉讼法学研究成果对于立法和修法都提供了广泛而系统的理论支持，学界为各个时期民事司法解释文件的制定与适用进行了大量的卓有成效的论证工作。

（三）对民事诉讼法学理论进行了全面系统的探索

经过 70 年的发展进程，民事诉讼法学已呈全方位、多角度、综合性态势，并进入了快速发展的阶段，对理论与实践问题展开了全面系统的研讨，高质量的研究成果丰富，学科地位得到明显提升。我国民事诉讼法学完成了为满足社会主义市场经济体制和社会主义法治社会、全面推进依法治国的需要而进行的民事诉讼理论、立法与实践任务的转化，我国民事诉讼法学理论体系得以确立。[①]

（四）民事诉讼法学研究方法进行了必要的创新

目前，我国民事诉讼法学研究方法已经实现了从主要以单一的法典条文的理论解释到以法典解释为基础同时又不断拓展各国民事诉讼法学比较研究，从注重现行法典条文解释到逐步深化与持久的

---

① 　常怡、黄宣：《新中国民事诉讼法学 60 年的回顾与展望》，《河北大学学报》（哲学社会科学版）2009 年第 4 期。

民事诉讼法典修改的论证，从民事诉讼法学纯理论研究到逐步完成民事诉讼理论与民事诉讼实践的相结合（例如，阐释与总结民事司法改革成果、研讨民事判例指导制度、关注现实社会的热点个案研究）的转变。

（五）学术研究与交流机制不断完善

2006 年，作为中国法学会的下设机构，中国民事诉讼法学研究会正式成立。民事诉讼法学研究会积极有效地开展工作，每年举行的民事诉讼法学研究年会，对我国民事诉讼法学术研究与交流起了愈加重要的推动作用。同时，民事诉讼法学的国际交流活动也逐渐增多。

第二节　初创时期的民事诉讼法学

与其他法律学科一样，中华人民共和国有关社会主义民事诉讼程序和民事司法制度的研究，一方面，是在废除旧法统的政治背景下白手起家的；另一方面，基于当时的社会环境、意识形态环境和国际政治形势，苏联的法学理论对建构我国社会主义民事诉讼制度研究的影响至为深远。这一时期的主要研究特点和成果体现为以下几方面[①]。

一　学习和借鉴苏联的司法制度理论和研究方法

在中华人民共和国社会主义民事诉讼制度研究的初建时期，学

---

① 这部分内容主要参考：张友渔主编、王叔文副主编《中国法学四十年（1949—1989）》，上海人民出版社 1989 年版；常怡、田平安、黄宣、李祖军《新中国民事诉讼法学五十年回顾与展望》，《现代法学》1999 年第 6 期；徐卉《大陆地区民事诉讼制度的过去、现在与未来》，载台湾地区"中央研究院"法律学研究所汤德宗、王鹏翔主编《两岸四地法律发展》（下册），台湾新学林出版社 2007 年版；何勤华《关于新中国移植苏联司法制度的反思》，《中外法学》2002 年第 2 期。

者的研究主要是通过翻译、学习、引进和借鉴苏维埃司法制度、苏联民事诉讼法学理论进行的。20 世纪 50 年代，我国翻译出版了一大批苏联学者撰写的关于苏联民事诉讼法学理论与司法制度方面的专著和教科书。同时为完善中国的司法制度，还翻译出版了苏联和其他东欧国家的民事诉讼法典。① 与此同时，一批学者和学生被派到苏联进修、留学，学习苏联的法律制度和法学理论；一些在苏联知名的法学家还被派到中国，讲授苏联的民事诉讼法学理论和民事司法制度。

引进苏联的法学理论，对建构中国民事司法制度的法学理论和研究方法都产生了很大的影响。这主要体现在：在民事司法制度理论研究中，否认公法和私法的区分，否定民事法律关系的私法性质，从而使得法院有权充分干预当事人在民事诉讼过程中对私权的处分。依据苏联的法学理论，在社会主义国家中，只有公权，没有私权，即使是公民个人的民事权利，也不再有私权色彩，所有社会法律关系都是公法关系，没有私法关系。即所谓"我们不承认任何'私人的'东西，在我们看来，经济领域中的一切都属于公法范围，而不是什么私人的东西……必须扩大国家对'私法关系'的干预，扩大国家废除'私人'合同的权利；不是把罗马法典，而是把我们的革

---

① 主要有，吴大业译、陈忠诚校：《苏联律师制度沿革》，大众法学出版社 1950 年版；徐步衡译：《苏联诉讼法纲要》，大众法学出版社 1951 年版；中央人民政府政务院政治法律委员会干部训练组编写：《苏联法律学校法律专业课程教学大纲》（1954 年印发）；［苏联］安·扬·维辛斯基：《苏维埃法律上的诉讼证据理论》，王之相译，人民出版社 1954 年版；［苏联］阿布拉莫夫：《苏维埃民事诉讼》（上、下），中国人民大学审判法教研室译，法律出版社 1956 年版；《"苏联法院和检察署组织"课程提纲》（供高等法律学校用），中国人民大学出版社 1955 年初版；［苏联］克林曼、科瓦列娃编：《苏维埃民事诉讼提纲》（供高等法律学校用），陈逸云译，中国人民大学出版社 1956 年版；［苏联］列别金斯基、塔杰沃祥编：《"苏联检察长的监督"课程提纲》，薛秉忠译，中国人民大学出版社 1956 年版；［苏联］顾尔维奇：《诉权》，康宝田、沈其昌译，中国人民大学出版社 1958 年版。

命的法律意识运用到'民事法律关系'上去"。① 按照苏联的国家与法的理论，法院只是国家专政的工具，是为国家利益服务的机构，由于不存在公法与私法的区别，因此，国家有权对传统民事关系领域的活动进行干预，是以无论是法院还是检察机关，都有权代表国家干涉当事人对私权的处分，决定其行使或不行使某种诉讼权利。

二　批判旧的司法制度和观点，总结、研究新民主主义革命时期人民司法工作的优良传统

中华人民共和国成立之初，一场以反对"旧法"观点、旧司法作风和改造各级司法机构为主要内容的司法改革运动得到广泛开展，法学界和司法界按照马克思主义的观点、立场和方法，对国民党的法律制度、法学理论进行了彻底的否定和批判，马克思列宁主义关于国家和法的理论被树立为法学研究的根本指导思想。同时，解放区的一些司法工作经验也得到广泛的宣传和总结，"依靠群众，走群众路线"被作为人民司法工作的优良传统而得到提倡。在此阶段，20 世纪前半叶形成的司法制度从理论体系到研究成果和研究方法均被抛弃。

在民事司法领域中，作为对革命根据地时期陕甘宁边区政府实行的马锡五审判方式的继承和发扬②，在关于民事司法制度的理论研究中，调解被确立为一项民事司法原则。作为新中国、新制度下新司法的特点，不仅强调通过调解来解决民事纠纷，而且要求推行群

---

① 《列宁文稿》第 4 卷，人民出版社 1963 年版，第 222—223 页。

② 马锡五审判方式作为各边区和革命根据地审判经验的总结，其特点在于高度强调民事纠纷调解。马锡五（1899—1962），是"马锡五审判方式"的创立者，延安志丹县人。1930 年参加革命。1935 年加入中国共产党，曾任陕甘工农民主政府粮食部部长、国民经济部部长、主席。抗日战争时期历任陕甘宁边区庆环专区专员、陇东专区专员、边区高等法院陇东分庭庭长。他所创立的"马锡五审判方式"，受到群众拥护，并曾在各解放区推广。1946 年任陕甘宁边区高等法院院长。中华人民共和国成立后，历任最高人民法院西北分院院长兼西北军政委员会政法委员会副主席，最高人民法院副院长。

众司法。民事审判工作坚持"依靠群众、调查研究、调解为主、就地解决"的十六字方针,当时的民事司法制度研究主要是围绕这个方针进行的。因此,在将群众路线贯彻到司法审判过程中时,司法的形式主义和烦琐的诉讼程序规则都被摒弃、废除了。"要把民事审判工作当作群众工作去做,当作政治思想工作去做。"① 然而,民事司法不再是一种专业化的活动,法官和旁听群众的角色分工已不明显,甚至没有区分的必要了,民事诉讼已经成为深入群众、调查研究、不拘形式、说服教育的政治思想工作,民事纠纷的解决成为依当时常理说教和劝导、团结群众的活动。由于这种群众司法具有极大的灵活性和随意性,因而对民事诉讼程序规范的遵守和构建已受到极大的限制。

三　探索建立中国的社会主义民事诉讼和民事司法制度理论体系

通过学习、借鉴苏联的法学理论和司法制度,社会主义民事诉讼和民事司法制度理论体系逐步得以确立。从 1955 年 7 月到 1958 年下半年,各政法院系开始开设民事诉讼课程,编写教材,如中国人民大学编印了《中国民事诉讼讲义》作为教材,其他很多院校都翻印了这些教材。此外,研究中国司法制度的文章也陆续问世,法学研究者对民事诉讼和司法制度中一些理论问题也开展了专题讨论,发表了百余篇论文。这些论文探讨的问题主要集中在司法组织及其原则、法院独立审判、当事人的诉讼地位以及证据等方面。不过,在对苏联的司法制度和诉讼法学理论的介绍和借鉴方面,并不是出于对中国诉讼实践的需要而进行的理论探讨,而是为了说明和印证苏联诉讼法学理论的合理性,以及批判旧中国的民事和刑事司法制度的立法、理论和实践的"烦琐性和反人民性"。

---

① 《最高人民法院副院长曾汉周在第二次全国民事审判工作会议上的报告》(1978 年 12 月 22 日)。

此后，随着 1957 年"反右"运动和法律虚无主义的影响，学术禁区重重，学者们不能也无法从事理论研究。自 20 世纪 60 年代中期以后，由于政法院系被撤销，关于法学的理论研究不仅彻底停滞，而且专家学者遭迫害，当时仅有的几家法学刊物如《政法研究》《政治译丛》《法学》等亦在创刊不久之后便被迫停刊。[①] 已经初步建立起来的尚不完备的社会主义司法制度理论研究体系被彻底破坏。但是 20 世纪 50 年代发展起来的这种学习和借鉴苏联民事司法制度的理论研究方法和指导思想并没有因历史的中断而被抛弃，在 20 世纪 70 年代末至 80 年代初重又得以恢复，并且其影响一直持续到 20 世纪 80 年代中后期。

第三节　改革开放后的民事诉讼法学

党的十一届三中全会确立了"发展社会主义民主，健全社会主义法制"的方针，并要求做到"有法可依，有法必依，执法必严，违法必究"。这标志着国家的法制建设重新起步，进入了全面恢复和发展的阶段，也带动了民事诉讼法学的全面重建与发展。

一　民事诉讼法学的重建与起步阶段（1979—1991）

1979 年 9 月，全国人大常委会法制委员会成立了民事诉讼法起草小组，开始草拟民事诉讼法。经过两年零六个月的反复酝酿、修改，至 1982 年 3 月 8 日，在第五届全国人大常委会第二十二次会议上，新中国有史以来的第一部民事诉讼法典终获通过。

自 1982 年颁行《民事诉讼法（试行）》，我国民事诉讼制度开始进入有法可依的法典化阶段。正是制定民事诉讼法的紧迫需要推

---

① 常怡、田平安、黄宣、李祖军：《新中国民事诉讼法学五十年回顾与展望》，《现代法学》1999 年第 6 期。

动了我国民事诉讼法学的重新起步，在此阶段，我国民事诉讼法学的主要成果体现为①：

其一，为制定第一部民诉法提供舆论和理论准备，并通过对《民事诉讼法（试行）》的注释，为民事诉讼法的适用提供了理论依据。这一阶段的民事诉讼法学研究主要是以《民事诉讼法（试行）》为依据，对民事诉讼法的立法宗旨、适用范围、基本原则以及民事诉讼的各项具体制度与程序作了较为系统、全面的阐释。主要的研究内容是对法院的民事审判工作经验进行总结并作相应的理论阐释，也有学者论及民事诉讼法律关系以及诉权等民事诉讼的基本理论问题，然而仍以苏联的民事诉讼理论为范式，没有深入的学术思考，学术水平普遍较低。但无论如何，我国的民事诉讼法学在这一时期已开始步入正轨。

其二，开展科研资料的基础性积累工作。民事诉讼法学研究者收集、整理和汇编了我国新民主主义革命时期苏区、抗日根据地、解放区和中华人民共和国成立以后国家机关制定颁布的有关民事诉讼法方面的资料以及有关的国际公约、条约、协定，陆续翻译出版了《苏俄民事诉讼法典》《美国民事诉讼》《匈牙利人民共和国民事诉讼》《德意志联邦共和国民事诉讼法》等外国民事诉讼法的资料，介绍引入我国台湾地区学者的民事诉讼法学著述和学说，并编撰了《诉讼法大辞典》②，为此后民事诉讼法学的研究工作打下了较好的资料基础。

其三，为完善现行民事诉讼制度展开专题研究。随着经济体制改革和商品经济的发展，社会经济生活已发生了深刻的变化，修订《民事诉讼法（试行）》成为专家、学者以及司法实务工作者的共识，民事诉讼法学者围绕着完善现行的民事诉讼制度这一主题积极开展研究，当时集中探讨的问题有：诉讼主体问题；管辖问题；调

---

① 以下内容主要引自赵钢《回顾、反思与展望——对二十世纪下半叶我国民事诉讼法学研究状况之检讨》，《法学评论》1998 年第 1 期；江伟、邵明《民事诉讼法学的研究成就及其发展的若干问题》，《中国法学》1998 年第 4 期。

② 柴发邦主编：《诉讼法大辞典》，四川人民出版社 1989 年版。

解问题；举证责任问题；检察机关参与民事诉讼问题；撤诉问题；反诉问题；特别程序问题；民事执行问题等。其中，有相当一部分研究成果被日后于 1991 年 4 月 9 日颁行的新民事诉讼法典所吸纳。

二　民事诉讼法学蓬勃发展时期（1992—2012）

1992—2012 年，对于中国的民事诉讼法学而言，是一个蓬勃发展的时期，民事诉讼法学取得了前所未有的丰硕成果。概括来看，在此期间，民事诉讼法学的主要成果体现为以下几方面。

（一）民事诉讼法学的基础理论问题研究

自 20 世纪 90 年代开始，民事诉讼法学者已经初步构建起了中国民事诉讼法学的基本理论体系。这一理论体系的构成是：民事诉讼价值论、目的论、程序保障论、法律关系论、诉权论、诉讼标的论、既判力论等。民事诉讼基本理论的重新构建，为我国民事诉讼法学的进一步发展奠定了理论基础。

对于民事诉讼程序价值的探讨始于 20 世纪 80 年代末、90 年代初。我国学者认为，由于民事诉讼程序价值论是诉讼理论中最为深刻和抽象的理论，处于基本理论的核心地位，民事诉讼目的论、诉权论、诉讼标的论、既判力论等其他基本理论板块都有价值蕴含，民事诉讼程序价值问题对于整个民事诉讼程序的架构以及司法的实际运作又具有根本性意义，因此，诉讼价值论应作为民事诉讼法学基本理论体系的一个组成部分，并以此为基础来反思、构建民事诉讼理论体系并对现行的民事诉讼程序制度予以重塑。[①]

---

① 相关探讨，详见江伟主编《民事诉讼法专论》，中国人民大学出版社 2005 年版；顾培东《社会冲突与诉讼机制》，四川人民出版社 1991 年版；柴发邦主编《体制改革与完善诉讼制度》，中国人民公安大学出版社 1991 年版；陈桂明《诉讼公正与程序保障：民事诉讼程序之优化》，中国法制出版社 1996 年版；季卫东《法治秩序的建构》，中国政法大学出版社 1999 年版；刘荣军《程序保障的理论视角》，法律出版社 1999 年版；肖建国《民事诉讼程序价值论》，中国人民大学出版社 2000 年版；等等。

诉权理论问题向来是一个争议很大的问题，流派学说繁多，目前在民事诉讼法学界，诉权双重论是占主流的学说。该学说认为：诉权在本质上是一个兼具程序内涵和实体内涵的基本权利，程序含义是指在程序上向法院请求行使审判权的权利，实体含义则是指保护民事权益或解决民事纠纷的请求。①

在有关判决的理论体系中，既判力理论处于核心地位，在民事诉讼法学的研究领域中，既判力理论由于与"客观真实""有错必纠"等主流诉讼观念发生冲突，因此在经受了长期的冷遇之后，从20世纪90年代中期开始，随着民事诉讼理论研究的逐步深入而引起民事诉讼法学界的重视。学者们在介绍德、日等国以及我国台湾地区相关理论的基础上，就既判力的概念、作用、本质、根据、主观范围、客观范围、时间界限（标准时）、既判力与诉讼标的的关系等问题展开了讨论，以便建立我国的既判力理论。②

（二）民事诉讼制度、原则与诉讼程序研究

这方面的研究涵盖了整个民事诉讼制度和程序的各个方面，包括民事诉讼的基本原则体系、管辖制度、当事人制度、证据制度、调解制度、民事诉讼费用制度、民事审判制度与程序、非讼程序、民事执行制度、民事诉讼史以及外国民事诉讼制度和比较民事诉讼研究等。

始于20世纪80年代末，肇端于法院系统内部自上而下的民

---

① 相关论述，详见江伟、邵明、陈刚《民事诉权研究》，法律出版社2002年版；江伟、单国军《关于诉权的若干问题的研究》，载陈光中、江伟主编《诉讼法论丛》第1卷，法律出版社1998年版。

② 相关研究内容及成果，详见叶自强《论既判力的本质》《论判决的既判力》，《法学研究》1995年第5期、1997年第2期；江伟、肖建国《论既判力的客观范围》，《法学研究》1996年第4期；翁晓斌《论已决事实的预决效力》，《中国法学》2006年第4期；江伟主编《中国民事诉讼法专论》，中国政法大学出版社1998年版；刘荣军《程序保障的理论视角》，法律出版社1999年版；杨荣馨主编《民事诉讼原理》，法律出版社2003年版。

事、经济审判方式改革，带动了民事诉讼法学界对于司法改革的研究。学者们对此展开的研究内容和涉猎的范围十分广泛，既包括司法改革的宏观政策、审判制度改革、法院制度与陪审制度改革、司法鉴定制度改革等司法体制改革问题，也包括关于民事司法制度本身各项具体改革政策、措施等方面的研究。与民事审判方式改革同步展开的关于民事诉讼与司法改革的研究，其成果主要体现为：（1）通过强化当事人举证责任，建立和完善证据制度，重塑当事人和法院之间的关系；（2）构建审前准备程序，强化以公开审判为中心的庭审功能；（3）增进程序正义，赋予当事人更多的程序权利，重构民事诉讼模式；（4）完善民事简易程序的适用，方便当事人诉讼。[①]

伴随着中国由传统社会向现代社会的转型，法律也同样面临着从传统型向现代型的历史更替，这一过程即所谓的"现代化"。民事诉讼法学者认为，司法现代化具有鲜明的程序化倾向。民事诉讼法学者对于民事司法现代化展开了较为系统的研究，包括诉讼理念、诉讼原则、主体制度、诉讼程序和具体诉讼程序五大部分，既有理念的导入，又有具体制度的探微，不仅阐明其理论基础，并且将程序和制度的建构结合起来，这方面的研究成果，对于我国民诉法学理论和司法实践产生了积极的影响。[②]

自 2000 年以后，学者们开始系统开展关于民事诉讼宪法化、民

[①] 代表性的论著，如江伟、杨荣新主编《民事诉讼机制的变革》，人民法院出版社 1998 年版；江平主编，陈桂明执行主编《民事审判方式改革与发展》，中国法制出版社 1998 年版；齐树洁主编《民事司法改革研究》，厦门大学出版社 2000 年版；王亚新《社会变革中的民事诉讼》，中国法制出版社 2001 年版；田平安主编《民事诉讼程序改革热点问题研究》，中国检察出版社 2001 年版；叶自强《民事诉讼制度的变革》，法律出版社 2001 年版；景汉朝《中国司法改革策论》，中国检察出版社 2002 年版；张卫平《转换的逻辑：民事诉讼体制转型分析》，法律出版社 2004 年版。

[②] 代表性的成果，如章武生等《司法现代化与民事诉讼制度的建构》，法律出版社 2000 年版；宋冰编《程序、正义与现代化——外国法学家在华演讲录》，中国政法大学出版社 1998 年版。

事诉讼法和宪法关系的研究，研究主要是从民事诉讼的宪法理念即
裁判请求权保护、宪法权利的民事司法保护、宪法对司法组织的保
障等角度展开。特别是从裁判请求权的角度，研究了宪法上的裁判
请求权与民事诉讼中的诉权、诉讼权利和审判权之间的关系，以及
宪法权利的民事司法保护等问题。①

证据制度一直是民事诉讼法学界研究的一个重要领域。在该领
域中，民事诉讼法学者们开展了以推动民事证据立法为主导的研究
工作。中国人民大学法学院的江伟，以中国民商事法律科学研究中
心为基地，会集国内法学界和法院、检察院、律师事务所等法律界
的专家，完成了《中国证据法草案（建议稿）及立法理由书》。该
项研究总结了当时我国民事证据立法研究的最新成果，分析了我国
现行证据法律制度以及这些制度在司法实践运用中的经验与教训，
在对证据法基础理论进行研究的基础上，广泛借鉴国内外以及我国
台湾地区、香港特别行政区和澳门特别行政区证据法律制度，以比
较法的视野，结合中国证据法律文化传统与现实，确定了一些新的
证据理念与基本原则，提出了我国证据立法的模式和内容选择。② 同
时，民事诉讼法学界也对举证责任、证明标准、证据规则等民事证
据的基础理论问题展开了深入研究。③

（三）民事诉讼法的立法、修改与完善研究

针对民事诉讼立法和司法实践中存在的问题进行相关的对策性

---

① 代表性的成果，如刘敏《裁判请求权研究——民事诉讼的宪法理念》，中国人
民大学出版社 2003 年版；陈刚、汪三毛《宪法与民事诉讼程序》，载陈刚主编《比较
民事诉讼法》2000 年卷，中国人民大学出版社 2001 年版。

② 江伟：《中国证据法草案（建议稿）及立法理由书》，中国人民大学出版社
2004 年版。

③ 代表性的论著，如李浩《民事举证责任研究》，中国政法大学出版社 1993 年
版；毕玉谦《民事证据法及其程序功能》，法律出版社 1997 年版；陈刚《证明责任法
研究》，中国人民大学出版社 2000 年版；叶自强《民事证据研究》，法律出版社 2002
年版；陈界融《证据法：证明负担原理与法则研究》，中国人民大学出版社 2004 年版。

研究，始终是中国民事诉讼法学界的主要研究课题。由于《民事诉讼法》是在我国市场经济确立之前出台的，在颁行后国际环境、社会结构、市场经济发生了巨大的变迁，民事诉讼法的滞后性已日渐突出。实践中，民事审判方式改革已经触及法律的基本原则和制度，改革在诸多方面已突破现行法的规定。这些问题的存在都要求对《民事诉讼法》予以修改。

在就民事诉讼法修订展开的研究中，最有影响的，是中国人民大学法学院江伟主持的"中国民事诉讼法典的修改与完善课题组"推出的《中华人民共和国民事诉讼法》修改建议稿（第三稿）。[①] 在建议稿的形成过程中，充满着法官与学者、实务界与理论界的尖锐交锋与互动。除《中华人民共和国民事诉讼法》修改建议稿（第三稿）外，在民事诉讼法学界，还有大量的针对民事诉讼法的立法、修改与完善而展开的研究，这些研究，往往是和关于司法改革、民事审判方式改革的研究结合在一起的，它们都从不同视角、在不同程度上丰富了关于民事诉讼法的立法修改与完善的探讨。[②]

（四）民事诉讼国际化与外国民事诉讼制度、比较民事诉讼法学研究

自"二战"之后，当事人基本程序保障的国际化、民事诉讼的

---

① 中国人民大学法学院《民事诉讼法典的修改与完善》课题组：《〈中华人民共和国民事诉讼法〉修改建议稿（第三稿）及立法理由》，人民法院出版社 2005 年版。

② 如江伟、孙邦清《略论民事诉讼法的修订》，《法学家》2004 年第 3 期；常怡、黄娟《传统与现实之间》，《法学研究》2004 年第 4 期；陈桂明《民事诉讼法内容的增删改》，《法学家》2004 年第 3 期；赵钢、朱建敏《激变还是渐进？——略论修订〈民事诉讼法〉的应然基调》，《法学家》2004 年第 3 期；蔡彦敏、张珺《审时度势：对现行〈民事诉讼法〉修订之思考》，《法学家》2002 年第 4 期；张卫平《体制转型：民事诉讼法修改的基本作业》，《法学家》2004 年第 3 期；张卫平《诉讼公正与效率的双重提升：泛论〈民事诉讼法〉的修改》，《国家检察官学院学报》2011 年第 5 期；赵钢、刘学在《关于修订〈民事诉讼法〉的几个基本问题》，《法学评论》2004 年第 4 期；吴英姿《民事诉讼程序的非正常运作——兼论民事诉讼法修改的实践理性》，《中国法学》2007 年第 4 期；等等。

国际化已成为一个潮流。在这一领域，中国的民事诉讼法学者也正在逐步展开研究，并开始与国际上的前沿性研究有了一定程度的对接和沟通。① 在关于外国民事诉讼制度和比较民事诉讼法学的研究中，中国民事诉讼法学者也取得了丰硕的成果。民事诉讼法学者翻译出版了大量的美、德、意、法、日等西方国家的现代诉讼制度和民事诉讼理论的著作，司法体制改革特别是关于"当事人主义"内涵和我国诉讼模式的讨论，大大推动了引进现代西方民事程序制度的进程。这些研究成果，拓宽了中国民事诉讼法学者的视野，并且对于中国民事诉讼法学理论体系的建立和完善发挥了重要作用。②

（五）民事司法改革问题研究

始于 20 世纪 80 年代末，以改革人民法院民事审判庭审方式为先导、以党的十五大报告为契机的中国司法改革，是民事诉讼法学界研究的理论热点问题之一，研究成果较为丰富。所涉及的研究范围和内容主要包括关于司法权的基础理论研究，关于司法改革的理念、价值取向、宏观目标及具体步骤，关于司法审查和法院管辖范围，关于法院管理体制及内部管理等"司法管理模式"，关于法院财

---

① 代表性的论著，如徐卉《涉外民商事诉讼管辖权冲突研究》，中国政法大学出版社 2001 年版；李旺《国际民事诉讼法》，清华大学出版社 2003 年版；徐昕《民事诉讼法的国际协调：在努力与浪漫之间》，载许章润编《清华法学》第 2 辑，清华大学出版社 2003 年版；范愉《小额诉讼程序研究》，《中国社会科学》2001 年第 3 期；等等。

② 代表性的论著，如沈达明编著《比较民事诉讼法初论》，中信出版社 1991 年版；张卫平《程序公正实现中的冲突与衡平——外国民事诉讼研究引论》，成都出版社 1993 年版；白绿铉《美国民事诉讼法》，经济日报出版社 1996 年版；宋冰编《读本：美国与德国的司法制度及司法程序》，中国政法大学出版社 1999 年版；蔡彦敏、洪浩《正当程序法律分析——当代美国民事诉讼制度研究》，中国政法大学出版社 2000 年版；陈刚《社会主义民事诉讼法简读——沿革、诉讼主体及证据制度》，法律出版社 2001 年版；徐昕《英国民事诉讼与民事司法改革》，中国政法大学出版社 2002 年版；王亚新《对抗与判定——日本民事诉讼的基本结构》，清华大学出版社 2002 年版；谭兵主编《外国民事诉讼制度研究》，法律出版社 2003 年版；等等。

权和人事制度的改革，关于建立单独的法官编制和单独的司法预算，关于审判委员会与人民陪审员制度，关于法官职业化及书记员序列分设问题，关于我国司法鉴定制度的改革与完善的问题，关于司法质量评判及监督问题，关于司法改革的比较研究，以及关于司法改革的学科构建等研究。总体看来，不少曾经被视为理论禁区的问题，如司法机关独立行使职权、司法审查、权力分立、权力制衡等，都已得到相当程度的研究。研究强调我国司法改革的基本价值取向，应摒弃"客观真实"的传统观念，重树"程序正义"的理念，寻求现代化司法理念的正确指引，克服司法行政化和司法的地方保护主义。[①]

（六）关于多元化纠纷解决机制研究

替代性纠纷解决方式已作为民事纠纷解决机制的重要组成部分与民事诉讼相辅相成，面对我国司法资源紧缺与案件数量剧增的矛盾，诉讼法学者们对和解、仲裁等替代诉讼的纠纷解决方式的研究，都在与民事审判制度改革的研究同步进行。在这方面，学者们针对我国法治发展中的问题，系统地论证了由司法、行政和民间解纷机制构成的多元化纠纷解决机制的价值、意义及合理的制度架构，对基层司法、诉讼调解、信访与行政解纷机制、人民调解与"大调解"以及习惯等民间社会规范的作用等问题，展开了实证研究和分析。主张通过多元化纠纷解决机制保障法治与社会的可持续发展，促进社会和谐、协商自治以及与公共社会的健康发展。在理论上，强调以一种综合性视角研究诉讼与非诉讼、法律机制与其他社会控制、国家司法权与社会自治、公力救济与社会以及

---

① 代表性的论著，如顾培东《中国司法改革的宏观思考》，《法学研究》2000年第3期；张卫平《论我国法院体制的非行政化——法院体制改革的一种基本思路》，《法商研究》2000年第3期；吴英姿《法官角色与司法行为》，中国大百科全书出版社2008年版；徐昕、卢荣荣《中国司法改革年度报告（2009）》，《政法论坛》2010年第3期；王亚新《司法成本与司法效率——中国法院的财政保障与法官激励》，《法学家》2010年第4期；等等。

私力救济之间的关系；在制度和实践方面，注重构建司法与非诉讼程序协调互动的解纷机制。①

第四节　新时代的民事诉讼法学

　　2012 年，适逢民事诉讼法修改，由此，围绕着新民事诉讼法的适用与相关司法解释的制定而展开的民事诉讼法学理论研究，在延续以往研究的基础上，呈现出更进一步的深化与拓展，研究的领域和内容基本涵盖了民事诉讼法学基础理论、民事诉讼法理论体系建构、民事诉讼制度和程序等各个方面的论题。

一　民事诉讼法学理论研究的新发展

　　诚实信用原则是新民事诉讼法增设的一项基本原则，如何适用该原则成为司法实践的难题。由于我国缺乏相应的司法运作机制以及与理论界的互动机制，诚实信用原则直接适用的空间实际并没有想象得那样大②，并且存在因其空洞化状态而面临被搁置或者滥用的风险。有学者具体分析了违反诚实信用原则的诉讼行为类型及其损害的利益③，指出增设这一原则虽然主要目的在于遏制虚假诉讼，但该原则的作用决不限于此，而应充分发挥诚实信用原则在事实认定和促进诉讼方面的作用。④ 从其适用来看，尽管诚实信用原则的适用对象主要是当事人，但审判人员和诉讼参与人也要受到该原则的制约。学者们就"当事人之间"与"当事人和法院之间"两组关系进行了探讨——前者主要在禁反言规则、遏制虚假诉讼、恶意诉讼等

---

　　① 范愉：《纠纷解决的理论与实践》，清华大学出版社 2007 年版，第 221 页。
　　② 张卫平：《民事诉讼中的诚实信用原则》，《法律科学》2012 年第 6 期。
　　③ 杨秀清：《民事诉讼中诚实信用原则的空洞化及其克服》，《法学评论》2013 年第 3 期。
　　④ 王福华：《民事诉讼诚实信用原则的可适用性》，《中国法学》2013 年第 5 期。

领域，后者主要在当事人滥用权利、诉讼突袭等领域适用。当事人违反诚信原则应当承担实体性和程序性责任，审判人员违反该原则应当承担违法审判责任。[①] 同时，也应注意诚实信用原则在民事执行程序中的适用。[②]

第三人撤销之诉作为新民事诉讼法增设的制度，已成为民事诉讼论法学研究中最具争议性的问题。有学者从既判力的主观范围阐释第三人撤销之诉规定存在的理论缺陷，认为既判力相对性原则决定了通常情形下，判决既判力仅发生在当事人之间，该原则不仅有助于纠纷的终局解决，而且为没有参加诉讼的案外第三人的民事权益提供程序保障。我国现行民事诉讼法由于未明确规定既判力相对性原则，导致在第三人权益的程序保障方面存有重大缺陷，也造成了实践中第三人撤销之诉适用的混乱局面，因此应当完善既判力制度，确立既判力相对性原则，将第三人撤销之诉的适用限制在确定判决既判力相对性的例外情形。[③] 有学者从诉讼实务、第三人撤销之诉的立法目的，即对虚假诉讼的受害人进行救济等视角，考察了该规则的实际运行状况和存在的问题。由于在原告适格等诉讼要件的审查和一些相关的程序设计上，司法实务对第三人撤销之诉的运用仍有待于进一步的改进、完善，并且仍有很多问题需要深入研究，如第三人撤销之诉的主体适格问题，第三人撤销之诉与既判力的关系问题，第三人撤销之诉与案外人异议之诉、再审之诉的关系问题，第三人撤销之诉作为普通诉讼规定于民事诉讼法总则是否适当的问

---

① 王亚新：《我国新民事诉讼法与诚实信用原则——以日本民事诉讼立法经过及司法实务为参照》，《比较法研究》2012 年第 5 期；王琦：《民事诉讼诚实信用原则的司法适用》，《中国法学》2014 年第 4 期。

② 徐洁：《论诚信原则在民事执行中的衡平意义》，《中国法学》2012 年第 5 期。

③ 张卫平：《既判力相对性原则：根据、例外与制度化》，《法学研究》2015 年第 1 期；《判决效力理论研究与制度建构》，《国家检察官学院学报》2016 年第 4 期。

题等，并且需要继续获得理论上的支撑。^① 有学者认为，第三人撤销之诉针对的民事生效裁判可分为实体权益侵害型和程序权利侵害型，以尊重《民事诉讼法》第 227 条的明确法律文义为基础，在与第三人撤销之诉重合的适用范围内，原则上应优先适用再审制度。^②

　　证明责任及相关的证据规则问题一直是学者们研究的重点。除继续争论证明责任的含义、适用前提与适用语境外，学者们进一步深化和扩展了举证责任的合理依据，细化了证明责任的分配原则，证明责任减轻的具体方法以及证明责任适用领域等问题。分析了证明责任的免证事项中已决事实预决力、证明责任中结果责任与行为责任的关系、证明责任的分配、证明标准的确定与证明责任的关系等基本问题，并对主观证明责任与客观证明责任在适用中存在的理论与实践的背离进行了分析。学者主张对于有些具体和特殊的情形，需要在实践中通过具体的判例来加以明确，对于证明责任分配比较特殊和比较困难的情形，应当在判例中予以说明，通过司法判例的解释，逐渐形成统一的认识。针对民事诉讼的具体情形对证明责任和自由心证原则的运用问题进行了深入探讨，如对民间借贷司法实践中经常出现事实认定的困境，强调应坚持在规范说确立的证明责任分配方法的基础上，引入主张责任、主张的具体化、证明的必要性、提出证据责任的转移、本证和反证的区分等理论，对事实调查的流程做更精细的划分，对当事人在各阶段的任务做更具体的分配。并且在民事诉讼法的适用

---

　　① 相关研究，详见王福华《第三人撤销之诉适用研究》，《清华法学》2013 年第4 期；吴泽勇《第三人撤销之诉的原告适格》，《法学研究》2014 年第 3 期；王亚新《第三人撤销之诉原告适格的再考察》，《法学研究》2014 年第 6 期；张卫平《中国第三人撤销之诉的制度构成与适用》，《中外法学》2013 年第 1 期；任重《论虚假诉讼：兼评我国第三人撤销诉讼实践》，《中国法学》2014 年第 6 期；郑金玉《我国第三人撤销之诉的实践运行研究》，《中国法学》2015 年第 6 期；等等。

　　② 任重：《回归法的立场：第三人撤销之诉的体系思考》，《中外法学》2016 年第 1 期。

中，诉讼法要件事实也会出现真伪不明，对此法院也需要根据证明责任的规则做出裁定或决定，当事人对有利于自己的要件事实承担证明责任这一原则也同样适用于民事诉讼法中的要件事实。①

识别和禁止重复诉讼规则是理论和实务中的难题，无论在我国，还是大陆法系国家，禁止重复诉讼的理论和实践均涉及诸多问题。民事诉讼法学者就禁止重复诉讼的法理、要件和制度构建展开了深入研究，指出民诉法司法解释以当事人、诉讼标的、诉讼请求三要件作为我国民事纠纷重复起诉的识别要件，但因历史原因，我国的诉讼标的与诉讼请求并未沿袭大陆法系国家所采诉讼标的实体法学说以保持二者在概念上的一致性，因此对重复起诉进行识别时，将诉讼请求与诉讼标的作为并列的识别要件，极易引发理解上的混乱和法律适用上的不统一，且我国的实践操作更接近于新诉讼标的理论的思维方式。有学者主张，我国对重复起诉进行识别时，仍应当坚持以当事人和诉讼标的两要素作为判断要件。关于诉讼标的，可以延续中国民事诉讼法所一贯遵循的旧实体法说，但应明确案件事实在识别诉讼标的过程中所发挥的作用。针对诉讼请求，则有必要确立一个不因诉讼标的理论的不同而变化的、恒定的诉讼请求概念。同时，基于本土化考虑，审判中应当充分发挥法官的释明作用，以保障当事人诉权以及有效预防重复起诉现象的发生。有学者依据前后诉的主客体及时间范围是否一致等因素，考察前诉可能对后诉发生的法律效果，提出对相关程序规范可适用的概念整理框架，探讨了禁止重复诉讼在票据诉讼、抵消抗辩、全部或部分请

---

① 相关研究，详见霍海红《证明责任的法理与技术》，北京大学出版社 2018 年版；潘剑锋《民事证明责任论纲——对民事证明责任基本问题的认识》，《政治与法律》2016 年第 11 期；李浩《民事诉讼法适用中的证明责任》，《中国法学》2018 年第 1 期；吴泽勇《民间借贷诉讼中的证明责任问题》，《中国法学》2017 年第 5 期；张卫平《自由心证原则的再认识：制约与保障——以民事诉讼的事实认定为中心》，《政法论丛》2017 年第 4 期；胡东海《"谁主张谁举证"规则的历史变迁与现代运用》，《法学研究》2017 年第 3 期；等等。

求、代位诉讼等特殊情形中的适用，研究了禁止重复诉讼的规则在知识产权纠纷中的运用，并对法院的处理方式提出相应的解决方案。①

二　民事诉讼法学研究方法的新发展

进入新时代以来，除基本理论研究外，民事诉讼法学者还对民事诉讼法学研究方法、法教义学与指导性案例研究、从民事诉讼法的视角研究民法典的编纂等展开了热烈的探讨，提出民事诉讼法学研究所应面临的转型问题。学者们认为，指导性案例的发布为法学研究带来了新的内容，也为理论研究与诉讼实务的结合开辟了新的路径。民事诉讼法学应当根据民事诉讼运行的特点，摆脱实体法学方法的影响，探究民事诉讼法学应有的思维和方法，树立多维时空思维、多重价值衡平思维、多重主体思维。在我国当下社会转型时期、法治建设阶段，为适应民事诉讼法治建构和实践的需要，民事诉讼法学的研究任务应该集中于对民事诉讼制度原理的研究。中国语境内的民事诉讼基本理论建构和法教义学方法展开，需要根据程序法学不同领域的具体条件来加以推进。学者们回顾改革开放 40 多年间民事诉讼法学研究的发展过程，肯定了民事诉讼法学研究所取得长足进步的同时，也指出民事诉讼法学界在研究方法上存在的局限性导致了其研究对象的狭隘性，缺乏社会学和经济学方法造成程序法学者对于司法行为和司法现象的关注严重受限。在民事诉讼法学研究的转型中，应确立面向民事诉讼社会事实的研究方向，注重民事诉讼法学研究的知识转型和研究方法的多元递进，构建关于中国民事司法实践和中国问题的知识

---

① 相关研究，详见张卫平《重复诉讼规制研究：兼论"一事不再理"》，《中国检察官》2015 年第 2 期；夏璇《论民事重复起诉的识别及规制——对〈关于适用（中华人民共和国民事诉讼）的解释〉第 247 条的解析》，《法律科学》2016 年第 2 期；卜元石《重复诉讼禁止及其在知识产权民事纠纷中的应用——基本概念解析、重塑与案例群形成》，《法学研究》2017 年第 3 期；等等。

体系，在此基础上逐渐形成或建构民事诉讼法理论体系，同时追求价值、功能与技术逻辑自洽的比较民事诉讼法学研究，实现民事诉讼法学研究的多元化。①

三　民事司法改革研究的新发展

党的十八届三中全会、四中全会确定了上百项关于司法体制改革的举措，为贯彻中央关于全面深化改革和全面推进依法治国的决定，民事诉讼法学界以民事司法体制改革为出发点，为深入推进司法改革展开了具体而深入的研究。

司法制度改革通常包括两个层面，即司法体制改革和司法权运行机制改革，前者主要涉及司法机关之设置、职能、地位、人员及内外关系等宏观结构方面内容，在这方面，学者们开展了大量的实证研究；后者主要涉及司法权运行的规则、程序、制度等微观机制方面内容。在司法权的配置与运行方面，司法改革应着力于优化国家治理系统结构功能，以实现良性运转为标准保障司法权。司法体制改革的关注点，主要集中在审判主体改革和审判方式改革上。审判主体改革在延续先前研究的基础上，进一步深化了关于司法责任制、员额制、司法人员分类管理、人财物省级统管、审判委员会改革等领域的探讨。在审判方式领域，庭审实质化问题得到进一步深

---

① 相关研究，详见张卫平《对民事诉讼法学贫困化的思索》，《清华法学》2014 年第 2 期；张卫平《民事诉讼法学方法论》，《法商研究》2016 年第 2 期；傅郁林《法学研究方法由立法论向解释论的转型》，《中外法学》2013 年第 1 期；吴泽勇《民事诉讼法教义学的登场——评王亚新、陈杭平、刘君博：〈中国民事诉讼法重点讲义〉》，《交大法学》2018 年第 3 期；肖建国《民事指导性案例中的管辖规则研究——以最高人民法院指导案例 25 号为中心》，《环球法律评论》2018 年第 3 期；刘哲玮《确认他人恶意串通合同无效之诉的合法性检讨——最高人民法院指导案例 33 号的程序法评释》，《当代法学》2018 年第 2 期；曹志勋《论指导性案例的"参照"效力及其裁判技术——基于对已公布的 42 个民事指导性案例的实质分析》，《比较法研究》2016 年第 6 期；等等。

入研究。①

在司法改革领域，关于电子司法化、互联网诉讼、大数据以及智慧法院建设的研究也是学者们关注的重点。互联网正在塑造着新型法院与诉讼制度，审判也在被重新定义，大数据、人工智能已切实地在司法实务部门得到了一定程度的适用，并且给民事诉讼制度以及诉讼阶段提出了诸多法律问题。以法院信息化建设为外在形式的智慧审判、智慧法院建设，利用云计算、大数据、语音识别、AI等新科技，有利于实现审判的智能化，但是，对于智能法院或者法院的智能审判，仍应保持谨慎乐观的态度。法院信息化建设在于以诉讼公共服务为目标整合法院审判资源，但不应在根本上改变诉讼的价值与结构，诉讼仍应以当事人为中心。审判模式的创新无论如何都不能违反审判公正的基本原则和基本原理。智能化只能用于服务实体正义与程序正义，智能化的主要功能在于提高审判的效率、节省审判资源，智能化的过程不能取代审判原则与原理。互联网诉讼只是在诉讼中增加了互联网元素，并没有改变传统诉讼的本质，应当坚持处理好人和技术、诉权和审判权的关系，反对审判权中心主义和技术中心主义的错误理念，必须坚持当事人中心主义的立场，坚持、维护和保障当事人应有的诉讼权利。②

党的十八届四中全会提出，"改革法院案件受理制度，变立案审查制为立案登记制"。针对立案登记制这一改革新举措，民事诉讼法

① 相关研究，详见傅郁林《司法权的外部边界与内部配置》，《法制与社会发展》2016 年第 2 期；王亚新《解读司法改革——走向权能、资源与责任之新的均衡》，《清华法学》2014 年第 5 期；王亚新《"人案比"二元模型与民事审前程序的优化——基于对广东省九个基层法院的调研》，《当代法学》2017 年第 3 期；范愉《我国司法改革顶层设计的条件和能力》，《法制与社会发展》2014 年第 6 期；等等。

② 相关研究，详见王福华《电子诉讼制度构建的法律基础》，《法学研究》2016 年第 6 期；刘敏《电子诉讼潮流与我国民事诉讼法的应对》，《当代法学》2016 年第 5 期；陈锦波《论信息技术对传统诉讼的结构性重塑——从电子诉讼的理念、价值和原则切入》，《法制与社会发展》2018 年第 3 期；等等。

学者开展了深层次的理论研讨。从"有案必立、有诉必理"的角度看，立案登记制确实起到了保障诉权的作用，但目前的改革实践主要是在政策层面，由于民事诉讼法仍然将大陆法系概念意义上的诉讼要件规定于起诉要件之中，因而我国起诉条件仍然存在着"高阶化的问题"，立案登记制并没有从根本上降低起诉门槛。登记立案旨在保障当事人诉权，实践中，法院为解决立案改革的推动和法律文本间的矛盾，采取了繁复的应对策略，以登记收案缓解登记立案的困境，将可能出现的"起诉难"通过分解细化的程序与充分的释明告知，转化为当事人不听告知、不为补正的自负其责，当事人在立案程序中依然隐形失语。同时，登记立案使业务庭功能分区被打破，重复性审查带来效率的降低与矛盾的凸显。立案登记制改革从形式内容和程序细节等方面，进行了尽可能的技术优化，但未改变我国民事立案基本秩序。要真正改革立案制度，实现实质上的登记立案，应通过简化起诉要件规范诉状内容、重构立案与审判的"二元"关系、以听审权保障为核心改造诉讼要件审查程序。以诉讼要件理论为指导，参照大陆法系国家和地区进行二阶化改造，在现阶段仍存在一定障碍，未来应当修改民事诉讼法关于起诉条件的规定。同时，受大陆法系国家和地区各诉讼要件审查顺序理论的启发，以职权、公益、抽象、简单为标准，将法院主管等少数诉讼要件保留在起诉受理阶段，当事人适格等其他诉讼要件从起诉条件中剥离，并设置不同的裁判制度予以程序保障，渐进式推进立案登记制中国化改革，并提升诉讼程序正义的品质。[①]

党的十八届四中全会要求"推动实行审判权和执行权相分离的

[①]　相关研究，详见张卫平《民事案件受理制度的反思与重构》，《法商研究》2015 年第 3 期；段文波《起诉程序的理论基础与制度前景》，《中外法学》2015 年第 4 期；蔡虹《民事立案登记制度的法理省思》，《法学论坛》2016 年第 4 期；唐力、高翔《我国民事诉讼程序事项二阶化审理构造论——兼论民事立案登记制的中国化改革》，《法律科学》2016 年第 5 期；张嘉军《立案登记背景下立案庭的定位及其未来走向》，《中国法学》2018 年第 4 期；等等。

体制改革试点"，这给诉讼法学界沉寂已久的执行制度研究注入了新的活力。在全面推进依法治国的总目标下，探索民事执行权改革、优化执行权的配置、创新执行权运行模式，如何实现民事审判权和执行权相分离的体制改革已成为目前司法体制改革中的重点问题。关于审执分离，学者们主要研究了民事执行权的性质、范围及其与审判权的关系、司法拍卖、执行救济制度等，对我国民事执行实践中审判权与执行权相分离的改革经验进行了总结和反思，重点探讨了执行的外分与内分问题。内分说作为在法院系统占主导的观点，其依据是执行权的复合权说，即由于民事执行权中包含了执行实施权和执行裁判权，鉴于执行实施权与执行裁决权均与审判权存在密切的联系，基于成本与效益等方面的考虑，审执分离的改革方向应是在法院系统内进一步深化审判机构与执行机构的分离。外分说则根据权力分立的原则，主张应当将行政性的执行权从行使审判权的法院中剥离出来，使审判权和执行权按照司法权和行政权各自不同的机制运行，这样才符合民事执行制度设置的规律。①

第五节　民事诉讼法学展望

中华人民共和国成立 70 年来，民事诉讼法学从最初的探索创建到今天的蓬勃发展，所取得的成就是全方位多方面的。特别是进入

---

①　相关研究，详见赵秀举《论民事执行救济兼论第三人执行异议之诉的悖论与困境》，《中外法学》2012 年第 4 期；汤维建《论司法拍卖市场化改革及其完善》，《中国法学》2015 年第 1 期；肖建国《民事审判权与执行权的分离研究》，《法制与社会发展》2016 年第 2 期；黄忠顺《民事执行机构改革的深度透析》，《法律科学》2016 年第 4 期；谭秋桂《论我国民事审执分离体制改革的模式选择》，《实证法学研究》2017 年第 1 期；徐卉《论审判权和执行权相分离的体制改革路径选择》，《实证法学研究》2017 年第 1 期；陈杭平《比较法视野下的执行权配置模式研究——以解决"执行难"问题为中心》，《法学家》2018 年第 2 期；等等。

新时代以来，学者们关注和研究的问题都呈现出新的拓展，这种拓展体现为研究内容与研究形式的多样化态势。一方面，学者们持续关注以往的热点问题并进行深入探讨，在研究上呈现出更为精细化的特点；另一方面，学者们在研究范围上拓展了民事诉讼法学的研究视域，提出了许多在理论上值得深入研究和探讨的新问题，并且在研究方法上，以规范分析为主，针对不同的研究对象，更为综合地运用了法教义学、比较法学和社科法学等多种研究方法，取得了丰硕的研究成果。

对于我国民事诉讼法学从初期发展到现在所达到的高度，有学者概括为"从技术到理念"。直到 20 世纪 80 年代初，民事诉讼法学仍往往被视为某种手段性、技术性且局限于司法实务程序操作层面的琐屑知识，既无多少"理论含量"，也缺乏体系的建构。经过长期以来对相关比较法知识的研习，自进入 21 世纪以来，经过理念转型和基本理论体系的重构，围绕着从"当事人程序保障"到"程序正义"等理念，学界在较大范围及相当程度上已达成了共识。这既是得来不易的成就，也标示了目前民事诉讼法学研究的问题所在，即目前我国的民事诉讼法学又面临着"理念化"严重的问题，如空话套话、重复堆砌、似是而非的知识、缺乏沟通意义的"自说自话"等打着"理论"旗号的学术泡沫，漫无边际地讨论程序中的法律外因素，以空洞浮泛的"大词"来代替切实的问题解决的思考方式[1]，导致一方面关于民事诉讼法学研究的论文非常之多，但是另一方面，我们却处于一个"皮之不存，毛将焉附"的自说自话的状态。[2] 回顾中国民事诉讼法学走过的这 70 年历程并展望未来，我们看到，除了深化以前研究所取得的成就外，在未来的发展中，民事诉讼法学

---

[1]　王亚新：《民事诉讼法学研究：与实务结合之路》，《法学研究》2012 年第 5 期。

[2]　张卫平：《法学研究方法论漫谈——以民事诉讼为中心》，《研究生法学》2009 年第 3 期。

界应当认真考虑以下问题。

一　反思立法和政策导向型的对策研究范式

由于特定的历史和时代背景，在过去的 70 年间，中国的民事诉讼法学者们将大量的精力和研究焦点都放在了以立法和政策为主导的学术研究上，并由此形成了一种固化的对策研究范式和"立法专家"式的思维模式。对此，已有学者对于诉讼法学界在立法和政策制定中投入过多而未能做出相应的理论贡献这一现象提出了尖锐的批评。① 但事实上，学者们能够在立法和政策的制定过程中发挥作用本身不仅无可厚非，而且从学术—理论与实践之间的有效互动来看，这实是颇有益处的好事。在这方面，我们并不必一味地以西方学者的超然状态为参照，而以此责难中国学者对于政策、立法活动的过度参与。实际上，在这个问题上，真正需要引起重视和反思的是，一方面，由于长期以来固化的对策研究范式，使得学者们在从事学术研究时，已经全然忘却了在其意识中深深植根的这种立法—政策导向立场，以至于无视在制度的建构中，还存在着除立法者和政策制定者以外的众多的其他参与者，而这些参与者，他们各自都有着不同的、特定的立场。同时，在这种研究范式下，学者们倾向于想当然地将自己的立场等同于立法者或政策制定者的立场，而不对自己与立法者或政策制定者之间所存在着的天然的、信息不对称的前提做出变量设定，甚至完全无视这种信息不对称的存在，那么由此其所带来的后果就只能是：所谓的学术研究，其有效价值极低。

反观民事诉讼法学界在这 70 年间所取得的研究成果，已经证成了上述结论。我们看到，在比比皆是的关于立法修改、对策建议的

---

① 如认为在这种研究范式下，学者往往将自己如此定位，即以发现立法问题、提出改进对策、推动司法改革作为研究的归宿，而很少有人去反思法学家们究竟做出了怎样的理论贡献。参见陈瑞华《刑事诉讼法学研究范式的反思》，《政法论坛》2005年第 3 期。

研究中，理论上宏大叙事的实际上比较多，大部分文章只是抽象地提出应当解决一些问题。并且那些针对问题提出具体解决方案的研究成果，其具体解决方案是否有很大现实意义也有待商榷。由于任何真正的、现实存在的问题实际上都是综合性的，而这些相关研究所提出的具体解决方案，虽然在表面上看去确似能解决相关问题，但是是否真的能实施该具体建议，即该具体解决方案是否会引起其他不利的后果；是否能够有效地得到执行，都是需要进一步研究的问题，因为任何一个措施的执行，都需要考虑一系列的问题，并不仅仅只是所要解决的问题本身。而我们的研究者在提出建议的对策研究中，既不考虑其他制度参与人的立场，又不是真正基于立法者和政策制定者的立场所做的考量和方案设定，更没有界分研究者与政策制定者之间存在的信息差异变量，无怪乎按照那些提出具体解决方案文章的思考，很容易就会使人产生一种质疑，即：这种先提出问题再提出一种具体解决方案的研究方法，究竟在多大程度上能对解决我国诉讼制度中存在的问题提供有效的理论支持？所以，尽管从事的是对策研究，但民事诉讼法学者们的研究却越来越被实务界认为是"一纸空言"，学者们越来越被排斥在实务部门之外，学术界越来越趋于自我沉溺。① 由此，人们不禁要怀疑法学家职业群体存在的价值究竟何在。

二　构建关于中国民事司法实践的知识体系

民事诉讼法学界的当前主流是规范法学研究，研究焦点集中在对法律规范的设计、解释和分析上，而过于忽略对当下司法实践本身的深度研究和理论关注。这一问题，在有关借鉴外国民事程序制度、经验以完善我国现行法律、制度的研究方面体现得尤为突出。

---

① 张卫平：《无源之水——对中国民事诉讼法学贫困化的思考之一》，载徐昕主编《司法》第 3 辑，厦门大学出版社 2008 年版。

　　长期以来，中国学者们基于各自不同的外语所长而产生的知识偏好，习惯性地用日本化、德国化或者美国化的思维来对中国的民事诉讼问题进行比较研究，最后往往得出只要在中国建构了类似于西方的法律制度体系就可以解决目前种种乱象症结的观点（而这样的观点在中国的法学理论以及许多公共法律话语中已经近乎成为一种潜意识）。但是，人们有理由质疑，为什么要以美国民事诉讼制度中的发现程序或者德国、法国作为参照来构造我国的民事审前程序？在对于审级制度建构原理进行分析、研究时，中国学者又是何以罔顾英国的一审终审制和其他多数普通法国家的两审终审，得出所谓普通法和大陆法国家共通的三审终审制，甚至错误地将英国的制度归入四级三审制的"国际通例"，并以此作为论证改革我国两审终审制的理论依据？① 这种比较和借鉴研究实际上并非真正的研究，而只是用西方的理论来评判中国的现实，把西方国家的制度潜在地当作校正中国民事司法制度的标准，致使中国的民事诉讼法学研究无力认识和解释中国的现实问题。

　　事实上，忽视正在发生的司法实践，缺乏对于相关社会事实的呈现与研究，是造成民事诉讼法学者在知识体系上存在诸多缺陷的重要原因之一，它使得中国学者无从判别自己所面临的问题，更遑论其所作选择的科学性和有效性了。在社会科学领域，研究作为一种认识的进步意味着对认识条件、认识对象的认知所取得的进步。法律和法律体系的基础都在于社会实践，在面临民事诉讼法学研究转型的今天，我们有必要回过头来重建研究的起点，即确立面向民事诉讼社会事实的研究方向，构建关于中国民事司法实践的知识体系。为此，我们必须以探寻具体社会事实的方式去建构有关中国民事司法的知识结构和知识体系，否则无法使宏大的历史、制度变迁本身得到明晰的理解。

---

　　① 徐卉：《中国需要怎样的审级建构？——对当前审级制度改革研究的反思》，载《民事诉讼法学前沿问题研究》，北京大学出版社 2006 年版。

三　明确学术传统的在场与传承

中国民事诉讼法学界经过 70 年的研究和积累，成果已经覆盖了很多问题领域，但其间也充斥着大量简单重复性的知识转述。要改变这一状况，除了反思目前的研究范式和思维定式，明确民事诉讼法学知识转型的方向以外，还必须要确立那些能够使学术研究得以自我批评和重建的基准，否则，我们不可能建立起科学的、体系化的民事诉讼法学。

在当今大量的民事诉讼法学成果中，我们可以发现一个普遍存在的问题，那就是学术传统的缺席。在研究中，学者们往往满足于把各种观念随意嫁接起来，或者对各种术语作简单地比较，而不是在特定的理论、学说传统的语境下展开分析、论证。如很多学者在讨论程序法治问题时，往往不加分辨地将各种不同的理论学说引用到自己的文章中，比如美国建国之父们的观点、法国法学家的观点以及德国法学家的观点等。这种做法是把各种前人提出的学术理论肢解为单个的成分，然后根据研究者自己的特定目的将其拼装成著作、论文等研究成果。这种肢解，除了只能破坏所援用理论本身的完整性外，不能获得任何有价值的研究成果，因为人们不能指望从成分本身获得问题的答案。只有在学术传统或理论脉络中开展研究，理论的组成成分才能在特定的研究中获致思考的意义和价值。然而当下民事诉讼法学研究领域所呈现出的状况是，我们不仅不关注学术研究传统或理论脉络前设，甚至还没有学术研究必须在学术传统或理论脉络中展开的意识。

为此，作为一个基础性的前提条件，我们必须在研究中明确学术传统的在场，并由此展开严肃地学术批评。在确立学术研究自我批评和重建的手段上，毫无疑问，通过实践对理论予以检验和批判当然是题中应有之义。但是，目前民事诉讼法学界在理论和实践的研究互动中，仍存在着颇为明显的机会主义倾向。即从表面上看，理论观点似乎与改革实践浑然一体，二者互相印证，但实际上，理论是贫乏的缺乏体系化的理论，而实践则是削足适履、只见树木不见森林的实践。这种理论与实践表面上的相互印证掩盖了深层次上二者的内在脱节，而在其背后的代价则是当事人基本权利保障的深度缺位与社会正义成本的不断上涨。在这方面，如何既贴近现实，使我们的学术具有鲜活的生命力，亦出离现实，让我们的学术保持持久的批评力，应是今后民事诉讼法学者必须认真对待的问题。为此，必须加强理论的系统性，注重研究方法的完整性，唯有如此，学者才能真正成为独立的和准超然的社会观察者与知识生产者，为我们的制度发展与社会的进步做出贡献。①

---

① 徐卉：《民事诉讼法学研究的知识转型》，《法学研究》2012 年第 5 期。

第九章

为权利张扬的民法学

第一节 民法学的萌芽期
（1949—1978）

在新中国成立前夕的 1949 年 2 月，中共中央明令废除"国民党六法全书"。民法的"旧法"既废，其赖以生存的一套知识体系也荡然无存了。旧的法学世界被推翻，法学新世界必然按照新社会的政治、经济、文化甚至外交来建构。然而，中国民法学在 1978 年以前的处境却只能描述为：旧世界已经死亡，新世界无力诞生。尽管如此，老一辈法学家还是在艰苦的政治气候中，筚路蓝缕，开启了民法学的艰难转型。

一 新中国民法起草工作

在这一时期，我国虽然采取权力高度集中的计划经济体制，但合同毕竟不能完全被计划所代替，我国也制定了很多有关合同的法律、政策规范。

1954 年，全国人大常委会组建工作班子起草《中华人民共和国民法典》。民法学者参与了起草工作，如买卖合同第 5 次草稿向西南、中南、华东、北京 4 所政法学院的民法教研室及中国人民大学、北京大学、复旦大学等 9 所大学法律系民法教研室及全国其他 30 个单位征求过意见。① 1956 年 12 月完成了《民法（草稿）》。草案包括总则、所有权、债和继承四编，共 525 条。该草案主要受当时苏联的民事立法，尤其是 1922 年《苏俄民法典》的影响。这次立法活动标志着我国社会主义性质的民事立法的展开，但随之而来的"整风""反右"等政治运动，使该草案迅速夭折。

1962 年，全国人大常委会组建工作班子第二次起草民法典。1964 年 7 月，该班子起草了《中华人民共和国民法（试拟稿）》，共 3 编（"总则""财产的所有""财产的流转"），24 章 262 条。该草案集中体现了当时的集权型行政经济体制和"左"倾经济思想。这次民法起草工作因 1964 年开始的"社会主义教育运动"而中断。

从 1964 年开始，中国民法的立法和研究活动陷入了中华人民共和国成立以来的最低谷。

二　传统民法学体系的社会主义转型

旧法统废除后，1949 年前的全部民法教材也被废弃。民法学的新范式源于苏联。1957 年中央政法干校以苏联民法理论为基础，编著了《中华人民共和国民法基本问题》（法律出版社 1958 年版），这是中华人民共和国成立以来出版的第一部民法教材，一直到 20 世纪 60 年代，才被《民事政策学》所代替。

我国 1949 年之前继受的主要是德国民法理论，是以商品经济为前提的，与以公有制为基础的苏联民法理论可谓判若云泥。旧理论已经弃之如敝屣，民法学者只能以苏联民法为圭臬。这一时期，民法学界翻译了大批苏联民法著作。如布拉都西主编的《苏维埃民法》（中国人民大学民法教研室译，中国人民大学出版社 1955 年版）、维涅吉克托夫的《苏联民法对社会主义财产的保护》（谢怀栻、李为

---

① 参见李秀清《中国移植苏联民法模式考》，《中国社会科学》2002 年第 5 期。

译，法律出版社 1957 年版）等。

在采取苏联模式的同时，民法学界还展开了对资产阶级民法的批判。对《法国民法典》奠定的近代民法三大原则，民法学界都作了猛烈地批判，如认为契约自由原则不过是资产阶级用来掩盖对劳动者进行经济压迫的一种卑鄙手段，掩盖了资产阶级的剥削自由、劳动人民的真正不自由和处处受到剥削的事实。①

苏联法学对中国民法学的影响主要体现在如下方面：

1. 对民法观念的影响。这突出地体现在几个方面。一是不承认公法和私法的区分，把民法当作公法。二是否定意思自治原则，尽量压缩民事主体意思自治的空间。三是强调民法典立法的政治宣教作用，不重视立法的技术和质量。这种影响直到现在还存在，中国民法制定仍然以"宜粗不宜细""宜短不宜长""成熟一个制定一个""立法尽量少用法言法语"作为指导思想。②

2. 对民法体系的影响。1922 年颁布的《苏俄民法典》将土地、劳动和婚姻家庭等关系从大陆法传统民法中分离出来，另制定专门法，但依然保留了继承法。这种做法的合理性很难解释。当时民法学界对是否承认继承有所争议，但主流意见是保留继承制度③，争议的只是继承人的范围和顺序。④ 受苏联民法体系的影响，1950 年我国颁布了第一部婚姻法。

3. 对民法调整范围理论的影响。苏联法的特色之一是关注民法调整范围理论。1922 年的《苏俄民法典》没有关于民法调整对象的

---

① 参见李浩培《拿破仑法典初步批判》，《政法研究》1955 年第 2 期。

② 参见孙宪忠《中国近现代继受西方民法的效果评述》，《中国法学》2006 年第 3 期。

③ 参见悠生《民法继承法在我国过渡时期的意义》，《政法研究》1955 年第 5 期。

④ 参见吴建斗、陈德贵、李文彩《关于我国继承问题中法定继承人范围和顺序的研究》，《法学》1956 年第 1 期；郭生《对法定继承人范围和顺序中两个问题的商榷》，《法学》1957 年第 1 期。

明文规定，而只是规定土地关系、雇佣劳动关系、家庭关系都由专门法典调整。直到 20 世纪 50 年代，苏联学者关于民法调整对象的讨论还没有定论，通说是民法主要调整财产关系，也调整与财产关系相联系的人身非财产关系。① 这种理论对我国民法学影响非常深远。

4. 对民事制度的影响。苏联民法对我国民事制度的影响极大。主要体现为在民事主体方面，以"公民"代替自然人；在法律行为制度方面使用"民事法律行为"概念，压抑代表近现代民法精髓的意思表示理论②；在物权制度方面，依据所有制形式对所有权进行分类；在合同制度方面，强调合同是实现经济计划的工具。

但这一时期的民法学并非万马齐喑，在"左"的意识形态的夹缝里，民法学者为恢复传统民法制度做出了诸多努力。除了将传统民法制度按照新意识形态进行包装外，一些学者甚至还试图恢复几乎不能为社会主义容忍的制度，如取得时效制度。因为保加利亚、捷克斯洛伐克社会主义国家的立法承认了取得时效制度，我国一些学者借此提出应规定取得时效制度，但同时又提出，只有善意占有才是取得时效的条件，资本主义国家把善意占有和恶意占有一并规定为取得时效的做法，是资产阶级唯利是图的产物。③

从 1963 年起，"民法学"改称"民事政策学"，各校采用自编的"民事政策学教材"。"文化大革命"期间，整个国家陷入无政府状态，包括政法学院在内的全部大学停办，包括民法学者在内的法律教师和研究人员被驱赶到"五七"干校接受思想改造，中国民法

---

① 参见《苏维埃国家和法》杂志编辑部《关于苏维埃民法对象的讨论总结》，王明毅译，载《政法译丛》1956 年创刊号。

② 参见孙宪忠《中国近现代继受西方民法的效果评述》，《中国法学》2006 年第 3 期。

③ 如张定夫《时效制度中的取得时效问题》，《政法研究》1956 年第 2 期。

立法、司法和教学因此出现了长达 10 年之久的"停滞期"。①

第二节　民法学的形成期
（1978—1986）

1978 年 11 月，中共十一届三中全会决定实行改革开放，大力发展社会主义商品生产和商品交换，正如郭沫若所说，科学的春天来了，中国民法学界在经过数年寒冬，也终于迎来了学术春天。但数年来"左"的意识形态的高压和高度集权经济体制的惯性，加之民法的平等品格与市场经济天然的亲和性，使民法学春天的到来异常艰难，民法学甚至首先还必须为其生存而战。1979 年伊始，民法学界就面临与经济法学的大论争。

一　民法经济法大论争
（一）论争背景与过程

1978 年后，发展经济的强烈需求使国家出现了经济方面的"法律饥渴"。但经济发展需要的到底是什么样的法律？是体现市场主体自治的民法还是体现国家管制的经济法？这一问题直接催生了民法与经济法的大论争。

1979 年 8 月 7—8 日，中国社会科学院法学研究所邀请在京法律院系的学者召开了著名的"民法与经济法问题学术座谈会"，由此揭开长达 7 年之久的民法学与经济法学大论争的序幕。②

随着论争的升级，学术界又出现了所谓的"大民法"与"大经济法"之争。"大民法"即主张调整社会主义经济关系的法律部门

---

① 参见梁慧星《中国民法学的历史回顾与展望》，载里赞编《望江法学》总第 1 期，法律出版社 2007 年版。

② 同上。

只能是民法，不承认民法部门之外还有独立的经济法部门，或者认为经济法只能作为民法的特别法。① "大经济法"观点则认为，经济法不仅调整社会主义组织之间的经济关系，还调整社会主义组织与公民之间以及公民之间的经济关系；不仅调整在直接生产中的经济关系，而且调整人们在分配、交换、消费中的经济关系；不仅调整横的经济关系，而且调整纵的经济关系。而民法只调整家庭内部的人身财产关系，如婚姻关系、继承关系等。② 这就完全否认了民法调整经济关系的作用。

随着论争的深入和学者的不懈努力，民法与经济法的界限开始逐渐清晰，即主张理性看待民法与经济法的划分，即不以民法取代经济法也不以经济法取代民法。③

1986 年，《民法通则》正式颁布，民法经济法论争也尘埃落定，民法与经济法各司其职，归为两个不同的法律部门与法学学科。《民法通则》第 2 条关于民法调整对象的规定，确定了民法在中国社会主义法律体系中的基本法地位，中国民法学也随之进入新的发展阶段。

（二）论争的启示

民法经济法之争无疑是特殊历史条件下的产物，其实质是对经济关系应当采取行政计划模式还是以平等自愿的交易为主。今天看来，其最大的意义是推动了商品经济法律的发展，提升了民法学的地位。我们以大经济法观点下的合同制度来说明这一问题。在计划经济时期，我国就已制定了《经济合同法》，但经济合同是被作为国

---

① 参见王家福、苏庆、夏淑华《我们应该制定什么样的民法》，《法学研究》1980 年第 1 期；佟柔《我国民法的对象及民法与经济法规的关系》，《经济法参考资料选编》（上册），北京政法学院经济法教研室 1982 年 4 月编。

② 参见杨紫煊《制定经济法纲要是四化建设的需要》，《经济法论文选集》，北京政法学院 1980 年编印。

③ 参见江平、陶和谦《谈谈民法和经济法的划分问题》，《政法论坛》1979 年第 1 期。

家行政和经济管理的一种手段，而不是当事人意思自治的途径。① 这种"通过合同的管理"的模式体现在诸多方面，比如国家对经济合同的违法性实行严密监控，国家对经济合同进行全方位的监控，如强调按照国家计划订立、履行合同，经济合同管理机关有权确认合同无效等。如果任由这种做法蔓延，民法的价值将不复存在。

二　民法学体系的基本形成

（一）民法理论框架基本形成

《民法通则》通过后，民法学者的主要任务之一是通过解释法律，建构符合中国现实的民法学的基本框架。这方面的代表著作如孙亚明主编《民法通则要论》（法律出版社 1991 年版）；江平等编《民法通则讲话》（中国政法大学出版社 1986 年版）；徐开墅主编《民法通则概论》（群众出版社 1988 年版）等。《民法通则》施行后，民法学者还撰写了大量的民法学教材。如江平、张佩霖编著的《民法教程》（中国政法大学出版社 1988 年版）；梁慧星的《民法》（四川人民出版社 1989 年版）；佟柔主编的《中国民法》（法律出版社 1990 年版）等。

值得一提的是，一些作品以民国时期和当时我国台湾地区民法学者的著作为参照，建构了一个相对较全面的体系。其中最突出的是：王利明、郭明瑞、方流芳合著的《民法新论》（中国政法大学出版社 1988 年版）以及张俊浩主编的《民法学原理》（中国政法大学出版社 1991 年版）。这两本著作引入了传统大陆法系民法学的很多概念，为当时长期受苏联民法笼罩的我国民法学界带来了一股清新空气。尤其值得一提的是《民法学原理》一书，它在整个 20 世纪 90 年代，其影响都相当大。该书体系宏伟精美，论述精深，建构了

---

① 顾明关于经济合同法的报告典型地体现了这一观点。经济合同是"国家计划具体化和得到贯彻执行的形式，制订计划的重要依据和必要的补充"。顾明：《在第五届全国人民代表大会第四次会议上关于中华人民共和国〈经济合同法〉草案的说明》。

一个相对完善的民法学体系。

在这一时期，民法学者也开始尝试撰写体系书。如王家福等合著的《合同法》（中国社会科学出版社 1986 年版）；覃有土、王亘合著的《债权法》（光明日报出版社 1989 年版）；佟柔主编的《中国民法学·民法总论》（中国人民公安大学出版社 1990 年版）；王家福主编的《中国民法学·民法债权》（法律出版社 1991 年版）等。其中影响最大的当属《民法债权》一书。该书至今也广为援引，充分说明其学术生命力常青。

在这一时期，学者的论文主要是阐述传统民法的基本制度和规则，其目的在于建构一个民法学体系的基本框架。

在 1988 年以后，民法学界开始较为细致地讨论一些问题。民事主体制度、法律行为制度、代理权的性质、时效制度、担保物权制度、合同的成立规则、合同履行制度、合同解除、违约责任与侵权责任的归责原则等。除了物权制度所涉甚少外，这一时期的论文几乎囊括了民法学各个方面的内容。①

值得一提的是，1989 年，《法学研究》发表了两篇有关物权行为的论文，这是延续至今的物权行为争议的开始。这两篇论文涉及物权行为的独立性和无因性②，可谓我国民法学开始全面恢复传统民法学的标志之一。

（二）专题研究的萌芽

在这一时期，一大批专题研究著作如雨后春笋般涌现。如郭明瑞、房绍坤、于向平的《民事责任论》（中国社会科学出版社 1991 年版）；谢邦宇、李静堂的《民事责任》（法律出版社 1991 年版）；罗玉珍主编的《民事主体论》（中国政法大学出版社 1992 年版）；

---

① 这一时期民法论文的详细介绍，参见《法学研究》编辑部编著《新中国民法学研究综述》，中国社会科学出版社 1990 年版。

② 参见牛振亚《物权行为初探》、梁慧星《我国民法是否承认物权行为》，均载《法学研究》1989 年第 6 期。

崔建远的《合同责任研究》（吉林人民出版社 1992 年版）等。尤其值得一提的是王卫国的《过错责任原则：第三次勃兴》（浙江人民出版社 1987 年版）一书。它通过法律史和比较法的分析，对归责原则的历史发展、基本原理作了深入研究。

第三节　民法学的成熟期
（1986—2012）

一　导言

1992 年以来，社会主义市场经济体制开始推行。我国民法学的研究因此取得了更大的发展。这一阶段最显著的特点有二：一是民法学成为法学界"显学"，民法学研究已经超越了教科书阶段，向细密和专业化推进。二是民法学逐渐开始与国际民法学最新潮流接轨，并与国际民法学界对话。

1992 年以后，彰显民法学研究变迁的标志性事件是：

1. 1994 年梁慧星主编的《民商法论丛》［法律出版社出版，其间由金桥文化出版（香港）有限公司出版几卷］创刊。该"论丛"不仅推动了我国民法学长篇专题论文的发表，使民法学研究真正细密化，而且也带动了中国法学以书代刊的出版风潮。

2. 这一时期，梁慧星主编了"中国民商法专题研究丛书"（法律出版社出版），迄今出版民商法专著 60 余本。其中不乏在民法学界有重大影响的作品，如孙宪忠的《当代德国物权法》、尹田的《现代法国合同法》等。

3. 这一时期，学者广泛介入立法活动中。1999 年，梁慧星主编的《中国物权法草案建议稿附理由》（社会科学文献出版社 1999 年版）出版，这是我国出版的第一本民法学者建议稿，该书除了建议条文以外，还有立法例、说明和理由。此后，王利明主编了《中国物权法草案建议稿及说明》（中国法制出版社 2001 年版）。

二 民法总论研究

(一) 市民社会与民法

随着社会主义市场经济的推行, 民法学界无须再论证民法的正当性了, 但因为传统行政权力对市民社会与市场经济的过度管制的惯性依然存在, 加之 20 世纪 90 年代市民社会研究出现的高潮, 民法学界出现了大量论证市民社会与民法的关系的论文。[①] 这些论著的宗旨大抵是结合市民社会的基本理论与民法本身的特点, 其目的主要有二: 一是论证民法在法律体系中的重要地位; 二是论证私法自治、契约自由原则的正当性。[②] 民法的特性在这一时期真正得以展示, 民法也才恢复了其超越政治体质的应有法律地位, 民法研究也才在很大程度上摆脱了意识形态绝对化的限制。

(二) 现代民法与近代民法

20 世纪 90 年代, 近代民法与现代民法的区分是民法学界讨论的热点, 也是众多民法论文的论证前提。引发这一讨论的是梁慧星的著名论文《从近代民法到现代民法法学思潮——20 世纪民法回顾》。该文认为, 近代民法, 指经过 17、18 世纪的发展, 于 19 世纪欧洲各国编纂民法典而获得定型化的, 一整套民法概念、原则、制度、理论和思想的体系。民法的现代模式, 其集中表现为: 第一, 具体的人格。第二, 财产所有权的限制。第三, 对私法自治或契约自由的限制。第四, 社会责任。[③] 事实上, 谢怀栻先生在 20 世纪 80 年代

---

① 民法学界最初援引市民社会概念分析民法的学者是徐国栋, 他认为民法的原义是指"市民法", 甚至建议将民法改称市民法。参见徐国栋《市民社会与市民法——民法的调整对象研究》, 《法学研究》1994 年第 4 期。

② 典型的论文如苏号朋《民法文化: 一个初步的理论解析》, 《比较法研究》1997 年第 3 期。

③ 参见梁慧星《从近代民法到现代民法法学思潮——20 世纪民法回顾》, 载《从近代民法到现代民法——梁慧星先生主编之中国大陆法学思潮集》, 中国法制出版社、金桥文化出版社 (香港) 有限公司 2000 年版。

的讲稿中，就已经敏锐注意到了这一问题。他指出了现代民法的诸多面向，如社会化趋势，形成了与"个人法"不同的团体法；家庭法中的平等化、自由化变革；人格权越来越受重视；一物一权原则被打破；用益物权越来越失去其重要性，种类越来越少，而担保物权的种类越来越多；合同的种类越来越多；侵权行为法发展很快；债权的证券化程度越来越高。①

（三）民法典的形式与价值

制定一部中国的民法典，始终是民法学人的一种情结。梁慧星在 2001 年即认为，我国已经具备制定民法典的五个条件，即市场经济已经达到相当的规模、民事立法为民法典的制定提供了基础和经验、民事审判有了相当的发展、民法教学和理论研究有了相当的发展等。② 1998 年，全国人大法工委委托学者、专家成立民法起草工作小组，进行民法典起草工作。立法机关对民法典制定工作的推动，促进了有关民法典的学术讨论。

（四）民事权利

大陆法系民法传统是以请求权为重点分析权利。请求权也是民法学界研究的重点，各种作品层出不穷。③ 就具体的权利类型而言，谢怀栻对传统民事权利体系作了精到地总结，尤其是对身份权的梳理对民法学界影响很大。④

人格权是民法学界近年研究的一个热潮。学界全面论述了人格权体系。⑤ 值得一提的是，一些研究从宪法与民法的关系角度讨论人

---

① 参见谢怀栻《外国民商法精要》，法律出版社 2002 年版，第 13—48 页。

② 参见梁慧星《制定民法典的设想》，《现代法学》2001 年第 2 期。

③ 如徐晓峰《请求权概念批判》，《月旦民商法研究·法学方法论》，清华大学出版社 2004 年版；段厚省《民法请求权论》，人民法院出版社 2006 年版。

④ 参见谢怀栻《论民事权利体系》，《法学研究》1996 年第 2 期。

⑤ 如王利明的《人格权法研究》（中国人民大学出版社 2005 年版）、杨立新的《人格权法专论》（高等教育出版社 2005 年版）、马俊驹的《人格和人格权理论讲稿》（法律出版社 2009 年版）。

格权，提升了对这一问题讨论的深度。① 由此还引发了法人有无一般人格权、有无精神损害赔偿请求权等问题。

这一时期人格权常见的研究范式是，论证某种我国没有规定的人格权，如认为形象权、信用权、贞操都是新兴的人格权。②

（五）主体制度

这一时期，我国民法学界对主体制度的研究主要体现在如下方面：一是对自然人的基础理论研究，如研究权利能力、人格之间的关系、"不在"制度等。③ 二是对法人基础理论的研究。④ 三是研究传统民法着力较少的公法人。此外，学界也对非营利性组织、合作社作了深入研究。

（六）法律行为

法律行为是民法总则的核心部分，是德国法系最精巧与最辉煌的理论贡献，也是概念法学发展的极致，历来都是我国学者研究的重要内容。⑤

对法律行为的研究主要集中在如下方面：一是对民法通则中使用的"民事法律行为"这一概念的反思。⑥ 二是对处分行为与负担

---

① 参见龙卫球《论自然人人格权及其当代进路 ——兼论宪法秩序与民法实证主义》，《清华法学》2002 年第 2 期；尹田《论人格权的本质——兼评我国民法草案关于人格权的规定》，《法学研究》2003 年第 3 期。

② 杨立新、林旭霞：《论形象权的独立地位及其基本内容》，《吉林大学社会科学学报》2006 年第 2 期。

③ 如尹田《论宣告失踪与宣告死亡》，《法学研究》2001 年第 6 期。

④ 如江平、龙卫球《法人本质及其基本构造研究——为拟制说辩护》，《中国法学》1998 年第 3 期；易继明《论日耳曼财产法的团体主义特征》，《比较法研究》2001 年第 3 期。

⑤ 代表作品如董安生《民事法律行为——合同、遗嘱和婚姻行为的一段规律》，中国人民大学出版社 1994 年版。

⑥ 典型的如申卫星《对民事法律行为本质的重新思考》，《吉林大学社会科学学报》1995 年第 6 期；宋炳庸《法律行为概念应更名为设权行为》，《中外法学》1999 年第 2 期。

行为的区分。三是意思表示。意思表示是法律行为的核心要素。研究集中在意思表示的解释、瑕疵意思表示等方面。①

二 民法物权研究

民法物权一直是我国民法学研究的一个薄弱环节。直到 1994 年，我国才出版了第一本物权法教材。② 此后，我国物权法研究即进入了一个繁盛时期。限于篇幅，这里和下文的列举只能是其荦荦大端而已。

（一）物权总论

1. 物权的界定

在物权法出台之前，对我国应制定物权法还是财产法存在争议。有论文专门讨论物权的概念，认为如果制定财产权法，其内容上将不仅仅是规范传统大陆法系国家的物权法的内容，还将包括传统物权法之外的财产权的内容，必然会打乱民法的整个体系，对我国立法模式造成巨大的冲击。采纳物权概念的最大优点在于，从法律上使物权和债权这两种基本的财产权形态得以严格区分。③ 关于物权体现的是何种社会关系，有对人关系说和对物关系说之争。有论文认为，两者事实并不对立，物权可以直接界定为"对物的直接支配权"。④

有论文从物权法的历史角度，讨论了物权与知识产权、准物权的区分，认为自法国法采用对物权概念以后，经概念法学对物和财产的进一步区分，该概念已成为处理物权、知识产权和准物权之关系的联结点。如果我们历史地、体系地看待物权法和财产法，就可

---

① 如朱庆育《意思表示解释理论——精神科学视域中的私法推论理论》，中国政法大学出版社 2004 年版。

② 钱明星：《物权法原理》，北京大学出版社 1994 年版。

③ 参见王利明《物权概念的再探讨》，《浙江社会科学》2002 年第 2 期。

④ 参见尹田《论物权的定义与本质》，《中外法学》2002 年第 3 期。

产生如下两个认识：第一，三种权利都具有绝对权、支配权的性质，但因其各自客体的特性而有差别。第二，对物权抽象了物权、知识产权和准物权的两个共同功能。在未来的民法典中，不妨借鉴荷兰新民法典的做法，就对物权的一般规则设立财产法总则。①

2. 物权法定原则

物权法定原则是物权法的一项基本原则，也是物权法作为强行法的重要表征。有论文认为，物权法定原则的形成可以归结于反封建等级、醇化财产权利、维护一国基本经济制度、便于物权公示以维护交易安全、降低交易成本等。② 有论文则检讨了这一制度的局限性，认为物权法定原则使法律失去了应有的灵活性，抑制了新型权利的出现，压抑了民间社会对权利的创新功能。就当前中国而言，采取物权法定原则一定会引发大量问题，使法律与现实脱节，而且会损害既有的多元化安排，妨害民间创新。③ 也有学者旗帜鲜明地坚持这一原则，认为目前我国物权立法的症结是物权法定的刚性不足，只有高举物权法定旗帜，物权法才能有所建树。物权法可以根据社会经济发展的客观要求，规定新的物权种类，满足人们选择物权类型的需要。④

3. 物权行为

1995 年以后，物权变动成为民法学界讨论的热点，专著和论文可谓汗牛充栋。在物权变动理论中，讨论最激烈的主题莫过于物权行为理论。对物权行为的独立性，民法学界至今依然存在截然对立的学说。物权行为实在论者认为物权行为在生活中，在交易中是现实存在的，不论立法者承认与否，都不能抹杀。该理论最坚定的倡导者孙宪忠认为："如果将移转标的物和价金所有权的合意从买卖合

① 参见徐涤宇《历史地、体系地认识物权法》，《法学》2002 年第 4 期。

② 参见尹田《论物权法定原则的解释及其根据》，《河南省政法管理干部学院学报》2002 年第 4 期。

③ 参见杨玉熹《论物权法定主义》，《比较法研究》2002 年第 1 期。

④ 参见洪海林、石民《物权法定主义研究》，《现代法学》2003 年第 3 期。

同中剥离出来，买卖合同也就不复存在。"① 随着我国市场经济体制的确立和现实交易的复杂化，切割交易过程、区分物权行为与债权行为的必要性日益增强，大多数学者尤其是青年学者都愿意接受该理论。《物权法》回避了物权行为制度，但区分了债权合同的生效和物权变动效力的发生。

物权行为的无因性备受民法学界责难，反对物权行为独立性的论者更对其痛加挞伐。有学者运用德文一手资料，详细梳理了物权行为的无因性制度，并对相关的制度进行了深入研究，结合国内外批驳无因性理论的观点，为无因性作了富有说服力的辩护。②

4. 不动产登记制度

我国不动产登记制度的缺陷很早就为学者所关注。孙宪忠多年研究该制度，呼吁建立完善的不动产登记制度。1996 年，他发表论文分析不动产物权登记的理论基础，探讨具有代表性的德国民法和法国民法的不动产物权登记制度的异同及其理论根基，并提出了我国未来立法的取舍建议。③ 他还率先提出了我国不动产登记的"五个统一"原则，即统一登记的法律依据、统一登记机关、统一登记效力、统一登记程序、在统一不动产登记簿的基础上统一权属证书。④另外也有学者详细讨论不动产登记制度中的各种制度（如异议登记、预告登记、非基于法律行为取得的不动产所有权的登记等），这些研究成果为 2007 年的《物权法》所采纳。

5. 物权请求权

物权请求权作为一项独立的、与债权请求权并列的权利，是物权特有的内容。民法学界以往的讨论重点是物权请求权的性质、诉

---

① 王利明：《物权法论》，中国政法大学出版社 1998 年版，第 49 页。
② 参见田士永《物权行为理论研究》，中国政法大学出版社 2002 年版。
③ 参见孙宪忠《论不动产物权登记》，《中国法学》1996 年第 5 期。
④ 参见孙宪忠《中国物权法总论》，法律出版社 2003 年版。

讼时效等。① 随着侵权责任法立法工作的开展，民法学界讨论的热点是物权请求权与侵权行为请求权的关系，通说是主张区分绝对权请求权和侵权请求权。②

（二）物权法分论

1. 所有权

国家所有权和集体所有权始终是物权法领域的难题。多数观点认为，不应以所有制来区分所有权，而应重新确定公共所有权，承认法人所有权。③ 但另有论文从国家所有权的特性角度，认为对国家所有权的立法应通过统一法律相互联系和配合，按照私法公法化和公法私法化的总体立法思路，采取物权法概括式立法和国有资产管理法列举式立法技术，设置国家所有权制度。④ 在《物权法》的制定过程中，学界曾出现过《物权法》到底姓资还是姓社、有没有违宪，会不会鼓励和纵容国有资产的流失，会不会使非法财产合法化的争论，其核心之一就是国家所有权问题。⑤《物权法》最终延续了《民法通则》的做法，按照公有制区分了所有权类型。

1990 年代以来，建筑物区分所有权成为物权法研究的热点。对这种所有权以及相关的物业管理（服务）、业主自治，学界都有很多研究。《物权法》规定了这一制度，但语焉不详，由此引发了热烈的讨论。2009 年，最高人民法院通过了有关建筑物区分所有权和物业

---

① 相关总结，参见侯利宏《论物上请求权制度》，载梁慧星主编《民商法论丛》（第 6 卷），法律出版社 1997 年版；尹田《论物权请求权的制度价值——兼评〈中国物权法草案建议稿〉的有关规定》，《法律科学》2001 年第 4 期。

② 参见王利明《侵权行为法研究》（上卷），中国人民大学出版社 2004 年版；崔建远《绝对权请求权抑或侵权责任方式》，《法学》2002 年第 11 期。

③ 参见孙宪忠《我国物权法中所有权体系的应然结构》，《法商研究》2002 年第 5 期。

④ 参见周林彬、王烨《论我国国家所有权的立法及其模式选择——一种法和经济学分析的思路》，《政法论坛》2002 年第 3 期。

⑤ 参见巩献田《一部违背宪法的〈物权法（草案）〉》，http：//www. Chinaelections. com，2019 年 7 月 10 日访问。

服务的司法解释，吸纳了学者的合理意见。

善意取得也是热议的问题之一。学者的讨论主要集中在善意取得的构成要件如"善意"的确认、善意取得与物权行为无因性和无权处分的关系等方面。《物权法》第 107 条对传统善意取得制度作了重大革新，规定不动产也可以适用善意取得制度。

2. 用益物权

用益物权是最能体现物权法为解决现代资源紧张与需求紧张矛盾的制度，它体现的是"物尽其用"的物权法价值追求。但在土地公有制的大背景下，如果充分发挥用益物权制度的作用，的确是一个值得深入思考的大问题。

对用益物权的代表性研究之一是建构用益物权体系，如认为我国应从市场经济体制的发展需要、物的利用秩序的公平和稳定、人类生存和发展的需要以及我国物权法的自物权与他物权的权利结构等方面研究我国用益物权制度存在的依据；应当建构含地上权、农地承包权、典权、居住权和地役权等的用益物权体系。[①] 还有论文认为应改造传统的用益权以适应新的需要。其思路是首先认为用益权在现代发生了很多变化：第一，可以有明确的期限。第二，标的物范围扩大。第三，可转让性增强。第四，功能发生了变化。我国民法可以借用用益权的这个"壳"来建构企业用益权、自然资源用益权和空间用益权。[②]

3. 担保物权

担保物权是我国研究较为成熟的一个领域。1990 年代以来，学者讨论主要集中在我国没有规定的担保物权制度上，如涤除权、所有人抵押、物保与人保的竞合、抵押权的期限、法定抵押权（通常

---

① 参见钱明星《我国用益物权制度存在的依据》，《浙江社会科学》2002 年第 2 期。

② 参见屈茂辉《用益权的源流及其在我国民法上的借鉴意义》，《法律科学》2002 年第 3 期。

结合《合同法》第 286 条讨论）、权利质押、担保物权的竞合等。典型的研究之一是对顺位制度的讨论。有论文详细地讨论了顺位的意义、顺位的原则、顺位的形态和顺位的变动。[①]《物权法》集中体现了我国学界有关担保物权研究成果，如担保物权实现条件的改革（第 170 条）、担保的独立性（第 172 条）、物保与人保的竞合（第 176 条）、新种类的权利质押（第 223 条）等。

四　民法债权研究

（一）合同法

合同法是我国民法学界研究时间最长、研究最多的一个领域。1992 年尤其是 1999 年《合同法》通过以来，我国合同法研究进入了一个新阶段，相关作品层出不穷，数量和质量均为可观。

1. 合同效力

1999 年以前，我国对合同效力的研究主要集中在因欺诈、胁迫成立的合同的效力。很多学者认为，这类合同的效力通常应为可撤销合同，《合同法》第 52 条、第 54 条采纳了这一结论。

无权处分被认为是法学上的幽灵，滋生了诸多困扰与纷争。《合同法》第 51 条关于无权处分的规定出台以后，学界对无权处分行为中"效力待定"的行为到底是债权合同还是物权合同产生了重大争议。一种坚持债权合同效力未定说。[②]另一种观点则坚持物权变动效力待定说。毫无疑问，这一争议与是否承认物权行为的独立性有关。不承认物权行为独立性的学者坚持第一种观点，反之则反。1999 年后，民法学界对应缩小无效合同的范围达成了共识。代表性的观点认为，法律行为无效制度以维护社会利益为其出发点，禁止或

---

① 参见常鹏翱《论顺位》，载梁慧星主编《民商法论丛》第 25 卷，金桥文化出版（香港）有限公司 2002 年版。

② 王利明：《论无权处分》，《中国法学》2001 年第 3 期；梁慧星：《物权变动与无权处分》，载梁慧星《为中国民法典而斗争》，法律出版社 2002 年版，第 253 页。

制裁对私法自治原则滥用的行为，修复滥用私法自治的行为对社会造成的损害。减少国家对私法领域的干预，赋予当事人更多的行为自由，缩小无效法律行为的范围，也许应当成为一种指导思想。[①] 大量论文还借鉴传统民法上"效力规范"与"取缔规范"的区分，创造出各种名称的规范类型区分，以限制该条规范的适用范围。还有论文进一步认为，违法中的法律应仅限于公法，应区分违反公法导致的无效与违反私法的"不生效"（国家并不制裁这类行为，只是在当事人发生纠纷时作为裁判规范）。[②]《合同法司法解释（二）》第 14 条吸收了学者的研究成果，对违反管理性法律的合同不作无效处理。

2. 合同履行

在合同履行方面，民法学界关注的核心问题主要有：

第一，预期违约与不安抗辩权。我国《合同法》第 94 条、第 108 条引入了英美法上的预期违约制度，第 68—69 条又规定了不安抗辩权制度。两者的功能类似，应如何区分是民法学界关注的一个焦点问题。有学者讨论了两者在适用上的区分，认为合同法只规定了预期拒绝履行为预期违约，并没有确认也没有必要确认预期不能履行为预期违约。在合同法中，后者相当于大陆法中的难为对待给付，则分别由不安抗辩权、顺序履行抗辩权和同时履行抗辩权予以调整。预期违约发生后，债权人可以选择承认预期违约，也可以选择不承认。但是这种选择权应当受到限制。[③]

第二，涉他合同（为第三人利益合同），即订约当事人并非为了自己设定权利，而是为第三人的利益所订立的合同。合同将对第三

[①]　参见张广兴《法律行为之无效——从民法通则到民法典草案》，《法学论坛》2003 年第 6 期；解亘《论违反强制性规定契约之效力——来自日本法的启示》，《中外法学》2003 年第 1 期。

[②]　参见谢鸿飞《论法律行为生效的"适法规范"——公法对法律行为效力的影响及其限度》，《中国社会科学》2007 年第 6 期。

[③]　参见蓝承烈《预期违约与不安抗辩的再思考》，《中国法学》2002 年第 3 期。

人发生效力。争论的重点主要集中在《合同法》第 64 条是否赋予了第三人以独立的请求权。① 也有博士论文专门讨论了这一问题的理论脉络和立法例。②

3. 违约责任

在违约责任方面，民法学界研究的重点是：第一，可预见规则。有论文认为，这一规则与合同法中的诸多理念都有冲突，并从全面赔偿原则、立法比较、违约归责原则、因果关系和理论构成等方面论述了这一规则③，它更有利于对债权人利益的保护。④ 第二，违约行为是否可以适用精神损害赔偿。主流的观点认为，在一定情形下必须给予因违约遭受非财产损害的当事人以赔偿，并提出了违约非财产损失的类型化。⑤ 第三，违约金的适用。有论文认为，原则上宜将对于迟延履行及不完全履行所约定的违约金，视为相应的赔偿额的预定。⑥

4. 合同法分则

民法学界对合同法分则的深入研究不多。这方面的专著主要有郭明瑞、王轶的《合同法新论·分则》（中国政法大学出版社 1997年版）；刘家安的《买卖的法律结构》（中国政法大学出版社 2003年版）；易军、宁红丽的《合同法分则制度研究》（人民法院出版社 2003 年版）；方新军的《现代社会中的新合同研究》（中国人民大学出版社 2005 年版）等。学术界对新型合同的研究较多。典型的研究

---

① 参见尹田《论涉他契约——兼评合同法第 64 条、第 65 条之规定》，《法学研究》2001 年第 1 期。

② 参见张家勇《为第三人利益的合同的制度构造》，法律出版社 2007 年版。

③ 参见蓝承烈、闫仁河《论违约损害赔偿的合理预见规则》，《民商法论丛》第 24卷，金桥文化出版（香港）有限公司 2002 年版。

④ 参见蓝承烈、闫仁河《合理预见规则比较研究》，《学习与探索》2000 年第 4 期。

⑤ 参见程啸《违约与非财产损害赔偿》，载梁慧星主编《民商法论丛》第 25 卷，金桥文化出版（香港）有限公司 2002 年版。

⑥ 参见韩世远《履行迟延的理论问题》，《清华大学学报》（哲学社会科学版）2002 年第 4 期。

如：有论文对旅游合同作了全面的研究，研究了双方当事人的权利义务、旅游给付中的第三人、旅游合同的变更和解除、旅游合同的违约行为和精神损害赔偿请求权、旅游时间浪费请求权、旅游合同与格式合同。① 这些对生活中大量出现的、合同法又没有规定的合同的研究，可以为制定民法典提供有益的参考。

（二）侵权法

与合同法相比，侵权法是我国债法研究相对薄弱的部分。但1995年以后，尤其是因《侵权责任法》起草的推动，侵权法研究也取得了骄人的成绩。侵权法研究的主要内容包括：

1. 侵权法的一般条款

侵权法的一般条款是指在成文法中居于核心地位的，构成一切侵权请求权之基础的法律规范。② 如何确定侵权法的一般条款是一个重大的理论和时间问题。近年来，学术界对此讨论较多。一般认为，"一般条款＋类型化"已成为当代侵权法发展的一种趋势。但欧陆各国侵权法的一般条款有不同模式，究竟应采取何种模式，学者之间争议较大。有学者认为，应采取"全面的一般条款＋全面列举"的模式。③ 还有学者认为应采取有限的一般条款。一般条款除了涉及侵权行为的构成要件，还涉及法益的保护问题。

2. 纯粹经济损失

纯粹经济损失是近年来的一个研究热门，它涉及侵权法所保护的权益范围问题。有论文认为，纯粹经济上损失主要类型包括：专业人士对委托人承担的过失侵权责任、行为人因过失陈述对第三人承担的侵权责任、因建筑物或产品瑕疵导致的纯经济损失赔偿责任、

---

① 参见宁红丽《旅游合同研究》，载梁慧星主编《民商法论丛》第22卷，金桥文化出版（香港）有限公司2002年版。

② 参见张新宝《侵权行为法的一般条款》，《法学研究》2001年第4期。

③ 参见张新宝《侵权法立法模式：全面的一般条款＋全面列举》，《法学家》2003年第4期。

因侵犯他人的相关经济损失而承担的过失侵权责任。① 学者一致的意见是，纯粹经济上损失不可能都受保护，也不能一概不保护，而应采取严格限制的立法与司法策略。但应如何限制，则有不同观点。有学者认为，在立法上应以违反善良风俗之要件限制；司法认定因果关系应采取"近因原则"，受害人只能请求对方赔偿直接损失。②

3. 违法性、过错与因果关系

违法性与过错的关系是侵权行为构成要件中最为复杂的问题之一。学术界对违法性要件是否应独立一直存在争议。多数学者主张违法性应独立。有论文阐述了独立的理由：违法性的含义与功能不同于过错；正当化事由的理论依据只能是违法性；承认违法性有助于设计仅以违法性而不以过错为要件的规则；对侵害绝对权益之外的其他权益的违法行为做出类型化规定；回应并推动相关司法实践。③ 也有学者指出，与评价行为人的主观心态的过失不同，违法性涉及客观层面上是否有法律所保护的利益受到侵害。此外，该要件还具有划定行为自由空间、保障正当利益以及型塑权利的功能。④

目前，学术界普遍接受了相当因果关系说与责任构成和责任范围的因果关系的两分。对因果关系与过错的关系也有了深入研究。

4. 侵权损害赔偿

侵权损害赔偿的热点和重要问题主要有：第一，惩罚性赔偿制度。该制度与完全赔偿原则相悖，因此为大陆法所排斥。有学者建议引入英美法上的这一制度。⑤ 还有学者从侵权法的社会功能角度予以

---

① 参见张民安《因侵犯他人纯经济损失而承担的过失侵权责任》，载梁慧星主编《民商法论丛》第 25 卷，金桥文化出版（香港）有限公司 2002 年版。

② 朱广新：《论纯粹经济上损失的规范模式——我国侵权行为法对纯粹经济上损失的规范样式》，《当代法学》2006 年第 5 期。

③ 参见张金海《论违法性要件的独立》，《清华法学》2007 年第 4 期。

④ 参见叶金强《侵权构成中违法性要件的定位》，《法律科学》2007 年第 1 期。

⑤ 参见王利明《美国惩罚性赔偿制度研究》，载张新宝主编《侵权法评论》2003 年第 2 辑，人民法律出版社 2003 年版。

反驳，认为惩罚功能在侵权法中已消失，我国不应当引入惩罚性赔偿制度。① 第二，"同命不同价"问题。我国对死亡赔偿采取的是完全客观—抽象标准，对死亡赔偿研究也较少。但围绕《人身损害赔偿司法解释》第 29 条规定的所谓"同命不同价"问题，社会各界展开了激烈地讨论。有学者指出，侵害生命权的法律后果并不是对生命本身进行所谓的"命价赔偿"。当前中国的立法和司法实践采用的是一种"改良"了的继承说。② 但学术界对这一问题的深入探讨尚不多见。

5. 特殊侵权行为

近年来，我国学术界对特殊侵权行为的讨论主要集中在以下几个方面：第一，雇主责任。以前学术界讨论较多的是其归责原则，近年来关注较多的是雇主责任中的特殊问题如劳务派遣等。③第二，机动车交通事故责任。围绕《道路交通安全法》第 76 条以及我国的交强险制度，学者展开了较多讨论。还有学者讨论了实务中很重要的责任主体问题。④ 第三，专家责任，尤其是专家第三人责任，成为我国侵权法研究的重点，并呈现深入和细化的趋势。第四，医疗事故责任。第五，网络侵权责任。

第四节　民法学的繁荣期
（2012—2019）

一　《中共中央关于全面推进依法治国若干重大问题的决定》 与民法学研究

《中共中央关于全面推进依法治国若干重大问题的决定》 提出

---

① 参见尹志强《侵权行为法的社会功能》，《政法论坛》2007 年第 5 期。

② 参见姚辉、邱鹏《论侵害生命权之损害赔偿》，《中国人民大学学报》2006 年第 4 期。

③ 参见张玲、朱冬《论劳务派遣中的雇主责任》，《法学家》2007 年第 4 期。

④ 参见程啸《机动车损害赔偿责任主体研究》，《法学研究》2006 年第 4 期。

"加强市场法律制度建设，编纂民法典"的要求，党的十八届四中全会决定编纂民法典，几代民法学人的"民法典梦"终于成真，民法学界也迎来了学术之春。在党的十八大之后，中国民法学研究的体系化特征更为突出。民法学理论的体系化首先体现为合同法、物权法和侵权法一体研究，将财产法的逻辑一以贯之。其次体现为越来越多的民法学者开始关注婚姻家庭法，并将它和财产法作通盘考量。这种体系化的思考不仅将不再使婚姻法和继承法游离于民法之外，使民法真正成为社会的基本法，而且使民法典全部规则体系化，使民法理念在各领域尽可能一致。

这一时期，民法学研究出现了解释论和立法论并存的格局，以服务于民法典编纂大业。民法学研究也涉及民法典总则和分则的全部重要内容。

二　民法典研究

中国民法学界对起草民法典学者建议稿一直充满着高昂的激情。最有代表性的是中国社会科学院法学研究所梁慧星和中国人民大学王利明各自主持的学者建议稿。这些建议稿都在 21 世纪初陆续出版。

（一）民法典的体系

民法典之所以成为法典，一个重要的原因就是其突出的体系性。在这一时期，学界对民法典体系进行了深入思考。现代民法典面临的最大挑战来自特别民法的兴盛，早在 2008 年，民法学界即召开了"民法法典化、解法典化和反法典化"的国际会议（后来同名文集由中国政法大学出版社出版）。为破解这一难题，有学者认为，消费者法与劳动者法是否纳入民法典，是两者关系的核心。中国未来民法典既应成为纯粹的私法，又应纳入并整合政策型特别民法并可选择不同方式成为"市民社会"的基本法，以期能有实质创新并可垂范久远。①

（二）人格权独立成编之争

人格权编应否独立成编，是中国民法典编纂过程中争议最热烈的问题，也是相当具有中国民法学特色的问题。王利明在《法学研究》2003 年第 2 期发表的《人格权制度在中国民法典的地位》一文，是较早系统提出该问题的影响甚广的研究文献。虽然学界对人格权的重要性不存在任何争议，但人格权编应否独立，民法学界的看法则迥异。

主张人格权独立成编的主要理由包括：强化对人格权的全面保护，将人格权问题交给判例解决，赋予法官过大的裁量权，不利于保护人格权②；应承认"人格权法定"，对人格权进行细化规定③；侵权法无法全面保护人格权。④

反对意见主要从人格权的特性和民法典的体系入手。首先，人格权与人格有本质联系，与其他民事权利有本质区别。人格权单独设编会违反民法典总则与分则的逻辑关系。⑤ 其次，人格权无法法定，必须坚持人格权的动态、多元发展。⑥ 最后，人格权概念的不确定性，对人格权的民法表达有重大影响。⑦

三　民法总则研究

（一）民事主体

法人性质定位是民法典法人立法体系化的理论前提。有学者指

---

① 谢鸿飞：《论民法典与特别民法关系的建构》，《中国社会科学》2013 年第 2 期。

② 王利明：《再论人格权的独立成编》，《法商研究》2012 年第 1 期；王利明：《独立成编的人格权法与侵权责任法的关系》，《社会科学战线》2012 年第 2 期。

③ 参见张平华《人格权的利益结构与人格权法定》，《中国法学》2013 年第 2 期；易军《论人格权法定、一般人格权与侵权责任构成》，《法学》2011 年第 8 期。

④ 黄忠：《人格权法独立成编的体系效应之辨识》，《现代法学》2013 年第 1 期。

⑤ 梁慧星：《中国民法典中不能设置人格权编》，《中州学刊》2016 年第 2 期。

⑥ 沈云樵：《质疑人格权法定》，《环球法律评论》2013 年第 6 期。

⑦ 邹海林：《再论人格权的民法表达》，《比较法研究》2016 年第 4 期。

出，我国民法典应以实在说为基础，承认法人是社会行动的基本单位，重点规范法人的团体性要件，并确认法人全面的法律能力。对法人行为的合法性调控应由公法或民事特别法完成。①

《民法总则》编纂过程中，法人应如何分类是争议最大的问题之一。有学者指出，《民法总则》之所以最终采用营利法人和非营利法人的法人元分类，一是对《民法通则》传统的继承，二是为解决实践中的非营利法人问题，具有合理性。营利法人的一般规定实质上发挥了商法典总则的部分功能。法人分类与法人形态法定主义有密切联系。社团法人和财团法人的分类是法人的构造维度的分类，两者之间的差异在减少，并重叠。我国应制定一部《非营利法人法》，以弥补这些缺陷。②

（二）法律行为

《民法总则》第 146 条第 1 款是我国民法第一次规定虚假民事法律行为效力的规范，确立了行为人与相对人以虚假的意思表示实施的民事法律行为无效的规则。有学者指出，双方当事人对虚假的意思表示的表达须有通谋。当事人从事虚假民事行为往往是为了欺骗第三人，故虚假民事法律行为的法律后果是无效，但是不得对抗善意第三人。③ 对实务中出现的适用《民法总则》"通谋虚伪表示"第一案，有学者不赞同该判决，认为通谋虚伪表示系真意主义的逻辑产物，在本质上与贯彻表示主义的票据法体系相悖。④

---

① 参见谢鸿飞《论民法典法人性质的定位——法律历史社会学与法教义学分析》，《中外法学》2015 年第 6 期。

② 参见王涌《法人应如何分类——评〈民法总则〉的选择》，《中外法学》2017 年第 3 期。

③ 参见杨立新《〈民法总则〉规定的虚假民事法律行为的法律适用》，《法律科学》2018 年第 1 期。

④ 参见曾大鹏《〈民法总则〉"通谋虚伪表示"第一案的法理研判》，《法学》2018 年第 9 期。

（三）其他主题

《民法总则》规定了对个人信息的保护。有学者指出，无论将个人信息理解为权利还是利益，都不妨碍法律将其确定为自然人的人身非财产性质的人格权（权益）且具有支配性特征；其义务主体负有相应的作为和不作为义务。目前以刑法手段保护个人信息走在了前面，而用民事手段保护个人信息的效果尚未彰显。需要探讨民事司法保护个人信息的积极作用，同时从民法分则和制定《个人信息保护法》两方面强化个人信息的立法保护。①

《民法总则》第185条是英烈人格利益保护制度的特别规则。有学者认为，其理论基础为近亲属保护兼采社会公共利益，英雄应解释为英勇献身的英雄和自然身故的英雄；烈士以评定为依据。该条的保护范围仅限于姓名、肖像、名誉和荣誉人格利益，包括精神利益和财产利益。为保证民法的体系自洽性，本条可在民法典分则中进行细化规定，并在统编民法典时不再规定于总则编。②

四　民法物权研究

（一）物权总则

《物权法》第23条规定的交付原则是动产所有权变动的生效要件，它在物权法与合同法领域都具有重要的地位。有学者认为，本规定的目的在于明晰交付的概念，突出当事人意思在其中的作用，而非无意识的纯粹客观行为。交付在有形交付的框架下被理解为行为人有意识地取得占有和丧失占有的事实行为，而非法律行为。③ 对动产占有的公示，有学者指出，现代社会中，动产占有无法真正公

① 参见张新宝《〈民法总则〉个人信息保护条文研究》，《中外法学》2019年第1期。
② 参见刘颖《〈民法总则〉中英雄烈士条款的解释论研究》，《法律科学》2018年第2期。
③ 庄加园：《动产所有权变动中的"交付"》，《环球法律评论》2014年第3期。

示动产物权，而且针对动产物权的存在也没有合适的公示方式。动产物权移转中的交付不应被解释为物权变动的公示方式，应从功能和利益平衡的视角去论证动产变动的交付原则。占有推定权利制度和所谓的动产公示、公信无关。动产善意取得制度的基础不在于出让人占有的公信力。动产善意取得的法外基础是对交易安全的保护。①

（二）所有权

对我国法上统一的、唯一国家所有权规则，有学者认为，它在理论上悖谬困窘，无法自圆其说，实践中导致国有资产保护极度乏力。从概念和逻辑上来说，无论是在国际法还是在国内法上，国家与全民均不能等同，因而，国家所有权与全民所有权不可能同义，抽象的国家无法成为民法上具体物的所有权主体。应尽速废止童话式的统一唯一国家所有权理论，代之以符合民法科学原理的公法法人所有权理论。②

（三）用益物权

2014 年以来，"三权分置"成为物权法学研究的重点。学界普遍认为，"三权分置"是中国农地权利制度的既定政策选择。③ 如认为"两权分离"制度自始就存在制度理念重效率而轻公平、制度体系重利用而轻所有、权利设计重土地承包经营权而轻其他农地使用权的制度缺陷，致使现行农村土地法律制度的发展障碍重重。"三权

---

① 纪海龙：《解构动产公示、公信原则》，《中外法学》2014 年第 3 期。

② 孙宪忠：《"统一唯一国家所有权"理论的悖谬及改革切入点分析》，《法律科学》2013 年第 3 期。

③ 蔡立东、姜楠：《农地三权分置的法实现》，《中国社会科学》2017 年第 5 期；丁文：《论土地承包权与土地承包经营权的分离》，《中国法学》2015 年第 3 期；耿卓：《农地三权分置改革中土地经营权的法理反思与制度回应》，《法学家》2017 年第 5 期；温世扬、吴昊：《集体土地"三权分置"的法律意蕴与制度供给》，《华东政法大学学报》2017 年第 3 期；高圣平：《农地三权分置视野下土地承包权的重构》，《法学家》2017 年第 5 期。

分置"的农村土地权利结构实为集体土地所有权、成员权、农地使用权三权并立，是保障农村集体经济和农村集体经济组织成员权利之有效实现的重大政策举措，也是力促统分结合的双层经营体制落到实处的有力工具。[①] 但有学者也提出了质疑，如认为它在理论上不能成立，实践上无法实施；或认为它以政治语言代替法律术语的臆断，与现代农地制度日渐精细化、规范化构造的趋势并不吻合。[②]

对"三权分置"应如何实现，学界也提出了具体意见。如认为依循多层权利客体的法理，经营权乃是土地承包经营权人设定的、以土地承包经营权为标的的权利用益物权，其与土地承包经营权属于不同层次客体上存在的用益物权，可以同时成立而并不冲突。[③] 但是，对三权分置的内容，学界的看法还不统一。有学者认为，在权利主体、权利内容、权利性质以及侵权形态、救济方式和责任方式等方面，土地承包权与土地承包经营权均存在较大差异，两者应当分离。土地承包经营权包含土地承包权已造成理论上的混乱与纷争，导致土地承包经营权的功能超载，妨碍土地承包经营权的有序流转，影响承包人土地权益保护等不利影响，两者必须分离。[④] 另有学者认为，"三权分置"中集体所有权有别于传统集体所有权，其权能集中表现为处分权能：设定承包权，或者在承包权、经营权消灭时对农地进行全面支配；承包权具有两权分置下所有权和土地承包经营权的部分权能；经营权则具有土地承包经营权的部分权能。从土地承

[①] 高飞：《农村土地"三权分置"的法理阐释与制度意蕴》，《法学研究》2016年第3期。

[②] 参见丁关良《承包经营权流转法律制度研究》，中国人民大学出版社2011年版，第284页；陈小君《我国农村土地法律制度变革的思路与框架：十八届三中全会〈决定〉相关内容解读》，《法学研究》2014年第4期。

[③] 参见蔡立东、姜楠《承包权与经营权分置的法构造》，《法学研究》2015年第3期。

[④] 参见丁文《论土地承包权与土地承包经营权的分离》，《中国法学》2015年第3期。

包经营权中分离出来的土地经营权应与土地所有权权能意义上的使用权区分开，将其作为法律制度创制的新的私权。①

（四）担保物权

《物权法》有关担保物权的规定相对于《担保法》有长足的进步，然而也存在较多问题。在这一领域，学者较为集中讨论的问题包括：

1. 混合共同担保

《物权法》第 176 条规定的同一债权存在的不同担保方式时的债权实现规则被学界称为"混合共同担保"②，但因该条并未规定担保人之间的相互追偿权，引发了学界的热议。较多学者认为，共同担保的性质决定了它可以适用连带责任，因此担保人之间可以相互追偿。首先，多个担保人担保同一债权时，符合连带责任中"多人一债"的要求；其次，共同担保和连带责任中的权利人均只能获得一次清偿；最后，也是最重要的，共同担保中的多个债务居于"同一层次"。这既体现为担保人均追求担保债权的共同法效意思，也体现为各担保人的债务或责任性质相同。③

2. 让与担保、流质条款

让与担保作为一种非典型担保，历来为学界关注。有学者认为，动产抵押和动产让与担保各有其法律构成、实行方法和其他制度特点，两者之间可以并存，在中国民法典中可以同时规定这两种制度。动产让与担保应构造为担保权，并以登记作为公示方法。声明登记

①　参见李国强《论农地流转中"三权分置"的法律关系》，《法律科学》2015 年第 6 期。

②　参见高圣平《混合共同担保之研究——以我国〈物权法〉第 176 条为分析对象》，《法律科学》2008 年第 2 期；耿林《比较法视野下的混合共同担保》，《江汉论坛》2017 年第 6 期。

③　参见程啸《混合共同担保中担保人的追偿权与代位权——对〈物权法〉第 176 条的理解》，《政治与法律》2014 年第 6 期；黄忠《混合共同担保之内部追偿权的证立及其展开——对〈物权法〉第 176 条的解释论》，《中外法学》2015 年第 4 期。

制之下，登记的内容较少，采行登记公示不会过分暴露当事人的经济状况，在登记系统电子化改造之后，登记成本亦在可控范围，不会增加担保交易的总体成本。动产让与担保权的实行方法应由当事人约定，但不得排除清算义务；未作约定或约定不明的，应采行归属清算的方法。①

晚近以来，有学者提出了"后让与担保"概念。有学者认为，目前司法实践中存在的以商品房买卖合同为借贷合同进行担保的新型担保形式，是一种正在形成的习惯法上的非典型担保物权。这种新型担保物权与让与担保产生的背景和发展过程基本一致。应当确认这种习惯法上的非典型担保物权，并对其进行规范，使其能够更好地为经济发展服务，为企业的融资进行担保，以发挥其应有的作用。② 但反对意见认为，正如让与担保不能独立存在一样，后让与担保也没有独立存在的个性和价值。究其实质，后让与担保是抵押权的一个变形，《物权法》担保权编关于未来物上的抵押权的规定已经涵盖了这一担保物权形式。③

（五）占有

《物权法》不仅承认了独立的占有保护，而且还规定了侵害占有的损害赔偿。有学者以分析该损害赔偿规范的属性为切入点，检讨占有侵害是否适用一般侵权行为规则，侵害何种形式的占有会产生损害赔偿义务，以及占有损害的范围如何确定等问题，旨在论证侵害占有的损害赔偿规范并非独立的请求权基础，而系参引过失侵权规则。从法律效果与规范目的观察，对单纯占有的侵害无法构成侵权行为，也不存在可得赔偿的"占有损

---

① 高圣平：《动产让与担保的立法论》，《中外法学》2017 年第 5 期。

② 参见杨立新《后让与担保：一个正在形成的习惯法担保物权》，《中国法学》2013 年第 3 期。

③ 参见董学立《也论"后让与担保"——与杨立新教授商榷》，《中国法学》2014 年第 3 期。

害"，因为单纯占有无归属内容。有收益权限的占有人虽可请求损害赔偿，但得主张者实为"权利损害"，损害赔偿的范围也须以权利的内容为断。换言之，单纯占有不受侵权法保护，不存在真正意义上的"占有损害"①。

五　民法债权研究

（一）合同法研究

1. 合同法总则

预约是当事人订立合同的重要方式并在实践中广泛采用。预约合同是一种独立的合同。最高人民法院《关于审理买卖合同纠纷案件适用法律问题的解释》第 2 条首次在法律上正式承认了预约合同，具有重要意义。有学者认为，预约合同在是否具有订立本约合同的意图、包含订立本约合同及一定期限内订立合同的内容、受意思表示拘束、交付定金等方面有别于订立合同的意向。只有具备预约合同条件的订约意向书才能认定为预约合同。预约合同和本约合同在是否具有设定具体法律关系的意图及合同内容上有所不同。违反预约合同构成独立的违约责任一般有定金责任、实际履行责任、损害赔偿责任及合同解除责任。②

情事变更原则与不可抗力制度、可变更可撤销合同制度一起，构成了公平、诚信解决合同纠纷的制度体系，情势变更原则具有独立的制度价值。有学者指出，情事变更与不可抗力规范的生活事实存在交集，在规范当事人没有承受的、支配领域外的风险上，二者具有共同性。在"二元规范模式"下，应思考各自免责、合同变更及解除的规范基础。在情事变更与不可抗力"规范竞合"的场合，解释论上可将《合同法司法解释二》第 26 条作为特别法，排斥当事

---

① 吴香香：《论侵害占有的损害赔偿》，《中外法学》2013 年第 3 期。
② 王利明：《预约合同若干问题研究——我国司法解释相关规定述评》，《法商研究》2014 年第 1 期。

人的自由选择。①

2. 合同法分则

民法学界似乎不太愿意在合同法分则研究上付出过多的注意力，或许因为是合同分则的研究所涉问题缺乏学理性或过于细碎，而将合同分则的理论解说让渡给了法律实务界。

《合同法》第229条规定的买卖不破租赁一直是我国合同法学研究的重点。有学者认为，它确立的是契约地位承受模式，并非消极的承租人对抗模式。应确立租赁标的物所有权变动的通知义务，以保障承租人的知情利益。原出租人预先收取租金时，应肯定标的物交付后受让人对于原出租人的不当得利请求权或返还原物请求权，承租人则得以对原出租人的清偿对抗受让人的租金请求。② 出租人的维修义务是租赁合同中的重要问题。有学者认为，除租赁物有维修的必要性与可能性外，还须租赁物瑕疵因不可归责于承租人的事由所致。从性质来看，维修兼有义务属性与权利属性，不是主给付义务，修缮义务产生并也不意味着出租人违约。③

由于融资租赁合同是合同法新设的有名合同，学界对融资租赁合同的法律构成一直存在争议。有学者认为，融资租赁合同是由法律规定的、单一的、独立的有名合同。单一合同说则有利于克服三方结构说引发的争议。如融资租赁合同何时成立？何时生效？买卖合同和融资租赁合同在效力上有什么相互影响？④ 融资租赁的认定依形式主义与实质主义有所不同。形式主义依照表象认定融资租赁：实质主义从经济实质入手，将融资租赁区分为一般租赁与动产担保

---

① 韩世远：《情事变更若干问题研究》，《中外法学》2014年第3期。

② 周江洪：《买卖不破租赁规则的法律效果——以契约地位承受模式为前提》，《法学研究》2014年第5期。

③ 宁红丽：《租赁物维修义务的法律构造——基于对我国司法案例的分析》，《清华法学》2013年第5期。

④ 高圣平、王思源：《论融资租赁交易的法律构造》，《法律科学》2013年第1期。

两种样态。我国理论与实务界试图矫正形式主义的弊端，但效果不甚理想。需要在破产法司法解释中纳入实质主义，在租赁物登记与法官专业性等方面配合实质主义的实践。①

（二）侵权责任法研究

1. 侵权责任法总则

我国民法多处规定了法定补偿义务。有学者认为，在公法和社会法领域内，法定补偿义务作为债的独立类型由来已久。从解释论角度出发进行分析，侵权责任法若干条款规定的补偿义务、分担损失规则以及"有财产的无民事行为能力人、限制民事行为能力人造成他人损害的，从本人财产中支付赔偿费用"等，都属有关法定补偿义务的规定。它们与民法通则及最高人民法院相关司法解释确认的法定补偿义务一起，构成我国民法中独立类型之债。②

共同危险行为的一大特征是受害人无法确定共同危险侵权的具体加害人。有学者认为，从对危险行为人进行惩罚和重点保护受害人理念出发，法律应规定由所有危险行为人对受害人的损害承担责任。在确定共同危险侵权人承担责任前提下，需要进一步研究哪种责任承担方式更为合理。③

2. 侵权责任法分则

《侵权责任法》第 37 条第 2 款规定的第三人侵权和安保义务人侵权结合造成损失时，安保义务人承担"相应的补充责任"。赞成者认为，补充责任的正当性在于，一方面，它顺应了现代侵权法扩大作为义务的潮流，因应了复杂社会中强化受害人保护的需求；另一方面，它通过第三人和安保义务人承担责任的法定序位，将安保义务人责任范围限于其自身过错又赋予其对第三人的追偿权，避免了

---

① 张钦昱：《论融资租赁中的破产》，《政法论坛》2013 年第 4 期。

② 王轶：《作为债之独立类型的法定补偿义务》，《法学研究》2014 年第 2 期。

③ 郭辉：《共同危险侵权责任之法律重构——按份责任对连带责任的替代》，《法律科学》2014 年第 1 期。

连带责任和按份责任的终局责任分配困境，更能实现受害人和加害人之间的利益衡平，彰显公平原则的要求。[1] 反对者则诉诸自己责任、全部赔偿之类的侵权法基本理念和可能在实务中产生当事人的道德风险，[2] 或委婉地指出，作为直接加害人的第三人与安全保障义务人之间应成立不真正连带债务关系，否则将违背"类似问题类似处理"平等原则。[3] 鉴于补充责任与其他多数人责任形态的复杂关联，补充责任到底在多大程度上具有中国特色，亦存在争议。[4]

《侵权责任法》第87条规定的高空抛物致人损害赔偿责任，一直是我国学界争议的焦点。有学者认为，其适用对象仅限于归属不明的抛掷物或者坠落物致损案件，且该条的适用对象严格限于法律明确列举的范围，其他加害人不明的致损情形不得类推适用第87条的规定。无论受害人是否实际购买意外保险，法官在确定损害赔偿范围时都应该在损害总额中扣减通常情况下可得的保险赔偿金，以求最大限度地降低第87条的负面影响。多数建筑物使用人承担责任的形态也应类推适用《侵权责任法》第12条，以按份责任为宜。[5]

第五节　民法学 70 年的总结与展望

中华人民共和国成立 70 年来，几代中国民法学人齐心勠力，以

---

① 张新宝：《我国侵权责任法中的补充责任》，《法学杂志》2010 年第 6 期；王竹：《补充责任在〈侵权责任法〉上的确立与扩展适用——兼评〈侵权责任法草案（二审稿）〉第 14 条及相关条文》，《法学》2009 年第 9 期。

② 张民安：《人的安全保障义务理论研究：兼评〈关于审理人身损害赔偿案件适用法律若干问题的解释〉第 6 条》，《中外法学》2006 年第 6 期。

③ 周友军：《侵权法学》，中国人民大学出版社 2011 年版，第 207 页。

④ 孙维飞：《论安全保障义务人相应的补充责任——以〈侵权责任法〉第 12 条和第 37 条第 2 款的关系为中心》，《东方法学》2014 年第 3 期。

⑤ 韩强：《论抛掷物、坠落物致损责任的限制适用——〈侵权责任法〉第 87 条的困境及其破解》，《法律科学》2014 年第 2 期。

传统民法学为基础，结合中国的社会情势和域外最新法制，初步建立了中国民法学理论体系，为中国民事立法和民法典的编纂奠定了理论基础。中国民法学虽谈不上"中国学派"，但它诞生的社会土壤决定了它具有和域外民法学不同的精神特质。这可从如下四对关系把握。

1. 普遍与特殊。毋庸置疑，任何国家的民法都存在普遍与特殊的对立，偏执任何一端都会出现问题。不当偏重特殊，可能导致民法学为不合理的制度和规则辩护，使社会错失改革和进步良机，国有企业的产权属性问题已成明日黄花，即为明证。过分强调普遍，又可能使民法学脱离经济和社会的现实需求，甚至背离中国人的人生和人心，甚至戕害其法感情。整体上看，中国民法学更偏重更具有普遍色彩的财产法主题，对中国元素的挖掘程度尚不理想。直到今天，民法学还是未从体系角度充分关注婚姻家庭法和继承法，更很少触及财产法和婚姻法在价值取向和规则逻辑上的根本差异。

2. 守成与创新。中国民法学界一直有创新的冲动和激情，对互联网框架下的新型交易形态、社会变迁后弱势群体的特殊保护着墨较多，力图回应新时代对民法的挑战。但是，对变动中的社会是否形成了对新规则的共识，对社会新需求对民法的挑战，回应却略显不够。在没有耐心体察社会变迁和深入研判既有理论时，过度追求创新的路径往往是提出令人眼花缭乱的概念，或者简单粗暴地推翻陈说。如此不仅使学界无法达成共识，而且还动摇已经达成的共识，殊不足取。

3. 抽象与具体。中国民法学最丰满的内容是有关总则的研究，包括民法总则、物权法总则、合同法总则、侵权责任法总则等。相对来说，对分则的研究相对薄弱尤其是合同法分则。比如，对实践中大量存在的建设工程合同以及普遍采用的招标投标程序，民法学界惜墨如金；对商事实践中新兴的特许经营合同、保理合同等，也鲜有专题研究。然而合同法总则的研究作品可谓汗牛充栋，重复研究比比皆是。分则门可罗雀和总则门庭若市的强烈对比，也暴露了中国民法学至今还是欠缺对细节的研精覃思。

4. 价值与技术。在价值领域，70 年来，中国民法学界最重要的贡献之一，是始终努力厘定国家管制与私人自治的正当边界。与传统民法学相比，中国民法学在接纳价值方面从善如流，而且通过价值理性尽可能克服了传统民法学的技术理性的积弊。但在处理价值与技术的关系时，它还存在两个问题：一是在设定具体规则时，要么未能充分意识到不同价值之间的抵牾，要么简单按照价值优序方法来处理，忽视了各种价值同样为法律珍视。二是过度重视对社会经济领域的价值，忽视了非经济领域的价值，甚至遗忘了民法组织社会成员和整合社会的重要功能。

如果中国民法学 70 年有个永恒主题，它一定是民法典。中国拥有一部立于世界民法典之林的民法典，是几代民法学人的夙愿。民法典和单行法最大的区别在于体系化程度，70 年来中国民法学的努力方向，恰好是建构民法理论体系。在中国民法典编纂紧锣密鼓进行之际，民法学人面临的最紧迫任务，当是达成共识并建构更完善的民法学体系。

第 十 章

和谐时代的婚姻家庭法学

第一节　婚姻家庭法学发展概述

在我国当下法学体系中，婚姻家庭法学（亲属法学）是民法学的组成部分。由于婚姻家庭法学在民法学中具有相对独立的性质，加之我国法学研究的传统分工，婚姻家庭法学一直是我国法学体系中重要的分支学科。

70 年来，中国婚姻家庭法学研究与经济社会发展阶段相伴前行，与国家立法活动紧密相连。创建于 20 世纪 50 年代的中国婚姻家庭法学学科，经历了 20 世纪 60 年代中期至 70 年代中期的停滞之后，在 1978 年以来的 40 年间，伴随社会体制转型、市场经济不断深入、民众婚姻家庭观念转变，获得了无限生机与活力。回顾中华人民共和国成立以来历经坎坷的法制史和备尝艰辛的法学史，比之民法以及其他部门法的社会待遇，比之民法学以及其他部门法学的历史境遇，不能不说婚姻家庭法是法律领域、婚姻家庭法学是法学领域的"幸运异数"。① 因

---

① 在《现代汉语词典》中，"异数"一词是指"特殊的情况；例外的情形"。

为即使是在法律荒废、法学荒芜的时期，婚姻家庭法与婚姻家庭法学仍得到另眼看待，在制度上得以长期存续，在理论上得到延续发展。

中华人民共和国成立之初的婚姻家庭立法继承革命根据地时期立法传统①，并受到苏联民事立法体例和民法理论影响，将调整人类自身生产和再生产领域内平等主体间的人身关系和财产关系的婚姻家庭法从民法中分离出来，作为一个独立部门。1950 年，在民法典尚未出台之际，国家率先颁布实施《婚姻法》，它幸运地成为共和国法律大家庭中的"头生子"。通过对 1950 年《婚姻法》的实施、宣传、研究与教学，婚姻家庭法学渐次作为一个独立的法学分支学科，独立于民法学科之外。1950 年《婚姻法》对婚姻家庭法学体系的形成起到重要的纲领性作用。当时一些大学编写出版的婚姻法教材，基本依照这部法律的体例编排②，而非直接照搬苏联婚姻家庭法学著作与教科书的理论体系。

1978 年，党的十一届三中全会之后，我国婚姻家庭法制建设进入恢复与发展阶段。国家以 1980 年《婚姻法》取缔 1950 年《婚姻法》。在制定新婚姻法过程中，立法机关吸收相当多的专家学者参加，使他们的学术研究与思想得以为国家立法服务。之后，我国相继颁行《继承法》（1985 年）、《民法通则》（1986 年）。这些民事立法完善了我国婚姻家庭法制，促使因十年"文化大革命"

---

①　革命根据地时期的人民政权注重运用法律对封建婚姻家庭制度进行改革。第二次国内革命战争时期有 1931 年《中华苏维埃共和国婚姻条例》和 1934 年《中华苏维埃共和国婚姻法》。抗日战争、解放战争时期，各革命根据地先后颁布了本地区婚姻条例。它们都为新中国婚姻法的出台奠定了法制基础。

②　例如，1958 年由杨大文、刘素萍等人编写的中国人民大学法律系校内本科生教材《婚姻法基本问题》、1963 年中国人民大学出版社出版的《婚姻家庭制度讲义》，在回顾婚姻家庭制度发展演变历史基础上，阐述了 1950 年《婚姻法》的立法精神、任务、作用、基本原则，重点论述了《婚姻法》所建立的结婚制度、家庭关系以及离婚制度。这些教材奠定了我国婚姻家庭法教科书体系，并延续至 20 世纪 80 年代。参见马忆南《二十世纪之中国婚姻家庭法学》，《中外法学》1998 年第 2 期。

而处于停滞中断状态①的婚姻家庭法学研究得以复苏与重建。

新千年以来，修改现行婚姻法和起草民法典两项立法活动，更是在学术界掀起空前研究热潮。2011 年 3 月，立法机关宣布中国特色社会主义法律体系形成。它主要由宪法相关法、民法商法、行政法、经济法、社会法、刑法、诉讼与非诉讼程序法等多个法律部门组成。② 这表明在现行法律体系中婚姻家庭法不再是独立法律部门，而成为民法"大家庭"的一员。党的十八届四中全会《关于全面推进依法治国若干重大问题的决定》进一步提出，要完善以宪法为核心的中国特色社会主义法律体系，编纂民法典，拉开了中华人民共和国成立以来第五次编撰民法典的序幕。中国婚姻家庭法制由此从制度化和体系化阶段，进入法典化阶段。按照中央部署，2020 年完成民法典编纂，现行《婚姻法》《收养法》将成为民法典婚姻家庭编的有机组成部分。

70 年来，中国婚姻家庭法制从"独立"到"回归"民法，是否意味着婚姻家庭法学也将被融入民法学之中？诚如婚姻法学界泰斗杨大文所言，"婚姻家庭法是不是一个独立的法律部门，同婚姻家庭法学能否成为法学的一个分支学科，是性质不同的两个问题。从婚姻家庭法学的广泛内容和发展婚姻家庭法学的实际需要来看，似以作为法学中独立的分支学科为宜"。③

本章对婚姻家庭法学研究 70 年的回顾，以中国社会发展阶段为背景，以婚姻家庭法制建设为线索，分四个时间轴，撷取反映不同

---

① 学者对我国婚姻法学研究的回顾性文章中，对 20 世纪 60 年代至 70 年代末研究状况都有类似评价。参见巫昌祯《婚姻家庭法学》，载张友渔主编、王叔文副主编《中国法学四十年（1949—1989）》，上海人民出版社 1989 年版，第 404 页；杨大文、马忆南《新中国婚姻家庭法学的发展及我们的思考》，《中国法学》1998 年第 6 期；张学军《婚姻法学研究三十年》，《法学杂志》2009 年第 2 期。

② 中华人民共和国国务院新闻办公室：《中国特色社会主义法律体系》白皮书，2011 年 10 月。

③ 杨大文主编：《婚姻法学》，中国人民大学出版社 1989 年版，第 52 页。

阶段特色的学术议题，边叙边议，展现历经半个多世纪风雨的中国婚姻家庭法学研究的重点、贡献及特色。

第二节　成为时代异数的婚姻家庭法学(1949—1978)

一　本阶段婚姻家庭法学的总体特点

透过 20 世纪 50 年代的报纸杂志文章、教材和专著，可感受到当时的婚姻家庭法学研究紧紧围绕中华人民共和国成立初期婚姻家庭领域"废旧立新"的革命任务。所谓"废旧"，就是废除封建主义的婚姻家庭制度；所谓"立新"，就是建立新民主主义的婚姻家庭制度，即社会主义婚姻家庭制度。① 因此，不仅"婚姻法是婚姻与家庭制度革命斗争的重要武器"②，婚姻家庭法学也必然服务于这一革命任务的实现。

《中国革命与婚姻家庭》一书是当时婚姻家庭法学研究的代表作。作者马起指出，新中国婚姻家庭制度改革的目标是消灭封建和资本主义的婚姻家庭观点残余，建立社会主义新的民主婚姻与家庭。书中对社会主义的结婚自由、社会主义的民主团结家庭关系的基本方面与特征、社会主义的离婚自由进行了详尽阐释，有些认识今天读来依然富有启发性。

他认为，社会主义的结婚自由包括三方面内容：（1）结婚自由不是抽象的、形式的，而是具体的、实质的自由；（2）结婚自由不是目的，而是实现爱情婚姻的手段；（3）结婚自由不是绝对的，而是相对的，是受到法律和纪律约束的自由。关于社会主义的离婚自由，他指出："为了实现完全的婚姻自由，就必须在实行结婚自由的

---

① 巫昌祯：《我与婚姻法》，法律出版社 2001 年版，第 7 页。
② 马起：《中国革命与婚姻家庭》，辽宁人民出版社 1959 年版，第 87 页。

同时，也实行离婚自由；离婚自由是补充结婚自由的不足，只有正确地实现离婚自由，才能更大的发挥结婚自由的作用。"因此，"没有离婚自由，就没有完全的结婚自由，也就是只有结婚自由而没有离婚自由，就等于对结婚自由附加了限制，失掉了社会主义真正婚姻自由的基本意义"。①

他还解读了 1950 年《婚姻法》第 17 条规定的"男女一方坚决要求离婚的，经区人民政府和司法机关调解无效时，亦准予离婚"的含义。认为这并非只要一方坚持离婚，不论夫妻矛盾的性质，便无条件地准予离婚，"而是根据反封建斗争的需要，根据改革和培植社会主义婚姻与家庭的基本原则，结合具体情况处理"。"只有原来的婚姻关系确属封建因素过于严重，或者按社会主义原则没有改善可能的，使他们再继续下去就要严重影响男女双方和子女的利益，有碍社会生产的发展，才能以离婚的措施解除这种婚姻关系。"②

可见，中华人民共和国成立初期婚姻家庭关系的稳定对于新政权的稳固有着重要意义。为维护革命成果，婚姻家庭法学研究必须为此服务，因此，对于婚姻家庭法的理论问题，例如，有关婚姻自由、离婚的原则界限等学术观点，不可避免地要突出政治性与阶级性。

二 对婚姻家庭法与民法关系的认识

苏联学者认为，家庭法独立于民法存在的理由主要有两点：(1) 民法的对象主要是财产关系，家庭法的对象则主要是由婚姻、血统、收养及收留教养儿童而发生的关系。(2) 社会主义社会中，家庭虽然还保有一些经济的职能，但它不是社会的基本经济单位。因此，对婚姻家庭关系的处理，需要一些与民法规范不同的规范。当然，这并不是说民法中的所有规范一律不适用于家庭关系。但在

---

① 马起：《中国革命与婚姻家庭》，辽宁人民出版社 1959 年版，第 111 页。
② 同上书，第 117 页。

家庭关系中适用民法规范具有个别性，主要是家庭财产关系，并且"只有在家庭——婚姻的立法中对于这个问题没有明文规定的时候，亦只有在适用民法规范并不违背家庭法的基本精神的时候，才能适用"。①

苏联学者对于婚姻家庭法与民法关系的这种认识，对我国学者观点的确立有着直接影响。中华人民共和国成立后的前 30 年，我国实行计划经济，家庭逐渐丧失经济职能，人们普遍认为家庭生活与经济生活无关。其间，我国立法指导思想和法学理论研究片面强调婚姻家庭法的阶级性，对大陆法系国家立法从技术形式到具体制度一律采取否定和排斥态度，认为将婚姻家庭法作为民法组成部分，是将婚姻家庭关系商品化、契约化，是资产阶级意志和利益的体现，而将婚姻家庭法作为独立法律部门则体现了社会主义婚姻家庭法的先进性和革命性。所以，很长一段时期内法学界普遍认为民法只是调整商品经济关系的法律，婚姻家庭关系不是商品关系，不能划归民法的调整范畴，从而将作为民法三大组成部分之一的婚姻家庭法人为地从民法范畴中割裂开来。②

三　裁判离婚标准的"正当理由论"与"感情破裂论"之争

1950 年《婚姻法》是解除封建包办买卖婚姻、实现婚姻自由，推动妇女解放的制度保证。1953—1956 年，全国法院受理的离婚案件在民事案件中占到 60% 左右，居各类民事案件之首。③ 这时，有

---

① ［苏联］斯维尔特洛夫：《苏维埃婚姻—家庭法》，方城译，作家书屋 1954 年版，第 31 页。

② 十分遗憾的是，笔者写作过程中没有查阅到 20 世纪五六十年代我国学者关于婚姻家庭法与民法关系的论著。访谈有关专家学者时，他们认为，当时在这个问题上学术界的认识是统一的，没有人去论证这一基本理论问题。这里权且引用苏联学者论著中对这一问题的认识，作为例证。

③ 参见韩幽桐《对于当前离婚问题的分析和意见》，《人民日报》1957 年 4 月 13 日第 7 版。

人对人民法院离婚案件审判工作提出质疑，认为法院判决准许离婚的太多，助长了离婚率上升；还有人认为资产阶级思想作祟是当时离婚的主要原因，对这类离婚不应予以准许。

1957 年 4 月 13 日，韩幽桐①在《人民日报》发表文章，对当时离婚的主要原因、如何认识和对待离婚问题、法院应当怎样处理离婚案件，提出看法。她认为，在全国范围内，当时人们离婚的主要原因仍然是封建婚姻关系和封建残余；婚姻以爱情为基础，"当着夫妻感情完全破裂不能继续共同生活下去的时候，这种夫妻关系便是名存实亡，勉强维持这种名义上的夫妻关系，对双方、对子女、对整个家庭都是痛苦的"。法院判决离婚应当以夫妻感情是否确已破裂为标准。"法院对于每个离婚案件判离或不判离是根据夫妻关系本身有无和好的可能，双方感情是否完全破裂而定的，从实质上说离与不离决定于夫妻关系本身，而不决定于法院的主观愿望。""从法律上说，准离和不准离的判决只能用作决定夫妻间权利义务的存在或消灭的手段，而不应当用作制裁错误思想或行为的手段。"② 她因此成为"感情破裂论"的代表人物。

上述认识在学术界和实务界引起不小反响，与这一论点形成鲜明对比的是"正当理由论"。1958 年《法学》第 3 期发表刘云祥《关于正确认识与处理当前的离婚问题》一文。他认为，"资产阶级婚姻观点与小资产阶级婚姻观点"是当时离婚的主要原因。他反对满足基于资产阶级思想提出的离婚请求，认为"凡一方严重地破坏共产主义道德，违背夫妻忠实义务或有其他违法犯罪等行为，使夫妻关系恶化以致对方据此请求离婚的，人民法院应当支持和满足这

---

① 韩幽桐（1908—1985 年），女，中华人民共和国成立后，曾任最高人民法院华北分院副院长，最高人民法院民事厅副厅长，宁夏回族自治区高级人民法院院长，中华全国妇女联合会常务委员，政协全国委员会法制组组长，中国社会科学院法学研究所副所长等职。

② 韩幽桐：《对于当前离婚问题的分析和意见》，《人民日报》1957 年 4 月 13 日第 7 版。

种正义要求。如果有罪过的一方提出离婚，这时有决定意义的是对方的态度"①。他由此成为"正当理由论"的代表。

　　1958 年《中国妇女》杂志开辟专栏，围绕"感情破裂论"与"正当理由论"两种不同观点展开讨论。发表在当年《中国妇女》杂志第 4 期署名北京大学法律系民法教研室的文章，针对"感情论"与"理由论"，指出"法院处理离婚案件，既要查明离婚原因和感情破裂的情况，'以事实为根据'，更要根据党和国家对婚姻的政策，'以法律为准绳'"。"不应该把感情与理由对立起来，更不应该把男女双方的因素和社会的关系分裂开来。"② 与此同时，《法学》杂志刊载署名"法学"编辑部的文章，认为不能离开政治谈夫妻感情，否则就是片面的、虚伪的，是超阶级的观点；"法院处理婚姻纠纷时应根据我国婚姻政策，明确反对什么，保护什么"，不能单纯从夫妻个人感情出发来处理婚姻纠纷，"首先应当考虑对方、子女和社会利益"。法院处理婚姻纠纷的过程，就是教育的过程，提高有错误一方当事人觉悟的过程。③ 这便是"感情论"与"理由论"争论过程中，出现的第三种观点。这一观点强调婚姻的社会功能和政治色彩，强调以社会利益、他人利益衡量离婚的社会后果。它是前两种观点的综合，这里姑且称为"理由感情结合论"。

　　马起在《中国革命与婚姻家庭》一书中也认为，"感情论"和"理由论"这两种处理离婚问题的观点，"都是主观的片面的"。"结合处理离婚问题的三个中心环节：即维护社会主义婚姻家庭制度，保护妇女和子女利益，有利于社会主义生产建设，对具体的问题采

──────────

　　① 刘云祥：《关于正确认识与处理当前的离婚问题——与幽桐同志商榷》，载中国政法大学民法教研室编印《婚姻家庭问题论文选编（下）》，1983 年 8 月，第434—435 页。
　　② 北京大学法律系民法教研室：《对离婚问题的分析和意见》，载中国政法大学民法教研室编印《婚姻家庭问题论文选编（下）》，1983 年 8 月，第 440 页。
　　③ "法学"编辑部：《当前婚姻纠纷的处理意见》，载中国政法大学民法教研室编印《婚姻家庭问题论文选编（下）》，1983 年 8 月，第 444、446—447 页。

取具体的方法去解决。""凡是根据婚姻矛盾的性质,考核对于上述三方面有利的离婚要求,就是进步的要求,对本人有利、社会有利,应该予以支持的;反之,……,便是落后的要求,是破坏集体利益和妨碍社会前进的,应该进行说服教育,驳斥其离婚请求。"①

这场学术争鸣最终以"正当理由论"的胜利,暂告一段。

第三节　改革开放年代的婚姻家庭法学(1978—1992)

本阶段婚姻家庭法学逐步从清除"左"的思潮影响,摆脱"左"的意识形态困扰,发展到关注社会转型和人们婚姻家庭观念转变,以学术语言和规范探讨学术问题的新阶段。② 学者们集中探讨了社会主义婚姻基础、违法婚姻的范围与法律后果、法定财产制与约定财产制完善、人工授精子女法律地位、裁判离婚标准等问题。

一　关于社会主义婚姻基础的讨论

1980 年《婚姻法》首次明确规定"夫妻感情确已破裂"是法院准予离婚的实质要件,立法上宣告"感情论"胜利。尽管如此,"感情论"与"理由论"之争并未偃旗息鼓,而是转化为对社会主义阶段婚姻基础问题的讨论。社会主义制度下,婚姻应当以什么为基础,对此有三种观点:爱情基础论、混合基础论、立体基础论。

---

① 马起:《中国革命与婚姻家庭》,辽宁人民出版社 1959 年版,第 119—120 页。

② 据不完全统计,1980—1990 年的十年间,学者编写婚姻法学教材有八种;出版婚姻法讲话、问答、丛书等宣传读物 100 多种;发表出版学术论文和专著(包括译著)近 2000 篇(种);编辑出版资料法规汇编 40 余种。转引自巫昌祯、田岚、夏吟兰《妇女法学与婚姻家庭法学理论研究综述》,载北京市妇女联合会、北京妇女理论研究会编《中国妇女理论研究十年(1981—1990)》,中国妇女出版社 1992 年版,第 208 页。

（一）爱情基础论（单一基础）

社会主义婚姻的基础是爱情，婚姻法将"夫妻感情确已破裂"作为准予离婚的基础，是科学的、合理的。[1] 第一，我国生产资料公有制和社会主义婚姻制度为以爱情为基础的婚姻提供了物质的和法律的保障；第二，恩格斯关于爱情婚姻存在社会阶段的论述，包括共产主义和社会主义两个阶段；第三，任何社会制度下的婚姻基础只能有一个。它是由现实生活中婚姻状况的主流决定的。我国现阶段，自主婚姻已成为婚姻的本质和主流。

（二）混合基础论（并列基础）

在社会主义阶段，爱情、经济、物质条件及其他派生因素共同构成婚姻的基础。持此观点的学者对于爱情、经济、物质等因素在婚姻基础中的位置，有不同认识：一种认为，在混合基础上，经济的因素、物质的考虑起着重要作用。爱情的因素在当前的婚姻基础上还没有占据主流。婚姻法以爱情有无作为判决离婚与否的唯一标准是站不住脚的。[2] 另一种则认为，社会主义的婚姻基础主要是爱情，当然也包括物质条件和自然条件。[3]

（三）立体基础论（分层基础）

爱情是男女两性之间相互爱慕的感情，其不可避免地受当时社会物质条件的制约，还受当时政治、道德、文化等因素的影响。[4] 因此，在我国社会主义初级阶段，仅认为爱情是婚姻的基础是不够的，还应当看到经济、政治等状况是决定爱情性质的重要因素。

---

[1] 任国钧：《社会主义社会婚姻不是以爱情为基础的吗？——与常国顺同志商榷》，《北京政法学院学报》1982 年第 3 期。

[2] 常国顺：《社会主义社会的婚姻基础是爱情吗？》，《北京政法学院学报》1982 年第 1 期。

[3] 何山：《论社会主义社会的婚姻基础》，《北京政法学院学报》1982 年第 3 期。

[4] 段华治：《关于婚姻基础争论的思考》，《婚姻与家庭》1988 年第 5 期；巫昌祯：《婚姻家庭法学》，载张友渔主编、王叔文副主编《中国法学四十年（1949—1989）》，上海人民出版社 1989 年版。

巫昌祯对这场讨论总结道:"这三种观点虽然争论不已,但仍存在某些共同点,即都强调以马克思主义为指导,从中国实际出发,都承认爱情在婚姻中的价值与地位,以及现阶段的经济、政治等因素对婚姻的影响,争论的焦点在于,能不能单纯地以爱情作为社会主义婚姻基础。"她认为第三种观点有其合理性,是可取的。①

二　违法婚姻及其法律后果

"违法婚姻"一词,是 20 世纪 80 年代至 90 年代前期,学术界对不符合结婚实质要件与形式要件的婚姻关系的简称。当时婚姻法学界对违法婚姻范围的认识存在三种观点:(1)"违法婚姻论"。违法婚姻就是违反婚姻法规定所缔结的婚姻;(2)"事实婚姻论"。违法婚姻就是指事实婚姻。事实婚姻不仅违反婚姻法规定的结婚形式要件,有相当一部分同时也违反了婚姻法确定的结婚实质要件;(3)"无效婚姻论"或"可撤销婚姻论"。我国婚姻法虽没有设立无效婚姻制度或可撤销婚姻制度,但明确规定了结婚的实质要件和形式要件,因此,凡符合这些要件的男女结合为合法婚姻,反之,则为违法婚姻,必须予以撤销或宣告无效。② 以今天的学术眼光看,此所谓"违法婚姻"包括两类不合法婚姻:一是违反法定结婚实质要件的无效婚姻与可撤销婚姻;二是违反法定结婚形式要件的事实婚姻。我国从 1950 年《婚姻法》开始实行结婚登记制度,流传千年的仪式婚习俗未得到法律妥善认可,使得以事实婚姻为主流的"违法婚姻"长期存在,它们的效力问题因此得到学术界长期关注。

学者对事实婚姻概念争议的焦点是:它是否必须以"男女双方均无配偶"为要件。对此,有狭义说与广义说两种观点。狭义说认

---

① 巫昌祯:《婚姻家庭法学》,载张友渔主编、王叔文副主编《中国法学四十年(1949—1989)》,上海人民出版社 1989 年版,第 412 页。

② 参见宋凯楚《违法婚姻论》,人民法院出版社 1990 年版。

为，事实婚姻应以"男女双方均无配偶"为要件。认为把事实婚姻的主体范围限定在"无配偶的男女之间"，可以将其与事实重婚相区别。① 广义说则认为，事实婚姻不必以"男女双方均无配偶"为要件。② 如果将无配偶作为事实婚姻的要件，会缩小事实婚姻的主体范围，无法追究有配偶者与他人以夫妻名义公开同居的重婚罪。

关于事实婚姻的效力，学界有三种主张：（1）不承认主义。在法律上不能承认事实婚姻的效力，否则会助长事实婚姻的蔓延，也会使婚姻登记制度形同虚设，有损法律尊严。③（2）限制承认主义。应根据我国的历史和现状，有条件地承认事实婚姻的效力。从司法实践看，绝对否认事实婚姻的效力，不符合我国国情。有条件地承认事实婚姻符合保护妇女儿童利益，也有利于社会稳定。④（3）承认主义。少数学者认为应承认事实婚姻的效力，事实婚姻的主体双方依法享有法定的夫妻的人身权利与财产权利，子女为婚生子女，双方解除关系时按离婚案件办理。其理由是：既然短期内我国不可能消除事实婚姻，不如承认其效力。这样有利于保护妇女儿童权益，有利于社会稳定。⑤

三　构建我国无效婚姻制度的理论探讨

1980 年《婚姻法》没有设立无效婚姻制度，仅 1986 年民政

---

① 孙应和：《略论事实婚姻》，《内蒙古大学学报》1988 年第 2 期。

② 任国钧：《论事实婚姻的法律效力及其防治》，《政法论坛》1985 年第 6 期；获华：《论事实婚姻》，《法学》1986 年第 3 期。

③ 孙应和：《略论事实婚姻》，《内蒙古大学学报》1988 年第 2 期。

④ 任国钧：《婚姻法通论》，中国政法大学出版社 1988 年版，第 185 页；熊振铎：《浅谈事实婚姻及其法律效力》，《江西法学》1990 年第 2 期。

⑤ 参见巫昌祯、田岚、夏吟兰《妇女法学与婚姻家庭法学理论研究综述》，载北京市妇女联合会、北京妇女理论研究会编《中国妇女理论研究十年（1981—1990）》，中国妇女出版社 1992 年版；杨大文、马忆南《新中国婚姻家庭法学的发展及我们的思考》，《中国法学》1998 年第 6 期。

部《婚姻登记办法》提到婚姻无效问题。① 无效婚姻制度是一项民事法律制度，应由婚姻法确立。诸多论文论证了我国设立婚姻无效制度的必要性、立法结构、构成要件（范围）、请求权主体、宣告婚姻无效的机关、宣告婚姻无效的效力、法律后果等问题。②

关于婚姻无效制度的构造，主要有两种主张：一种是建立单一的无效婚姻制度。这是绝大部分学者的主张。他们认为采用婚姻无效与可撤销的双轨制，在立法上过于烦琐，不便执行；确立无效婚姻宣告制度有利于法院区分离婚和宣告无效两个概念，正确审理两类不同性质的案件。另一种是仅个别学者坚持兼采用无效和可撤销两种方式作为对违法婚姻的处理③，理由是：第一，法定结婚条件的轻重程度是有差别的，其违法后果也应有所差别；第二，婚姻是人生大事，男女一旦同居生活，不应轻易宣布无效。

关于婚姻无效的范围，学者们认为，从宏观方面看，可将无效婚姻分为四大类，即：当事人以欺骗、弄虚作假等方式违反结婚实质要件，但履行结婚形式要件的；违反结婚形式要件的事实婚姻；既违反结婚形式要件，也违反结婚实质要件的事实婚姻；其他以弄虚作假等方式所形成的违法婚姻。从微观方面看，主张确立单一宣告无效制度的学者，以法定结婚要件为依据，将无效婚姻分为七类；主张兼采宣告无效和可撤销两种方式的学者则进一步将可撤销婚姻

---

① 1986 年《婚姻登记办法》第 9 条第 2 款规定："婚姻登记机关发现婚姻当事人有违反婚姻法的行为，或在登记时弄虚作假、骗取《结婚证》的，应宣布该项婚姻无效。"

② 参见杨大文《论无效婚姻》，《中国法学》1985 年第 1 期；刘莉《论无效婚姻》，《西北政法学院学报》1988 年第 2 期；胡志超《论无效婚姻宣告制度》，《法学与实践》1988 年第 1 期；熊小琴、曹诗权《论我国违法婚姻无效宣告制度》，《中南政法学院学报》1989 年第 3 期；李忠芳《试论违法婚姻》，《当代法学》1989 年第 3 期；于德香《建立婚姻无效制度刍议》，《政治与法律》1989 年第 4 期；吴洪《关于婚姻无效制度的几个问题》，《郑州大学学报》1990 年第 3 期。

③ 于德香：《建立婚姻无效制度刍议》，《政治与法律》1989 年第 4 期。

分为两类：一方因受到欺诈、胁迫而不能自愿真实地表达自己意思所形成的婚姻；一方因生理缺陷不能发生性关系且不能治愈的婚姻，他方有权请求撤销该婚姻。①

关于宣告婚姻无效的效力，学者将宣告婚姻无效的效力分为时间效力和对人的效力。时间效力又分为绝对无效和相对无效，两者的差别在于婚姻被宣告无效后，是否具有溯及力。许多学者认为，在时间效力上，我国应当采绝对无效制度，认为这是无效婚姻与离婚相区别的最明显标志，只有自始无效才符合确立无效婚姻制度的目的。

关于宣告婚姻无效的法律后果，学者普遍认为，在婚姻无效原因消失前，须强令男女双方分居；宣告无效后，双方均享有再婚的权利；对于婚姻无效的责任人应区别情况，予以行政的、民事的或刑事的制裁。行政制裁主要是罚款或进行批评教育或建议有关部门给予党纪、政纪处分；在财产处理上，违法婚姻期间双方所得财产原则上可依照离婚财产分割的相关法律法规处理；子女视为婚生子女，享有法定一切权利。②

这一时期，学者们受时代限制，强调采取单一宣告无效婚姻制度，对婚姻无效制度功能的理解局限于违法制裁。尽管如此，这些研究为20世纪90年代修改婚姻法期间学界重提这一话题，拓展对这一制度价值取向与内涵的理解，并最终在2001年婚姻法修正案中设立无效婚姻与可撤销婚姻的双轨制起到了奠基作用。

---

① 于德香：《建立婚姻无效制度刍议》，《政治与法律》1989年第4期。
② 刘莉：《论无效婚姻》，《西北政法学院学报》1988年第2期；熊小琴、曹诗权：《论我国违法婚姻无效宣告制度》，《中南政法学院学报》1989年第3期；李忠芳：《试论违法婚姻》，《当代法学》1989年第3期；于德香：《建立婚姻无效制度刍议》，《政治与法律》1989年第4期。

第四节　回归民法后的婚姻家庭
法学（1992—2012）

2001 年 4 月 28 日，第九届全国人大常委会通过《中华人民共和国婚姻法（修正案）》，2001 年年底传来立法机关第一次审议《中华人民共和国民法（草案）》消息。在上述背景下，立法研究依然是本阶段研究的重中之重。

一　围绕修改婚姻法展开的研究

（一）婚姻概念再认识与无效婚姻制度构建

在论及无效婚姻概念时，有学者针对长期以来，法学界将婚姻的概念限定在合法范围之内，而违法婚姻、包办婚姻、买卖婚姻等概念又常常在现行法律和婚姻法学中出现的现象，认为在确立无效婚姻制度时有必要划清婚姻与合法婚姻、违法婚姻的界限，摒弃"婚姻"概念中"合法"的内涵，扩大"婚姻"一词的外延，使之成为一个中性概念，将合法婚姻、违法婚姻涵盖进去，从而避免法律用语上的逻辑矛盾①；也有学者认为，"无效婚姻"一词只是婚姻立法和婚姻法学中用以否定违法婚姻发生合法婚姻效力的一个特定概念，它并不是婚姻的一个种类。② 婚姻是一种身份关系，不能完全适用民法关于民事行为的有关规定和理论。

对于无效婚姻制度的构成，学者中存在着单轨制和双轨制的分野。主张采单轨制的学者认为，由于现代无效婚的效力已发展为多种形式，与可撤销婚无实质差别，没有必要在法律上做出区分，仅

---

① 方文晖：《婚姻概念质疑》，《南京大学法学评论》1996 年秋季号；薛宁兰：《关于无效婚姻的几点思考》，中国婚姻法学会 1998 年年会论文。

② 参见杨大文主编《亲属法》，法律出版社 1997 年版，第 100 页。

在请求权人及时效期间上有所区别①；主张采双轨制的学者则认为，自始无效婚姻与可撤销婚姻的最主要区别在法律后果上，前者是当然的、绝对的、自始的无效，后者则是相对的、不溯及既往的无效。现实生活中导致违法婚姻的原因多种多样，不分具体情形一概否认这些婚姻的法律效力，利益受损最甚的是女性、未成年子女和生活困难当事人。因此，确立自始无效婚与可撤销婚的二元结构，是处理瑕疵婚姻的最佳法律选择。②

　　主张采双轨制的学者针对《婚姻法修正案（草案）》关于"无效或被撤销的婚姻，自始无效"的规定，指出可撤销婚姻应当从法院撤销判决发布之日起无效。其理由是：（1）婚姻关系是身份关系，它的形成、内容及消灭都有不同于合同关系之处。无效婚姻因其违法程度严重，事关公共秩序与善良风俗，应当自始无效。可撤销婚姻则为可能无效：如果撤销权人不行使撤销权，其将继续存在；随着除斥期间届满，撤销权人尚未行使该权利的，该权利因期间的经过而消灭，婚姻关系也因此继续存在。（2）婚姻关系具有事实先行性，业已形成的婚姻家庭对双方当事人及其子女、社会都会产生重要影响，婚姻法不能完全漠视婚姻实体的现存事实及其衍生的各种身份和财产关系，可撤销婚姻应具有不同于前者的法律后果，即法院撤销婚姻的判决从生效之日起无效，不具有溯及力。③

　　本阶段学者对无效婚姻制度的讨论是 20 世纪 80 年代的继续，虽然一些建议最终未被立法机关采纳，但对我国民法典的无效婚姻

---

　　① 参见杨大文《无效婚姻》，载巫昌祯、杨大文主编《走向 21 世纪的中国婚姻家庭》，吉林人民出版社 1995 年版，第 56 页；杨大文主编《亲属法》，法律出版社 1997 年版，第 104 页。

　　② 陈苇：《关于建立我国婚姻无效制度的思考》，《法律科学》1996 年第 4 期；王洪：《婚姻家庭法热点问题研究》，重庆大学出版社 2000 年版，第 67—73 页；薛宁兰：《如何构建我国的无效婚姻制度》，《人民法院报》2001 年 2 月 14 日。

　　③ 王洪：《婚姻家庭法热点问题研究》，重庆大学出版社 2000 年版，第 77 页；薛宁兰：《婚姻无效制度论——从英美法到中国法》，《环球法律评论》2001 年夏季号。

制度设计具有重要学术参考价值。

（二）重构我国夫妻财产制建议

1980 年《婚姻法》对夫妻财产制的规定过于简略①，修法期间，学者对此的建议主要体现在三方面。

1. 法定财产制继续实行婚后所得共同制。普遍认为，婚后所得共同制充分肯定家务劳动的社会价值，能够保障夫妻中经济能力较弱一方（尤其是从事家务的女方）合法权益，有利于实现夫妻家庭地位的事实平等。对于其缺陷，可通过增设夫妻个人特有财产制度，适当缩小夫妻共同财产范围予以完善。② 也有学者指出，为扩大夫妻个人财产范围，我国法定财产制类型应采用劳动所得共同制，男女婚后一方或双方劳动所得归夫妻共同所有，非劳动所得的财产，如一方继承、受赠财产，个人婚前财产的孳息等应归夫妻个人所有。③

2. 强化约定财产制在夫妻财产制中的地位。建议采用授权性规范，规定婚姻当事人可以以契约方式对夫妻财产关系做出约定；双方无约定或约定无效时，才适用法定财产制。这样可明确约定财产制与法定财产制具有同等的法律地位，并且约定财产制具有优先于法定财产制适用的效力。修法时还应对夫妻财产约定的时间、有效条件、成立的程序、效力、变更与终止等做出补充规定。为避免恶意利用约定财产制逃避应以夫妻共同财产清偿债务的可能性，应建立约定财产制的登记制度。

3. 增设非常财产制。2000 年，有学者以瑞士夫妻财产制结构为蓝本，认为我国现行夫妻财产制实为通常财产制，还需增设非常财产制。非常夫妻财产制"是特殊情况下对原夫妻财产制的变通，以

---

① 1980 年婚姻法关于夫妻财产制仅第 13 条规定："夫妻双方在婚姻关系存续期间所得的财产，归夫妻共同所有，双方另有约定的除外。""夫妻对共同所有的财产，有平等的处理权。"

② 陈苇：《完善我国夫妻财产制的立法构想》，《中国法学》2000 年第 1 期；蒋月：《我国夫妻财产制若干重大问题思考》，《现代法学》2000 年第 6 期。

③ 王歌雅：《关于完善我国夫妻财产制的建议》，《中国法学》1997 年第 2 期。

保护夫妻各方及第三人的利益，维护交易安全，体现了个人利益与社会利益兼顾的立法宗旨"。① 也有学者认为，"将夫妻财产制分为普通财产制与非常财产制，从理论上看较为完美，能适应复杂多变的社会经济环境下夫妻财产关系种种特殊要求，有利于公平维护婚姻当事人与第三人利益"。② 但就现阶段我国社会条件（包括经济环境、法律环境等）和公民的婚姻财产观念而言，立法中设立这一制度并不现实。

（三）裁判离婚标准的立法表达

在婚姻法修改期间，裁判离婚标准再次成为学界热议话题。多数学者认为，应当用"婚姻关系确已破裂"取代现行婚姻法的"夫妻感情确已破裂"，其理由有三：（1）以夫妻感情确已破裂作为判决离婚的法定条件，夸大了婚姻自然属性的地位和作用，忽视了夫妻间的权利和义务及其对他人和社会的责任，与婚姻的本质不符。（2）法律规范应当是明确的、客观的、可操作的，而不是抽象的、主观的、难以衡量的。将夫妻感情确已破裂作为判决离婚的法定条件，在法律规范的用语上欠科学。（3）由于这一法定标准过于抽象，使得法官处理离婚案件时的主观随意性加大，造成有些法官不是在适用法律，而是在创造法律，甚至会因果倒置。

学者们建议，将这一原则界限具体化，使其在适用中具有可操作性。③ 既要有相对抽象的概括性规定——"婚姻关系确已破裂"，又要列举生活中常见的、具体的，能证明婚姻关系确已破裂的情形，

---

① 陈苇：《夫妻财产制立法研究——瑞士夫妻财产制研究及其对完善我国夫妻财产制的启示》，载梁慧星主编《民商法论丛》第 15 卷，法律出版社 2000 年版，第 316 页。

② 蒋月：《夫妻财产制度研究》，载夏吟兰、蒋月、薛宁兰《21 世纪婚姻家庭关系新规制——新婚姻法解说与研究》，中国检察出版社 2001 年版，第 271 页。

③ 参见巫昌祯、杨大文主编《走向 21 世纪的中国婚姻家庭》，吉林人民出版社 1995 年版，第 10 页；李银河、马忆南主编《婚姻法修改论争》，光明日报出版社 1999 年版，第 113—229 页。

作为法官衡量婚姻关系是否确已破裂的具体标准。① 还有学者在对相关国家裁判离婚标准分析后指出，不同程度地将破裂主义、目的主义、过错主义相结合，是当今各国离婚立法的趋势。我国现有司法解释列举的离婚法定理由，不仅反映婚姻破裂的事实，还关注造成破裂的原因和过问当事人的过错，也是立足于三大原则相结合的司法取向。因此，我国离婚标准应由过去单一的破裂主义原则，变为包括过错主义和目的主义的综合破裂主义原则，简称"结合原则"或"混合原则"。少数学者仍然坚持以夫妻感情破裂作为裁判离婚标准，② 认为否定感情论有可能重蹈"正当理由论"的覆辙；法律采纳夫妻感情破裂标准并未超前，我国现有婚姻的 30% 是以爱情为基础缔结的，法律不能迁就落后的意识和行为。

最终，2001 年《婚姻法修正案》对裁判离婚标准的立法表达采取例示主义方式，一方面继续坚持夫妻感情确已破裂的原则界限，另一方面部分采纳"婚姻关系破裂论"的立法主张，列举 5 种导致夫妻感情确已破裂，法官应准予离婚的情形。③

（四）亲子关系的立法完善

20 世纪 90 年代讨论修改婚姻法期间，学者们逐渐展开对亲子关系的立法研究，发表论文数量开始增长。研究议题主要集中于亲子法基本问题，如父母子女的种类、亲权的概念、婚生子女推定与否认制度、非婚生子女的认领制度、亲权与监护权的区别、继父母子女关系、离婚后父母对未成年子女的监护权等。

许多论文将研究目标落脚于提出婚姻法修改立法建议。有学者

① 陈明侠、薛宁兰：《裁判离婚标准》，载《中国法律年鉴（1999）》，中国法律年鉴社 1999 年版，第 927 页。

② 夏珍：《感情破裂作为离婚法定原则的正当性》，中国婚姻法学研究会 1998 年年会论文；夏珍：《"感情破裂"作为判决离婚的理由不容置疑》、李忠芳：《坚持离婚理由的"感情说"》，载李银河、马忆南主编《婚姻法修改论争》，光明日报出版社 1999 年版。

③ 参见现行《婚姻法》第 32 条第 2、3 款。

指出，我国婚姻法虽对父母对未成年子女的管教与保护有规定，但极为抽象，有亲权之实而无亲权之名。为适应市场经济和物质利益关系对婚姻家庭亲属关系的冲击，完善我国亲子法律制度迫在眉睫。① 我国应否确立亲权制度便成为这一阶段亲子法研究的热点问题。② 有学者比较大陆法系诸国和英美法关于亲子法制度的规定后，提出较系统的作为民法亲属编或单行婚姻家庭法的亲子关系法的立法设想。③ 还有学者对人工生殖技术的法律问题及其对亲子法的影响，作了专门研究。④

1999 年，中国法学会婚姻法学研究会向立法机关提交的《中华人民共和国婚姻家庭法（法学专家建议稿）》专章规定亲子关系。其内容有两方面：一是父母子女的种类。设有婚生子女推定与否认、非婚生子女认领、继父母子女关系（养父母子女关系另设一章规定）；二是亲权。规定亲权的概念与内容、父母丧失亲权的情形、父母离婚后亲权的行使及探视权的享有。⑤

二　对民法典婚姻家庭编（亲属编）的研究

（一）重新认识婚姻家庭法与民法的关系

学界对婚姻家庭法的认识有独立法律部门说与回归民法说两种观点。持"回归民法说"的学者多以马克思的市民社会理论出发，

---

① 刘素萍、陈明侠：《健全我国亲子法制度》，载巫昌祯、杨大文主编《走向 21 世纪的中国婚姻家庭》，吉林人民出版社 1995 年版，第 153—155 页。

② 详见薛宁兰《改革开放三十年中国亲子法研究之回顾与展望》，载陈苇主编《家事法研究》2008 年卷，群众出版社 2009 年版，第 143—150 页。

③ 陈明侠：《亲子法基本问题研究》，载梁慧星主编《民商法论丛》第 6 卷，法律出版社 1997 年版，第 1—74 页。

④ 冯建妹：《生殖技术的法律问题研究》，载梁慧星主编《民商法论丛》第 8 卷，法律出版社 1997 年版，第 63—124 页。

⑤ 《中华人民共和国婚姻家庭法（法学专家建议稿）》，载梁慧星主编《民商法论丛》第 14 卷，法律出版社 2000 年版，第 783—787 页。

解释我国婚姻家庭法向民法的回归。[①] 江平指出，平等主体间的关系包括三个方面：一是物质资料的生产、交换、分配和消费领域；二是人类自身的生产和再生产领域；三是劳动关系领域。我国制定民法典时，应将亲属关系即婚姻关系、家庭关系作为民法的组成部分。[②] 梁慧星认为，民法是调整民事生活包括经济生活和家庭生活的法律。"此所谓'民事生活'相当于马克思在其著作中讲的'市民生活'。民事生活可分为两个领域，一个是经济生活，另一个是家庭生活。"[③] 吴国平认为，婚姻家庭法在调整对象的范围上与民法具有一致性（包括人身关系和财产关系）；在法律规范的性质和内容上符合民法的定位要求（私人利益关系）；在司法实践中婚姻家庭案件始终被作为民事案件对待和处理。因此，应将婚姻家庭法（亲属法）定位于民法范畴。[④] 李洪祥指出，"关系到人类繁衍的婚姻、家庭以及其他亲属关系永远都不应该被'慈母般'的民法所遗忘，缺失了亲属法的民法典必然是存在缺陷的"。[⑤]

也有学者坚持认为，我国婚姻法应继续保持独立地位。吴洪指出，我国历史上，没有产生过婚姻法从民法分离的情形。既然不存在"分离"，婚姻法向民法的"回归"便无从谈起。[⑥] 他认为，民法

[①]　薛宁兰：《中国婚姻法的走向——立法模式与结构》，载夏吟兰、蒋月、薛宁兰《21 世纪婚姻家庭关系新规制——新婚姻法解说与研究》，中国检察出版社 2001 年版，第 196—197 页。李洪祥：《我国亲属法应当回归未来民法典》，《吉林大学社会科学学报》2011 年第 2 期。

[②]　江平：《民事立法中的几个热点问题》，《江西财经大学学报》2000 年第 1 期。

[③]　梁慧星：《当前关于民法典编纂的三条思路》，《律师世界》2003 年第 4 期。

[④]　吴国平：《我国婚姻家庭法的立法定位与制度完善研究》，《广西大学学报》（哲学社会科学版）2011 年第 3 期。

[⑤]　李洪祥：《我国亲属法应当回归未来民法典》，《吉林大学社会科学学报》2011 年第 2 期。

[⑥]　吴洪、王冰、刘利华、张宁：《婚姻法与民法关系的梳理——婚姻法问题师生访谈录（一）》，载夏吟兰、龙翼飞主编《家事法研究》（2011 年卷），社会科学文献出版社 2011 年版，第 81 页。

调整对象的核心与本质是商品关系。而婚姻法的调整对象是亲属关系，在本质上是伦理的关系。不一定要将婚姻家庭法划归公法或私法，其特殊的伦理性可以作为独立的法律部门。① 巫若枝认为，婚姻家庭关系具有特殊性，婚姻家庭法与民法的调整手段因此有别。婚姻法只能按照伦理的规则依据亲情伦理来调整财产关系。婚姻法中大量的是强制性规范。婚姻家庭关系确立或破裂时往往需要国家权力介入，以规制婚姻家庭关系并维护弱者权益；而民法中的规范大多属于任意性规范。② 她认为，婚姻法回归民法的实质目的，是以私法理论推进婚姻自由。从实践后果看，业已成为离婚、结婚等家事领域自由泛滥的制度原因，误导了立法、司法实践与社会舆论，尤其与婚姻家庭法保护家庭稳定的制度功能直接相悖。婚姻法应当作为独立的法律部门。雷春红发文与巫若枝商榷，指出婚姻家庭关系的伦理性并不意味着婚姻家庭法不是私法、权利法；将婚姻家庭领域的问题归咎于婚姻法"回归民法"是言过其实；婚姻家庭法调整方法的特殊性，并不因此改变家事纠纷是民事纠纷的性质。③

（二）婚姻家庭编的名称与体例

在制定我国民法典，完善调整亲属关系的法律规范体系时，是将之称为"婚姻家庭法"还是"亲属法"？学者们认识有所不同。一种观点认为，此部分在民法典中既可以称"婚姻家庭法"，也可以叫"亲属法"④，但取名"婚姻家庭法"通俗易懂，更能为群众理解和接受。也有学者指出，"婚姻家庭法"与"亲属法"是不能画等

---

① 吴洪、王冰、刘利华、张宁：《婚姻法与民法关系的梳理——婚姻法问题师生访谈录（一）》，载夏吟兰、龙翼飞主编《家事法研究》（2011 年卷），社会科学文献出版社 2011 年版，第 79—97 页。

② 巫若枝：《三十年来中国婚姻法"回归民法"的反思——兼论保持与发展婚姻法独立部门法传统》，《法制与社会发展》2009 年第 4 期。

③ 雷春红：《婚姻家庭法的定位："独立"抑或"回归"——与巫若枝博士商榷》，《学术论坛》2010 年第 5 期。

④ 参见陈明侠《婚姻家庭立法研究（摘要）》，1998 年婚姻法学会年会论文。

号的。因为，婚姻家庭法以婚姻家庭关系为调整对象，亲属法则以
一定范围的亲属关系为调整对象，包括了婚姻家庭关系，还包括其
他近亲属关系。两者调整的社会关系的范围是不同的。① 使用"亲属
法"一词，可准确反映和体现该法律体系身份法的属性和特征。② 婚
姻家庭（亲属）编的体例有外部体例与内部体例之分。就外部体例
而言，学者们对民法典编纂的思路不同，便有不同的处理。③ 已出版
的三个中国民法典学者建议稿④对本编体例设计各具特色。中国社会
科学院法学研究所版"中国民法典草案建议稿"采纳德国式的五编
制，即：以法律关系为标准，除总则外，将亲属法与物权法、债权
法、继承法相并列，各自成编。⑤ 中国人民大学版"中国民法典草案
建议稿"突出对人身权保护，人格权编之后，便是婚姻家庭编。⑥ 厦
门大学版"绿色民法典草案"则采取两编制，将民法典分为人身关
系法和财产关系法。在人身关系法中再分为自然人法、法人法、婚
姻家庭法和继承法四个分编。认为人身关系法直接体现人的尊严和
人权，当然比财产法重要，将其置于第一编，可突现出民法的"人

---

① 薛宁兰：《中国婚姻法的走向——立法模式与结构》，载夏吟兰、蒋月、薛宁兰
《21 世纪婚姻家庭关系新规制——新婚姻法解说与研究》，中国检察出版社 2001 年版，
第 198 页。雷春红：《中国未来民法典亲属法编两议》，《社科纵横》2006 年第 2 期。

② 雷春红：《中国未来民法典亲属法编两议》，载《社科纵横》2006 年第 2 期。

③ 梁慧星认为，学者关于民法典的编纂有三条思路：一是"松散式、联邦式"；
二是"理想主义思路"；三是"现实主义思路"。梁慧星：《当前关于民法典编纂的三
条思路》，载刘海年、李林主编《依法治国与法律体系建构》，中国法制出版社 2001 年
版，第 165—178 页。

④ 以出版时间为序，它们是：中国社会科学院法学研究所版《中国民法典草案
建议稿》，法律出版社 2003 年版；中国人民大学版《中国民法典草案建议稿及说明》，
中国法制出版社 2004 年版；厦门大学版《绿色民法典草案》，社会科学文献出版社
2004 年版。

⑤ 参见梁慧星《关于中国民法典编纂》，载梁慧星主编《民商法论丛》第 24 卷，
金桥文化出版（香港）有限公司 2002 年版。

⑥ 王利明主编：《中国民法典草案建议稿及说明》，中国法制出版社 2004 年版。

法"色彩。① 对于婚姻家庭编（亲属编）的内部体例设计，除前述
三个草案建议稿版本外，还有第四个版本——中国法学会婚姻法学
研究会起草的民法典婚姻家庭（亲属）编专家建议稿。② 杨大文认
为，"确定婚姻家庭编的体系结构，应以调整婚姻家庭关系的实际需
要为依据，也要注意婚姻家庭领域的各种具体制度的内在联系，使
之具有一定的科学性和系统性"③。学者比较一致的看法是，婚姻家
庭（亲属）编设通则、亲属、结婚、夫妻、离婚、父母子女、收养、
监护、扶养九章。至于法律责任，涉外婚姻家庭关系和区际婚姻家
庭关系的法律适用等，在婚姻家庭（亲属）编中不必设专章规定，
应由民法典合同编、侵权行为编，以及专门的国际私法典规定。④ 四
个学者建议稿对婚姻家庭编体例设计有所差别，但主要方面却是一
致的，为立法机关重构民法婚姻家庭（亲属）编提供了可资借鉴的
学术模本。

第五节　民法典编撰中的婚姻家庭
法学（2012—2019）

本阶段，中国社会进入全面推进依法治国、建设社会主义法治
国家新时代。研究议题主要有：婚姻家庭法定位及其与民法总则关

---

① 徐国栋：《民法典草案的基本结构——以民法的调整对象理论为中心》，载徐
国栋编《中国民法典起草思路论战》，中国政法大学出版社 2001 年版。

② 关于该版本体例与内容的说明，各章起草人撰文在《中华女子学院学报》
2002 年第 4 期集中发表。

③ 杨大文：《民法的法典化与婚姻家庭法制的全面完善——关于民法婚姻家庭编
的总体构想》，《中华女子学院学报》2002 年第 4 期。

④ 《中华人民共和国民法典大纲（草案）》，载梁慧星主编《民商法论丛》第 13
卷，法律出版社 1999 年版，第 801—832 页；杨大文：《民法的法典化与婚姻家庭法制
的全面完善——关于民法婚姻家族编的总体构想》，载《中华女子学院学报》2002 年
第 4 期。

系、家庭在民法上的地位、夫妻生育权及其相关议题、夫妻债务认定与清偿、离婚救济、儿童的家庭法保护（包括儿童最佳利益原则、离婚后的子女监护、父母责任、儿童家庭权、人工生育子女法律地位）等。囿于篇幅，择其一二，综述如下。

一　婚姻家庭法定位及其与民法总则之关系

随着编纂民法典得到党中央首肯，立法机关将之列入议事日程，学界对婚姻家庭法应否"回归民法"的讨论尘埃落定，转而聚焦婚姻家庭法如何"回归"民法这一深层次议题。首先，婚姻法向民法的回归不能仅停留在形式层面，还要实现实质回归。[①] 其次，回归民法后的婚姻家庭法应当在民法典中做到既"在个体主义上注重个体幸福，以优化对民法典的共性"，又"在整体主义上注重家庭和谐，以实现对民法典的个性"。[②] 于是，论证婚姻家庭法的相对独立性成为一时热点。夏吟兰指出，"民法的调整对象、基本原则、一般性规范等宏观抽象、具有指导性的立法理念和价值取向决定了婚姻家庭法作为民法体系一部分的基本逻辑关系，而婚姻家庭法的相对独立性则是由婚姻家庭法调整对象的伦理性、亲属身份法的特殊属性以及婚姻家庭法所兼具的公法属性所决定的"。[③] 薛宁兰侧重揭示婚姻家庭法伦理与财产法伦理内涵的不同，以此证成婚姻家庭法在民法中的相对独立性。"婚姻家庭法伦理源自人类为维系自身繁衍和家庭和谐有序的内在需求，并在当代蕴含着尊重生命、禁止乱伦、平等与尊严、敬老爱幼、适度的个人自由等内涵。"它"既丰富着民法公序良俗原则的内涵，又与民法财产法崇尚的体现交易伦理要求的上

---

① 郑晓剑：《从形式回归走向实质回归——对婚姻法与民法关系的再思考》，《河南财经政法大学学报》2012 年第 3 期。

② 曹贤信：《亲属法在民法典定位中的价值取向难题之破解与对策》，《华中科技大学学报》（社会科学版）2014 年第 4 期。

③ 夏吟兰：《论婚姻家庭法在民法典体系中的相对独立性》，《法学论坛》2014 年第 4 期。

述原则（指平等自愿、诚实信用、公平竞争等原则——本章作者注）有别，婚姻家庭法借此在民法体系中获得了相对的独立性"。① 赵万一从法哲学层面阐释婚姻家庭法既是民法典的基本内容，又因其人法属性，而优先于物法。他认为，婚姻家庭法是具有强烈伦理要求和浓厚人文主义精神的法律制度，立法时"应将伦理道德优先、以人为本、遵从习惯、适度干预和适度超前与相对稳定相结合等作为基本的法律原则"。② 丁慧从立法价值层面探讨了婚姻家庭法的内在价值（伦理和社会价值）与外在价值（秩序、平等、自由、正义价值）。她认为，"亲属法在回归民法典的路上如何保持自身的特性，立法价值选择是一个重大问题，……作为分支体系的亲属法在价值取向上与民法典具有一致性，但只是其中的一面，兼具社会法的属性，对家庭和谐的强调应超出对个人主义的主张"。③ 张伟主张："婚姻法虽属民事法律规范，但由于其自身的情感性、公益性、模糊性、伦理身份性、习俗性或风土性等特点，与民法相比具有明显的本质差异性和特殊性。"④ 贺剑认为，婚姻法如何回归民法这一议题的核心在于"处理好婚姻法这一身份法与物权法、合同法等财产法之间的关系"。⑤

　　此间，立法机关先行编纂民法总则，学界对婚姻家庭法与民法总则关系的研究着眼于制定中的《民法总则》与婚姻家庭编的协调立法。邓丽认为，在理念与精神层面，民法总则关于调整对象的规

---

① 薛宁兰：《婚姻家庭法定位及其伦理内涵》，《江淮论坛》2015 年第 6 期。

② 赵万一：《婚姻家庭法与民法典关系之我见——兼论婚姻家庭法在我国民法典中的实现》，《法学杂志》2016 年第 9 期。

③ 丁慧：《再论中国亲属法的立法价值选择——在民法典起草和制定的语境下》，《西南政法大学学报》2016 年第 1 期。

④ 张伟：《中国民法典编纂视域下婚姻家庭法定位之思考》，《中华女子学院学报》2018 年第 1 期。

⑤ 贺剑：《论婚姻法回归民法的基本思路：以法定夫妻财产制为重点》，《中外法学》2014 年第 6 期。

定涵摄了婚姻家庭关系，总则确立的民法基本原则在婚姻法中有适用余地，并且民法理念的演变引领婚姻法价值导向。在体例与规则层面，婚姻法可基于所调整的身份关系的特殊性做到"独立与自治"。她提出，"一方面，民法总则的构建应尽量着眼于对身份法和财产法的共同提炼和概括，避免过于偏重财产法的思维方式和价值取向，……另一方面，婚姻法对于自身的伦理特质和价值需求应有明确的认识和定位，……力求在民法典的框架下做到身份法的独立自治，同时又与财产法保持良好的衔接关系"。[①] 雷春红从民法总则的功能角度，探析其与婚姻家庭编的关系。首先，民法总则关于民事法律行为、民事主体资格、时效的一般规定部分不适用或者不完全适用于亲属身份行为、亲属法律关系的主体、亲属身份权的取得与丧失。其次，为塑造法典的统一性和严密性，确保民法体系的开放性和民法典的持久生命力，有必要设立民法总则编。她认为，"婚姻家庭法的特殊性是相对于财产法，而不是相对于民法而言的。……基于身份行为的特性，婚姻家庭法编应规定'独立'的身份法规范和财产法规范"。[②]

二 对现行夫妻债务制度的反思与完善

历次婚姻立法对夫妻债务问题都有所规定，学界对夫妻债务制度的关注则经历"由冷渐热"的过程。本阶段的夫妻债务制度研究主要集中于夫妻债务认定标准、夫妻债务清偿责任两方面。

（一）夫妻债务的认定标准

婚姻法一直以债务的"目的和用途"为夫妻债务性质的认定标准，司法解释则处于不断调整和变化之中，这不可避免地造成司法

① 邓丽：《论民法总则与婚姻法的协调立法——宏观涵摄与微观留白》，《北方法学》2015 年第 4 期。
② 雷春红：《论民法总则与婚姻家庭法编的关系——以民法总则的功能为视角》，《中华女子学院学报》2018 年第 1 期。

解释与立法的认定标准不相一致。

学界对现行夫妻共同债务认定（推定）规则有三种解释：(1)"三规则说"，即：目的推定制、合意推定制、利益分享推定制。[①] (2)"四规则说"。该说将我国现行夫妻共同债务认定规则概括为共同生活之用途规则、双方约定之合意规则、家事代理之权限推定规则、婚姻期间借款之时间推定规则四项。[②] (3)"二规则说"。该说认为，我国夫妻共同债务构成的依据包括"用途论""时间论"两种。前者以《婚姻法》第41条为依据，意在维护婚姻共同生活关系，若能有效平衡债权人、举债人、举债人配偶之间的利益关系，是值得坚持的法律制度；后者以《婚姻法解释（二）》第24条为依据，对债权人的保护建立在可能侵害举债人配偶权利的基础上，从而会使婚姻诚信受到威胁，使人们对婚姻产生恐惧，不利于婚姻家庭作为社会细胞的健康稳定。[③]

对司法解释（二）第24条确立的夫妻共同债务"时间"推定规则的检讨，主要从两方面展开：一是对"时间"推定规则以日常家事代理为理论基础的质疑。批评者指出，以"时间"标准替代"用途"标准，"模糊了夫妻共同债务的边界，易造成过度扩张夫妻共同债务范围的后果，有对债权人保护矫枉过正之嫌"。[④] 并且，以"区分内外关系而设立不同的债务认定标准缺乏科学性，严重损害了未举债一方的合法权益"。[⑤] "在认定夫妻债务的事实和判断债务性质的标准上内外都是一致的，……不可能出现不

① 夏吟兰：《我国夫妻共同债务推定规则之检讨》，《西南政法大学学报》2011年第1期。

② 陈法：《我国夫妻共同债务认定规则之检讨与重构》，《法商研究》2017年第1期。

③ 李洪祥：《论夫妻共同债务构成的依据》，《求是学刊》2017年第3期。

④ 张驰、翟冠慧：《我国夫妻共同债务的界定与清偿论》，《政治与法律》2012年第6期。

⑤ 曲超彦、裴桦：《论我国夫妻债务推定规则》，《求是学刊》2017年第3期。

同的判断标准。"①"第 24 条的'利益共享'虽符合法定婚后所得共同制,但是仅具有形式正当性,引发了夫妻团体取代个人的经济自主与人格独立的实质非正当结果。"② 还有学者对中国裁判文书网2004—2016 年 4979 份夫妻债务纠纷民事判决书分析后指出,"共债推定"将"婚内单方举债"与"日常家事代理"简单等同,是对非举债方意志的强行歪曲。"共债推定"应当仅限于夫妻日常共同生活所需的合理范围内,最高人民法院将时间推定规则的理论基础解释为日常家事代理理论不能成立。③ 二是对"时间"推定规则的性别分析。在分析我国现阶段夫妻双方的劳动分工和经济地位后,学者们指出在民间借贷活动中,男性举债的明显高于女性。作为非举债方的女性,通常由于信息不对称或专注于家庭事务,权益极易受到侵犯。因此,该规则在保护妇女合法权益方面存在重大缺陷。它"不合理地加重了夫妻中非举债方的证明责任,过于重视交易安全而忽略了婚姻安全,过于强调夫妻财产关系的一体性而忽视了家事代理的有限性,过于强调形式公平而忽视了结果公正"。④"合理的夫妻共同债务认定规则,除充分考量非举债方利益与债权人利益,将家庭利益与社会利益统筹兼顾外,还应将两性的社会差异纳入考量范围。"⑤

(二) 夫妻债务的清偿责任

针对既然结婚后夫妻的收入是共同的,为共同生活所负债务也

① 王礼仁:《破解夫妻共同债务司法困境之构想》,载夏吟兰、龙翼飞主编《家事法研究》(2013 年卷),社会科学文献出版社 2013 年版,第 160 页。

② 冉克平:《夫妻团体债务的认定及清偿》,《中国法学》2017 年第 5 期。

③ 叶名怡:《〈婚姻法解释(二)〉第二十四条废除论——基于相关统计数据的实证分析》,《法学》2017 年第 6 期。

④ 但淑华:《对〈婚姻法解释(二)〉第二十四条推定夫妻共同债务规则之反思》,《妇女研究论丛》2016 年第 6 期。

⑤ 李琼宇:《女性主义法学视野下的夫妻共同债务认定规则检讨》,《妇女研究论丛》2016 年第 6 期。

应当共同偿还的认识，有三种观点。一种观点认为，夫妻共同债务不等于夫妻连带债务。第一，在外部关系上，夫妻共同债务应当被解释为由"夫妻共同财产＋债务人的个人财产"承担的债务，债务人配偶的个人财产不为夫妻共同债务负责；第二，在内部关系上，夫妻共同债务、夫妻个人债务应当分别理解为"夫妻共同财产的债务""夫妻个人财产的债务"[1]；折中的观点认为，"共同财产不足清偿时不能扩张至个人财产的做法，既与夫妻共同财产制度设计和定位的理论相符合，又与相关制度能协调一致，能平衡各方利益，有其合理性"。但"适度有序地采纳在共同财产不足或不能清偿共同债务时扩张至以个人财产来清偿的做法"[2]，更符合我国国情和民情；还有一种观点认为，"夫妻共同债务以夫妻共同财产清偿为原则；共同财产不足清偿或财产归夫妻各自所有的，以夫妻双方的个人财产均等偿还"。[3]

（三）民法典婚姻家庭编夫妻债务制度的建构设想

随着民法典婚姻家庭编编纂进入立法议事日程，许多论著开始对民法典中的夫妻债务制度立法提出构建设想。

冉克平认为，既然我国民法典婚姻家庭编继续实行法定的婚后所得共同制，那么，"对夫或妻以个人名义所负债务，应以'家庭利益'作为夫妻团体与个体债务的判断标准，以回应在个人主义日益凸显之下，夫或妻作为个体和夫妻团体成员与第三人的信赖保护之间的利益冲突"。[4] 他提出五种可认定为夫妻共同债务的情形，例如，结婚前后夫妻合意负担的债务、婚后夫或妻在日常家事范围内负担的债务、婚后夫或妻为家庭利益所负担的债务、婚后夫或妻为取得、

---

① 贺剑：《论婚姻法回归民法的基本思路：以法定夫妻财产制为重点》，《中外法学》2014 年第 6 期。

② 张驰、翟冠慧：《我国夫妻共同债务的界定与清偿论》，《政治与法律》2012 年第 6 期。

③ 薛宁兰：《中国民法典夫妻债务制度研究——基于财产权平等保护的讨论》，《妇女研究论丛》2018 年第 3 期。

④ 冉克平：《夫妻团体债的认定及清偿》，《中国法学》2017 年第 5 期。

管理、保有共同财产所负担的债务等。他还对夫妻个人债务、共同债务清偿的责任财产范围，以及用夫妻共同财产清偿夫或妻的个人债务后的补偿，提出立法建议。

薛宁兰提出体系化构建中国夫妻债务制度的设想。① 首先，在立法体例上，应将夫妻债务制度规定在夫妻财产制中。现行婚姻法将之置于离婚制度中，无法应对现实需要。其次，在夫妻的权利与义务中，设专条规定日常家事代理权，以便为立法确立日常家事债务的性质奠定基础。再次，在法定夫妻财产制中设专条分别明示夫妻共同债务和个人债务范围。最后，确立夫妻债务的清偿原则：共同债务以夫妻共同财产清偿为原则，共同财产不足清偿或财产归夫妻各自所有的，以夫妻双方的个人财产均等偿还；个人债务，应由其个人偿还，个人财产不足偿还的，可以用夫妻共同财产或对方个人财产偿还，但另一方享有对夫妻共同财产或自己个人财产的补偿请求权。

王礼仁针对法工委民法典婚姻家庭编（征求意见稿）仍照搬现行《婚姻法》的做法，指出"构建夫妻债务规则是一个宏大的系统工程，应当秉持符合婚姻本质等基本理念，内容设计既要突出夫妻债务规则自身价值功能，又要与相邻制度保持协调，形成'四横三纵两类一轴'的科学制度体系"。②

此外，全国人大法工委委托起草民法典的五家单位，如中国社会科学院课题组、中国法学会课题组等，分别对夫妻债务制度构建提出书面立法建议。可期待的是，将于 2020 年 3 月完成并通过的民

---

① 薛宁兰：《中国民法典夫妻债务制度研究——基于财产权平等保护的讨论》，《妇女研究论丛》2018 年第 3 期。

② 王礼仁：《夫妻债务制度的立法原则与体系构建》，《湖北警官学院学报》2019 年第 2 期。作者进一步解释道："四横"是指四大横向要素，包括夫妻财产制、家事代理权、夫妻合意、债权人善意；"三纵"即三大纵向要素，系夫妻债务的内部结构，包括夫妻共同债务的认定标准、夫妻债务的举证责任、夫妻债务的清偿原则；"两类"即两大不同类型债务，即合同之债与侵权之债；"一轴"是指划分夫妻共同债务与个人债务的界限，它是构建夫妻债务制度的主轴。

法典婚姻家庭编，将会对我国夫妻债务制度有全新的、符合经济社会发展需求的制度设计。

第六节　婚姻家庭法学展望

回溯 70 年婚姻家庭法学，辉煌与沉寂交替，繁荣与反思并存。为国家立法提供理论支持、建言献策，是我国婚姻家庭法学一大特色。这些应用对策研究为中华人民共和国的政权稳固、法制建设、人权保障、家庭和谐做出了积极贡献。

20 世纪 80 年代以来，国家实行改革开放政策，进入向现代化国家转型的新的历史时期。随着中国法学打破故步自封藩篱，开始对其他国家地区，尤其是大陆法系国家地区学说的学习吸收，一些中青年学者走出国门，深造访学，进行比较研究，出版著作介绍外国法律制度[①]；随着法学研究方法拓展，一些学者立足本土，深入基层，通过调查了解民生、了解社会现实，进行实证研究，出版了相当多的专著。[②]

---

① 这方面的译著主要有：［日］利谷信义等编：《离婚法社会学》，陈明侠、许继华译，北京大学出版社 1991 年版；［英］安东尼·W. 丹尼斯等编：《结婚与离婚的法经济学分析》，王世贤译，法律出版社 2005 年版；［德］迪特尔·施瓦布：《德国家庭法》，王葆莳译，法律出版社 2010 年版；［德］Katharina Boele-Woelki 等主编：《欧洲婚姻财产法的未来》，樊丽君等译，法律出版社 2017 年版。

② 例如：陈小君主编：《海峡两岸亲属法比较研究》，中国政法大学出版社 1996 年版；宋豫、陈苇主编：《中国大陆与港、澳、台婚姻家庭法比较研究》，重庆出版社 2002 年版；蒋新苗：《收养法比较研究》，北京大学出版社 2004 年版；王丽萍：《亲子法研究》，法律出版社 2004 年版；张学军：《论离婚后的扶养立法》，法律出版社 2004 年版；曹诗权：《未成年人监护制度研究》，中国政法大学出版社 2004 年版；夏吟兰：《离婚自由与限制论》，中国政法大学出版社 2007 年版；蒋月：《婚姻家庭法前沿导论》，科学出版社 2007 年版；陈苇主编：《我国防治家庭暴力情况实证调查研究》，群众出版社 2014 年版；吕春娟：《无效婚姻制度之法理与实务研究》，经济科学出版社 2014 年版。刘征峰：《论民法教义体系与家庭法的对立与融合：现代家庭法的谱系生成》，法律出版社 2018 年版。

　　2000 年以来，一些学者以联合国倡导的社会性别为视角，对照我国批准的国际人权公约（联合国"妇女公约"和"儿童公约"），分析检审我国现行婚姻家庭法律法规及司法解释，发表若干颇具开拓性和挑战性的论著。① 这些论著涉猎领域之广泛，研究理论议题与实际问题之具体，是先前研究难以企及的。

　　当下的婚姻家庭法学呈现出主动向民法学研究靠拢，研究议题更加细化，年轻一代学者后发优势强劲的趋势。一些年轻的民法学者主动展开对婚姻家庭法律制度研究。他们大多站在民法学立场上，其成果具有民法教义学特点。

　　展望未来，婚姻家庭法学面临诸多挑战，也充满发展机遇。在诸多挑战中，民法思维与民法学研究范式的全面浸入，不只为应和婚姻家庭法在立法体例上向民法典回归，更是婚姻家庭法学与国家发展、社会进步相契合的内在需求使然。任何理论（或学科）若能常青，唯有从生活之树中汲取营养。今后婚姻家庭法学应密切关注改革开放 40 年来中国家庭的新变化、民众婚姻家庭观念转变带来的新现象、人口老龄化催生的家庭养老的新需求，积极回应社会进步和发展进程中的法制需求，提出理论解释与应对措施，具体如，非婚同居、同性结合、夫妻生育权行使、儿童的家庭法保护、家庭养老与社会保障的对接等。再者，近年来人工生殖技术在婚姻家庭领域的不断应用，引发亲子关系确认之争，也向学界发出急迫的应对需求。

---

　　① 这方面的论文主要有：陈明侠：《社会性别意识：婚姻法修改新支点》，《中国妇女报》2000 年 6 月 24 日；夏吟兰：《在国际人权框架下审视中国离婚财产分割方法》，《环球法律评论》2005 年第 1 期；陈苇、冉启玉：《公共政策中的社会性别——〈婚姻法〉的社会性别分析及其立法完善》，《甘肃政法学院学报》2005 年第 1 期；马忆南等：《离婚财产分割若干问题的社会性别分析》，《妇女研究论丛》2006 年 10 月；薛宁兰等：《中国夫妻财产制的社会性别分析——以离婚夫妻财产分割为侧重》，《妇女研究论丛》2006 年 10 月；黄宇：《婚姻家庭法之女性主义分析》，群众出版社 2012 年版。

　　放眼未来，中国婚姻家庭法学挑战与机遇共存！在民法"慈母般的"怀抱中，婚姻家庭法不会因其伦理本质的定位而被财产湮没，婚姻家庭法学也会在民法学思维与理论的滋养下获得无限生机。

第十一章

助推市场经济发展的商法学

    作为市场交易的基本法，商法根植于经济发展的现实，并随着经济市场化的发展创新而不断发展创新。我国经济社会的发展过程与特点，尤其是我国经济体制改革不断纵深推进的态势，在不断推动一个具有中国特色的商法体系和一个独立自主的商法法学部门形成的同时，也深刻地影响着以商事法律作为研究对象的商法学的历史进程与发展路径，并从中折射出我国社会政治经济体制改革、商事制度与商法学研究三者之间相辅相成、砥砺互进的关系。

    受我国社会经济政治变迁的影响，商法学的研究在我国经济发展的不同时期呈现出不同的特点，涵摄了我国经济体制改革与商事立法起伏跌宕的坎坷进程。鉴于中华人民共和国成立后实行 30 年计划经济体制之后，我国经济体制的改革进程大致可划分为四个阶段：1978—1991 年的目标探索阶段；1992—2002 年的框架建构阶段；2003—2012 年的体制完善阶段；2013 年至今的全面深化阶段。与此相应，我国商法学研究总体上也经历了 1949—1978 年的艰难孕育阶段；1978—1991 年的萌芽初创阶段；1992—2002 年的迅速成长阶段；2002—2012 年的发展完善阶段；2012—2019 年的创新突破阶段。本章梳理了 70 年来我国商法学研究的基本脉络，并从商法学如何进一步促进商法制度以及政治经济体制改革的角度，归纳分析了各个时期我国商法学研究的主要特征，最后阐述了未来我国商法学研究的发展趋势。

第一节　商法学的艰难孕育阶段
（1949—1978）

　　商法学的产生与发展是一国社会经济运动变迁与商事立法建构完善的必然结果。中华人民共和国成立以来，我国依次历经计划经济、有计划的商品经济、社会主义市场经济三大经济体制。中华人民共和国成立后，我国开始实行高度集中统一的计划经济体制，真正的商事交易极度匮乏，商事立法无从谈起。商法及商法学均无在社会生活和学术活动中立足的基础。可以说，"自1949年到1978年近30年间，商法似乎成为被遗忘的角落，特别是1966年到1976年，法律虚无主义盛行，商法学几乎在中国大陆绝迹"。[①] 不过，从民商法存在的视角出发，1949—1978年的30年间可以仔细区分为两个阶段：1949—1956年民商法的初步发展阶段，1957—1978年民商法的发展遭受挫折乃至全面停滞阶段。[②]

一　1949—1956年民商法学的初步发展阶段

　　中华人民共和国成立初期，为恢复国民经济，中共中央提出了党在过渡时期的总路线：一是逐步实现社会主义工业化，二是逐步实现对农业、手工业和资本主义工商业的社会主义改造。"三大改造"的完成，形成了包括国营经济、私人资本主义经济、个体经济、国家资本主义经济、合作社经济多种经济成分并存的现实。由于当

　　[①]　华中师范大学商法研究中心：《中国商法及商法学三十年》，《法学杂志》2009年第2期。

　　[②]　余能斌、侯向磊、余立力：《世纪之交看新中国民商法的发展》，《法学评论》1998年第5期。

时国家政策上允许私营工商业继续存在和发展①，因此民商事立法在
国家经济生活中仍然发挥着积极的作用。② 反映到法学研究方面，学
者们一方面积极引进翻译苏联民法学的教材和专著，同时在学习苏
联民法理论的基础上，也开始思考和着手建立中国自己的民法学课
程和民法学理论体系，并积极就民法学中的一些基本理论问题，如
民法调整对象等进行研究和探讨。从商法学视野更值得强调的是，
1954—1957 年，我国尝试起草民法典，当时的立法草案中包含了一
部分商法的内容，如草案中关于信托、委任、买卖、运送、承揽运
送、结算、保险、承揽、保管、联营或合伙等都有关于调整商行为
的规定。③ 这些立法活动与学术研究探索为我国商法学的孕育提供了
宝贵的资料与必要的土壤。

二　1957—1978 年民商法学的全面停滞阶段

"三大改造"基本完成之后，"反右""大跃进""人民公社化"
等各种政治运动接踵而至，中华人民共和国成立初期那种多种所有
制并存、商品交换关系普遍存在、价值规律发挥重要作用的形势发
生了根本变化，致使这个时期我国的民商事法制建设只能是在政治
运动的夹缝中艰难曲折地生存发展。尤其是 1966 年开始的十年"文
化大革命"，对整个国家正常经济生活造成巨大冲击，中华人民共和
国刚刚起步的法制建设事业在这场浩劫中被破坏殆尽。作为以维护
商品经济秩序，保护公民、法人的财产权益和人身权益为己任的民
商法更是在劫难逃，不但正在制定中的各项民事法律法规被迫中止，
而且连正在执行中的民事政策法规也被全部废弃。④ 所以中华人民共

---

① 《毛泽东选集》第四卷，人民出版社 1991 年版，第 1431 页。

② 芮沐：《中华人民共和国成立以来我国民事立法的发展情况（摘要）》，《民法
学论文选》第一辑，西南政法大学干训部 1983 年印。

③ 范健、王建文：《商法的价值、源流及本体》（第二版），中国人民大学出版社
2007 年版，第 61 页。

④ 帅天龙：《二十世纪中国商法学之大势》，《中外法学》1997 年第 4 期。

和国成立后的前 30 年，特别是 1956 年"三大改造"完成后，商法以及商法学在中国大陆基本消失。[①] 不过，即便如此，鉴于 1962 年 3 月 22 日毛泽东指出："不仅刑法要，民法也需要，现在是无法无天。没有法律不行，刑法、民法一定要搞。不仅要制定法律，还要编案例。" 1964 年 7 月《中华人民共和国民法》（试拟稿）形成，共三编 24 章 262 条。[②] 这三编是总则、财产的所有、财产的流转。其中财产的流转编对预算、税收、信贷、借贷、储蓄、结算、物资分配、商品购销、农副产品收购、买卖、基建工程、运输、租赁、劳动报酬福利等关系作了规定。[③] 尽管这些立法深受当时社会政治经济等条件的束缚，但为未来重构民商法制度提供了必要的经验基础和法理根据，无疑也是为未来我国商法学的研究作了积累和铺垫。

第二节　商法学的萌芽初创阶段
（1978—1992）

党的十一届三中全会确立了改革开放的方针和解放思想、实事求是的思想路线，此后，中国的经济体制几经变化：1982 年提出以计划经济为主，市场调节为辅；1984 年提出中国经济是公有制基础上的有计划商品经济；1987 年提出社会主义有计划商品经济的体制应该是计划与市场内在统一的体制；1989 年提出建立适应有计划商品经济发展的计划经济与市场调节相结合的经济体制和运行机制。1992 年提出中国经济体制改革的目标是建立社会主义

---

① 帅天龙：《二十世纪中国商法学之大势》，《中外法学》1997 年第 4 期。

② 参见李步云主编《中国法学——过去、现在和未来》，南京大学出版社 1988 年版，第 252 页。

③ 余能斌、侯向磊、余立力：《世纪之交看新中国民商法的发展》，《法学评论》1998 年第 5 期。

市场经济体制。^① 这种对经济体制理论认识上的突破与执政党政策形式的结合确认，为中国民商法的发展创造了宽松的政治环境和政策上的保障。反映在民商事立法上，《中外合资经营企业法》（1979 年）、《中外合资经营企业所得税法》（1980 年）、《国库券条例》（1981 年）、《民法通则》（1986 年）、《企业破产法（试行）》（1986 年）、《外资企业法》（1986 年）、《中外合作经营企业法》（1988 年）、《全民所有制工业企业法》（1988 年）等相继颁布。这些法律法规的颁布与实施对巩固改革开放的成果，有效规范引导商品经济的发展和扩大对外经济贸易联系起了极其重要的作用，并有力地推动了民商法理论研究与立法的进一步发展，赋予了商法学研究以新的活力。^②

一　民法经济法夹缝中成长的商法

在我国的法律体系中，如何确立商法的地位，如何把握商法与民法、商法与经济之间的关系，是 20 世纪以来商法理论中最为重要和基础的问题之一。这一问题集中表明了商法的价值，决定着商法的前途和命运。^③

然而在社会主义市场经济体制确立之前，经济体制改革实际上是在计划经济体制的外壳下展开的，其间计划经济体制与商品经济体制的竞争此消彼长，反映在法学研究领域，"二元经济关系分析模式"盛行一时。^④ 在这种模式主导下，在理论上商法为经济法所

①　参见江泽民《加快改革开放和现代化建设步伐，夺取有中国特色社会主义事业的更大胜利》1992 年 10 月 12 日，《江泽民文选》第 1 卷，人民出版社 2006 年版，第 240—241 页。

②　参见叶林《中国民商法学 20 年》，《法学家》1999 年第 1 期。

③　范健、王建文：《商法的价值、源流及本体》（第二版），中国人民大学出版社 2007 年版，第 6 页。

④　所谓"二元经济关系分析模式"，即把现实的经济关系划分为"平等主体间的经济关系"和"不平等主体间的经济关系"。其中，"民法主要调整平等主体之间的财产关系，即横向的财产关系。政府对经济的管理、国家和企业之间以及企业内部等纵向经济关系，或者不是平等主体之间的经济关系，主要由经济法、行政法调整"。

"吸收"，立法上商法被民法所"包容"。在民法学与经济法学"两雄相峙"的"二元格局"下，商法根本无立锥之地。① 事实上，在经济体制改革初期的法学研究领域，将民商法学兼容一体是法学界的通常做法，例如中国人民大学法律系民法室于 1986 年编辑出版了《外国民商法论文选》，将民商法学资料融为一体。

由于从"二元经济关系分析模式"出发的制度设计和规范架构日渐为现实经济改革的步伐所突破，在民法学、经济法学自我调整的主流下，"超脱民法、经济法的框架，来探讨社会主义商品经济的法律调整体系"②，重新认识商法在法律体系中的独立地位和特殊作用的呼声日益高涨。在理论界和实务界的共同努力下，计划与市场并存时期经济立法中民法、经济法"两雄争锋"的局面，开始向社会主义市场经济条件下民法、商法、经济法"三足鼎立"的新格局过渡。

二 经济立法解读中萌生的商法学

随着经济体制改革的不断进展，规范经济活动的法律不断出台，对这些法律进行解读释义，便成为当时法学研究者的主要任务。学者们对新颁布的法律的研究，最初多是对该法之基本原则、立法特色、具体内容等的介绍和阐释，但逐渐地，随着实践经验的积累以及理论水平的提升，学者们开始转向对具体论题的法解释，并在此基础上指出该法存在的问题、不足以及相应的修法建议。这些探讨均直接或间接影响了后续法律的修订。例如，《外资企业法》颁布之前，即有学者对立法提出诸多建议，颁布之后，更引来学者的广泛解读或批评。学者们讨论了有关该法的理论依据、立法目的、调整对象、外资企业的性质、法律地位等问题，并在实施几年后，从理

---

① 帅天龙：《二十世纪中国商法学之大势》，《中外法学》1997 年第 4 期。
② 赵新华：《论社会主义商品经济关系的法律调整体系——兼论我国商法的建立及其与民法经济法的关系》，《当代法学》1991 年第 2 期。

论与实践两方面指出其中可能存在的问题及其对策，如立法缺乏系统性、执法缺乏严肃性、设立程序缺乏科学性、组织机构缺乏权威性、经营管理缺乏自主性等。① 当然，这些探讨也促成并影响了1990 年对该法的修正。还有，《企业破产法（试行）》出台后，学者们先是对立法之目的、原则、具体内容等作论证，后来更多地从实践出发对破产法项下的许多重要分论题有深入研究，如破产法律关系、破产界限、债务清偿顺序、撤销权等。

除了上述这些已出台的法律，这一时期的商法学研究还有许多对后续出台的立法的前瞻性研究，如对相关制度、理论的评析以及对制定我国的公司法、证券法、海商法等的立法建议，并有大量对外国立法例的译介，诸如美国、德国、法国等各国的相关立法例，以资我国立法及司法借鉴。例如，针对当时证券市场发育中的经济法问题进行不同视角的研究，如针对证券市场发育困境问题、证券中介机构专业化问题等，许多人都提出了一些富有针对性的建议。② 也有人专门研究了证券监管问题，并就立法原则、立法内容、机构体例、主要制度等提出了立法建议。③ 但因种种原因，证券法迟迟未能出台。在《证券法》长期缺位又呼之欲出的情形下，本阶段证券法学的研究整体上都是围绕《证券法》的总体立法思路、立法架构及证券市场的基本法律制度初步规划。这些研究，最终促成了《证券法》的出台。此外，1992 年 11 月通过的《海商法》，该法的出台也与学术界的努力密不可分。早在 1988 年 11 月 15 日即在北京成立了"中国海商法协会"，并于 1990 年创办专门的学术辑刊《中国海商法年刊》，进一步推动海商法的研究。

---

① 赵磊、谢晶：《改革开放以来商法学研究回顾、现状与展望》，《华东政法大学学报》2017 年第 2 期。

② 如钱奕《困扰中国证券市场发育的深层原因》，《法学》1989 年第 8 期；刘海波《证券业中介机构的依法管理》，《法学》1991 年第 8 期。

③ 如莫志成《制定证券交易法构想》，《法学季刊》1987 年第 2 期；陈陵《试论证券管理立法》，《法学杂志》1988 年第 5 期。

在这一阶段，虽然法律上并未形成作为部门法的商法，但是对这一时期含有商法因素的法律进行解读释义，形成了最初的商法知识体系以及法学研究者的商法思维。此时的研究并不足以称为"商法学"，首先，建设商法的思想坚冰虽然逐渐被打破，但建立商法体系的信念和方向尚未建立；其次，建立商法的经济和社会基础尚欠扎实，还缺乏一个让商法大展前程的经济体制；最后，尽管观念在更新，但立法技术及学说理论尚不足以支撑建立完整的商法大厦。但正如叶林所评论的，法制及法学的发展与健全都不是一蹴而就的。①

第三节　商法学的迅速成长阶段
（1992—2002）

1992年，党的十四大确立了社会主义市场经济体制的改革目标，并指出，"加强立法工作，特别是抓紧制定与完善保障改革开放、加强宏观经济管理、规范微观经济行为的法律和法规，这是建立社会主义市场经济体制的迫切要求"。从而为我国民商法的发展注入了新的生机和活力，开创了建立现代民商法体系的新时期。1993年3月29日，第八届全国人大第一次会议通过宪法修正案，将"国家实行社会主义市场经济""国家加强经济立法"写入《宪法》，同年又通过《公司法》，自此便正式拉开大规模商法创制的序幕，商事立法大放光彩。《海商法》（1992年）、《公司法》（1993年）、《担保法》（1995年）、《票据法》（1995年）、《保险法》（1995年）、《商业银行法》（1995年）、《合伙企业法》（1997年）、《证券法》（1998年）、《合同法》（1999年）、《独资企业法》（1999年）、《信托法》（2001年）、《证券投资基金法》（2002年）、《农民专业合作

---

① 参见叶林《中国民商法学20年》，《法学家》1999年第Z1期。

社法》（2006 年）等众多商事单行法的相继颁布，在我国迅速建立起商事主体、交易和秩序的商事法律制度，商法体系在我国初具规模。与此同时，国务院也制定了《公司登记管理条例》（1994 年）、《公司注册资本登记管理暂行条例》（1996 年）、《期货交易管理暂行条例》（1999 年）等行政法规。在商事司法方面，1992—2001 年商事审判进入了快速发展期。经济审判工作主要服务于市场经济体制改革，最高人民法院也出台相关司法政策配合经济体制改革的转型，如 2002 年最高人民法院发布《关于审理与企业改制相关的民事纠纷案件若干问题的规定》，发布了关于审理破产案件、期货纠纷、证券市场虚假陈述民事赔偿案件等方面的规定。

伴随着这一商法形成过程，相应地，以商法制度作为研究支撑、以商法理论与实践及其发展规律作为研究对象的商法学，成为我国法学领域中最为年轻又最为迅速繁荣的学科。有学者曾把这一时期的商法学研究评价为"全面、深入和高速发展的黄金时代"，商事立法快速发展，商法理论也同样获得了快速发展，"学术研究不断提高水准，在学术研究的深度与广度上，更是达到从前无法比拟的水平"①。

一　商法独立性之辨与商法学的独立形成

从 1992 年开始，社会主义市场经济的法律需求及其法律体系的建构，成为法学研究的重点，而在社会主义市场经济体制下，民法、商法、经济法三者间的关系以及各自的地位、作用问题，又是法学研究的重中之重。随着对计划和市场关系理解的深入，对既有的关于经济法与商法关系的流行观点，有越来越多的学者提出质疑。经过重新地审视和反思，基于对社会主义市场经济中自由竞争（看不见的手）和国家必须（看得见的手）两种机制不同作用、地位、目的的认识，人们逐渐认识到，商法是与市场机制相联系的，而经济

---

① 叶林：《中国民商法学 20 年》，《法学家》1999 年第 Z1 期。

法是国家对经济实行干预的手段。商法属于私法，强调意思自治为原则，具有较强的国际性，而经济法属于公法。经济法不能取代商法，商法也不能替代经济法，二者应有机整合。[①]

20 世纪 90 年代中后期，基于对商法在社会主义市场经济中的重要作用的认识不断深化，商法的独立地位和私法属性逐渐得到了承认。商法调整平等主体之间商事行为或商事关系，是市场经济中最重要的法律之一的观念已成为法学界的共识。[②] 但是，如何划定商法的范围、寻找商法独立的内在基础，使商法从内容到形式都真正独立起来，还有许多实质性的工作。

随着相对独立的商法在逐渐脱离民法传统领地的过程中，获得了相对自由的发展；相应地，作为有关商法的学问的商法学，也开始相对独立的发展。在 20 世纪 90 年代中期以后，准确地说在 1992 年党的十四大确定我国经济体制改革的目标是建立社会主义市场经济体制以后，商法学的研究突然以喷发的态势蓬勃发展。这期间，体现商法学独立学科地位的商法总论性的著述大量涌现，例如王保树主编的《中国商事法》（人民法院出版社 1996 年版），董安生、王文钦、王艳萍编著的《中国商法总论》（吉林人民出版社 1994 年版），覃有土主编的《商法学》（中国政法大学出版社 1999 年版），徐学鹿的《商法总论》（人民法院出版社 1999 年版），赵万一主编的《商法学》（中国法制出版社 1999 年版）等。

于是在 20 世纪 90 年代末期，学者们的研究不再简单地以民法的既有研究作为平台来看待和研究商法，而呈现出了把商法研究相对独立出来，逐步走向成熟化的趋势。在商法学者建构的商法学体系中，通常包括商法基础理论、公司法、证券法、保险法、票据法、

---

① 郑少华：《商法与经济法：市场经济发展的重要法律制度设计》，《法商研究》1995 年第 3 期。

② 李铁映：《解放思想，转变观念，建立社会主义市场经济法律体系》，《法学研究》1997 年第 1 期。

商业银行法、信托法、破产法和海商法等。在我国商法学的研究过程中，王保树主编的《商事法论集》值得一提。鉴于当时商法学的"专题研究仍然很少，重大问题未及研究"的状况，编辑出版了专门刊发商法学论文的文集，以"立足中国商事法的发展与完善，广泛借鉴和吸收国外商事立法的经验和判例学说，追踪国外商事法的发展趋势，推动商事法专题的研究，促进商事法学的学科建设，进而为商事立法和商事审判实践提供理论上的服务"。① 该论集的出版，为商法研究提供了一个有影响力的学术平台。

总体而言，在我国商法研究的学术历史上，一直到 1992 年中国法学会民法经济法研究会年会讨论民法、经济法与商法的关系时，商法的独立性才开始被承认。1993 年召开的十四届三中全会提出完善民商法，商法的独立性被进一步确认，最终在 1998 年成为教育部规定的十四门法学核心课之一。此后，商法的研究队伍不断壮大，在 2001 年发生了一个标志性的事件，就是中国法学会民法经济法研究会一分为三，从中独立设立出商法学研究会。中国法学会商法学研究会每年召开一次学术年会，召开若干次专题理论研讨会，并出版一本《中国商法年刊》，为商法学者提供了更为专门的学术交流平台。

二　公司法的研究

在我国进入经济体制改革时期之后，作为经济体制微观基础的公司制度开始恢复，公司立法也逐步推进。1993 年《公司法》的颁布是我国商事法制飞速发展的标志和开端。《公司法》的出台、修订以及公司实践的发展带动了我国公司法学研究的繁荣。客观而言，公司法学一直是商法学者倾注热情最多的学科，也是我国商法学中发展较早、研究成果较丰的领域之一。如果说 1993 年《公司法》的颁布是我国公司法学形成规模的阶段性标志，从 1999 年 12 月底

---

① 王保树主编：《商事法论集》（第 1 卷），法律出版社 1996 年版，写在卷首。

《公司法》开始修订至今，则是我国公司法学深入发展时期。[①] 这两个时期的公司法学研究，表面上看主要是围绕着对 1993 年《公司法》的修改、完善以及对 2005 年《公司法》的理解、实施而展开的，但本质上说，是在 21 世纪世界性公司法现代化改革浪潮的大背景下，学者们在借鉴域外研究成果的基础上，对公司理论与实践的深度思考和整合。其中，对公司立法的理念、公司的治理结构、公司的社会责任、公司的资本制度等问题的探讨不仅富有理论价值，更具实践指导意义，展现了公司法领域宏观理念和微观制度交融互通的研究格局。

我国公司法的发展曾经面临着公司定位和国家管制等诸多难题的困扰，在不同的经济体制、社会观念下公司法有不同的宗旨与偏重。可以说，公司法的品格直接决定了公司法规范的整体走向，是公司法理论和实践的基础性命题。在 1993 年制定公司法时，全国正行大办公司之风。大量公司中难免鱼龙混杂，利用公司逃废债务、影响经济秩序的现象也是层出不穷。因此防止公司滥设、整顿皮包公司、规范公司运作秩序等就成为当时公司法的制度目标，体现在公司法条文上就是大量的强制性规范的存在，致使我国公司法基本上成为一部纯粹的企业管制法。

随着市场经济法律体系的不断完善和企业法制建设实践的不断深入，公司法规范究竟应当主要是强制性规范，还是任意性规范引起了学界广泛深入的探讨。受 20 世纪 80 年代源于美国公司法学界"公司的合同理论"的影响[②]，我国公司法学者逐渐意识到现代企业

---

① 邹海林主编：《中国商法的发展研究》，中国社会科学出版社 2008 年版，第 39 页。

② 法经济学家将公司作为一种经济现象来分析，认为企业是一系列合同安排，是一种由众多因素构成的集合，它们共同受到一种复杂的合同链条的约束。根据"契约关系理论"，公司法基本上是一种任意法，政府或者立法机构不应通过制定法形式将强制性规范强加于公司。因为这种强制性规范与代表自由企业与自由市场的契约关系理念背道而驰。

是独立法人、自治企业。① 作为私法的公司法，就应强调公司自治，给公司一种权利、一种选择、一种自治的空间，还公司法以本来面目，进而推动公平、高效、自由的社会主义市场经济体制的建立。这些学术思想反映到对公司法的修改理念上，就是 21 世纪的公司法制不宜再以简单地规制公司的行为作为核心内容，而应该为企业提供一个富有弹性的、促使企业能够进行富有创造性活动的公司法律制度。通过强化公司自治能力来提高公司的自我发展能力，也就成为公司法的新的制度目标。

三　证券法的研究

1998 年《证券法》的颁行，对我国证券法律体系建设以及证券法学研究的发展意义非凡。以《证券法》的颁行为契机，我国证券法律规范内容急速增多，致使证券法律体系成为商法部门最为庞大、最为复杂的规范集合。在资本市场规模快速扩大的大背景下，以证券法律制度为支撑的证券法学研究获得了前所未有的发展机遇，并展示了务实创新、开放进取的研究态势。

本阶段的证券法学研究从前期相对关注宏观基础性的理论问题，逐渐转向具体微观制度的阐述，同时注重借鉴域外经验，尤其英美成熟市场的先进经验，对证券法实施过程中出现的关键性问题展开循序渐进的研究。例如，信息公开制度是证券法的核心制度。证券市场的发展使学者们逐渐意识到，"公开性的证券市场是形成证券公平价格的基础"，"公司信息公开是防止证券欺诈的重要因素"②。证券市场失灵的客观存在是信息披露制度存在的经济基础。有学者对上市公司信息公开的基本原则进行了分析，指出上市公司在公开其信息时，应当贯彻主要包括真实原则、充分原则、准确原则和及时

---

① 江平：《公司法与商事企业的改革与完善》，《中国律师》1999 年第 6 期。
② 王保树：《发行公司信息公开与投资者的保护》，载王保树主编《商事法论集》第 1 卷，法律出版社 1997 年版，第 279—280 页。

原则。① 由于我国特殊的国情以及政府主导型的证券市场运行机制，学者们对我国证券市场监管理念、职能定位以及监管权力的合理行使等问题，进行了诸多符合国情的研究探讨。此外，由于我国立法的疏漏以及诚信机制的缺失，证券市场欺诈行为猖獗。对证券欺诈行为法律规制的研究与我国证券市场的发展相伴相随，并成为证券法学研究的永恒话题。② 这些研究客观上都体现了证券法理论与实践的并行互动。

四　其他部门法学研究

除公司法、证券法外，学者们对保险法、破产法、证券投资基金法、合伙企业法等方面也均进行了深入、细致、颇有成效的研究，提出了许多切实可行的方案和立法建议，对法制建设产生直接而重大的影响。例如，在破产法领域，学者们对破产法的立法宗旨、调整范畴、破产管理人制度、公司重整制度、企业法人的认定、破产撤销行为的认定、破产企业职工权益的保护、消费者破产制度、债权人会议制度、企业破产的税收问题、破产程序、劳动债权与担保债权的关系等各个方面作了深入地研究，有效地促进了中国破产法理论的研究，为中国市场经济秩序的建立与巩固立下了汗马功劳。③

归纳本阶段的学术研究，总体上呈现了由一般到具体、由宏观入微观的研究趋势。突出特点是学者们善于借鉴国外立法的成功经验，热衷于具体制度的专题性研究。这种分散的点到点的比较分析研究，固然有细致入微的好处，但难见体系化的整体性，严重缺乏

---

① 吕明瑜：《论上市公司信息公开的基本原则》，《中国法学》1998 年第 1 期。
② 沈厚富：《证券交易市场操纵行为的法律分析》，载梁慧星主编《民商法论丛》第 7 卷，法律出版社 1997 年版。
③ 华中师范大学商法研究中心：《中国商法及商法学三十年》，《法学杂志》2009 年第 2 期。

由点到面的宏观把握以及高屋建瓴式的对某项制度未来发展的探讨和分析，突显了我国市场发展过于迅速导致的应急性立法和应景性学术研究的弊端。

<h1 style="text-align:center">第四节　商法学的发展完善
阶段（2002—2012）</h1>

为落实党的十六大提出的"建成完善的社会主义市场经济体制"的战略部署，十六届三中全会通过了《中共中央关于完善社会主义市场经济体制若干问题的决定》，提出了全面推进经济法制建设，加强经济立法，完善经济法律制度，深化国有企业改革的总体规划。这一时期，"全面深化改革""依法治国"成为新的国家战略，中国商法进入了发展完善的新时期。修订、完善已有的商法成为这一时期商事立法的主要任务。1993 年颁布的《公司法》分别于 2004、2005 年进行了修订，其中后两次修改最为广泛深入；同样，1998 年颁布的《证券法》分别于 2004、2005 年修改完善；《保险法》《票据法》也分别在 2002、2004 年被修订；2006 年废除《企业破产法（试行）》，制定新的《企业破产法》，确立适用于所有企业法人的破产程序；同年，修改《合伙企业法》，增加有限合伙制度，明确法人可以参与合伙。① 因此，从 2002—2012 年，商事法制的建设与商法学的研究均又到达一个新的高度。商法各部门法纷纷迎来修订激发了商法研究的迸发，商法学研究名家新秀辈出、成果丰硕，呈现出"井喷"之象，法制建设与学术研究之间形成良性互动。

---

① 范健：《中国商法四十年（1978—2018）回顾与思考》，《学术论坛》2018 年第 2 期。

一　关于商法通则的制定

关于是否在《民法典》之外再单独制定一部带有商事总则性质的法律即《商法通则》，曾引起民商法学界的激烈争论。对于制定《商法通则》的必要性和意义的探讨，也成为商法学研究持续关注的问题。民法学界对《商法通则》多持否定态度，其理由主要是：（1）商法与民法并列是历史原因造成的；（2）民商合一是立法趋势；（3）商法是民法的特别法，不是独立的法律部门；（4）中国现有的商事立法和民法典已经足以适应现实的需要，因此，无须制定单独的商法典或者商法通则。[1] 商法学界则多持肯定态度，其主要理由是：（1）制定商法通则是超越民商合一与民商分立争议的务实立法选择；（2）制定商法通则是商事制度自身体系化、科学化的必然要求；（3）制定商法通则有利于填补当前商事法律规定的不足，统一协调和解决相关法律制度之间的矛盾与冲突；（4）可以提升有关商事制度的立法层次，加强对商事关系的法律调整；（5）社会经济的发展、法律意识的提高、立法和司法方面的实践经验以及丰富的理论研究成果，已为制定商法通则打下了坚实的立法基础。[2] 有的学者还草拟出了《中华人民共和国商法通则草案建议稿》。[3] 总体上，学者们对《商法通则》的研究主要包括《商法通则》的设计理念与基本定位、重点内容与体系结构等，这些研究体现了商法学研究的诸多共识。

---

[1]　华中师范大学商法研究中心：《中国商法及商法学三十年》，《法学杂志》2009年第2期。

[2]　参见赵旭东《制定商法通则的五大理由》，《中国法学会商法学研究会2007年年会参会论文集》，第55—60页。

[3]　如苗延波在其专著《商法通则立法研究》一书中，就公开发表了其独立起草的《中华人民共和国商法通则草案建议稿》。

二　关于我国公司法的修改及适用

公司法的修改以及公司法适用过程中产生的诸多问题，特别是公司对外担保以及公司的治理结构，成为商法学界研究的热点问题。从我国公司法的制度演变过程与公司法的学术研究过程的相互关系来看，其间有一个重要的现象值得注意，就是在 1993 年公司法制定前后，学者的参与形式更多的是对公司法的诠释与解说；而在 2005 年公司法修订时，学者的参与形式更多的是谋划公司法的规范建构，让公司法的内容体现更多的学者设想。

2001 年秋，中国法学会商法学研究会成立之时，许多与会者建议由学者提出一个公司法修改稿，2007 年 2 月由商法学研究会牵头组织了"公司法修改"研究小组，经过长达几年的专门研究，形成了《中国公司法修改草案建议稿》[①]，对 1993 年公司法提出了理念更新、系统规范的修改建议。这个建议稿对公司法的修改影响很大，其中许多建议体现到日后出台的 2005 年公司法中。另外，参与这个建议稿撰写的许多人，都参加了国务院法制办的公司法修改专家顾问组。[②] 这一现象充分说明，商法学者对于商法特别是公司法的研究，已经具有很高的主动性和能动性，不仅可以影响公司法的实施实践，也可以影响公司法的立法实践。

此外，关于公司法的修改，学者们普遍认为，由于我国加入 WTO 以及全球经济一体化的速度加快，我国公司法的改革必然同全球范围内的竞争紧密相连。因此，公司法的修订不仅要着眼于本国社会经济的发展，而且要以加强全球范围内的公司竞争机制为目标。至于我国公司法修订与改革之要点，学者们的意见大都集中在重构公司资本制度、充实公司设立制度、完善对公司组织机构的设计和

---

① 该建议稿由王保树主编，于 2004 年由社会科学文献出版社出版。

② 他们是江平、王家福、王保树、赵旭东、陈甦、朱慈蕴、叶林。见《新公司法修订研究报告》，中国法制出版社 2005 年版，第 380 页。

调整、规范公司财务会计制度及股份公司的信息披露制度、加强小股东利益保护以及协调公司法与证券法、公司法与外商投资企业法的关系等。对上述理论与实践问题的探讨，为我国当时正在进行的公司法修正，提供了丰富的理论素材与实践资料。

三　关于我国证券法的修改及适用

2005 年 10 月 27 日，十届全国人大常委会第十八次会议对《证券法》进行了全面的修订。此次修订，对于一些涉及市场运行机制的事项，诸如分业经营还是混业经营、融资融券交易、证券业务许可等，提供了更适当的制度空间。同时，增加了证券监管机构的权限，强化了证券行政责任制度，进一步完善了证券民事制度体系等。针对修订后的《证券法》进行必要的评价反思是该阶段证券法学研究的主流，只是本阶段的反思注意与立法和司法实践的相互呼应，因而更具理论意义和现实价值。例如，关于我国证券市场监管体制、模式及现状的研究。从分析我国证券市场监管体制的现状和存在的问题入手，提出一些具体的改革措施和模式设计。[1] 此外，对居于证券市场核心地位的证券交易所，学界持续关注。其中，对证券交易所的性质、组织结构的变革、行政监管与自律管理的协调等方面的认识不断深化，研究成果颇丰。[2] 至于交易所监管权力的来源，有学者认为，从历史发展和理论角度看，多属于交易所作为独立主体应当享有的自治权，国家法律对这些权利进行规定，意味着法律对交易所享有自主权的认可和保护，与其说是自律监管"权力"的来源，还不如说是对交易所自律监管"权利"的确认。[3] 关于交易所的组织形式，公司制交易所和会员制交易所的差异主要表现在三方面：

---

① 高西庆：《论证券监管权》，《中国法学》2002 年第 5 期。

② 彭冰、曹里加：《证券交易所监管功能研究——从企业组织的视角》，《中国法学》2005 年第 1 期。

③ 徐明、卢文道：《从市场竞争到法制基础：证券交易所自律监管研究》，《华东政法学院学报》2005 年第 5 期。

所有权结构、治理结构及经营目标。① 关于我国证券交易所的改革方向，主流观点认为，应借鉴各国交易所非互助化改制经验，对我国交易所进行股份化改造②，使其与当今世界证券交易所公司制改革潮流相一致。对我国行政监管与交易所自律关系上存在的问题，学者们的认识颇为一致，即自律管理机制和职能没有真正到位。③ 民事赔偿制度是实现保护投资者利益的最重要、最根本的途径。在民事责任的制度体系和理论领域中，证券民事责任以其内容丰富、结构复杂、特征明显、作用重大而引起理论界和实务界的高度重视和广泛研究。我国对该问题的研究大体上从两个层面上展开讨论：一个是技术层面上的，就是从立法技术角度研究如何建构民事责任制度，例如证券法上民事责任的性质如何界定，证券违法行为的构成要件如何确定，更为具体的，是研究证券违法行为造成的损失怎样计算，具体的诉讼制度如何设定等。学者们结合证券市场的特殊性，运用民法学的原理，借鉴美国发达的证券法律制度，将证券民事责任置于侵权责任法的逻辑脉络中进行研究。④ 例如，有学者通过对各类证券欺诈行为构成及危害的分析，系统阐释了证券欺诈侵权损害赔偿制度。⑤ 学者们对证券民事责任的研究从制度层面的探讨深入理论层面的反思，推动了证券立法与司法的变革，更重要的是使证券法律保护投资者的根本诉求落到实处。2003 年 1 月 15 日，最高人民法院颁布了《关于审理证券市场虚假陈述的民事赔偿案件的规定》，就是在学者研究成果的推动下，使我国证券民事赔偿案件的审理有了实

---

① 谢增毅：《证券交易所组织结构和公司治理的最新发展》，《环球法律评论》2006 年第 2 期。

② 于绪刚：《交易所非互助化及其对自律的影响》，北京大学出版社 2001 年版，第 201 页。

③ 朱从玖：《建立和发展证券市场自律管理体系》，《经济法学、劳动法学》（中国人民大学复印报刊资料）2003 年第 11 期。

④ 郭锋：《虚假陈述侵权的认定及赔偿》，《中国法学》2003 年第 2 期。

⑤ 例如陈洁《证券欺诈侵权损害赔偿研究》，北京大学出版社 2002 年版。

质性突破。

四　关于商法其他领域的研究

至于其他商法领域，例如，对破产制度的改革研究，我国应当制定一部什么样的破产法成为学界研究的重点，涉及破产程序的模式结构、适用范围、破产程序的适用条件、重整制度、破产管理人制度等诸多方面。其他的商法课题方面，主要涉及我国已经颁布的商事立法的修改，诸如保险法的修改、商业银行法的修改、信托法的修改等，研究的目标是推动我国商事立法的修改完善。①

经过 20 余年的持续努力，我国商法学在立法建构、学术研究、司法实践等方面均取得了空前的成就，逐渐形成了一个具有中国特色的独立的商法学部门。这一阶段，突出的特点是法律法规的修订与完善和学术的发展与努力之间的关系密不可分。

这一时期的商法学研究主要体现出两方面的特征：一是从宏观上讲，在理论深度上有较大程度的拓展；二是从微观而言，对具体问题有更精深的阐释；三是重视国际比较研究。主要是审视我国市场具体制度建设的疏漏，借鉴国际经验，吸收国外成熟监管制度的有益启示，取长补短，洋为中用。

第五节　商法学的创新突破阶段
（2012—2019）

2013 年 11 月，党的十八届三中全会提出全面深化改革、使市场在资源配置中起决定性作用，标志着我国进入全面深化改革的历史时期。党的十八届四中全会提出"加强市场法律制度建设"，党的十九

---

① 邹海林：《商法学科发展与重大问题研究状况》，《社会科学管理与评论》2005 年第 4 期。

大报告中提出"加快完善社会主义市场经济体制，深化商事制度改革"的目标，落实到商法制度建设层面，如《电子商务法》的出台以及公司资本制度的重大修改等，使我国商事交易环境得到巨大的尊重和保障，商事创新获得极大发展。与此同时，最高人民法院也注重总结审判经验，弥补法律漏洞，出台了《公司法》《保险法》等司法解释，大大提高了我国商事立法质量，我国的商事法律制度体系日臻完善。

完善的商事法制不仅对维护市场经济秩序发挥了重大作用，还推动了我国商法学研究的发展。在全面深化改革与全面推进依法治国的大背景下，对"市场经济就是法治经济"进行再认识，进而对深化经济体制改革与我国商事法律制度的完善进行理论与实践的双向互动思考，努力探求一个与我国市场经济发展实践以及我国法律体系相适应的科学的商法运行机制，就成为我国商法学发展的研究重点与基本追求。总体而言，是立足民法典编纂的背景，密切结合《证券法》修改、《期货法》的立法进程，以及《公司法》《保险法》《破产法》司法解释的出台等，以我国民商事立法推进作为进一步深化研究和讨论的突破口。由此，我国商法学也开启了不断精细化深入和全面创新的研究局面。

一　对市场与政府关系认识的规则化

党的十八届三中、四中全会指出，经济体制改革是全面深化改革的重点，核心问题是处理好政府和市场的关系。围绕着社会主义市场经济是法治经济的要求，商法学研究从政府与市场关系的基本模式、核心内容及实现方式等对政府作用与市场作用以及对两者关系的定位，予以科学化深层次的界定分析。商法学界认为，"使市场在资源配置中起决定性作用和更好发挥政府作用"的理念与体制，实际上为当前商法建设确定了最为根本的制度形成依据。事实上，作为规范市场主体与交易行为的主要法律，商法在其规范内容与体系结构中，大量容纳了市场机制与政府职能据以发挥作用的制度措施。因此，在商法建构中合理设置有关政府职能与市场机制的法律规范，通过商法实施以有效发挥政府与市场的作用，并基于"使市场在资源配置中起决定性作用和更好发挥政府作用"的理念，进一步完善商法的规范内容与体系结构，成为当前商法建设的重要任务与主要思路。① 与此同时，"使市场在资源配置中起决定性作用和更好发挥政府作用"这一改革理念的确立，也决定了今后商法建构中处理政府与市场关系的原则、思路与重点。我们应当根据市场经济体制的运行需要、政府与市场的应有能力、商法宗旨及实现机制，确定商法机制中政府与市场的功能定位。政府在商法机制中应实现职能转型，识别功能上政府由监护转向服务，选择功能上政府由主导转向辅助，规制功能上政府由管制转向治理，调控功能上政府由直接转向间接。② 概以言之，我们应当基于社会经济体制环境和相应的法治体系，根据商法的宗旨及其机制有效运行的需要，将政府职责与市场规则予以规范化制度化而有机地纳入商法的体系结构中，通过商法实施以实现政府与市场关系在商法领域的法治化和高效化。

二　民法典编纂背景下民商关系的再认识

多年来，我国商法学者已经对商法的独立性与商事立法体例等问题进行了较为深入的讨论，但更多的是以理论研究或商法本身的视角来看待这一问题。随着我国《民法总则》立法的推进，商法基础理论领域的研究体现出了以立法论为主的特征，而结合《民法总则》立法或民法典编纂对商事立法进行的讨论则尤其热烈。相当多成果不仅涉及商法本身的立法问题，还涉及如何在民法典中对商法规范进行表达，以及该表达可能会引起的民商事法律的体系效应问题。

就民法与商法关系的探讨，商法学者提出了很多更为深入的见

① 陈甦：《商法机制中政府与市场的功能定位》，《中国法学》2014 年第 5 期。
② 同上。

解。有学者认为，我国《民法总则》采取了民商合一的立法体例，但其效果却有负期待。无论是立法原则对商事关系本身规律的忽视，还是立法技术对商事关系的粗糙处理，均表明《民法总则》没有认真对待商法。商事关系是一种经营关系，由营利、营业、商人三大要素构成，民事关系难以包容商事关系。鉴于民商关系的交融和民商合一思想的泛滥之现实，商事关系的法律调整并非由商法独立完成。普通商事关系由商法和民法共治，特殊商事关系是商法的边际调整，只有金融商事关系才是商法发挥主导作用的领域。因此，当今商法新的使命是从传统商事关系的调整转移到对金融商事关系的调整，并以此作为其基本定位。① 而有学者对历史上民法与商法二元格局的演变与形成进行了研究，认为狭义商法作为特别法在本质上是以特定主体为对象加以建构的，企业经营组织作为主体性要素为狭义商法奠定了制度基础，商法规制目的及商业事实基础上的商法原则确保了规范层面外在独立性的存续。从目的论体系角度看，民法与商法负担着截然不同的建构目的，两者的二元格局在今日仍得到维持。② 就民法典与商法规范的宏观关系问题，有学者认为，从我国的实际情况出发，应当坚持"民商合一"，编纂一部商事品格的民法典。③ 而持相反意见的学者认为，就实质意义上的划分而言，无论是大陆法系还是英美法系均不存在真正意义上的民商合一立法例，而只有民商分立的立法例，从我国已有的立法现象和事实也不能得出我国属于民商合一的立法例，尽快制定我国商事通则的目的在于解决商事单行法律群龙无首、互不协调的窘境。④ 有学者认为，应推动我国总纲性商法规范的立法化（即制定《商法通则》），此外制定

<hr>

① 施天涛：《商事关系的重新发现与当今商法的使命》，《清华法学》2017 年第 6 期。
② 施鸿鹏：《民法与商法二元格局的演变与形成》，《法学研究》2017 年第 2 期。
③ 柳经纬：《编纂一部商事品格的民法典》，《比较法研究》2016 年第 1 期。
④ 刘凯湘：《剪不断，理还乱：民法典制定中民法与商法关系的再思考》，《环球法律评论》2016 年第 6 期。

《商法典》也是可选项。① 而有的学者则提出了超越民商合一与民商分立的观点，认为民商合一既无必要也无可能，民商分立也并不可取，民商立法体例的理性选择应该是民法法典化与商法单行法并行的折中体例，通过制定商法通则，从而超越民商合一与民商分立模式的两难选择。②

三　传统领域跨学科研究的逐步加强

在这一阶段，商法学研究中跨学科研究和交叉领域研究的逐步加强。尽管商法学继续以公司现象和公司问题为首要研究对象，但研究视域不断突破资本制度、股权争议、治理结构三大传统公司法议题，不断向并购重组、公司金融、资本市场规制等外围领域渗透。这些跨学科研究和交叉领域的研究，突出问题意识，淡化学科分野，其研究成果以互联网金融规制的论文为代表，实例存在于运用其他学科理论重新解释公司法、商事法律行为的建构、资产证券法的法律监管等研究尝试中。

总体而言，这些研究针对商法学理论性、技术性、实践性"三强合一"的特点，更多地吸收金融学、社会学、经济学、历史学等相关学科的研究成果以及商业习惯，在注重法学概念和推理的同时，将商法学研究的视角扩及我国社会主义市场经济的广大实践中，重视采用系统分析、跨学科分析、比较分析等方法，努力寻找适合我国国情的、满足实践需求的商法发展道路，而构建一个具有中国特色的、富有生机活力的、更为科学务实的商法学科，成为商法学者共同努力的方向。

---

① 王建文：《我国商法体系缺陷的补救：民商区分》，《环球法律评论》2016 年第 6 期。
② 赵旭东：《民法典的编纂与商事立法》，《中国法学》2016 年第 4 期。

四　金融科技监管领域的新思考

区块链及其相关应用是近年来讨论的热门话题。有学者对比特币的法律性质进行了研究，认为比特币等数字货币的出现是大数据时代交易形式变革的必然结果。私人货币只在具有"货币认同"的群体内或者当事人之间，可以等同于法定货币，进而依照货币来处理当事人之间的权利义务关系。如果当事人之间对私人货币不存在"货币认同"，则可视其为一种无形资产，按照财产法规则处理。在不存在虚构事实、隐瞒信息以及当事人未履行告知义务的前提下，比特币涉及的法律问题属于私法上的自我责任范畴。[①] 区块链之外，人工智能在金融领域的应用则是这个时代背景下的另一大趋势，其中智能投资顾问受到了学者们的关注。有学者认为，在智能投资顾问模式下，不具有独立的法律人格的智能投资顾问取代自然人为投资者提供咨询意见，主要以金融从业者为规制对象的传统法律体系实际上被架空，从而导致义务主体虚无化和义务体系失灵的问题，因此有必要重构相关主体识别制度及其义务体系。智能投资顾问模式下义务的设定需要穿透到算法层面，基本的原则是，既要避免以算法黑盒为由逃避和减少义务，导致责任缺位，也要充分体现人工智能的发展，避免过于苛责义务人。[②]

可以说，现阶段的商法学研究紧紧跟随了新时代经济环境的变迁，而新经济背景下的社会市场实践的发展在很大程度上也引领了商法学科的发展。面对新形势，商法学界不仅关注本国问题、现实问题的回应，同时力求在研究的深度和广度上都有更进一步的拓展。以商法学专业化研究路径的深度拓展为例。长期以来，商法学研究

---

① 赵磊：《论比特币的法律属性——从 HashFast 管理人诉 Marc Lowe 案谈起》，《法学》2018 年第 4 期。

② 高丝敏：《智能投资顾问模式中的主体识别和义务设定》，《法学研究》2018 年第 5 期。

主要采取三种研究路径。一是检讨现有规则、引介域外经验、建构未来法制的立法者路径，其实质是研究者将自身设定为立法者而从事研究。二是解释现有规范、关注诉讼争点、梳理判决逻辑的司法者路径，其实质是研究者将自身设定为法官而从事研究。三是纯粹学者路径，即把握制度现象，认识法律事实，发现原理规律。与当下流行语词对应，路径一与路径二被配对冠以"立法论"和"解释论"之名，路径二与路径三则被配对赋予"法教义学"和"社科法学"之名。如果说 2005 年之前的商法学研究主要实践路径一，2013年之前则以路径二为主流，那么现阶段商法学的若干研究展示了在"立法论"和"解释论"之外的真正专业化、独立化的研究路径。在现阶段的商法学研究中，无论是破产债权申报这样的传统问题，还是 P2P 网贷平台的法律规制这样的新兴议题，研究者在检索域外经验之外，更关注于还原纸面规则背后的形成机制和实践语境，关注制度演变的历史渊源和本土影响，考察制度兴衰与相邻制度的衔接互动关系。这些研究成果，既有清晰可辨、切实存在的问题，又有立场鲜明、切中肯綮的结论。就其研究路径而言，尽管法律规则仍然是学者们着力研究的对象，但这些研究的内容已不局限于对规则的简单诠释，而是对规则的建构原理进行必要的论证和解释，还为具体制度的设计以及司法实践中相关问题的解决提供价值判断的依据，尤其是要对现行法至关重要的基本价值、基本原理、基本规则作体系性的阐释，从而彰显了商法学专业化研究路径的深度拓展。

第六节　商法学展望

经过长期的努力，我国的商事法律体系建设取得了较大的进步，商事立法的速度与规模、商法学的深度与广度，取得了前所未有的成就。70 年的经济法治实践表明，改革开放的不断深化推动了商法制度的健全与完善，商法制度也反作用于经济发展，二者相辅相成，砥砺共进。在新的历史时期，商法学应当适应现实需要，为经济发展提供全方位、多角度的理论供给。对未来的商法学而言，强调面向市场实践的理论研究、立足中国问题的比较研究以及实现制度目标、功能与技术设计之间逻辑自洽的体系化研究，是对未来商法学理论秩序的期待；而立法论向解释论研究范式的转型、体系性研究思维的强化、自主型研究进路的深化以及多元化的研究方法，将成为未来我国商法学的新的增长点。

一　立法论向解释论研究范式的转型

在商法领域，商事现象的活跃性与商事立法滞后性之间的矛盾，使商法解释论的研究任重道远。尤其在我国社会主义法律体系形成之后，准确理解和有效实施法律就成为商事法治建设的重要任务。究其原因，我国市场经济规模与质量的巨大变化以及短时期内极高密度的立法，不仅需要商法解释论研究阐释这些立法规范，并对这些规范发生变动的原因、机理以及变动后的效果做出合乎法理符合实践的解释，更需要商法解释论能够弥合商事立法在诸多方面不能回应社会变革需求的缺陷，揭示未来商法规则的变革方向和未来商事立法、司法的行动方向。近年来，商法学的研究成果已经彰显了这种由立法论向解释论研究范式的转型。

在中国特色社会主义法律体系形成之后，我国在立法上迎来了从数量型向质量型发展、从粗放型向精细化转变的重大转折。商事领域作为市场经济发展最活跃最具代表性的前沿阵地，在我国商事法制框架基本确立的情形下，梳理与总结改革进程中法律修改的基本经验，分析立法工作重心逐步向法律修改转移的特点，与时俱进地对商事立法中存在的问题及时修正、拾遗补阙，尤其是科学解决既往应急性立法中暂时搁置的难题、深度构建商事现代法制，已经成为当前我国商事法治发展的艰巨任务和时代需求。与此相应地，重新检视以往商法研究中既已存在或可能存在的与我国市场经济发展相脱节的问题与症结，从商事实践机制与法治运行机制的有机契合上，为商事法律文本规范转化为法治秩序提供有效的方案或路径，有助于准确理解全面推进依法治国进程中立法与市场实践发展的规律，更好地观察和把握我国市场经济的发展轨迹和未来趋势。

二　体系性研究思维的强化

毋庸讳言，市场经济的发展、社会观念的变迁使我国经济社会正经历着一场从形式到内容的深刻变革。在这场变革中，商法学研究继续依靠"紧跟立法前进"的方式已经难以为继。重视体系性的研究思维，发挥原则与理论的指引作用，顶层设计、系统规划，推进我国商事制度的整体跃升，这是新时代我国商法学研究的一个重要增长点。

体系性研究思维在商事法律领域具有极其重要的理论价值和应用价值。[①] 就商法学研究而言，体系性的研究思维对于实质提升我国商法学研究的意义不容忽视。其一，我国商法学基础理论的构建有赖于体系思维。基础理论研究水平往往是衡量一个学科成熟与否的重要标志。前述我国商事法学体系性研究的极度匮乏以及基础理论的薄弱，无疑急需体系思维对商事法学理论的提炼和深化。其二，体系思维是科学发挥商事法学研究注释功能的必要条件。法律规范的准确适用是以对条文的正确理解为前提，而要正确理解和解释法律条文，体系思维的运用尤为关键。我国市场环境的巨大变迁以及"粗放式"立法产生的大量"弹性的"概念，使得商事法学研究不应被动固守于机械的文义解释，而应注重把握商事活动的发展规律，立足维护交易秩序的稳定，将商事法学原理与市场实践有机结合，充分发挥法理解释、适度的法律漏洞补缺性解释之功能，以克服商事成文法僵硬及滞后的根本性缺陷。只有体系思维，才能促使商事法学研究从单纯的法条注释转向体系性的研究。

---

① 梁迎修：《方法论视野中的法律体系与体系思维》，《政法论坛》2008 年第 1 期。

在解释特定法律条文时，能够综观若干相关法律规范，厘清法律规范间的意义脉络，确立相关法律规范在规范群、法典、部分领域乃至整个法律体系中的地位，在此基础上正确把握规范的意旨，进而做出科学的阐释。① 其三，体系思维也是全面整合商法学研究的一个重要手段。现阶段我国商事立法数量上的剧增以及与相关领域关联性的增强，致使各法律部门之间、不同效力等级的法律规范之间、实体法与程序法之间的协调衔接成为我国商法学研究的一个重点。充分发挥体系思维之优势，加强对现有法律规范的整理，重视各单行法之间的衔接，消弭冲突、理顺关系值得关注。

三　自主型研究进路的深化

随着我国现代化法治进程的推进以及中国特色社会主义法律体系的建立，偏重于学习和借鉴西方理论与制度的追仿型的法治进路已显示出明显的局限和缺失。其中最显而易见的缺陷就是追仿型的法治进路是以域外假想的模式评价乃至指导我们的实践，这不仅不能客观地认识我国法治的现实，还可能导致实践中的重大偏误。因此，从追仿型法治进路向自主型法治进路的转型已经成为我国法学界的共识。② 由于商法学研究本质上也是受特定社会条件和环境约束的社会实践，因此，商法学领域的研究同样需要从追仿型研究进路向自主型研究进路转型。所谓自主型法治进路，就是指以适应中国具体国情、解决中国实际问题为基本目标，立足于自我发展和自主创新的自主型法治体系。

其一，坚持自主型研究的范式转型，就是以"本国问题主义"为研究出发点。在我国商事法律体系形成以后，随着商事法治的进步与商事实践的丰富，对商事部门法学研究成果的需求是多维多向

---

① ［德］伯恩·魏德士：《法理学》，丁小春、吴越译，法律出版社 2003 年版，第 329 页。

② 顾培东：《中国法治的自主型进路》，《法学研究》2010 年第 1 期。

多层面的。事实上，整个商事活动及其规则的快速易变，客观上要求我国商事部门法学的研究必须紧紧跟随急剧发展变化着的市场实践快速更新，并充分满足商事法治实践对适合本国国情的综合解决方案的需要。反映到具体研究中，就是要求我国商事部门法学的研究应该立足我国处于转型时期的历史特殊性，在充分借鉴吸收域外成熟市场发展的法治经验的同时，更加注重深刻揭示深化经济体制改革与完善我国商事法律制度之间的内在发展规律和发展方向，着力在诸多方面形成能够说明和解决中国问题的理论。因此，商法学的"本国问题主义"的研究不应是面上的扩张而是内在的深化，洋为中用的研究取向不仅是一种思维层面的研究共识，而更是一种贯穿研究实践的研究导向。

其二，坚持自主型研究进路的范式转型，要求商法学者们的研究视角要从主要借鉴国外理论学说及相关制度，转移到主要抽象概括我国自己的市场现象并探寻其规范路径。即便在借鉴国外学说之时，学者们的研究也要以本国问题为导向，着力摸索能够说明和解决中国问题的理论，洋为中用的研究取向不仅是一种思维层面的研究共识，而更是一种贯穿研究实践的研究导向。可以说，准确理解和把握哪些是决定我国商事法制独特性的"中国国情"以及这些"中国国情"对我国商事法制的构建与实施具有何种影响，是自主型研究进路的主导思路。

其三，坚持自主型研究的范式转型，目标就是要建立与本国国情相适应的自主创新的理论体系。在关注全球视野下商法领域共通性制度及差异性制度构建的基础上，真正建立与本国国情相适应的自主创新的理论体系是自主型研究进路的长期目标。国内外的市场实践表明，大凡有生命力的制度和理论，都是根植于本土土壤之上的；而只有抓住本土特质的制度和理论，也才能对本国经济社会发展起到巨大的推动作用。因此，商法学界应立足我国市场经济建设实践，充分把握我国商法所赖以存在的社会的、政治的，尤其是经济的复合背景以及这种背景下商事法治的发展空间，探求我国经济社会环境的内在特征，最终促成我国自主创新理论体系的形成。

中国商法学研究，正处于市场理念不断深刻、法律的构成要素日趋复杂的宏大背景中。商法学研究内容的扩展、研究对象的多层次以及研究方法的多元化勾勒了我国未来商法学研究的发展路径。抓住机遇，内外兼修，在开放中谋发展，在变革中求完善，我国商法学期待一个厚积薄发的转型，一个继往开来的未来。

第十二章

不断变革与创新的经济法学

第一节 改革开放前经济法学的
萌生(1949—1978)

对于中华人民共和国经济法学的学术史而言，改革开放前的30年是需要认真总结的一段历史。当时苏联经济法理论的起兴与嬗变，并未直接促就中国经济法学的产生。改革开放后，苏联经济法理论成为中国经济法学"纵横统一论"形成的重要理论资源，对中国经济法治实践产生了深远影响。

一 改革开放前经济法学未能形成的背景

改革开放前，社会主义改造、社会主义革命与建设、"一五计划"、"大跃进"、以粮为纲、以钢为纲、以阶级斗争为纲以及"文化大革命"等关键词，成为这段经济社会历史的生动写照。中华人民共和国法学的前30年中，法学界对苏联法学理论的继受，直接源于对苏联意识形态和国家制度的肯认与照搬，然而，当时在苏联有影响的各类经济法学派的理论和思想并未在中国生根发芽。究其原因，这主要缘于中国法学界当时所处的政治、经济与社会环境。

中华人民共和国成立之初的计划经济体制是国家权力强力干预

经济的产物，权力与计划经济紧密而牢固地胶合在一起，国家被赋予了对财政经济工作的统一领导、统一计划和统一管理的权力，进而确立了国家在国民经济发展中的主导性地位。

张文显在论及市场经济与法制建设时指出，"计划经济实质是权力（行政）经济"。在计划经济体制下，政治与经济融为一体，经济是政治的附庸，生产者没有独立的所有权和经营权，生产者之间实际上不发生横向的主体关系，有的只是与上级和政府的纵向隶属关系。政府主要依据行政权力关系、行政命令、等级职位安排、红头文件或作为行政权力延伸的法规来配置资源，指挥生产；发生经济争议或纠纷，也主要靠行政机关以行政的方式仲裁、调解或决断，无须借助司法程序。这就使得以公正和平等为基础的法律在计划经济中的作用必然是微乎其微的。① 江平同样认为"计划经济本质是权力经济"，主要依靠行政命令、长官意志，是人治的最好土壤，可以说，计划经济内在地、本能地要求人治。② 当高度集中统一的计划经济体制并不需要经济法时，经济法学也因此成为无本之木。这就不难奇怪，为什么我国学界受苏联法理论影响甚巨，而苏联的经济法理论并没有广泛传入并影响中国的法学实践。

二　经济法学的萌生及后期影响

进入 20 世纪 60 年代后，苏联经济法理论在对东欧国家产生不同程度影响的同时，开始间接影响到中国。③ 其表现之一就是，1963 年 3 月中国人民大学民法教研室起草了《中华人民共和国经济法（草案）》。该草案尽管只有 70 条，但其结构清晰，体系完整，不失

---

① 参见张文显《市场经济与法制建设三论》，《中国法学》1993 年第 3 期。
② 参见江平《完善市场经济法律制度的思考》，《中国法学》1993 年第 1 期。
③ 参见李秀清《试论苏联经济法理论对中国的影响》，《政治与法律》2002 年第 3 期。

为一个完整的法典草案。根据该草案第 1 条[1]和第 3 条[2]规定，其把所有组织和公民的一切经济活动纳入了经济法的调整范围。[3] 通过这种工作，自然要展开对经济法的学习与研究。

与其他部门法学一样，法学界对新中国经济与法问题的研究，仍主要集中在中华人民共和国成立后的前 10 年。其后的 20 年，法学研究者一直在误区里行进，即从阶级斗争的观点出发，把"大跃进"、批判资产阶级法学观点、反帝防修等政治运动作为法学研究的主要任务。法学事业不仅未能按照正常逻辑而展开，反而不断萎缩，直至湮没于一连串的政治运动之中。因此，关于经济与法的理论及其嬗变研究，也就只能锁定在中华人民共和国成立后的前 10 年。

虽然"经济法"这一概念早在 20 世纪 20 年代即被人介绍进国门[4]，当时的介绍内容已涉及经济法在德国形成的原因、德国学者关于经济法概念的不同观点及经济法的性质、范围等，但这些介绍并未引起当时中国法学界的关注。中华人民共和国成立后，鉴于各种主客观原因，法学界仍欠缺对苏联经济法理论的译介和分析，中国经济法学的真正勃兴是 20 世纪 70 年代末以后的事情。

很奇妙的是，改革开放前 30 年的这段历史虽未直接促就中国经济法学的产生，但改革开放一经开始，以拉普捷夫为代表的苏联现代经济法学派的主张俨然成为改革开放后中国经济法学

---

[1] 该条规定：本法是以中国共产党的社会主义建设总路线和《中华人民共和国宪法》为根据而制定的各种组织和公民经济活动的准绳。

[2] 该条规定：有权参与本法所调整的各种关系，依法享受权利、负担义务者，为下列组织和个人：（一）具有独立核算或预算，并能对外负担独立财产责任的各种组织。法律规定需要经过登记程序始得成立的组织，在登记后才能参与本法所调整的各种关系。（二）中华人民共和国公民。

[3] 参见李秀清《试论苏联经济法理论对中国的影响》，《政治与法律》2002 年第 3 期。

[4] 1923 年 12 月《法律评论》第 26、27 期在"外国法制新闻"专栏中就连载了《新时代产物之"经济法"》。

"纵横统一论"形成的重要理论资源，并对中国经济法治实践产生了深远影响。其原因值得探究，恐怕就是这一时期形成的两大惯性所致。一是体制惯性，二是知识惯性。在体制惯性层面，改革开放初期是在计划经济体制外壳下展开的，试图在不改变计划经济体制的前提下，通过对内搞活、对外开放来发展经济，秉持既调整横向经济关系又调整纵向经济关系的"纵横统一论"主导下的经济法，正好满足当时的政策需求和普遍观念。在知识惯性层面，当时能够符合社会普遍观念而又自成体系且能为法学家熟知的，也只有苏联经济法及其经济法学。因此，在这双重惯性的协力下，苏联经济法理论就成为我国经济法学最有建构力和影响力的组成部分。

第二节　经济法学的蓬勃兴起
（1978—1992）

一　倡导经济法制与经济法学的形成

中国经济法学产生于中国的改革开放，目前已成为学界不争的一个事实。党的十一届三中全会之后，党和国家工作重点转移到社会主义现代化建设上来，实现了历史性的伟大转变。健全社会主义法制，加强经济立法，是党的十一届三中全会做出的重大决策之一。彭真曾在一次会议上强调，"经济法是反映经济基础的，是基础法"；"我们有各种法，最重要、最繁重的是经济法"[①]。这时期的经济立法理念与经济法学界都秉持大经济法的理念，经济法学的内容也几乎涉及经济立法的所有方面。这从陶和谦主编，法律出版社于 1983 年 5 月出版的《经济法学》的内容和体例，就可充分反

---

① 彭真：《在全国第一次经济法制工作经验交流会上的讲话》，《中国法制报》1982 年 9 月 24 日。

映出来。① 特别是该教材获得经济法学界的一致好评，它所创造的体例、结构成为后来经济法学教材编写的重要模式之一。1980 年 2 月，教育部批准在北京大学法律学系增设经济法本科专业，此后，吉林大学、中国人民大学等综合性大学法律学系先后设立经济法专业，中国政法大学及西南、中南、华东、西北 4 所政法学院也都成立了经济法学系，一些财经院校和政法成人院校也成立了经济法学系。与此同时，司法部和教育部共同组织领导的经济法学教材编写工作也全面展开。特别是 1984 年 8 月中国经济法研究会的成立②，标志着第一个全国性经济法学学术团体的问世。通过这样一系列的学术活动，中国经济法学的学科体系得以确立，并很快蓬勃发展。在经济法学兴盛发展的同时，如何区分相邻学科分野也成为法学界关注的问题。1979 年 8 月 7—8 日，中国社会科学院法学研究所在北京召开民法、经济法问题学术座谈会，与会者认为，为了适应社会主义现代化建设的需要，民法和经济法应该分为两个独立的法律部门，并建议制定经济法典和民法典，经济法与民法在调整对象、主体、调整原则、司法权限上有很大区别。③ 这场学术讨论持续 7 年之久，1985 年 4 月成立的中国法学会民法学经济法学研究会，反映出经济

---

　　① 该教材在第一章前先设绪论，主要阐述经济法学的有关问题，第 1—4 章为经济法基础理论，包括经济法的概念和作用、经济法的产生与发展、社会主义经济法典基本原则、经济法律关系。以后各章分述计划、经济合同、国营工业企业、基本建设、交通运输、商业、财政、金融、劳动、环境保护、自然资源、能源、中外合资企业等方面的法律制度，最后一章则阐述了经济仲裁和经济司法问题。其"绪论—总论—分论—经济仲裁与经济司法"的体例、结构模式，在 20 世纪 90 年代的中后期仍比较常见。

　　② 时任中共中央书记处书记、国务委员的谷牧被推举为名誉会长，时任国务院经济法规研究中心负责人顾明当选为会长。参见《中国经济法研究会成立》，《政治与法律》1984 年第 5 期。

　　③ 复刊不久的《法学研究》以"关于民法、经济法的学术座谈"为题，刊发了部分与会学者关于经济立法、民事立法、经济法与民法的关系、经济法的部门法地位等文章或观点摘要。参见《法学研究》1979 年第 5 期。

法学与民法学既有心各自独立又同心相互共处以促进法学发展的情景。直到 1986 年《民法通则》颁行，经济法与民法各自的学科范围才大致安顿下来。

1984 年 10 月，党的十二届三中全会通过了《关于经济体制改革的决定》，明确提出改革计划体制，首先要突破把计划经济同商品经济对立起来的传统观念，明确认识社会主义计划经济必须自觉依据和运用价值规律，是在公有制基础上的有计划的商品经济。1989年 6 月党的十三届四中全会又提出，建立适应有计划商品经济发展的计划经济与市场调节相结合的经济体制和运行机制。紧跟党的经济体制改革政策的发展变迁，我国经济立法速度明显加快，经济法学也进入发展的快车道。在这一时期，随着经济立法速度的加快，经济法学学术交流活动更加活跃，研讨范围从经济法总论开始扩展至经济法分论，并出版了一系列学术著作和教材。①

二 部门经济法的定性之争

在经济法学蓬勃兴起的过程中，经济法的调整对象问题成为总论体系中的理论核心，出现了形形色色的理论观点，也形成了不同

---

① 专著类成果主要有：梁慧星、王利明：《经济法的理论问题》，中国政法大学出版社 1986 年版；编写组编著：《中国经济法诸论》，法律出版社 1987 年版；王保树、崔勤之编著：《经济法学研究综述》，天津教育出版社 1989 年版；刘瑞复：《新经济法论》，中国政法大学出版社 1991 年版；等等。教材类成果主要有：潘静成、刘文华主编：《中国经济法教程》，中国人民大学出版社 1985 年版；杨紫烜主编：《经济法原理》，北京大学出版社 1987 年版；刘隆亨：《经济法概论》，北京大学出版社 1987 年版；徐学鹿主编：《经济法概论》，中国商业出版社 1987 年版；王保树：《经济法》，四川人民出版社 1988 年版；陶和谦、杨紫烜主编：《经济法学》（第 4 版），群众出版社1989 年版；张宏森、王全兴主编：《中国经济法原理》，上海社会科学院出版社 1989年版；盛杰民主编：《经济法教程》，中央广播电视大学出版社 1990 年版；杨紫烜、徐杰主编：《经济法学》，北京大学出版社 1990 年版；王河主编：《中国经济法学》，高等教育出版社 1990 年版；徐杰主编：《经济法概论》，中国政法大学出版社 1991 年版；等等。

的理论学说和学派。从当时各学派论战的具体情况看，主要有以下三大学说：其一是"大经济法说"。该说认为，经济法调整全部经济关系，即国家机关、企业、事业单位、集体经济组织以及公民在生产、交换、分配过程中相互之间的物质利益关系。① 其二是"特定经济关系说"。该说主张，经济法只调整部分经济关系，而不是全部经济关系。其三是"大民法说"。该说认为，经济法只是由多种法律部门的规范组成的经济法规，无论是单个的或者它们的总体，都不构成独立的法律部门，也没有它自己专有的调整对象。

由于当时法学界大多数学者认为，调整经济关系的只有经济法和民法两个部门，争论焦点只是集中在这两个部门在调整对象和范围上如何划分，因此，"大经济法说"和"大民法说"均未在后来成为有影响力的学说，更未成为主导性学说。相反，"特定经济关系说"则在学术争鸣中逐步占据主导地位，影响也越来越大。在这一学说中，基于研究视角的不同，学者之间又具体衍生分化为四类学派：

学派一："主体论"。即以经济关系主体的不同作为经济关系的划分依据，认为经济法调整的特定经济关系是国家机关、企业、事业单位和其他社会组织内部及其相互之间，以及它们与公民之间，在经济活动中所发生的社会关系。②

学派二："特定经济领域论"。即以经济关系所发生的经济领域（如生产、分配、交换和消费）的角度对经济关系进行区分，认为经济法调整的特定经济关系是国民经济中商品生产在组织、计划、财产管理和商品流通方面发生的经济关系。③

---

① 关怀：《经济立法在实现四个现代化斗争中的作用》，《西南政法学院学报》1979 年第 2 期。后来关怀修正了自己的观点，不认为经济法调整全部经济关系。参见关怀《略论经济体制改革与经济立法》，《法学》1983 年第 10 期。

② 参见陶和谦主编《经济法学》，群众出版社 1983 年版。持相同观点的还有刘海年、陈春龙《略论经济法立法和经济司法》，《学习与探索》1979 年第 3 期；王忠、宋浩波、刘瑞复、赵登举编著《经济法学》，吉林人民出版社 1982 年版，第 26 页；等等。

③ 刘瑞复：《经济法概论》，长春市科学技术协会内部出版，1981 年，第 14 页。

学派三："所有制基础论"。即从经济关系的所有制基础角度区分经济关系，认为经济法调整建立在生产资料公有制基础上的经济组织之间的经济关系。①

学派四："经济关系性质论"。即依经济关系本身的性质来区分经济关系，界定经济法的调整对象。它排斥了从上述经济关系的主体、发生领域以及所有制基础等角度界定特定的经济关系，而是从其他侧面揭示经济关系本身所属性质。该学派进一步细分为下列五个亚学派：（1）管理与协作经济关系论。即认为经济法调整以社会主义公有制为基础的社会主义组织之间的经营管理和生产协作的经济关系。②（2）纵横经济关系论。即认为经济法调整纵向经济关系和横向经济关系，其中纵向经济关系是指国家行政管理机构上下级之间、它们和各种经济组织之间以及经济组织和本单位职能部门及职工之间的经济关系，主要是计划管理关系；横向经济关系则指同级行政管理机构之间、经济组织和经济组织之间，在社会化大生产中形成的分工协作关系。③（3）意志经济关系论。即认为经济法调整的是意志经济关系，这种关系的质的规定性在于，它是各经济主体在特定历史条件下特殊的经济活动中形成的，以国家意志为主导的一种经济关系，是财产因素和行政因素的化合。④（4）纵向经济关系论。即认为经济法调整的经济关系集中表现为组织和管理经济的关系，或者说是管理关系。⑤（5）计划关系论。即认为经济法调整我国社会主义经济中建立在计划经济基础上，不通过商品货币关

① 芮沐：《民法与经济法如何划分好》，《法学研究》1979 年第 4 期。

② 郑立：《试论经济法》，载北京政法学院经济法教研室《经济法论文选集》，内部出版，1980 年。

③ 参见谢次昌、卞耀武《经济法概说》，青海人民出版社 1983 年版，第 2 页。

④ 参见周沂林、孙浩辉、任景荣、方志刚《论经济法的调整对象》，《中国社会科学》1982 年第 5 期。

⑤ 李时荣、王利明：《关于经济法的几个基本问题》，《中国社会科学》1984 年第 4 期。

系，直接通过计划关系而形成的各种经济关系。①

应该说，经济法调整对象的研究是中国经济法学产生时期学者们最为关注的问题，该问题直接和部门法的划分标准问题研究交织在一起。部门法划分标准作为经济法地位研究的理论前提，事关经济法是不是一个独立的法律部门，是不是具有与民法、行政法平等的法律地位。

1986 年我国《民法通则》颁布后，经济法学者与民法学者之间的部门法论争告一段落。经济法的调整对象研究进入宁静期，各家学说渐有依归。原来的"大经济法论"，因其理论基础缺位，而且经济体制改革的效果与制度完全不支持，故几近消失。"大民法论"则以"学科经济法论"的面目再次出现，虽仍有提及但影响力却大为削弱。

只有"特定经济关系论"仍表现出旺盛的生命力，经过重新分合，出现了以下四种代表性理论：一是"经济管理关系与经济协作关系论"。以杨紫烜为代表的一部分经济法学者认为，经济法调整的特定经济关系，应当是经济管理关系和（部分）经济协作关系。二是"经济管理关系论"。以漆多俊为代表的一部分学者认为，经济法调整国家经济管理关系，即在国家对社会经济干预、组织、管理过程中发生的，以国家（或其代表者）为一方主体，与另一方主体之间是管理与被管理的关系。三是"经济关系和经济活动论"。该理论以潘念之为代表，认为用以固定经济关系和经济活动的法就是经济法，经济关系和经济活动就是经济法的调整对象。② 四是"国民经济运行论"。刘瑞复在其《新经济法论》中提出，经济法是关于国民经济总体运行的法，包括国民经济组织法、经济活动法和经济秩序法。经济法调整国民经济运行过程中的经济关系，是在调整国

---

① 谢怀栻：《从经济法的形成看我国的经济法》，《法学研究》1984 年第 2 期。

② 参见潘念之《从经济体制改革谈经济法》，《政治与法律》1985 年第 4 期。

民经济总体运行过程中所形成的法制度、法形式和法方法的总和。①

　　总之，上述四种理论均认为经济法具有独立的调整对象，属于独立的法律部门，在学界被称为"肯定说"。与此同时，也有一些否定经济法的观点，被学界称为"否定说"。持"否定说"的学者认为，经济法不具有特定的调整对象，人们所说的经济法的调整对象其实都是其他部门法的调整对象，所以经济法不是一个独立的基本部门法。其中，比较典型的学派主要有：（1）综合经济法论。即认为经济法是分属于其他各部门法的调整各种经济关系的法律规范的综合概念。②（2）学科经济法论。即认为经济法是"研究经济法规运用各个基本法手段和原则对经济关系进行综合调整的规律"的法律学科。③（3）经济行政法论。即认为经济法的调整对象应全部或部分属于行政法的调整范围，对于这一部分的经济关系，或归行政法调整，或在行政法下设立一个新的行政分支。④

　　不难发现，这一时期不同阶段的理论学说之间实际上具有明显的传承关系，在继承的同时进行了创新和完善。深入地考察和比较这些理论后即会发现，"经济管理关系与经济协作关系论"与"纵横经济关系论""管理与协作经济关系论"相比，在理论前提、方法论、内容的精细化程度、与民法调整对象的可区分度等方面均有很大程度的发展，其吸收了其他一些理论中的有益成分或合理因素，在有计划商品经济体制的建立所给予的改革实践支持下，该理论比

_____

① 刘瑞复：《新经济法论》，中国政法大学出版社 1991 年版，第 164 页。

② 王家福：《综合经济法论》，载编写组编著《中国经济法诸论》，法律出版社 1987 年版，第 1—3 页。

③ 佟柔：《学科经济法论》，载编写组编著《中国经济法诸论》，法律出版社 1987 年版，第 221—227 页。

④ 梁慧星等：《经济行政法论》，载编写组编著《中国经济法诸论》，法律出版社 1987 年版，第 129—194 页。

较容易获得认同。正因为如此，在有效克服《民法通则》颁行后给经济法所带来的冲击中，该理论自然而然地成为这一时期的主导性学说。但问题在于，经济法学是一门实践性很强的学科，需要不断汲取现实经济体制、经济运行和经济活动的营养，当有计划商品经济体制的命运最终遭遇尴尬时，"经济管理关系与经济协作关系论"也不得不陷入窘境。

三　经济体制改革与经济法学研究的重点问题

经济体制改革和社会主义现代化建设实践，给经济法学者不断提出需要研究的经济法问题，这些问题并未局限在前述的基础理论方面，更多的问题属于改革实践中的实际问题和具体问题，经济法学分论研究由此不断展开，其相应成果成为我国经济法治建设的营养补给之源。

（一）企业法研究与国企改革同步

在经济法学的蓬勃兴起和初步发展时期，企业法理论一直被看作是经济法学的一部分，这与后来社会主义市场经济体制建立后企业法学研究的状况有所不同。在当时，国营企业曾经在较长时间内占绝对多数，无论是企业的设立还是变更或终止，国家对企业直接施加的影响力为企业法添加了浓厚的经济法色彩。但后来实行社会主义市场经济以后，企业法中私法的因素明显增加，国家直接施加的影响不断减少，由此导致企业法研究的跨部门法色彩更加浓郁，这也是许多企业法学者或后来的商法学者在研究企业法时之所以会兼具经济法学研究背景的历史原因。关于企业概念和企业分类的研究是企业法研究中的基础性工作。在当时，方流芳关于独资企业、公司、企业法人等概念的辨析研究①，以及赵旭东关于独资企业、一人公司和国有企业在内涵、外延、法律特征及其相互关系的辨析研

---

① 参见方流芳《论独营有限公司》，《中国法学》1987 年第 4 期。

究①等，虽然都属于基础性研究，但对研究企业立法体系已经具有重要的理论价值。

如何确定国营企业的法律地位，以及国营企业厂长（经理）的法律地位，是扩大企业经营自主权之后提出的一个重要理论问题。国营企业到底具有何种法律地位，在 1980 年前曾有过两种不同主张。少数人认为，国营企业不是法人，但多数人则肯定国营企业是法人，认为社会主义商品经济的存在，使法人制度在中国确立成为必然，用以肯定作为社会主义商品生产、经营者的国营企业的地位是适当的，并认为国营企业对国家授予其经营管理的财产有依法占有、使用、受益和处分之权，能独立承担债务责任，应赋予它法人资格。② 国营企业是法人的观点，被 1983 年的《国营工业企业暂行条例》首次肯定，并为后来颁布的《全民所有制工业企业法》所采用。

1984 年下半年，经济法学界展开了对国营企业厂长（经理）法律地位的研究和讨论。1985 年，《中国法学》在其第 2 期上集中刊载了 3 篇有关国营企业厂长地位的文章。③ 通过讨论，不但使实践中一些含混不清的概念得到了澄清，如企业法人代表和企业代表、代表企业法人和反映企业法人的利益等，而且使人们普遍认识到，国营企业厂长的地位是与国营企业法律地位紧密联系在一起的。1988年《全民所有制工业企业法》的制定，成为经济法学初步发展时期企业法研究的焦点问题之一。

（二）财税法研究紧跟财税体制改革

在经济法学初步发展时期，财政法的基础理论研究是比较薄弱

---

① 参见赵旭东《独资企业、一人公司与国有企业辨析》，《中外法学》1991 年第 3 期。

② 张友渔主编、王叔文副主编：《中国法学四十年（1949—1989）》，上海人民出版社 1989 年版，第 369 页。

③ 即郭宝林、丁卫国《关于全民所有制工厂厂长的身份问题》；秦之《论确认国营企业厂长法律地位的基本原则》；黄卓《厂长（经理）应是企业法人的代表》。

的，相关著作只是提出了财政法的特征①和我国财政法体系构造②等方面的观点。有关税制改革的研究，曾是 20 世纪 80 年代我国经济法学研究中的一个亮点。当时的税法教材，对税法的特征等基本属性问题已开始论述，包括立法上的相对稳定性和执行过程中的相对灵活性，征纳双方权利义务的不对等性，税务争议适用程序的特殊性，以及实体法与程序法的合一性等。③ 在财税体制方面，有研究提出，改革地方财政大包干的体制，向分税制过渡，即不同的税种分别划归中央与地方所有，中央税的全部权限（包括立法权、征收权、减免权、监督权等）归中央，地方税的管理权限在中央与地方之间分割，中央与地方共享税的立法权与减免权归中央，其他由中央与地方共享。④ 这样的研究成果，在此后的财税体制改革中产生了深远影响。

在对企业所得税法的研究中，有些学者认为，按照不同所有制设立税种，分别适用不同企业所得税法规的做法，体现了对不同所有制企业的政策，可以收到预期的不同效果。但更多的学者则认为，多种所得税法规并存，不可避免地会给税法的实施带来混乱和困难，并且有的实行累进税率，有的实行比例税率，无法体现公平税负的原则，不利于各种不同所有制企业开展竞争。因此，应该尽快制定适用于所有企业的统一的企业所得税法。后一种见解，当时已成为税法研究中的主流观点。⑤ 社会主义市场经济体制建立后，我国企业所得税制所走过的分步统一之路证明，当时经济法学者对我国涉外

---

① 程深编著：《财政法浅谈》，法律出版社 1985 年版，第 6—7 页。

② 罗玉珍主编：《财政法教程》，法律出版社 1986 年版，第 24 页。

③ 参见刘隆亨《中国税法概论》，北京大学出版社 1986 年版，第 76—77 页；严振生主编《税法教程》，中国政法大学出版社 1989 年版，第 9—10 页。

④ 胡祥甫、张湄：《健全和完善财政金融制度、治理通货膨胀》，《中国法学》1990 年第 4 期。

⑤ 参见张友渔主编、王叔文副主编《中国法学四十年（1949—1989）》，上海人民出版社 1989 年版，第 393 页。

企业所得税法的研究不但思想敏锐，而且用发展的眼光为税制改革指出了一条正确路径。

（三）银行法研究为金融体制改革提供理论支持

由于我国的金融体制改革最先从银行体制改革入手，因此在改革初期，银行立法问题即已经进入金融法学者的研究视野。证券法研究要比银行法研究起步稍晚一些。随着金融市场的发展，各地开始出现金融债券、企业股票、商业信用、同业拆借、社会集资等多种融资形式，直接融资活动和间接融资活动都活跃了起来。一些学者遂针对当时证券市场发育中的经济法问题进行不同视角的研究，如针对证券市场发育困境问题、证券中介机构专业化问题等，都提出了一些富有针对性的建议。[1] 也有学者专门研究了证券监管问题，并就立法原则、立法内容、机构体例、主要制度等提出了立法建议。[2] 1990 年上海证券交易所和 1991 年深圳证券交易所的成立，标志着证券市场发展和证券法研究开始进入新的时代。1980 年中国人民保险公司恢复运营后，保险法研究也紧随保险业发展中遇到的新问题而逐步展开。

（四）价格法研究助力价格改革

改革开放后，价格体制改革成为我国经济运行机制转轨的关键，被喻为我国经济体制改革的突破口和排头兵。在这一时期，有专门就价格的法律定义进行的研究[3]，也有对价格法律机制进行的研究[4]，还有学者专注于研究价格法的制定问题，并提出了《价格法》应具备的基本构架、基本内容、执法主体及其法律地位以及《价格法》的

---

[1]   如钱奕《困扰中国证券市场发育的深层原因》，《法学》1989 年第 8 期；刘海波《证券业中介机构的依法管理》，《法学》1991 年第 8 期。

[2]   如莫志成《制定证券交易法构想》，《法学季刊》1987 年第 2 期；陈陵《试论证券管理立法》，《法学杂志》1988 年第 5 期。

[3]   参见李景华《试论价格的法律定义》，《经济法制》1990 年第 12 期。

[4]   参见李国本、李鸿庆《论价格法律机制》，《经济法制》1991 年第 8 期。

执行机制等。① 这些研究成果为价格立法提供了宝贵的理论素材。

（五）计划法研究抱憾无果而终

经济法学者热衷于计划法研究，是 20 世纪 80 年代经济法学初步发展阶段的一个突出现象，计划法当时被认为是经济法的龙头法、基本法。徐孟洲教授提出，制定计划法是深化改革的法律保障。② 关于计划法的原则、框架设计、具体制度等出现了一系列研究成果。在当时的经济体制下，学者们曾经多么渴望国家能够早日出台一部《计划法》，但事后看来③，有关计划法的研究似乎是竹篮打水一场空，给经济法学者们平添了几分遗憾。

（六）外资企业法研究推动对外开放

为吸引外商投资，国家自 1979 年 7 月起即加强涉外经济立法，积极营造良好的法制环境。这期间，《中外合资经营企业法》《中外合资经营企业所得税法》《外国企业所得税法》《个人所得税法》《外资企业法》和《中外合作经营企业法》等重要法律陆续出台。学者们除了研究外商投资企业法的一般问题外，主要集中研究了外商投资企业立法、外商投资优惠以及我国利益保护等问题。为改变外资立法中多头立法、被动立法状况，当时已有一些学者提出应制定一部综合性的外资法或者统一的外商投资企业法。④

---

① 参见杨云《论我国价格立法的若干问题》，《西北政法学院学报》1987 年第 2 期。

② 参见徐孟洲《制定计划法是深化改革的法律保障》，《经济参考》1990 年 9 月 9 日。

③ 一些经济法学者在此期间还起草了《计划法》的专家稿，但由于诸多原因被束之高阁。肖江平：《中国经济法学史研究》，人民法院出版社 2002 年版，第 365 页。

④ 参见周洪钧《我国外资立法的若干思考》，《法学》1987 年第 4 期；丁伟《三资企业法律环境的透析》，《法学》1989 年第 12 期；罗明达、李玦《进一步完善外商投资法律环境的思考》，《法学评论》1990 年第 2 期；黄进《论海南经济特区投资法律环境的完善》，《法学评论》1990 年第 5 期。雷兴虎《外商投资企业立法系统化刍议》，《中南政法学院学报》1991 年第 4 期。

第三节 经济法学的理性繁荣
（1992—2012）

20 世纪 90 年代，中国开始全面推进社会主义市场经济建设，由此进一步奠定了法治建设的经济基础，也对经济法治建设提出了更高的要求。作为法学领域里的一个新兴学科，经济法学因应国家改革开放而迅速崛起，并在与经济立法、经济执法以及经济司法的互动中不断实现理论突破和创新，在经济发展与经济法治的交互作用下不断走向理性繁荣。

一 市场经济体制确定了经济法学的新格局

1992 年党的十四大明确提出，我国经济体制改革的目标是建立社会主义市场经济体制，以利于进一步解放和发展生产力。1993 年宪法修正案的通过，为经济法学走向成熟和理性繁荣确立了根本性的宪法准则。1993 年《中共中央关于建立社会主义市场经济体制若干问题的决定》，把党的十四大确定的经济体制改革目标和基本原则系统化、具体化，成为我国建立社会主义市场经济体制的总体规划和进行经济体制改革的行动纲领。

社会主义市场经济体制确立以后，我国经济运行机制发生了根本性的变化，保障和规范经济运行的法律体系亦随之发生结构性和机制性的变化，与此相应，经济法学的研究对象、研究内容和研究方式等亦发生了巨大变化，经济法学者开始深刻审视这种变化，对经济法的理念、性质、功能和实现机制等展开研究，并科学确立经济法学的学科地位和知识体系。其中最值得一提的是发表在《法学研究》1993 年第 6 期的《建立社会主义市场经济法律体系的理论思考和对策建议》一文，提出了必须区分公法和私法，区分作为公权者的国家和作为所有者的国家，主张抛弃拉普捷夫的经济法理论和观念以及把计划法作为经济法基本法的观念，并对经济法的概念、性质和体系做出了新的回答，该文成为经济法研究范式转变的纲领性文章。① 许多经济法学者在研究经济法基础理论方面，都做出了突出的学术贡献。②

总的来看，社会主义市场经济体制的确立有助于经济法学的发展，经济法学的理性繁荣是由中国入世后所带来的经济法律制度的国际化和科学化所决定的，是以高质量的研究成果积极主动地影响国家的经济立法来成就的。

二 经济法学基础理论的探讨与争鸣

经济法学紧扣时代发展主题，在总结和扬弃以往学术成就、经验教训的基础上，积极借鉴国外经济法学说和国内外其他学科的研究成果，不但创新和丰富了我国的法学理论，突破了传统法学公私法二元划分的研究范式，而且引入了社会本位和整体主义的价值理念，运用了多学科、多视野的研究分析方法，在增强法学研究的开放性和时代性的同时，提高了法学理论的解释力和论证力，有效推动了社会主义市场经济体制的建立和完善。

对于经济法的调整对象，比较流行的理论学说主要有以下七种：一是国家协调说。认为经济法调整的是在国家协调本国经济运行过程中发生的经济关系。它既不是一切经济关系，也不是社会关系中

① 参见王伦刚、辜秋琴《论中国经济法学史分期标准和界点》，《成都理工大学学报》（社会科学版）2004 年第 3 期。

② 例如，漆多俊：《论现代市场经济法律保障体系》，《中国法学》1994 年第 5 期；史际春、邓峰：《合同的异化与异化的合同——关于经济合同的重新定位》，《法学研究》1997 年第 3 期；李胜兰等：《法律成本与中国经济法制建设》，《中国社会科学》1997 年第 4 期；刘文华：《运用经济法理论，加强经济立法》，《中国法学》1999 年第 3 期；王晓晔：《依法规范行政性限制竞争行为》，《法学研究》1998 年第 3 期；等等。

的非经济关系。该说以杨紫烜为代表。① 二是需要国家干预说。认为经济法的调整对象是需要由国家进行干预的、具有全局性和社会公共性的经济关系，即国家需要干预的经济关系，具体包括市场主体调控关系、市场秩序调控关系、宏观经济调控和可持续发展保障关系、社会分配关系。该说以李昌麒为代表。② 三是国家调节说。认为经济法的调整对象是在国家调节社会经济过程中发生的各种社会关系，简称经济调节关系，具体包括市场障碍排除关系（反垄断与限制竞争关系以及反不正当竞争关系）、国家投资经营关系和宏观调控关系。该说以漆多俊为代表。③ 四是纵横统一说。认为经济法调整在社会生产和再生产过程中，以各种组织为基本参与者所参加的经济管理关系和一定范围内的经营协作关系（即经济联合关系、经济协作关系和经济竞争关系）。具体包括经济管理关系、维护公平竞争关系以及组织管理性的流转和协作关系。该说以刘文华和史际春为代表。④ 五是国家调制说。认为经济法的调整对象是国家在对经济运行

---

　　① 参见杨紫烜下列著述：论文《建立和完善适应社会主义市场经济体制的法律体系与〈经济法纲要〉的制定》（2001）；论文《国家协调论》（2000）；论文《论新经济法体系》；论文《经济法调整对象新探》（1994）；论文《建立社会主义市场经济体制与经济法的发展》（1993）；专著《国家协调论》（2009）；等等。

　　② 参见李昌麒下列著述：论文《论市场经济、政府干预和经济法之间的内在联系》（2000）；论文《中国经济法现代化的若干思考》（1999）；论文《论社会主义市场经济与经济法制观念的更新》（1994）；教材《经济法学》（2007，2008）；教材《经济法——政府干预经济的基本法律形式》（1995）；等等。

　　③ 参见漆多俊下列著述：论文《论市场经济发展三阶段及其法律保护体系》（1999）；论文《论现代市场经济法律保障体系》（1994）；教材《经济法基础理论》（1993，1996，2004，2008）；《经济法学》（1998，2004）；等等。

　　④ 参见刘文华下列著述：论文《中国经济法的基本理论纲要》（2001）；论文《经济法的本质：协调主义及其经济学基础》（2000）；教材《经济法》（与徐孟洲联合主编）（2009）。参见史际春下列著述：论文《经济法的地位问题与传统法律部门划分理论批判》（2000）；论文《改革开放和经济法治建设中产生发展的中国经济法学》（1999）；论文《经济法：法律部门划分的主客观统一》（1998）；论文《社会主义市场经济与我国的经济法——兼论市场经济条件下经济法与民商法的关系问题》（1995）；教材《经济法总论》（与邓峰合作）（1998，2008）；专著《探究经济和法互动的真谛》（2002）；等等。

进行宏观调控和市场规制的过程中所发生的经济关系，包括宏观调控关系和市场规制关系。该说以张守文为代表。[①] 六是社会公共性经济管理说。认为经济法的调整对象是以具有社会公共性为根本特征的经济管理关系，包括市场管理关系和宏观经济管理关系。该说以王保树为代表。[②] 七是耦合经济法说。认为经济法是市场调节与宏观调控关联耦合之法。该说借用物理学上的"耦合"概念，认为在市场经济体制下，通过民主法治途径促进市场机制与宏观调控相互配合而共同作用于社会经济生活，也是一种社会科学上的耦合现象。经济法的调整对象包括市场规制关系和宏观调控关系。该说以徐孟洲为代表。[③]

上述七种理论学说实际上并未穷尽和容收学界的所有观点和见解，比如"国民经济运行说"[④] "管理与协调说"[⑤] "行政隶属性说"[⑥] "行政管理性说"[⑦] 等，这些学说在经济法调整对象上均有独到研究。但总的来说，这些理论学说都直接或间接地揭示出了经

[①] 参见张守文下列著述：论文《经济法基本原则的确立》（2003）；论文《论经济法的现代性》（2000）；论文《略论经济法上的调制行为》（2000）；论文《略论经济法的宗旨》（1994，1992）；教材《经济法总论》（2009）；教材《经济法学》（2008）；专著《经济法理论的重构》（2004）；等等。

[②] 参见王保树下列著述：论文《关于民法、商法、经济法定位与功能的研究方法》（2008）；论文《经济法与社会公共性论纲》（2000）；论文《论经济法的法益目标》（2001）；教材《经济法原理》（1999，2004）；等等。

[③] 参见徐孟洲《耦合经济法论》，中国人民大学出版社 2010 年版；徐孟洲《论市场机制与宏观调控的经济法耦合》，《法学家》1996 年第 2 期。

[④] 参见刘瑞复《经济法学原理》，北京大学出版社 2000 年版和 2002 年版；刘瑞复《经济周期与反周期法》，《北京大学学报》（哲学社会科学版）1996 年第 2 期；等等。

[⑤] 参见程信和《经济法与政府经济管理》，广东高等教育出版社 2000 年版等。

[⑥] 参见李中圣《经济法：政府管理经济的法律》，《吉林大学社会科学学报》1994 年第 1 期；《关于经济法调整的研究》，《法学研究》1994 年第 2 期；等等。

[⑦] 参见石少侠主编《经济法新论》，吉林大学出版社 1996 年版；《对经济法概念、对象、体系的再认识》，《吉林大学社会科学学报》1998 年第 5 期；等等。

济法所调整的经济关系的主体特质，即国家或政府总是或常常是经济法律关系中的一方主体；也揭示出了国家或政府的行为特质，只不过不同学说采用的语词稍有不同而已，如协调、调节、干预、调制、管理、规制、调控等，进而使得国家或政府行为作用的方式和范围有所不同，还揭示了国家或政府实施行为时的目的特质，即追求社会整体利益。这些特质上的共同性或共通性，为经济法学调整对象理论中共识的达成，提供了最基本的工具和钥匙。

三 市场竞争及其法律保护

竞争法尤其是其中的反垄断法素有"经济宪法"之称，是市场经济建立和发展的基石。竞争法以反不正当竞争法和反垄断法为核心，以产品质量法和消费者权益保护法为补充和配合，在我国经济法体系中具有举足轻重的地位。

第一，理论研究与实务研究并举，共促反不正当竞争法的实施和完善。《反不正当竞争法》的出台，是我国经济法学走向成熟时期的重要标志之一。在这一时期，大量的研究成果集中在《反不正当竞争法》的实施和适用上，一些学者和实务部门的法律工作者运用注释法学的方法，就《反不正当竞争法》在实践中的具体应用提出了诸多有价值的见解。① 同期的理论研究，则主要集中在以下几个问题：一是反不正当竞争法的价值取向问题；二是反不正当竞争法的法律属性问题；三是中外反不正当竞争法的比较以及对外国反不正

---

① 如王敏《谈〈反不正当竞争法〉的调整范围》，《经济管理》1994 年第 4 期；江平、刘智慧《关于我国〈反不正当竞争法〉的几个问题》，《中国工商管理研究》1994 年第 11 期；王宗玉《反不正当竞争法中的欺诈及法律责任》，《中国工商管理研究》1998 年第 11 期；孔祥俊《论反不正当竞争法中的竞争关系》，《工商行政管理》1999 年第 19 期；王艳林《市场交易的基本原则——〈中国反不正当竞争法〉第 2 条第 1 款释论》，《政法论坛》2001 年第 6 期；等等。

当竞争法的译介。① 2002 年后，反不正当竞争法研究则更加集中于以下两个方面：一是反不正当竞争法对知识产权的保护；二是反不正当竞争法的修改和完善。②

　　第二，加强反垄断法研究，推动反垄断立法和执法。我国《反不正当竞争法》颁行后，有关反垄断法的研究即全面展开，相关专著开始出版，论文也大量增加，研究视角被不断拓宽。③ 王晓晔于1996 在《中国社会科学》上发表了《社会主义市场经济条件下的反垄断法》一文，明确提出了反垄断法的主要任务和内容。④ 在经济法学走向成熟阶段，我国学者还系统研究了反垄断法的职能⑤、性质⑥、价值目标⑦、立法体例⑧、对知识产权的保护⑨、市场界定⑩、

---

　　① 例如，郑友德、田志龙：《反不正当竞争法世界现状分析》，载《知识产权》1994 年第 4、5 期；林燕平：《德国反不正当竞争法的发展与启示》，《法学》1996 年第 9 期；王为农：《中日反不正当竞争法的比较研究》，《浙江大学学报》（人文社会科学版）1999 年第 1 期；等等。

　　② 例如，王先林：《我国〈反不正当竞争法〉的封闭性与一般条款的完善》，《中国工商管理研究》2003 年第 8 期；刘华：《我国〈反不正当竞争法〉亟须修订完善》，《甘肃社会科学》2005 年第 1 期；郑友德、范长军：《反不正当竞争法一般条款具体化研究——兼论〈中华人民共和国反不正当竞争法〉的完善》，《法商研究》2005 年第 5 期；等等。

　　③ 例如，如曹士兵：《反垄断法研究——从制度到一般理论》，法律出版社 1996 年版；王晓晔：《竞争法研究》，中国法制出版社 1999 年版；王先林：《知识产权与反垄断法——知识产权滥用的反垄断问题研究》，法律出版社 2001 年版；等等。

　　④ 王晓晔：《社会主义市场经济条件下的反垄断法》，《中国社会科学》1996 年第 1 期。

　　⑤ 王先林、唐大森：《从垄断与竞争的相对性看反垄断法的职能》，《中央政法管理干部学院学报》1995 年第 6 期。

　　⑥ 沈敏荣：《反垄断法的性质》，《中国法学》1998 年第 4 期。

　　⑦ 参见汤春来《试论我国反垄断法价值目标的定位》，《中国法学》2001 年第 2 期。

　　⑧ 李胜利：《分立还是合并：中国反垄断法立法例的选择》，《河北法学》2000 年第 1 期。

　　⑨ 张瑞萍：《反垄断法应如何对待知识产权》，《清华大学学报》（哲学社会科学版）2001 年第 4 期。

　　⑩ 张俊文：《反垄断法中的市场界定》，《现代法学》2001 年第 3 期。

公用企业市场行为规制①、执法机关②等问题，并在垄断的定义、反
垄断法的立法模式、调整范围、适用原则、适用例外、执法机构以
及司法实践等方面，进行了一些比较法研究。③ 当经济法学进入理性
繁荣发展阶段后，反垄断法的研究随中国入世而急剧升温，对相关
理论问题的研讨也越来越细、越来越深。王晓晔认为，"一个国家是
否需要反垄断法，决定性是它的经济体制。随着加入世界贸易组织，
反垄断立法在中国显得更为必要和迫切"④。在这一时期，学者们对
制定我国反垄断法的必要性和紧迫性很快达成了共识。随后，有关
反垄断法的研究即开始集中于以下两个方面，其一是对反垄断法具
体制度进行研究；其二是对反垄断法的草案进行论证，并提出具体
的修改和完善意见。⑤ 中国社会科学院法学研究所组织召开的 5 次竞

---

① 王晓晔：《规范公用企业的市场行为需要反垄断法》，《法学研究》1997 年第 5 期。

② 邱本：《我国反垄断法执行机关的设想》，《法学杂志》1999 年第 1 期。

③ 例如，王长斌：《垄断的定义——对西方国家反垄断法的初步研究》，《外国法
译评》1994 年第 3 期；吴振国：《美、德、日三国反垄断法比较》，《中国法学》1994 年
第 2 期；林燕平：《反垄断法中的适用除外制度比较》，《法学》1997 年第 11 期；王晓
晔：《欧盟电信反垄断法及其对我国的启示》，《红旗文稿》1999 年第 24 期；程吉生：
《国外企业合并控制反垄断法发展趋势的分析》，《现代法学》2000 年第 1 期；等等。

④ 王晓晔：《入世与中国反垄断法的制定》，《法学研究》2003 年第 2 期。

⑤ 例如，王先林：《论联合限制竞争行为的法律规制——〈中华人民共和国反垄断法
（草拟稿）〉的相关部分评析》，《法商研究》2004 年第 5 期；魏琼：《企业集中（或合并）
法律控制的程序规定——兼议 2004 年〈反垄断法（送审稿）〉》，《法学》2004 年第 11 期；
史际春、肖竹：《〈反垄断法〉与行业立法、反垄断机构与行业监管机构的关系之比较研究
及立法建议》，《政法论丛》2005 年第 4 期；王健：《威慑理念下的反垄断法刑事制裁制
度——兼评〈中华人民共和国反垄断法（修改稿）〉的相关规定》，《法商研究》2006 年第
1 期；郑鹏程：《欧美反垄断法价值观探讨——兼评〈中华人民共和国反垄断法（草案）〉
第 1 条》，《法商研究》2007 年第 1 期；林燕平：《对〈中华人民共和国反垄断法（草案）〉
相关条款之评析——对"有关法律、行政法规另有规定的，依照其规定"的质疑》，《上海
交通大学学报》（哲学社会科学版）2007 年第 1 期；李俊峰：《垄断损害赔偿倍率问题研
究——兼论我国反垄断法草案的相关制度选择》，《比较法研究》2007 年第 4 期；王先林：
《论滥用市场支配地位行为的法律规制——〈中华人民共和国反垄断法（草案）〉相关部分
评析》，《法商研究》2007 年第 4 期；李国海：《反垄断法公益利益理念研究——兼论〈中
华人民共和国反垄断法（草案）中的相关条款〉》，《法商研究》2007 年第 5 期。

争法与竞争政策国际研讨会，紧紧围绕《中华人民共和国反垄断法（草案）》的修改与完善，进行了深入细致的研讨，为专家学者代表与政府官员代表之间的直接对话搭建了理想平台，一些修改建议后来也被立法机关所采纳。会后形成的专门论文集——《反垄断立法热点问题》①，在社会上引起了积极的反响。

第三，消费者权益保护法研究成热点，但经济法学、民法学研究视角各不同。保护消费者权益，是市场经济发展的必然要求。对消费者权益提供特别法律保护，在立法上表现为构筑完备的消费者权益保护法律体系。在消费者权益保护基本法的统领下，一方面经济法、行政法、刑法等法律部门在介入消费者权益保护这一领域，即在各自立法中应以特别保护消费者权益为立法价值目标取向之一；另一方面发展完善债法。债法对消费者权益保护和重心在于补救，其他法律对消费者权益保护和机制在于预防和惩治。② 正因为如此，许多民法学者在这一领域展开了研究，但多着眼于债法角度以及民事责任角度，如从消费合同角度入手研究其权益设计，这是民法学者研究的一个重点，其中也不乏一些有价值的成果，如提出消费者的撤回权等。③ 关于惩罚性赔偿制度的研究，也就是《消费者权益保护法》第 49 条的适用问题，同样也是民法学研究的一个重点，相关成果十分丰富。④ 经济法学一直十分关注消费者权益保护法的研究。李昌麒等即曾经强调指出，国家保护、经营者自律、消费者觉醒是

---

① 王晓晔主编：《反垄断立法热点问题》，社会科学文献出版社 2007 年版。

② 傅绪桥：《债法的新发展对消费者权益的特别保护》，《云南大学学报》1994 年第 3 期。

③ 例如，迟颖：《论德国法上以保护消费者为目的之撤回权》，《政治与法律》2008 年第 6 期。

④ 例如，刘荣军：《惩罚性损害赔偿与消费者保护》，《现代法学》1996 年第 5 期；贺欣：《对〈消费者权益保护法〉惩罚性赔偿规定的思考》，《中央政法管理干部学院学报》1998 年第 1 期；董文军：《论我国〈消费者权益保护法〉中的惩罚性赔偿》，《当代法学》2006 年第 2 期。

保护消费者利益的三大法宝。消费者保护法的完善和全面实施，消费者处境的根本改善，特别仰赖国家机关工作人员消费者保护意识、经营者的自律意义和消费者自我保护意识的全面提高。① 换言之，消费者的法律保护除了依靠民法外，必须依靠经济法，发挥政府和消费者组织的作用，运用经济法的理念和调整手段。关于特殊消费中的消费者权益保护②、服务责任③、消费者权益的保护途径④以及一些比较法研究⑤等，也都取得了较为丰硕的研究成果，从而为《消费者权益保护法》的修改和完善提供了重要的理论论证。

　　第四，产品质量法研究紧跟经济社会发展，注重导入经济法的生态化理念。为了加强对产品质量的监督管理，明确产品质量责任，我国于 1993 年通过了《产品质量法》，并于 2000 年 7 月通过了其修正案。我国的《产品质量法》既是一部产品质量监督管理法，也是一部产品质量责任法。当 2008 年三鹿奶粉事件发生后，产品免检制度受到了媒体和社会的广泛关注和质疑，并引起了政府的回应。此

---

　　① 李昌麒、许明月：《论消费者保护意识》，《现代法学》1999 年第 2 期。

　　② 参见刘满达《网络商务中消费者权益保护的几个问题探析》，《河北法学》2000 年第 3 期；曹诗权、龚瑞《论消费信用中的消费者权益保护》，《法商研究》2002 年第 4 期；蒋虹《网络虚假广告与消费者权益保护问题探析》，《华东政法学院学报》2003 年第 2 期；李金泽《论我国银行业消费者保护与自律机制之完善》，《时代法学》2004 年第 6 期；等等。

　　③ 参见柴振国、赵英《论服务责任——以消费者权益保护法为中心》，《河北法学》2005 年第 1 期。

　　④ 参见陈秀萍《消费者权益保护途径之比较》，《当代法学》2003 年第 7 期；江伟、常廷彬《论消费者纠纷专门仲裁解决机制的构建》，《河北法学》2007 年第 11 期；廖永安、黎藜《论民事诉讼法与民事实体法的关系——以消费者权益保护诉讼为考察对象》，《北方法学》2008 年第 1 期；孙颖《论消费者纠纷的解决机制》，《法学评论》2008 年第 3 期；等等。

　　⑤ 例如，范征、王风华：《欧盟统一大市场中的消费者保护一体化研究》，《法学》2000 年第 10 期；何易：《欧盟消费者销售法指令与联合国国际货物销售合同公约之比较》，《法学评论》2003 年第 2 期；钟瑞华：《美国消费者集体诉讼初探》，《环球法律评论》2005 年第 3 期；等等。

前，有学者研究认为，产品免检制度是政府的一种不作为，其设立破坏了法律效力的位阶性，破坏了公平有序的市场竞争秩序，也有违"有限政府"的理念，且其制度作用有限，因此应在完善产品质量监督制度的基础上予以废除。[①] 在这一问题上，应飞虎采用了法学、经济学、社会学、社会心理学等视角和工具，基于免检条件设定的合理性、免检制度实施的基本绩效、免检标志的信号功能等方面，对免检制度的存废和改良等问题进行了专门研究。综合考虑多种因素，他提出应取消免检制度。但如果基于信息提供和执法效率提升等角度，或国家质检总局基于其他因素的考虑，认为免检制度必须存在，则应在处罚、监督、适度保留等方面对这一制度做出必要修正。[②]

四　宏观调控法基础理论研究

在我国，宏观调控法基础理论的研究比市场规制法基础理论研究开始得更早，内容也更丰富。[③] 对宏观调控法的研究，经济法学者主要集中在宏观调控法的形成原因或客观条件、宏观调控法的定义和特征、宏观调控法的宗旨、本质和基本原则、宏观调控法体系、宏观调控法的调整方法、宏观调控权、宏观调控基本法的制定等领域。宏观调控法地位日益提升，正在成为经济法体系的核心，宏观调控和宏观调控法日益社会化、民主化和国际化。[④]

在宏观调控法的定义中，学者们沿用了经济法的定义方法，仍然通过对特定经济关系的性质和范围内涵的确定来界定其概念。如有的定义为"调整国家在调节和控制宏观经济运行中所发生的经济

---

① 参见雷兴虎、习小琴、吕亚峰《中国企业产品免检制度的存与废——兼谈我国企业产品质监制度的完善》，《法学》2004 年第 7 期。

② 应飞虎：《对免检制度的综合分析：坚持、放弃抑或改良?》，《中国法学》2008 年第 3 期。

③ 肖江平：《中国经济法学史研究》，人民法院出版社 2002 年版，第 353 页。

④ 参见漆多俊《宏观调控立法特点及其新发展》，《政治与法律》2002 年第 3 期。

关系"①；有的则定义为"调整国家对社会经济宏观调控中发生的各种社会关系"②；还有的定义为"调整国家对经济运行实施宏观调控过程中发生的经济关系"③。

　　有关宏观调控法基本原则的研究同样十分重要。在这一方面，学者们的概括同样不尽相同，如宏观调控职权和程序法定原则、维护国家宏观经济利益原则、宏观调控主体分工和协调原则④；平衡优化原则、有限干预原则、宏观效益原则、统分结合原则⑤；尊重市场原则、社会公益原则、可持续发展原则、经济民主原则⑥；总量调控原则、间接调控为主原则、协同调控原则、集中统一调控权原则、政府的调控行为规范化和约束原则⑦；资源优化原则、总量平衡原则、间接调控原则、统一协调原则、宏观效益原则⑧；间接调控原则、计划指导原则、公开原则、合法原则、适度性原则、稳定性与灵活性结合原则⑨；集中调控权原则、平衡协调原则、共同发展原则⑩；等等。由此可见，在宏观调控法基本原则这一重要的理论问题

　　① 王守渝、弓孟谦：《宏观经济调控法律制度》，中国经济出版社 1995 年版，第 1 页。

　　② 漆多俊：《宏观调控法研究》，《法商研究》1999 年第 2 期。

　　③ 徐孟洲：《经济法的调整对象、根据和体系结构研究》，载徐杰主编《经济法论丛》，法律出版社 2001 年第 2 卷。

　　④ 谢增毅：《宏观调控法基本原则新论》，《厦门大学学报》（哲学社会科学版），2003 年第 5 期。

　　⑤ 潘静成、刘文华主编：《经济法》，中国人民大学出版社 1999 年版，第 296—298 页。

　　⑥ 王全兴、管斌：《宏观调控法论纲》，《首都师范大学学报》（社会科学版）2002 年第 3 期。

　　⑦ 王守渝、弓孟谦：《宏观经济调控法律制度》，中国经济出版社 1995 年版，第 17—19 页。

　　⑧ 卢炯星：《宏观经济法》，厦门大学出版社 2000 年版，第 53—55 页。

　　⑨ 杨紫烜主编：《经济法》，北京大学出版社 1999 年版，第 267—268 页。

　　⑩ 林敏：《我国宏观调控法基本原则的探讨》，《湖北经济学院学报》（人文社会科学版）2005 年第 5 期。

上，出现了三原则说、四原则说、五原则说、六原则说乃至九原则说等不同观点，当然这些研究也不乏共同之处，如平衡优化原则与资源优化和总量平衡原则其实表达的是一层意思，经济民主原则与尊重市场原则表达的也是同一层意思等。宏观调控原则的提炼和抽象，对于宏观调控立法和法学研究的重要性是不言而喻的，它有利于将宏观调控法的各种制度和规范有机统一于宏观调控法之下。关于宏观调控法的体系问题，共识是在构造中都包括了计划法、财政法、税收法、金融法、产业政策法等，分歧在于是否应包括国有资产管理法、自然资源法、能源法、环境保护法以及社会保障法等。关于宏观调控法的调整方法，徐孟洲认为主要有引导、规制和监督三种①；邱本认为主要有社会整体调节方法、自觉调整方法、统制方法和间接调整方法②；王全兴、管斌则将其分为直接调控和间接调控，事前调控、事中调控和事后调控，对象不特定的概括调控和对象特定的具体调控等。

第四节　新时代的经济法学（2012—2019）

在当代中国的社会实践与历史进程中，改革与法治是两大时代主题。尤其是 2012 年党的十八大以来，全面深化改革与全面推进依法治国成为正在进行的两大社会系统工程，创新、协调、绿色、开放、共享的新发展理念成为引领我国发展全局深刻变革的科学指引。改革与法治的关联互动旨在构建法治引领和规范改革的新常态，这既是重构改革形态与改革秩序的必然选择，也是经济法学在依法推进和保障我国经济高质量发展过程中新的历史使命。

---

① 潘静成、刘文华主编：《经济法》，中国人民大学出版社 1999 年版，第 298 页。

② 参见邱本《宏观调控法导论》，载王晓晔、邱本主编《经济法学的新发展》，中国社会科学出版社 2008 年版，第 248—253 页。

一　全面深化经济体制改革与经济法学的新命题

在新的历史时期，我国经济已由高速增长阶段转向高质量发展阶段，不断推进供给侧结构性改革已经成为经济发展和经济调控的一条主线，经济法学研究不仅需要正确处理政府与市场的关系，在市场经济法治创新中持续推进现代化经济体系建设，而且需要在经济立法、经济执法、经济司法与经济守法中，加快建设中国特色社会主义市场经济法治体系，积极促进并形成全面开放新格局。

（一）中国市场经济法治建设的反思与创新

就市场经济法治建设创新而言，准确找到切入点和立足点是其中关键。有学者提出，中国当前的市场经济法治创新必须以科学建构体系化的善法为最终目标，坚持以消费者为本、以市场导向为用、以法律伦理为纲、以本土法律资源为体、以公平和效率兼顾为目的原则。加强对消费经济、消费者、消费权及其相关问题的研究，以此为起点构筑市场经济法治框架，是市场经济法治创新重要的着力点，为此必须重点考量消费者及其消费权的倾斜保护。① 从市场主体角度看，立法是考量、分配特定权利、利益的行动和过程，通过立法赋予处于不利地位的市场主体以特殊权利，是经济法追求实质平等的表现。②

经济法治在中国整个法治体系中虽然日益重要，但也存在突出的"刚性不足"问题，并由此形成了"柔性法治"特色。对此，张守文认为，对"柔性法治"的认识需一分为二，应正视其在经济和法治等领域的积极作用和消极影响，从而扬长避短，适度增强法治

---

① 参见席月民《中国市场经济法治创新的着力点与挑战》，载张守文主编《经济法研究》（第 13 卷），北京大学出版社 2014 年版，第 81—97 页。

② 陈婉玲：《判断与甄别：经济法权利辨析——以市场主体权利为视角》，《政法论坛》2017 年第 4 期。

的刚性，这是中国经济法治的改进方向。[①] 在新的历史时期，反思并重申经济法在现代化经济体系建设中的地位作用，对我国市场经济法治建设创新而言无疑具有重要的社会实践价值。

（二）依法重构政府与市场的关系

如何限制政府参与市场资源配置的方式与强度，应当成为衡量我国市场经济法治创新与法治环境完善程度的重要标准参数。在这一问题上，陈甦深刻指出，"使市场在资源配置中起决定性作用和更好发挥政府作用"这一改革理念的确立，决定了其体制发生由"限定市场、余外政府"模式向"限定政府、余外市场"模式的结构翻转，也决定了今后市场经济法治建构中处理政府与市场关系的原则、思路与重点。[②]

有研究认为，行政权力过于庞大并日渐扩张的态势必然要求经济法予以有效回应，控权应当成为中国经济法的主旨。[③] 张守文认为，"政府与市场的关系"是社会科学领域的基本问题，基于社会经济领域的"双向运动"，应客观看待政府与市场的功用，并结合"两个失灵"辨证施治；同时，基于资源配置系统中的"二元配置"以及我国突出的行政干预过多问题，应特别强调转变政府职能，简政放权，充分保护市场主体的经济自由权。[④]

有研究对这一问题展开了反思，认为传统的经济法以国家与市场关系为分析框架，折射出的是一种权力干预经济的思维。经济法视野下治理市场失灵的根本手段是法律约束，政府作为国家授权的经济调节组织，在市场治理过程中的角色定位只能是法律

---

① 参见张守文《中国经济法治的问题及其改进方向》，《法制与社会发展》2018年第2期。

② 参见陈甦《商法机制中政府与市场的功能定位》，《中国法学》2014年第5期。

③ 陈云良：《从授权到控权：经济法的中国化路径》，《政法论坛》2015年第2期。

④ 参见张守文《政府与市场关系的法律调整》，《中国法学》2014年第5期。

的执行者。① 换言之，经济法与宪法、行政法一样具有权力控制的重要功能。

二 现代化经济体系与市场规制法

市场监管的正当性源自市场运行存在内生性缺陷及其安全风险并需要外力矫正，在法治理念指导下，市场监管的本质是一种法律监管，而不是权力监管。有研究认为，尽管市场监管法可能含有具有行政法属性的法律规范，但市场监管法的调整对象是市场结构利益关系，这些规范不能改变其秩序性规则的整体性质。②

（一）反不正当竞争法的修改及其评析

2017 年新制定的《民法总则》和新修订的《反不正当竞争法》提供了反不正当竞争的新理念、新范式和新标准，并为认识和反思两者之间的关系提供了新契机和新视域。有学者指出，我国采取反不正当竞争单独立法的模式，该法具有自身的独立界限和自洽性，以独特方式实现其价值和目标，但民法仍是其重要基础、指导和依据。反不正当竞争法既需要在民法的宏观视野之下观察，重视其基本法律背景和原则精神的关联性，又需要重视其在具体思路、判断模式等方面的重大差异，避免二者之间在理论和实践上的混同。特别是，新时代的竞争行为正当性判断要充分体现互联网、大数据等新思维。③《反不正当竞争法》修改后，增设和完善了不正当竞争行为，尤其增设了具有时代特色的互联网专条。有学者评价指出，新修法强化了问题意识和可操作性，吸收了一系列反不正当竞争法的现代理念和现代元素，实现了法律制度的除旧布新、继往开来和与

---

① 陈婉玲：《经济法权力干预思维的反思——以政府角色定位为视角》，《法学》2013 年第 3 期。

② 陈婉玲：《法律监管抑或权力监管——经济法"市场监管法"定性分析》，《现代法学》2014 年第 3 期。

③ 孔祥俊：《〈民法总则〉新视域下的反不正当竞争法》，《比较法研究》2018 年第 2 期。

时俱进。[1]

(二) 反垄断法的解释及其实施问题

这一时期有关反垄断法的研究主要集中在该法的解释、实施以及修改等方面。解释是反垄断法实施中缓解和消弭静态文本的规范供给与动态规制的法治需求之间紧张关系的制度性工具。有学者专门研究了反垄断法的司法解释、行政解释以及解释权的规制等问题，并指出，就我国反垄断法解释现状来看，需进一步将经济学分析融入反垄断法解释之中，但应把握好合理的"度"，以优化解释质量、保证反垄断法有效实施，从而维护市场竞争、提高经济运行效率。[2]

针对反垄断法的实施研究，内容广泛涉及协商制的适用、相关市场界定、标准必要专利、垄断协议、资源性公用事业反垄断、行政垄断等。有学者提出，在缺乏判例传统的情况下，运用法益分析方法可以提升我国反垄断法运行的效率，并有助于提高反垄断案件处理结论的专业性和权威性。[3]

出于对执法冲突与执法懈怠的担忧，学术界和实务界普遍认为应当统一反垄断执法机构。[4] 2018 年国务院机构改革方案对此做出了直接回应，并明确将反垄断执法权统一配置给新成立的国家市场监督管理总局。从未来发展方向看，为了使反垄断法在我国经济体制改革中发挥更大的作用，为了更好地为企业营造公平和自由的竞

---

① 孔祥俊：《论新修订〈反不正当竞争法〉的时代精神》，《东方法学》2018 年第 1 期。

② 金善明：《反垄断法解释中经济学分析的限度》，《环球法律评论》2018 年第 6 期。其他成果还有：金善明：《反垄断司法解释的范式与路径》，《环球法律评论》2013 年第 4 期；金善明：《论反垄断法解释权的规制》，《法商研究》2015 年第 6 期。

③ 刘继峰：《反垄断法益分析方法的建构及其运用》，《中国法学》2013 年第 6 期。

④ 李剑：《中国反垄断执法机构间的竞争——行为模式、执法效果与刚性权威的克服》，《法学家》2018 年第 1 期。

争环境，完善反垄断法和做强反垄断执法队伍是广大企业和消费者的殷切期盼。[①] 至于修法，应当强化竞争政策在我国经济治理中的基础性地位，但不宜无限放大反垄断法的功能与边界，而应维护其纯粹性，尊重立法宗旨并优化相应的制度安排。[②]

（三）产品质量安全与消费者保护

产品质量法、食品安全法和网络安全法的研究成为市场规制法研究的新热点。食品安全问题研究主要集中在三个方面，即食品安全风险的检测与预防、食品链条全过程的监管与治理以及食品安全出现问题时的法律惩处与救济，为此需要加大对食品安全权基础理论研究，加强对民族地区食品安全治理与食品安全国际标准话语权的优化研究。对食品安全企业标准备案的定位问题，有学者认为，新《食品安全法》中的食品安全企业标准备案应该定位为对"更严型标准"的备案，且应进行必要的对比审查。[③] 网络安全法的研究近年来也越来越受到重视，最新研究内容涉及网络安全法的法条适用、网络服务提供者的审查义务、个人信息保护法的立法方向、数据本地化措施的贸易规制、人工智能安全的法律治理、我国网络法治的经验与启示等内容。

消费者法是保护消费者权益的重要利器。消费者权表现出整体性、人权性、规制性、不对等性等特征，已超越民事权利界限而属于经济法特异性权利范畴。有学者提出，不宜将消费者、经营者的主体概念以及消费者权等消费者保护法的内容纳入民法典的体例之中，而应当为消费者权这一新型权利的生长和保护留出空间。[④] 另外，在消费者撤回权、个人信息权、消费者的数据主体地位及其数

---

① 王晓晔：《我国反垄断执法 10 年：成就与挑战》，《政法论丛》2018 年第 5 期。

② 金善明：《〈反垄断法〉文本的优化及其路径选择——以〈反垄断法〉修订为背景》，《法商研究》2019 年第 2 期。

③ 沈岿：《食品安全企业标准备案的定位与走向》，《现代法学》2016 年第 4 期。

④ 钱玉文：《消费者权的经济法表达——兼论对〈民法典〉编纂的启示》，《法商研究》2017 年第 1 期。

据保护机制、金融消费者、旅游消费者等内容的研究，进一步拓展了消费者法的研究领域。在惩罚性赔偿责任主体方面，有学者提出，应当将产品生产者纳入我国《消费者权益保护法》第五十五条第二款惩罚性赔偿的责任承担主体范围。①

（四）金融监管改革与金融法研究

金融监管法作为金融法的重要组成部分，逐渐形成了自身的分析框架和研究进路。有关金融监管体制、中国人民银行法、商业银行法、系统重要性金融机构、金融科技与监管科技、金融消费者保护、互联网金融等内容的研究，持续深化了金融法理论探究。《政治与法律》杂志在 2018 年第 12 期集中刊出了三篇关于金融监管法的论文，从跨境金融监管合作②、互联网金融监管新动向③、金融监管的理念变革与制度建设④等角度，展现了当前金融监管法在国际与国内、体制与个案、理念与制度等多个维度的理论和实践动态，体现了推动金融监管法发展的重要作用。

三　经济法学的经验追问与时代面向

第一，历史经验。在一定意义上说，中国经济法学的历史发展是与改革开放的经济法治实践一直保持着同频共振的联系，二者之间的有效互动完美诠释了法学与法律、法律与现实世界逻辑关系的现实证成。在纪念改革开放 40 年的回望研究中，经济法学对经济法

---

① 马强：《消费者权益保护法惩罚性赔偿条款适用中引发问题之探讨——以修订后的我国〈消费者权益保护法〉实施一年来之判决为中心》，《政治与法律》2016 年第3 期。

② 参见廖凡《跨境金融监管合作：现状、问题和法制出路》，《政治与法律》2018 年第 12 期。

③ 参见姚海放《治标和治本：互联网金融监管法律制度新动向的审思》，《政治与法律》2018 年第 12 期。

④ 参见冯辉《公共产品供给型监管：再论金融监管的理念变革与法制表达》，《政治与法律》2018 年第 12 期。

治与经济法制的互动给予了充分关注。从经济法学的发展经验看，主要表现在以下三个方面：一是以中国问题和中国意识作为推动经济法发展的根本动力；二是以国际化或称为全球化作为优化经济法律制度设计的重要立足点；三是以开放性作为保持经济法有效性和生命力的基本精神。进入新时代，有关分配理论、发展理论、风险理论和信息理论的探索成果，表明经济法学研究始终以中国问题和中国意识作为推进自身理论发展和经济法律制度建构的逻辑起点和动力之源。

第二，主要问题。在中国经济法学的形成与发展中，也存在着一些不足。一是总论研究仍待进一步深化；二是研究主题相对过于集中；三是尚未得到其他部门法学的全面支持；四是学术传承和学术共识还有待强化。我国经济法基础理论在长期的学术争鸣中已经获得了相当程度的深化和升华，但经济法的知识体系和理论体系的生成规模尚不平衡，在整个法学体系中的学术引领力和主导力尚有待加强，在理论传承和发展中，还需要更多的学术批判精神和创新精神。

第三，未来展望。历史经验表明，经济法学者必须求同存异，共同致力于推动经济社会的可持续发展，通过各种方式和平台，整合学术资源和力量，从研究范式和研究方法上不断创新，并牢牢抓住新时代发展的主题，在与时俱进中实现经济法学关怀经济社会和民生福祉的理想与抱负。展望未来，经济法学研究需要重点处理好以下关系：一是需要处理好经济法总论研究和分论各领域研究的关系；二是需要处理好中国特色法学体系与中国特色法治体系的关系；三是需要处理好经济改革与经济法治的关系。

中国的经济法发端于中国的改革开放，改革开放的脉动书写了中国经济法学发展演变的全部历史。中国市场经济体制改革还在不断深化之中，如何用不断更新的经济法理论和方法，把改革创新精神进一步贯彻到经济法治的各个环节，已成为我国今后经济法学建设的重要任务。面向未来，我们仍需要一如既往地立足本国实际，借鉴国外经验，崇尚和丰富经济法治，在完善经济法律体系的过程中，实现法律形式理性与实质理性的统一，保障社会主义市场经济体制持续、健康、稳定发展。

第十三章

激励与保障创新的知识产权法学

第一节　知识产权法学概述

　　近现代知识产权制度在中国是舶来品，当代中国的知识产权法学研究主要是在改革开放之后从国外引进的。[①] 中华人民共和国成立后的前 30 年，社会主义计划经济和公有制的实行使得包括知识产权法在内的强调私权保护的民商事法律都难以制定和实施。从国际上看，尽管专利、商标、版权等法律制度早在 19 世纪晚期即已产生，但直到 20 世纪 70 年代初期，随着国际贸易中无形知识财产的重要性日增，"知识产权"这一法律术语开始为人所知并很快形成了通行的国际保护规则。1973 年中国国际贸易促进会成员在出席了 1967 年成立的世界知识产权组织（WIPO）的会议后，曾向国务院建议"在中国建立知识产权制度"，首次用到了"知识产权"一词。[②] 但是，在有形财产之所有权的研究和讨论尚且处于萌芽的时期，作为无形财产的知识产权之概念与当时我国的政治、经济和社会制度并不相容，学术上的研究更无法开展。相应地，中华人民共和国成立后的

---

　　① 　郑成思：《20 世纪知识产权法学研究回顾》，《知识产权》1999 年第 5 期。

　　② 　同上。

前 30 年，即 1949—1978 年这一阶段，中国的知识产权法学并不存在。

改革开放以来，为适应社会主义市场经济发展的需要，促进中国与全球知识经济的接轨，我国迅速建立并不断完善知识产权法律制度，为保护发明创造、工业设计、科学和文艺作品、商业标识、植物新品种、地理标志、集成电路布图设计、商业秘密等智力成果以及制止仿冒和反不正当竞争，建构了基本的法治保障。同时，我国积极参加相关国际组织的活动，加强与世界各国在知识产权国际保护领域的交往与合作，融入了国际经济贸易体系并遵循国际知识产权保护的要求。与我国的知识产权事业发展进程相应，我国的知识产权法学作为一门学科，自改革开放以来从无到有，发展迅速。

在改革开放初期被动引进知识产权制度时，我国知识产权法学的主要关注点是介绍国际国外相关法律制度的内容、讨论知识产权制度的基本概念、研究知识产权法与邻近学科的关系。知识产权首先是个法律概念，知识产权法律制度的目的，是通过对科技、文化、商业竞争领域体现为无形信息的创新及经营成果设立一定时期的专有权，禁止未经许可的复制、利用或仿冒，以法律保护的方式确保对创新主体的利益回报，从而鼓励创新主体从事新产品和新方法的技术研发、以诚信商业经营创立和维系市场商誉，以及创作更多的满足人们日益增长的精神文化生活的作品，进而推动整个社会经济、科技、文化的可持续发展。从发达国家走过的路程和我国改革开放以来的发展经验看，知识产权法治保障机制是创新型国家建设的标配是不争的事实。随着改革开放进程的推进，我国知识产权法学界对知识经济时代知识产权法学的多维度研究，给国家知识产权战略的制定提供了充足的理论储备。

在我国确立国家知识产权战略和创新驱动发展战略后，特别是党的十八大以来，随着创新型国家建设的加速和我国全面进入新时代，中国的知识产权法学研究更加注重思考如何运用知识产权法律制度为创新成果的产生、运用和保护提供法治保障，以充分发挥法律的规范和社会作用，以此激励创新和维系创新领域的正当竞争秩序，最终引导和促进社会的发展。通过对全球知识产权制度建立目的和多年来各界关注的知识产权领域重要议题，我国学界对创新发展与知识产权制度的关系有了进一步认识。概言之，知识产权法律制度的基本功能是通过法的可预期性，促进和提高创新活动及其产出，增加公共福祉。具体包括明晰创新活动成果的产权、激发创新主体的积极性，搭建无形财产交易机制、助力新兴市场资源的优化配置，以及明确行为规则、保障创新者的合法权益。当然，任何权利和自由一样都不可能是无限制的，防止知识产权滥用的规则也是整个法律制度的组成部分。

基于上述认识，新时代我国知识产权法学研究机遇与挑战并存。一方面，全球经贸体系正在发生深刻的变化，我国知识产权法学研究需要紧密跟踪与国际贸易紧密相关、具有明显国际趋同色彩的知识产权制度发展；另一方面，我国在新时代将从全面建成小康社会到基本实现现代化、再到全面建成社会主义现代化强国，其中知识产权法律制度的各项具体的制度如何完善和有效执行需要我们提出适合国情的对策。在以加快创新型国家建设为主旋律的新时代，我国服务于创新的知识产权法治保障机制之完善面临着一些焦点、热点和难点问题，需要我们基于扎实的法学理论研究和借鉴有益的实践经验建言献策。

第二节　伴随改革开放产生发展的知识产权法学（1978—2000）

伴随改革开放，我国产生了第一批知识产权法学领域的专家学者。早期的研究成果主要是介绍和翻译外国及国际组织的已有文件及著述，而这对我国知识产权立法和保护实践的起步具有重要作用。郑成思先生是我国知识产权法学研究的奠基人和杰出代表，在改革开放初期就发表了大量知识产权领域的开拓性论著，比如《知识产权法若干问题》《工业产权国际公约概论》《版权国际公约概论》《知识产权法通论》《信息、新型技术与知识产权》和《计算机、软件和数据的法律保护》等专著。最值得一提的是，1985 年郑成思通过《信息、新技术与知识产权》一书系统地阐述了知识产权客体的"信息"本质，1988 年其发表的论文首次提出并论述了"信息产权"理论①，对我国整个知识产权学科的发展做出了重要的理论贡献，也得到欧美一些国家的法律、示范法、学术论著的认同。

在改革开放初期，我国知识产权法学的讨论重点包括我国建立知识产权制度的必要性、知识产权的保护对象和客体、知识产权的保护范围和水平、涉外知识产权保护问题、著作权法的几个问题、知识产权立法和理论面临的新问题等。② 随着对知识产权这一法律制度及其规则认识、探讨的不断深入，我国知识产权学者对知识产权的基本概念给出了定义，"知识产权指的是人们可以就其智力创造的成果所依法享有的专有权利"③，"知识产权是智力成果的创造人依法享有的权利和生产经营活动中标记所有人依法享有的权利的总称"④。知识产权法因其特殊的调整对象，显示出不同于传统民商事法、经济法和国际法等其他法律制度的特点，知识产权法学界的研究也日渐专业化，由此产生了越来越多的研究成果，使得知识产权法学科日益显示出独立性，作为法学研究领域的一门新兴学科发展迅速。

随着我国知识产权立法进程的推进以及执法中相关问题的出现，特别是针对 1992 年开始的多轮中美国际贸易中的知识产权争议，我国知识产权法学界除了介绍和阐释知识产权法律制度及其规则的启蒙性著作外，也产生了如何将国际通行的知识产权法律规则适用于中国的对策性研究和分析探讨知识产权法律原理和

① 郑成思：《知识产权与信息产权》，《工业产权》1988 年第 3 期。
② 刘春田：《十年来我国知识产权法学的发展》，《法学家》1989 年第 2 期。
③ 郑成思主编：《知识产权法教程》，法律出版社 1993 年版，第 1 页。
④ 刘春田主编：《知识产权法教程》，中国人民大学出版社 1995 年版，第 1 页。

规则制定的专业论著，以及向国外介绍中国知识产权法及其适用情况的成果。比如，郑成思 1990 年出版的《版权法》和 1992 年出版的《版权公约、版权保护与版权贸易》等，至今仍是本学科的经典之作。这一阶段后期，我国知识产权学界除了郑成思 1997 年的《版权法》修订本和 1998 年的《知识产权论》等重要著述外，还产生一系列有影响力的著作，如 1997 年吴汉东的《无形财产权的若干理论问题》、1998 年吴汉东等的《西方诸国著作权制度研究》、1993 年唐广良等的《计算机法》、1994 年汤宗舜的《专利法解说》、1997 年程永顺的《工业产权难点、热点研究》、1998 年尹新天的《专利权的保护》等。

　　在这一阶段，国内一些大专院校和研究机构也先后成立了知识产权研究教学机构，如 1986 年的中国人民大学知识产权教学与研究中心、1988 年的中南政法学院知识产权教学与研究中心以及 1994 年上海大学和北京大学的知识产权学院。1994 年 9 月中国社会科学院依托法学研究所的知识产权法研究室，在郑成思的带领下成立了中国社会科学院知识产权中心，陆续引进了几位国内知识产权法学领域的知名学者，形成了国内知识产权法学领域首屈一指的研究基地。这些专门的知识产权教学和研究机构，为我国知识产权事业培养了第一批专业高级人才，目前正成为新时代中国知识产权领域理论和实务界的骨干力量。

第三节　知识经济时代知识产权法学的多维度研究（2000—2008）

　　21 世纪伊始，在中国当时加入 WTO 的大背景下，伴随着一波又一波国内外因知识产权保护引起的国际贸易争端的产生和解决，"知识产权"一词变成社会关注的热点，学界更是围绕加入 WTO 这一社会经济生活中的主要事件，对知识产权制度基本理论及其具体规则都进行了较深层次的探讨。在知识产权基本理论研究方面，值得关注的是 2002 年民法典起草过程中关于知识产权法与民法关系的讨论问题。有不少民法学者认为知识产权法不宜放在民法典中，因为现代知识产权法技术性强、变动频繁、国际化趋势显著，其规范内容难以与一般民事法律制度规范相协调。当然，为彰显知识产权作为无形财产的本质，在民法典中应当明确知识产权的地位。① 郑成思虽然接受全国人大法工委的委托起草"知识产权编"，但仍赞成"法国式的知识产权法典与民法典的分立"②。但也有观点认为，民法典中至少对知识产权的性质、范围、效力、利用、保护等做出规定。③

　　为进一步阐明中国知识产权法学研究在新世纪的主要任务，郑成思以专门著述方式梳理了本学科有待于进一步研究的主要问题，比如：知识产权研究与相关国内法、国际法；商业秘密的法律保护及其他反不正当竞争保护；商标保护的研究中出现的几个新问题；网络特点与知识产权；电子商务中的知识产权保护；生物技术与知识产权保护；传统知识与生物多样化问题；侵害知识产权的归责原则；知识产权的权利冲突；知识产权法律中一些基本概念的含义；国有企业的改革与知识产权保护；知识产权法与民事实体法及程序法中的几个问题；物权、财产权与知识产权；知识产权法与合同法；知识产权法与侵权行为法；知识产权的评估；网上知识产权保护与网络法；信用制度与个人数据的保护；世贸组织与知识产权；等等。④ 为此，在此阶段，围绕当时与知识产权有关的各种热点问题，

---

　　① 参见梁慧星《中国民法典草案大纲》，载梁慧星主编《民商法论丛》第 13 卷，法律出版社 2000 年版，第 800—832 页；王利明《论中国民法典的制订》，《政法论坛》1998 年第 5 期。

　　② 郑成思：《中国知识产权法学》，载罗豪才、孙琬锺主编《与时俱进的中国法学》，中国法制出版社 2001 年版，第 337—373 页。

　　③ 吴汉东：《知识产权立法体例与民法典编纂》，《中国法学》2003 年第 1 期。

　　④ 郑成思：《知识产权法——新世纪初的若干研究重点》，法律出版社 2004 年版。

我国知识产权法学界进行了比较广泛的讨论，而且这些讨论及其结果一直伴随并影响着中国知识产权法律制度的建立和完善，比如知识产权的定义、知识产权与民法的关系、侵权归责原则、权利穷竭及平行进口问题、临时禁令问题、反向假冒问题、权利冲突问题、专利法领域的若干问题、反不正当竞争法与商标法关系问题、互联网与著作权保护问题、传统知识保护与知识产权的问题、知识产权战略的制定与实施问题，等等。值得注意的是，司法界在这些讨论中一直扮演着比较重要的角色，因为许多热点问题都来源于对典型案例的关注和讨论。中国的知识产权法官中存在着一批学者型的研究者，这使得中国的知识产权法学研究至今保持理论联系实际、以解决问题为主旨的务实作风。

这一时期前期，我国知识产权法学研究领域的代表性著作包括 2001 年郑成思的《知识产权论》（修订本），2002 年吴汉东、胡开忠的《无形财产权制度研究》，2003 年李明德的《美国知识产权法》，2005 年郑成思主编的《知识产权——应用法学与基本理论》、吴汉东等的《知识产权基本问题研究》，2001 年黄晖的《驰名商标和著名商标的法律保护》，2000 年薛虹的《网络时代的知识产权法》和王先林的《知识产权与反垄断法》，以及 2004 年李扬等的《知识产权基础理论和前沿问题》。

这一阶段后期，随着中国的经济、政治体制改革的深化，依法有效保护知识产权不仅是中国履行加入 WTO 所承诺的国际义务的需要，更是中国促进自身经济社会发展，实现建设创新型国家目标的内在需要。中国政府已经认识到知识产权在未来世界的竞争中举足轻重的地位，高度重视知识产权保护工作，制定并颁布实施了《国家知识产权战略纲要》。相应地，这一阶段我国知识产权界围绕国家知识产权战略制定的各个层面展开深入探讨，在历时两年多的时间里，形成了由当时的"国家知识产权战略制定工作领导小组办公室"协调各相关部门完成的 20 个专题研究之成果，这些没有公开发表的《国家知识产权战略纲要》制定的基础性论证材料，后来经过学界的转化和应用，为国家知识产权战略的实施提供了有力的理论指导。
我国知识产权法学研究者广泛参与到各部门各行业各地区以及各重
要企业的知识产权战略制定研究中，为国家知识产权战略实施所涉
及的法律问题提供咨询和建议，比如如何完善知识产权法律法规、
改善执法体系和提高行政管理能力等。在代表性著作方面，有 2007
年国家知识产权战略制定工作领导小组办公室主编的《挑战与应
对——国家知识产权战略论文集》，2008 年中国社会科学院知识产
权中心主编的《中国知识产权保护体系改革研究》，2008 年朱谢群
的《我国知识产权发展战略与实施的法律问题研究》，2009 年吴汉
东等的《知识产权基本问题研究（第二版）》，2011 年中国社会科学
院知识产权中心、中国知识产权培训中心主编的《国家知识产权战
略与知识产权保护》《实施国家知识产权战略若干基本问题研究》，
以及 2010 年张勤和朱雪忠主编的《知识产权制度战略化问题研
究》等。

第四节　创新型国家建设进程中知识产权 法学的演进（2008—2019）

　　2008 年之后，我国的知识产权事业进入国家知识产权战略实施
阶段。10 年间，我国在知识产权法制建设方面取得了巨大的成就。
全国人大常委会于 2008 年 1 月修订了《专利法》，于 2010 年 2 月修
订了《著作权法》，于 2013 年 8 月修订了《商标法》，于 2017 年 11
月修订了《反不正当竞争法》，目前《专利法》和《著作权法》的
修改也在紧锣密鼓地进行中。除此之外，需要关注的是《民法总则》
第 123 条知识产权条款以及关于数据财产保护的第 127 条。随着上
述法律的制定和修订，国务院也修订了知识产权领域的相关配套实
施条例。同时，国务院相关部委和地方各级政府，还依据《国家知
识产权战略纲要》和相关法律法规制定了本部门或者本地区的知识

产权法规和政策。在完善法治环境的机制建设、加强知识产权执法方面，10 年间我国同样取得了长足进步。在我国行政执法和司法保护"双轨制"的基础上，相关部门综合运用仲裁调解、行业自律、社会监督等渠道协调保护，知识产权多元保护机制不断发展，成效显著；2014 年年底，北京、上海和广州知识产权法院相继挂牌成立，2018 年年底，最高人民法院知识产权法庭成立，集中受理全国技术类知识产权案件的上诉，此外知识产权民事、行政、刑事审判"三合一"模式也在全国法院全面推开，专业化审判标准日趋统一，司法主导的知识产权保护力度明显提高。

这一阶段，我国知识产权法学研究取得了长足发展。面对科技、文化和商业模式等各个领域创新活动的不断发展，如何结合我国国情，理论联系实际地对新问题新挑战做出应对，提出有助于我国知识产权法律制度进一步完善和有效实施的建议，成为我国知识产权理论和实务界关注的课题。鉴于知识产权与国际贸易与生俱来的紧密关系，我国知识产权学界对知识产权国际保护规则谈判与协调及中国的应对问题十分关注，许多研究都是围绕相关议题的国际讨论最新进展进行的。比如，专利领域讨论的包括专利权行使与反垄断法适用的关系、标准必要专利、技术转移、专利质量、专利无效程序优化、专利权的限制与例外、药品专利和临床实验数据保护等问题，商标领域的讨论主要涉及如何防止各种形式的恶意商标注册和使用问题，版权方面则主要涉及版权保护与信息安全、大数据运用与隐私权保护、数字网络环境下广播组织权利的保护、版权限制与例外等问题。另外，长期以来存在的知识产权与传统知识和遗传资源保护问题、商业秘密保护问题、知识产权执法司法保护机制完善问题等，也仍在继续讨论中。值得关注的是，除了传统上的主要知识产权国际论坛，如 WIPO 和 WTO 外，近期以来兴起的区域性自由贸易协定谈判，如 TPP、TTIP 及越来越多的双边协议中涉及的知识产权问题，也在学界的研究视野中。

特别需要指出的是，除了结合国际发展态势对我国知识产权制度的完善进行研究外，这一阶段引起最多关注的，一方面是因编纂民法典这个重大立法任务重启的关于知识产权与民法关系问题的探讨。我国知识产权学界出现了积极寻求"入典"的普遍呼声，即呼吁制定民法典总则和各分编时将知识产权法的整体纳入民法典。[①] 当然，这期间也有不同的观点。[②] 鉴于民法总则的出台和现行各分编的制订规划均未考虑知识产权编的整体纳入问题，这一讨论将持续下去；另一方面，近几年来对知识产权侵权损害赔偿问题引起学界极大的关注，一系列文章的相继问世，倡议提高侵权成本、加大侵权赔偿以加强我国知识产权保护。[③]

在知识产权法各分支领域的研究方面，由于在此阶段我国学界的研究无论是广度还是深度都有了明显进展，内容和方法角度也呈现多样化和多元化趋势，在此无法全面展现这些研究成果，仅摘取其中与我国知识产权法治建设紧密相关的议题加以介绍。

一　专利领域的主要议题

实施国家知识产权战略以来，我国在信息技术、生物技术、新材料技术、新能源技术、空间技术和海洋技术等高新技术方面发展迅速，并通过广泛的实用化和商品化，形成日益强大的高智力、高投入、高效益、高竞争、高势能、高影响力的高新技术产业。在专利法发展过程中，保护范围不断扩充是个明显趋势。但是，信息技术领域的商业方法、生物技术领域的基因序列和遗传资源是否保护、如何保护，都是世界性的专利法研究难题。我国知识产权界的研究

---

①　例如，吴汉东：《民法法典化运动中的知识产权法》，《中国法学》2016 年第 4 期；刘春田：《我国〈民法典〉设立知识产权编的合理性》，《知识产权》2018 年第 9 期。

②　管育鹰：《试论知识产权与民法典的关系——以知识产权审判专业化趋势为视角》，《法律适用》2016 年第 12 期。

③　例如，李明德：《关于知识产权损害赔偿的几点思考》，《知识产权》2016 年第 5 期；张鹏：《专利侵权损害赔偿制度研究——基本原理与法律适用》，知识产权出版社 2017 年版；等等。

者针对转基因技术的快速发展所带来的知识产权获取、保护和应用问题，进行系统深入地分析、总结和阐述，探讨了生物技术研发和应用所涉及的相关法律问题，同时也对生物制药产业发展相关的对策进行了探讨。^① 关于商业方法，传统上它通常被认为是一种"智力活动的规则"而属于被明确排除的专利法保护对象，但随着计算机技术的发展，越来越多的与电子商务有关的适用于管理、商业、金融、监管或预测用途的商业方法在美、欧、日等国，陆续作为采用数据处理设备或方法的具有创造性的新技术方案提供专利保护，我国的研究者也对此予以初步关注^②，但更多的深入研究成果还有待产出。

我国知识产权法学界这一时期在专利法领域的讨论议题，还包括创造性判断、现有技术抗辩等问题。^③ 另外，针对我国专利制度中外观设计存在的诸多问题，我国学界的相关研究成果比较多。^④

党的十八大以来，我国学界进一步围绕《专利法》第四次修订及其主要问题进行了探讨。宏观方面的研究是专利法修改思路和重点讨论^⑤，微观方面的主要议题包括：关于专利权效力判断的行政与司法程序的衔接问题，多数观点认为我国现行专利确权机制存在问

---

① 例如，刘银良：《生物技术的知识产权保护》，知识产权出版社 2009 年版；张清奎：《医药及生物技术领域知识产权战略实务》，知识产权出版社 2008 年版。

② 郎贵梅：《专利客体的确定与商业方法的专利保护》，知识产权出版社 2008 年版；陈健：《商业方法专利研究》，知识产权出版社 2011 年版。

③ 例如，石必胜：《专利创造性判断研究》，知识产权出版社 2012 年版；曹新明：《现有技术抗辩研究》，《法商研究》2010 年第 6 期。

④ 例如，张广良主编：《外观设计的司法保护》，法律出版社 2008 年版；钱亦俊：《论外观设计专利性判断主体———一般消费者的能力》，《知识产权》2011 年第 8 期；管育鹰：《局部外观设计保护中的几个问题》，《知识产权》2018 年第 4 期。

⑤ 例如，李明德：《关于专利法修订草案"送审稿"的几点思考》，《知识产权》2013 年第 9 期；管育鹰：《专利法第四次修订中的两个重要问题》，《知识产权》2016 年第 3 期。

题、程序需要优化简化。① 关于标准必要专利（SEP），主要是围绕停止侵害请求、许可费算定、反垄断规制等问题，尤其是专利权人加入标准化组织时所作的承诺，以及许可费等相关问题谈判中的FRAND原则（公平、合理、无歧视）之法律阐释问题②，但这些讨论远未达成共识。

二　商标领域的主要议题

在2008年12月《专利法》第三次修改完毕后，我国知识产权法学界和实务界将大量精力投入了商标法律制度的研究和探讨中，涉及的议题非常广泛，比如对非传统商标的探讨、显著性及获得显著性的研究、商标法与反不正当竞争法对未注册商业标识的保护、驰名商标保护规则、地理标志相关问题等。其中，讨论最深入的是商标注册与使用的关系，以及商标侵权判定标准问题。对商标注册与使用的关系，有研究者明确提出了"没有使用的标志实际上并无显著性，至多属于形式上的商标，而非实质的商标"的观点。③ 至于商标侵权判定，在2013年商标法明确混淆可能性标准之前，事实上我国商标审查部门和法院基本上已经认同将"混淆"作为商标近似的判定标准，而且这一标准同样适用在反不正当竞争领域商业标识仿冒的判断中。正如实务部门的研究者指出的，"商标权禁止权落脚于避免混淆和误认。而消费者的混淆和误认是否成立需要结合商品

---

① 例如，朱理：《专利民事侵权程序与行政无效程序二元分立体制的修正》，《知识产权》2014年第3期；梁志文：《专利质量的司法控制》，《法学家》2014年第3期；管育鹰：《专利无效抗辩的引入与知识产权法院建设》，《法律适用》2016年第6期；管育鹰：《专利授权确权程序优化问题探讨》，《知识产权》2017年第11期；刘庆辉：《发明和实用新型专利授权确权的法律适用》，知识产权出版社2017年版。

② 参见袁真富《标准涉及的专利默示许可问题研究》，《知识产权》2016年第9期；赵启杉《标准必要专利合理许可费的司法确定问题研究》，《知识产权》2017年第7期。

③ 文学：《商标使用与商标保护研究》，法律出版社2008年版，第23页。

类似和商标近似两个方面进行判定"①。

　　围绕 2013 年 8 月通过的新《商标法》，我国知识产权法学界关于如何落实新商标法各项新规定的研究增多，特别是围绕一些社会影响显著的案例（如非诚勿扰案、微信案、乔丹案、定牌加工案等）展开集中讨论，深化了对商标的注册与使用、商标与商誉，未注册商标保护、商标性使用、混淆可能性、网络平台的商标侵权责任、商标抢注的制止等问题的认识。其中，商标性使用、"不良影响"判定的议题是关注焦点；针对法院在判决中对相应条款的适用困惑，学界更想探讨和厘清商标注册与使用中的诚信原则、公共利益保护等重要议题。② 此外，就反不正当竞争法对知名字号、商品名称、外观等非注册商标的保护而言，其本质属性亦是商誉保护，这一领域不时发生的引起广泛社会关注的旷日持久的老字号相关争议，如"稻香村""冠生园""张小泉""荣华"等，均有其复杂难断的历史原因。对此，最高人民法院对"王老吉和加多宝"红罐争夺战做出的基于已有司法经验和商标共存理论的最终判决，也许能对今后此类争议的解决提供一些思路。③ 需要指出的是，2013 年商标法的第三次修改虽然在一定程度上纠正了广为诟病的驰名商标异化现象，但如何制定和执行相关配套措施，有效遏制恶意抢注、恶意滥用异议和无效撤销程序、恶意转让、恶意缠诉等不正当行为，目前仍是学界和实务界均十分关注的问题。

三　版权领域的主要议题

　　版权法理论和实践中的问题繁多而琐碎，特别是互联网等复制

---

　　① 孔祥俊：《商标与不正当竞争法原理和判例》，法律出版社 2009 年版，第 252 页。

　　② 例如，李琛：《对"非诚勿扰"商标案的几点思考》，《知识产权》2016 年第 1 期；邓宏光：《商标授权确权程序中的公共利益与不良影响——以"微信"案为例》，《知识产权》2015 年第 4 期；马一德：《商标注册"不良影响"条款的适用》，《中国法学》2016 年第 2 期。

　　③ 参见李玉香《构建我国商标共存制度的法律思考》，《知识产权》2012 年第 3 期；王太平《商标共存的法理逻辑与制度构造》，《法律科学》2018 年第 3 期。

和传播新技术的飞速发展带来的产业利益冲突以及一些政治文化因素的介入，使版权领域的一些问题日趋复杂化。围绕《著作权法》的修订，学界先后集中讨论过网络服务提供者的责任、滑稽模仿与合理使用、字体保护、集体管理、权利体系整合、技术措施、独创性、思想与表达二分法等问题。其中，关于基于技术中立原则的网络服务提供者免责之"避风港"规则，我国学界针对规则适用中的难点，即直接侵权与间接侵权、"明知"或"应知"主观过错责任等重要问题进行了阐释①；特别是围绕视频聚合、加框链接、深度链接等新型版权运营商业模式引起的版权侵权争议，学界对"服务器标准""公众感知标准"与"实质呈现标准"进行了研究和探讨，引起了一系列争鸣②，也影响了一批采用不同标准造成法律效果不尽相同的司法判决，因此这一议题亟须进一步讨论以尽早形成比较一致的裁判标准。关于计算机输入法字库中单个字体是否构成美术作品的问题，我国学界存在相当大争议，围绕"飘柔"案中"倩体字"是否受保护问题展开了讨论；反对将"倩体字"作为美术作品保护的观点在我国学界占多数，但理由却各不相同，有的从国际国外经验出发提出字体工具论，有的建议从反不正当竞争法角度规制，该案的法官则解释了避免直接回答客体属性、以"默示许可"作裁判依据的理由。③ 而主张依据著作权法保护的观点，主要论证了其具

---

① 例如，王迁：《网络版权法》，中国人民大学出版社 2008 年版；刘家瑞：《论我国网络服务商的避风港规则——兼评"十一大唱片公司诉雅虎案"》，《知识产权》2009 年第 2 期；吴汉东：《论网络服务提供者的著作权侵权责任》，《中国法学》2011年第 2 期。

② 代表性观点参见王迁《论提供"深层链接"行为的法律定性及其规制》，《法学》2016 年第 10 期；崔国斌《得形忘意的服务器标准》，《知识产权》2016 年第 8 期；刘银良《信息网络传播权的侵权判定——从"用户感知标准"到"提供标准"》，《法学》2017 年第10 期；王艳芳《论侵害信息网络传播权行为的认定标准》，《中外法学》2017 年第 2 期。

③ 张玉瑞：《论计算机字体的版权保护》，《科技与法律》2011 年第 1 期；崔国斌：《字体作品的独创性与保护模式选择》，《法学》2011 年第 7 期；芮松艳：《计算机字库中单字的著作权保护——兼评"方正诉宝洁"案》，《知识产权》2011 年第 10 期。

有独创性、属于美术作品或实用艺术作品。① 这一时期版权领域的研究议题非常丰富,很多问题在著作权法第三次修改的讨论中反复探讨,学界也有专门著述②,此处不再赘述。

近几年来,我国学界除了继续探讨《著作权法》修改相关的孤儿作品保护、集体管理组织的运行和权限、信息网络传播权侵权判定、合理使用和法定许可制度、技术措施规制、网络服务商的责任等问题外,讨论最多的当属版权领域出现的赛事直播、人工智能生成物、短视频等与著作权法相关的热点问题。关于体育、游戏赛事的网上直播问题,最大的争议是直播的对象是受版权保护的作品还是广播组织权保护对象;认为是视听作品的主要理由是体育赛事直播有拍摄和转播者的独创性劳动,而游戏的连续画面则本身即构成类电作品、直播不属于合理使用或者是否属于合理使用要个案讨论;认为不应以作品保护的观点,则倾向于体育赛事直播应以完善广播组织权的方式保护,或以不正当竞争法规制游戏网上直播。③ 2018年4月,"凤凰网赛事转播案"二审判决④否定了一审判决将体育赛事画面视为作品的判决,引起广泛关注,可以肯定这在今后仍是大家讨论的话题。

---

① 陶鑫良、张平:《具独创性的汉字印刷字体单字是著作权法保护的美术作品》,《法学》2011 年第 7 期;吴伟光:《中文字体的著作权保护问题研究——国际公约、产业政策与公共利益之间的影响与选择》,《清华法学》2011 年第 5 期。

② 参见李明德、管育鹰、唐广良《〈著作权法〉专家建议稿说明》,法律出版社2012 年版。

③ 崔国斌:《认真对待游戏著作权》,《知识产权》2016 年第 2 期;李扬:《网络游戏直播中的著作权问题》,《知识产权》2017 年第 1 期;祝建军:《网络游戏直播的著作权问题研究》,《知识产权》2017 年第 1 期;冯晓青:《网络游戏直播画面的作品属性及其相关著作权问题研究》,《知识产权》2017 年第 1 期;王迁:《论体育赛事现场直播画面的著作权保护——兼评"凤凰网赛事转播案"》,《法律科学》2016 年第 1期;肖顺武:《网络游戏直播中不正当竞争行为的竞争法规制》,《法商研究》2017 年第 5 期。

④ 参见(2015)京知民终字第 1818 号判决书。

四　反不正当竞争法中的相关议题讨论

我国的《反不正当竞争法》以制止仿冒行为的法律规制模式，承担了相当一部分对未注册商业性标识的保护功能。学界有代表性的表述是："反不正当竞争法对于商誉和其他智力活动成果的保护，不是授予了商标权、商号权和商业秘密权一类的权利，而是赋予了市场主体制止他人不正当竞争的权利。一个商标或者商号，只要在使用中获得了一定的商誉，其所有人就可以依据制止不正当竞争的法律，防止他人在造成消费者混淆可能性的意义上使用自己的商标或者商号……事实上，与注册商标法相对比，反不正当竞争法在商业标识的保护方面，具有更大的灵活性和发展空间。"①

2017 年我国《反不正当竞争法》再次修订，学界探讨的相关议题主要是该法的功能定位、一般条款的适用、互联网环境下的不正当竞争行为规制问题。尽管对反不正当竞争法与知识产权法的关系有不同解读，但慎用一般条款和反对增设互联网条款的观点在学界占多数。② 另外，近些年来随着商标领域抢注现象的泛滥，知名作品名称、角色形象等相关要素被作为商业标识注册和使用的问题引起关注，"商品化权"是否作为独立于商标权、由反不正当竞争法规制也值得研究。商业秘密保护问题近年来随着中美经贸摩擦成为各界关注的问题，对此重要议题，我国相关研究尚待深入。

---

①　李明德：《商誉、商标和制止不正当竞争》，载中国社会科学院知识产权中心、中国知识产权培训中心编《〈商标法〉修订中的若干问题：郑成思教授逝世三周年纪念文集》，知识产权出版社 2011 年版。

②　参见李明德《关于〈反不正当竞争法〉修订的几个问题》，《知识产权》2017 年第 6 期；王晓晔《再论反不正当竞争法与其相邻法的关系》，《竞争政策研究》2017 年第 4 期；孔祥俊《论反不正当竞争法修订的若干问题——评〈中华人民共和国反不正当竞争法（修订草案）〉》，《东方法学》2017 年第 3 期；吴峻《反不正当竞争法一般条款的司法适用模式》，《法学研究》2016 年第 2 期；曹丽萍、张璇《网络不正当竞争纠纷相关问题研究——〈反不正当竞争法〉类型化条款与一般条款适用难点探析》，《法律适用》2017 年第 1 期。

第五节　知识产权法学展望

一　把握知识产权制度服务创新的研究方向

改革开放以来，我国在知识产权保护方面取得的重要进展，为今后科技、文化和经济的创新发展营造了良好的制度环境。但是，就目前发展阶段而言，我国知识产权领域仍然存在着一些问题，如创新成果质量不高、维权难、执法机制和效果有待完善、创新文化建设和知识产权意识有待加强等；同时，全球化和国际贸易的发展变化趋势以及电子商务的普及，更使得与知识产权相关的国际贸易谈判、跨境纠纷解决、传统知识保护等疑难问题需要我们面对。另外，信息网络、生物技术等高新技术的发展，使得新时代我国经济发展新常态下产业升级换代带来的新商业模式和新产品频现，也需要我们的知识产权及相关法律制度做出应对。在今后相当长的时期内，从全面建成小康社会到基本实现现代化，再到全面建成社会主义现代化强国，都须明确严格和有效的知识产权保护制度是建设创新型国家的法治保障之统一认识，围绕党的十九大报告提出的"倡导创新文化，强化知识产权创造、保护、运用"之要求，认真深入地研究各项具体的制度措施加以落实。简言之，面向以创新为首的新发展理念和以加快创新型国家建设为主旋律的新时代，知识产权法学研究要把握服务于创新的知识产权法治保障机制之完善，提出解决其中焦点、热点和难点问题的中国方案。

从改革开放以来我国知识产权法学研究的历程看，囿于对知识产权国际保护规则动向和我国应对不断出现新问题的现实需要，现有研究成果在分析域外经验和发现、提出我国新问题方面比较丰富，但在对如何解决我国实际问题方面，则还没有权威的思路或方案，在基础理论方面也没有相对成熟、系统的论证。比如在版权领域，研究者都认识到在信息网络新技术条件下切实保护权利人及公众的利益、调节版权产业各环节中相关当事人之间的权利义务关系是不可回避的现实问题，但对《著作权法》中的相关制度规则应当如何修改完善、配套措施或司法适用标准如何建立等问题还缺乏深化研究；在专利领域，研究者基本上都认识到保护核心技术的专利法在整个知识产权制度中举足轻重的地位，也认识到专利法保护的技术创新是当今世界发展的第一推动力，但如何制定适宜我国产业发展需要的专利制度、如何激发创新者的活力、如何加强发明创造的运用等重要议题则缺少有说服力的理论或实证研究；在商标及反不正当竞争领域，研究者认识到在日趋激烈的市场竞争环境中商标作为企业宝贵无形资产的作用日显突出，也认识到未注册知名商业标识和商业秘密的保护是维系正常市场竞争秩序的重要内容，但对如何制定适宜的法律规则为民族自有品牌的和企业商业秘密提供有力的制度保障，也还未产生有影响力的分析和解说。

　　因此，我国的知识产权法学研究需要在创新发展理念和依法治国思维的引领下，坚持立足国情，发现知识产权实践领域的理论生长点，补齐知识产权创造、保护和运用的"短板"，形成有利于中国创新文化培育的法治环境、理论体系和社会氛围。

二　聚焦新时代知识产权法学的研究重点

　　新时代我国知识产权领域的研究重点，一方面仍将围绕如何完善专利法、著作权法、商标法及反不正当竞争法等知识产权相关法律制度以促进科技文化经济发展，研究整个知识产权法律体系的社会功能及其如何与相关领域法律协调以更好发挥作用；另一方面，在跟踪研究国际制度发展的同时，将更加深入结合我国科技、文化和经济发展的需要，围绕如何加大对侵权假冒行为的惩罚力度以保护创新成果权利人合法权益和维系公平正当的竞争秩序，如何完善以司法保护为主导、行政司法相衔接的知识产权执法体制，如何建立适应可持续发展需求的传统资源保护制度等问题展开。

　　在新时代，知识产权基础理论探讨仍将是重中之重。（1）对民法总则知识产权条款研究。民法总则以列举保护客体的方式给知识产权做了初步的定义，描述了我国目前知识产权的权利体系的基本全貌，并以"法律规定的其他客体"作为兜底条款以保持这一体系的开放性，但仍为我国知识产权法学界遗留了相当多的需要进一步深入研究的问题。（2）知识产权国际保护研究。新时代国际经贸关系正发生深刻变化，需要关注各种区域性自由贸易谈判中的知识产权问题、知识产权相关国际条约发展动向等，这些问题可以单独成为研究议题，也可以融入知识产权各领域具体问题研究。（3）知识产权司法保护研究。我国尽管因历史和现实诸多因素在现阶段还保持"行政 + 司法"保护的双轨制，但以司法为主导是既定的方向。在此过程中，如何协调司法与行政保护之间的关系，如何完善我国知识产权执法机制，尤其是涉及行政、司法各级程序的专利商标确权程序如何优化等问题都是值得探讨的。另外，在司法保护领域也有很多问题有待于深入研究，如知识产权审判程序和证据规则的特殊性、损害赔偿额的判定规制、惩罚性赔偿的适用标准、行为保全在各类型侵权案件中的适用等。

在版权领域的重要议题包括：（1）著作权客体研究。近期以来，我国理论和实务界有一种"有价值就有版权"的泛版权化倾向，对传统上作品独创性的解读趋向于不断降低门槛，给各界带来了一定的疑惑。因此，有必要深入探讨"智力创作成果"的著作权立法本意，对我国著作权法保护的作品之要件、各类作品的独创性及其判定、事实/思想与表达二分法、人工智能生成物的定性、赛事直播相关的著作权问题、实用艺术作品的实用性与艺术性区分、电子游戏的著作权法定位、摄影作品保护模式比较、视听作品与录像制品的区别与联系、综艺节目的性质等问题展开研究。（2）著作权权利体系及保护研究。在权利体系方面，因复制、传播技术的日新月异，我国著作权法在制定之初就列举了十分详尽的权项，但即使如此，还是因技术手段及其带来的版权运营新商业模式而不断遭遇法律适用中的新难题。有必要横向比较国际公约、国外主要国家的经验，分析我国著作权法目前列举的诸多权项在适用中存在的问题，讨论优化权利体系以增加立法前瞻性和法律适用灵活性的路径，比如是否整合现有权利束以明确向公众传播权的概念，或者调整网络环境下广播权的概念与内容。（3）著作权限制与例外研究。著作权限制与例外制度之主要功能是调解权利人与公共利益的关系。网络环境下作品的传播途径极其便捷，传统途径下的合理使用的范围和方式可能产生极大变化，各方对现有规则的不同理解可能给法律适用的可预期性带来争议，许多具体问题需要结合技术的发展和权利平衡的考量，对权利限制与例外规则的适用进一步讨论。

在专利领域的主要议题包括：（1）高新技术创新成果专利保护研究。在新时代，除了信息技术快速发展、5G通信技术成为"万物互联"的集成传统产业技术的核心外，生物、新材料、新能源、空间和海洋等高新技术的发展也齐头并进，人工智能技术的开发和应用更是对我国产业转型和经济发展关系重大；随着国家创新驱动发展战略的推进，高新技术领域发明创新将持续增长，围绕科技创新商业化应用的新商业模式和新产品也将不断推出。由此产生许多新问题，如商业模式相关的专利创造性判断、药品专利制度改革的相关问题、生物技术发明保护与生物伦理规则建制、医疗方法的可专利性问题、人工智能技术相关发明的保护、符合国情的军民融合专利制度构建等问题，需要进一步的法学研究提供解决方案。（2）专利侵权与救济研究。迄今为止，我国知识产权法学科的专利法研究相对薄弱，因此在新时代，学界一直以来对专利侵权与救济方面的研究也将持续，如专利侵权损害赔偿额判定、专利权用尽、现有技术抗辩、无效抗辩、先用权抗辩、专利间接侵权问题、标准必要专利及其相关争议、外观设计保护制度的完善等。

在商标领域的主要议题包括：（1）商标注册与使用制度问题。近几年来，商标领域出现了一些特别值得关注和加以解决的问题，比如商标确权程序复杂、恶意注册和大量囤积商标问题日益凸显，需要研究如何重构商标注册制度、增强注册商标使用义务、加大商标恶意申请打击力度、发挥商标促进经济发展作用。在这方面需要借鉴国外经验和结合中国国情，研究并有针对性地聚焦困扰我国商标制度正常发挥功能的顽疾提出整治措施。（2）商标保护问题研究。需要进一步研究的议题包括：混淆可能性的判断规则、商标淡化引入论证、商标共存制度及其规则设计、商标确权程序和案件审理程序优化、在先权利保护相关问题等。

在传统资源利用与保护领域，中华民族在几千年的历史长河中，通过自己的智慧和劳动保留了丰富的生物遗传资源、积累了大量的传统知识、传承了优秀的民间文学艺术。这些宝贵的传统资源在面临现代化生活方式冲击而流逝的同时，也成为高新技术掌握者和挖掘利用者取之不尽的免费信息宝藏。我们还需对地理标志、植物新品种、传统知识、民间文艺等我国优势传统资源的利用和保护及相关法律制度，进行深化研究。

创新是社会发展的第一推动力，知识产权制度是激励和保护创新的法治保障。党的十九大提出的加快创新型国家建设的战略目标，不仅给我国知识产权制度的发展指明了方向，也对我国知识产权法学研究提出了新的要求。新时代的我国知识产权研究者，应当将自己的科研理想融入国家和民族的复兴大业中，坚持马克思主义理论联系实际的优良学风，求真务实，立足国情、放眼世界，以党的十九大提出的加快创新型国家建设的战略为目标，研究如何运用知识产权制度对各类创新成果提供有效保护，研究推进创新文化建设的举措，以自己的学术研究和相关的实践活动，为加快创新型国家建设做出有益的智力贡献。

第十四章

致力于社会建设的社会法学

中华人民共和国成立以来，随着我国社会法治尤其是劳动和社会保障法治的建立和发展，我国社会法学也不断发展成熟。与我国经济社会环境和社会法治的发展历程相对应，我国社会法学的发展历程大致可以分为四个阶段，即社会法学萌芽阶段、社会法学探索阶段、社会法学繁荣阶段以及社会法学成熟阶段。经过不断努力，社会法学已成为我国法学的重要学科，其为国家社会法治完善以及人才培养提供了重要的理论和智识支持。

第一节　社会法学萌芽阶段(1949—1978)

中华人民共和国成立以来至我国实行改革开放之前，这一时期我国法治总体上处于初创时期，加上这段时间我国主要实行计划经济体制，社会经历了较多动荡，社会法学还处于萌芽状态，社会法学刚刚起步，研究成果极为稀少。这一时期几乎没有社会法学的专著或教材，发表在法学期刊的社会法学论文也只有寥寥数篇。这一时期对社会法学的研究主要集中在劳动法学，且主要集中在中华人民共和国成立初期的 20 世纪 50 年代。当时，我国只有《工会法》等劳动法律。这一时期，我国劳动立法的特点是：废除不合理的压迫工人的制度，建立新的民主管理制度和吸收职工参加企业管理，在生产发展的基础上逐步改善职工工资标准和劳动条件，对失业职工进行救济，制定处理劳资关系的办法，调整劳资关系，以此达到对私营企业利用、限制和改造的目的。① 相应地，这一时期对劳动法学的研究主要集中在对中华人民共和国成立之前劳动法的批判②，论述劳动法在社会主义建设中的作用③，以及分析中华人民共和国成立以来劳动法的发展。④ 这一时期，也有学者开始关注劳动法的基础理论。例如，关怀撰写文章分析公民的劳动权。⑤ 值得关注的是，关怀在 20 世纪 50 年代写了多篇劳动法的文章，可谓是劳动法的开创者。《法学研究》在 20 世纪 50 年代发表了数篇劳动法的文章，为劳动法学的起步做出了应有贡献。

虽然在中华人民共和国成立初期即颁布了《劳动保险条例》（1951 年），但由于其覆盖范围有限，且真正有效实施的时间不长，因此有关社会保险的理论问题未能引起学者的关注。这一时期，我国也零星颁布了一些社会保障方面的规定，但总体上我国尚缺乏建立现代社会保障制度的土壤和环境，因此，这一阶段对社会保障法的研究几乎处于空白状态。总体上，由于这一时期，法治建设刚刚起步，且遭遇各种困难，社会法学总体上处于萌芽状态，只有劳动法学长出嫩芽，其他领域基本上是一片空白。

---

① 关怀、林嘉主编：《劳动与社会保障法学》，法律出版社 2013 年版，第 32—33 页。

② 王益英：《国民党反动统治时期的劳工立法》，《法学研究》1963 年第 1 期。

③ 关怀：《十年来我国劳动法令的发展和在社会主义建设中的作用》，《法学研究》1959 年第 5 期。

④ 任扶善：《新中国劳动法的产生和发展》，《法学》1957 年第 4 期。

⑤ 关怀：《论我国公民的劳动权》，《法学研究》1959 年第 4 期。

第二节　社会法学探索阶段(1978—1992)

1978 年起，我国实行改革开放政策，随着国家工作重心的转移，以及经济体制改革的探索，我国开始逐步改革传统的计划经济体制，经济成分从传统的单一公有制转向多种经济成分并存，国家的立法也逐步展开。特别是我国开始改革传统的僵化用工体制，引入劳动合同制，我国的用工制度逐步从传统的固定用工制度向市场化的用工体制转变。用工体制改革及其实践以及相关制度的出台，使我国社会法学进入了探索阶段，加上我国法学教育和科研事业的恢复重建，也促进了这一时期社会法学的发展。

一　这一阶段社会法学的特点

与这一阶段我国经济体制尤其用工体制和我国立法的发展相适应，这一阶段我国社会法学呈现出以下特点。

第一，关注劳动立法，呼唤《劳动法》的出台。随着我国用工体制的改革，尤其是劳动合同制的逐渐引入，企业用工改革实践不断展开，1986 年 7 月国务院也发布了《国营企业实行劳动合同制暂行规定》。实践和政策的出台客观上需要规范劳动用工关系的法律，以巩固和规范用工体制改革的成果。因此，这一时期学界关注的重点是劳动立法，学界对《劳动法》立法的必要性以及立法原则、立法重点展开了论述。劳动法成为这一阶段研究的重点。

第二，社会保障法逐步得到学界的关注。伴随用工制度改革，社会保险制度的改革也在不断摸索。《国营企业实行劳动合同制暂行规定》规定国家对劳动合同制工人退休养老实行社会统筹，企业和劳动合同制工人按规定的比例缴纳养老保险费。1991 年 6 月国务院下发了《国务院关于企业职工养老保险制度改革的决定》。因此，社会保险尤其是养老保险也得到学界的关注，学界也开始研究社会保险立法。

第三，这一时期学界对某一专题的研究逐步系统化，但成果数量依然有限。据初步统计，这一时期有关劳动法和社会保险法的专著只有十余部，且大部分为劳动法著作。虽然这些专著体系比较完整，但对学科理论的系统研究才刚刚起步，加上这一时期，我国尚未建立起社会主义市场经济体制，现代化的劳动用工和社会保险制度尚未建立，也制约了社会法学的发展。总体上，这一时期的社会法学研究尤其是劳动法学研究，为《劳动法》的出台以及社会保险制度的改革和完善，提供了重要的理论准备。

二 这一阶段社会法学的研究重点

第一，对劳动法的系统论述。这一时期出版了约 10 部劳动法的著作，这些著作比较系统论述劳动法的问题。① 这一时期影响较大的著作是史探径独著的《劳动法》。② 该书共有 22 章，几乎涉及了劳动法所有内容，该书具有较强理论性，对许多问题的分析较为深刻。如该书明确指出，劳动合同当事人之间具有"从属关系"，其概括是相当精准的。③ 由于这一时期我国社会保险制度处于起步阶段，因此严格以"社会保险法"为题的专著似尚未诞生，只有数量非常有限的另以"社会保险"为题的专著。④

第二，对劳动立法和制定《劳动法》的必要性和可行性的论述。

---

① 代表性的著作包括：关怀等：《劳动法基本知识》，工人出版社 1985 年版；吴超民：《劳动法通论》，华中师范大学出版社 1988 年版；侯文学主编：《劳动法概论》，兰州大学出版社 1988 年版；田书义、郭淑珍编著：《劳动法概论》，轻工业出版社 1991 年版。

② 史探径：《劳动法》，经济科学出版社 1990 年版。

③ 同上书，第 100 页。

④ 劳动部劳动科学研究所劳动法及社会保险研究室编：《中国社会保险的改革与实践》，中国政法大学出版社 1989 年版；邓大松：《社会保险比较论》，中国金融出版社 1992 年版。

随着我国劳动用工制度改革不断深化，客观上需要一部《劳动法》，因此，对制定《劳动法》的研究成为这一时期的重点和焦点。例如，早在1981年，就有学者分析了劳动法在实现四个现代化的重要作用。[①] 之后多篇论文阐释了制定《劳动法》的必要性和可行性。[②] 学者还对劳动法的调整对象和立法原则进行了分析。值得关注的是，这一时期，学者对劳动法与经济体制改革也给予了关注。[③] 这一时期在法学期刊上发表的劳动法论文约有50篇，反映了当时对劳动法的研究还是比较活跃的。但总体来看，当时对劳动法的研究主要是对劳动法的作用、调整对象和立法原则的研究，对劳动法具体制度还缺乏深入的研究。

第三，对社会保险制度开始关注。随着劳动用工制度的改革，社会保险法律制度也得到学界的关注。这一时期的研究重点主要是对社会保险基本框架的研究，重点关注退休制度。[④] 虽然这一时期学界开始了对社会保险制度的研究，但论文数量较少，在法学期刊上发表的论文只有十余篇，对社会保险法的研究处于起步阶段。

---

① 龚建礼、李景森：《劳动法在实现四个现代化中的重要作用》，《法学杂志》1981年第2期。

② 如，王乃荣、李景森：《制定〈中华人民共和国劳动法〉的必要性和可能性》，《法学研究》1984年第1期；史探径：《应当重视劳动法的作用》，《法学评论》1986年第4期；张再平：《试论劳动立法》，《法学杂志》1988年第4期；陈文渊：《加强劳动立法是当务之急》，《政法论坛》1989年第4期；夏积智、张再平：《试论〈劳动法〉出台的可行性》，《法学杂志》1989年第4期；史探径：《我国急需制定劳动法典》，《法学研究》1989年第5期；谢良敏、吕静：《论劳动法的立法原则》，《现代法学》1990年第3期；等等。

③ 如，汪洪鉴：《发挥劳动法在调整中的重要作用》，《现代法学》1982年第1期；史探径：《劳动法与经济体制改革》，《法学研究》1988年第5期；董保华：《劳动制度改革的法学探索》，《中国法学》1992年第5期；董保华：《劳动制度改革与政府职能的转变》，《法学》1992年第9期。

④ 如，曹旭光：《加快我国社会保险立法》，《法学》1986年第7期；钱奕：《重建社会保险制度的构想》，《法学》1988年第12期；张再平：《试论社会保险立法》，《法学杂志》1989年第2期；史探径：《关于社会保险法制建设的思考》，《法学研究》1990年第3期。

这一阶段，"社会法"的概念尚未得到确立，仅有极个别的著作提到"社会法"，例如邱小平的《联邦德国的社会法和社会立法》①，但该文章主要是介绍德国的立法。

第三节　社会法学繁荣阶段(1992—2012)

1992 年以来，我国提出建立社会主义市场经济体制。市场经济体制的确立，不仅对法治提出了新的要求，也极大地促进了法治的发展。特别是随着市场经济体制的建立和发展，也需要建立相应的劳动和社会保障制度。1997 年，党的十五大提出依法治国、建设社会主义法治国家的治国基本方略。依法治国基本方略的确立，极大地推动了我国法治建设。从纵向看 1992—2002 年是我国社会法学的繁荣时期，这一时期随着《劳动法》《劳动合同法》《社会保险法》等重要法律的出台，社会法学在研究的广度、深度上都有很大提高，社会法学成为我国法学的重要组成部分。

一　劳动法学逐渐成为"显学"

劳动用工是市场经济体制的重要组成部分，劳动法学也是法学不可或缺的重要部分。1992 年以来，伴随着《劳动法》《劳动合同法》等重要立法的出台，学者对劳动法展开了深入的研究。这一时期劳动法的研究成果数量急剧增加，研究的范围较为广泛。这一时期发表在法学核心期刊上的论文约有 150 篇。从内容上看，这一时期可分为两个阶段：20 世纪 90 年代的劳动法学和 21 世纪初的劳动法学。第一阶段主要围绕《劳动法》出台前的论证和出台后的阐释，第二阶段主要围绕制定《劳动合同法》的必要性、立法内容以及立法评价等展开研究。

---

① 邱小平：《联邦德国的社会法和社会立法》，《政治与法律》1989 年第 2 期。

　　第一阶段有关劳动法研究的主要载体是学术论文，学术专著寥寥无几。较早的专著是许建宇的《劳动法新论》。① 这一阶段对劳动法学的研究主要是进一步论证制定《劳动法》的必要性，并对《劳动法》进行阐释评价。例如史探径在《法学研究》发表了《论社会主义市场经济与劳动立法》，对社会主义市场经济和劳动立法的关系进行了深入阐释，分析了劳动法在市场经济中的作用。② 陈延庆、张世诚在《中国法学》发表了《具有中国特色的社会主义劳动法》，分析了《劳动法》的性质、作用和主要特点。③ 这一阶段对劳动法的研究总体上还比较粗疏，尚未对劳动法的具体制度展开深入和细微的研究。

　　第二阶段随着劳动用工实践的开展，劳动关系更加复杂，《劳动法》实施也暴露了一些问题，劳动法研究出现空前繁荣景象，特别是随着制定《劳动合同法》被纳入立法日程，有关劳动合同法的研究成为这一阶段劳动法研究乃至整个社会法学研究的热点。这一时期，除了出版了多部劳动法的专著或教材，也出版了多部《劳动合同法》专著。④ 这些成果对劳动合同法的理论和制度进行了较为深入的分析，为劳动合同法的出台以及该法的解释实施发挥了积极作用。在劳动合同法制定过程中，学者对劳动合同法的立法理念、立法目的和价值倾向进行了激烈争论。例如，董保华认为在我国现阶段，劳动关系的平衡点应当是低标准、

---

　　① 许建宇：《劳动法新论》，杭州大学出版社 1996 年版。
　　② 史探径：《论社会主义市场经济与劳动立法》，《法学研究》1994 年第 1 期。
　　③ 陈延庆、张世诚：《具有中国特色的社会主义劳动法》，《中国法学》1994 年第 4 期。
　　④ 如，董保华主编：《劳动合同研究》，中国劳动社会保障出版社 2005 年版；姜颖：《劳动合同法论》，法律出版社 2006 年版；郑尚元：《劳动合同法的制度与理念》，中国政法大学出版社 2008 年版；喻术红：《劳动合同法专论》，武汉大学出版社 2009 年版；肖进成：《劳动合同法的理论实践与创新》，光明日报出版社 2010 年版；董保华：《劳动合同立法的争鸣与思考》，上海人民出版社 2011 年版；等等。

广覆盖、严执法。① 常凯主张，《劳动合同法》的立法主旨是劳动者
权利保护，《劳动合同法》的立法功能必然以追求社会公平为基本的
侧重点。② 王全兴指出，劳动合同法是劳动法的组成部分，更应当
以《劳动法》为依据，强调偏重保护劳动者。在我国劳动法制
实践中，"高标准—窄覆盖—宽执法"和"低标准—广覆盖—严执
法"不是必然的逻辑。③ 这些讨论和争论，对凝聚劳动合同法立法共
识、探寻劳动合同规律具有积极意义。林嘉对劳动合同法的立法价
值、制度创新及影响评价作了分析。④《劳动合同法》立法过程的
争论，大大提高了劳动合同法和劳动法的社会影响，吸引了更多
学者投入劳动合同法和劳动法的研究，推动劳动合同法研究的不
断深入。

这一时期，对劳动法尤其是劳动合同法具体制度的研究也更
加深入。研究的热点包括以下几个方面。（1）劳动关系的含义
及其判断标准。研究的重点主要包括劳动法调整劳动关系的范
围、劳动关系的含义以及判断方法。⑤（2）劳动合同解除制度。
劳动合同解除制度在劳动合同制度中占据核心地位，也是事关劳
动力市场安全性和灵活性的核心制度，且制度异常复杂，关注度

---

① 董保华：《锦上添花抑或雪中送炭——析〈中华人民共和国劳动合同法（草
案）〉的基本定位》，《法商研究》2006 年第 3 期。

② 常凯：《关于〈劳动合同法〉立法的几个基本问题》，《当代法学》2006 年第
6 期。

③ 王全兴：《劳动合同立法争论中需要澄清的几个基本问题》，《法学》2006 年
第 9 期。

④ 林嘉：《〈劳动合同法〉的立法价值、制度创新及影响评价》，《法学家》2008
年第 2 期。

⑤ 如，冯彦君、张颖慧：《"劳动关系"判定标准的反思与重构》，《当代法学》
2011 年第 6 期；郑尚元：《雇佣关系调整的法律分界——民法与劳动法调整雇佣类合同
关系的制度与理念》，《中国法学》2005 年第 3 期；谢增毅：《劳动关系的内涵及雇员
和雇主身份之认定》，《比较法研究》2009 年第 6 期；谢增毅：《劳动法与小企业的优
惠待遇》，《法学研究》2010 年第 2 期；等等。

高，因此劳动合同解除制度一直是劳动法研究的热点问题之一。①（3）劳动争议处理制度。由于各方面的原因，我国建立了独特的"一裁二审"劳动争议处理制度，这一制度具有其合理性，同时随着实践的发展也暴露出一些问题，加上其与大部分国家和地区的劳动争议处理制度有较大不同，学界对此问题较为关注。②（4）劳务派遣制度。由于我国长期以来劳务派遣使用较多，2011 年根据全总的测算，全国企业劳务派遣工占企业职工总数的13.1%，约 3700 万人。③有关劳动派遣成为劳动法的热点问题之一。这一时期有关劳务派遣的专著和论文数量较为可观。④（5）反就业歧视制度。由于我国职场上存在就业歧视现状，尤其是性别歧视难以消除，而这一时期前期我国法律有关就业歧视的规定较为粗疏，反就业歧视也是这一阶段研究的热点之一，这一时期出版了多部有

① 如，熊晖：《解雇保护制度研究》，法律出版社 2012 年版；冯彦君：《劳动合同解除中的"三金"适用——兼论我国〈劳动合同法〉的立法态度》，《当代法学》2006 年第 5 期；黎建飞：《劳动合同解除的难与易》，《法学家》2008 年第 2 期；谢增毅：《雇主不当解雇雇员的赔偿责任》，《法律科学》2010年第 3 期；谢增毅：《劳动法上经济补偿的适用范围及其性质》，《中国法学》2011 年第 4 期。

② 如，董保华主编：《劳动争议处理法律制度研究》，中国劳动社会保障出版社2008 年版；史探径：《中国劳动争议情况分析和罢工立法问题探讨》，《法学研究》1999 年第 6 期；徐智华：《劳动争议处理几个疑难问题研究》，《中国法学》2003 年第3 期；谢增毅：《我国劳动争议处理的理念、制度与挑战》，《法学研究》2008 年第5 期。

③ 全总劳务派遣问题课题组：《当前我国劳务派遣用工现状调查》，《中国劳动》2012 年第 5 期。

④ 例如，董保华主编：《劳动力派遣》，中国劳动社会保障出版社 2007 年版；李海明：《劳动派遣法原论》，清华大学出版社 2011 年版；黎建飞：《"派遣劳动"应当缓行》，《法学家》2005 年第 5 期；谢增毅：《美国劳务派遣的法律规制及对我国立法的启示——兼评我国〈劳动合同法〉的相关规定》，《比较法研究》2007 年第 6 期；郑尚元：《不当劳务派遣及其管制》，《法学家》2008 年第 2 期；谢德成：《我国劳务派遣法律定位的再思考》，《当代法学》2013 年第 1 期。

关反就业歧视的著作。①

　　这一时期学界对劳动法的其他问题也有涉猎，比如竞业限制、试用期、服务期、最低工资制度、工作时间等制度。

二　社会保障法学研究日渐深入

　　伴随经济体制改革，尤其是劳动关系的发展，建立符合中国特色的社会保障制度也成为我国的重要任务。社会保障制度的建立和完善，一方面得益于经济的快速增长及政府公共财政的大幅增长，也和我国政府在发展经济的同时，注重社会政策的完善以及社会公平正义的实现，重视社会保障体系建设密切相关。党的十五大报告指出，建立社会保障体系，实行社会统筹和个人账户相结合的养老、医疗保险制度，完善失业保险和社会救济制度，提供最基本的社会保障。党的十六大报告提出，"深化分配制度改革，健全社会保障体系"，"健全失业保险制度和城市居民最低生活保障制度"。"发展城乡社会救济和社会福利事业。有条件的地方，探索建立农村养老、医疗保险和最低生活保障制度。"② 党的十七大报告进一步提出，"加快建立覆盖城乡居民的社会保障体系，保障人民基本生活"。"要以社会保险、社会救助、社会福利为基础，以基本养老、基本医疗、最低生活保障制度为重点，……加快完善社会保障体系。""完善城乡居民最低生活保障制度，逐步提高保障水平。""健全社会救助体系。"③ 这一时期，社会保险制度改革也提上议事日程，特别是伴随着《社会保

---

　　①　如，李薇薇、Lisa Stearns 主编：《禁止就业歧视：国际标准和国内实践》，法律出版社 2006 年版；林燕玲主编：《反就业歧视的制度与实践——来自亚洲若干国家和地区的启示》，社会科学文献出版社 2011 年版；蔡定剑主编：《中国就业歧视现状及反歧视对策》，中国社会科学出版社 2007 年版；等等。

　　②　江泽民：《全面建设小康社会，开创中国特色社会主义事业新局面——在中国共产党第十六次全国代表大会上的报告》（2002 年 11 月 8 日）。

　　③　胡锦涛：《高举中国特色社会主义伟大旗帜　为夺取全面建设小康社会新胜利而奋斗——在中国共产党第十七次全国代表大会上的报告》（2007 年 10 月 15 日）。

险法》的制定，学界开始了对社会保险法更为深入的研究。社会保障法逐渐从社会保障学中脱离出来，建立自身的理论体系和话语体系。

　　社会保障法研究的重点包括以下几个方面。（1）社会保障法的基础理论。学界开始关注社会保障法的基础理论，包括社会保障法的理念、价值和立法模式。[①] 在 20 世纪 90 年代，我国社会保障制度还不完善，需要从宏观上思考如何进行社会保障立法，学界对社会保障总体的立法思路的探讨具有积极意义。随着我国社会保障制度的逐步完善，对社会保障法的研究逐步深入社会保险及其具体险种、社会救助等具体社会保障制度。（2）社会保险立法。社会保险是社会保障最主要的支柱和内容，特别是随着社会保险立法纳入立法进程，社会保险立法尤其是《社会保险法》的制定也成为学界关注的热点。[②] 这些论述对《社会保险法》的出台发挥了积极作用。(3) 养老保险和工伤保险法律制度。在社会保险的五大险种中，养老保险居于核心和基础地位。我国养老保险制度改革一直在不断发展中，1997 年，国务院印发《关于建立统一的企业职工基本养老保险制度的决定》，确定了社会统筹与个人账户相结合的养老保险制度，我国现代养老保险制度的雏形基本建立。2005 年，国务院印发《关于完善企业职工基本养老保险制度的决定》，改革基本养老金计发办法，调整个人账户比例，进一步扩大制度覆盖范围。因此，养老保险法

---

　　① 　如，史探径主编：《社会保障法研究》，法律出版社 2000 年版；林嘉：《社会保障法的理念、实践与创新》，中国人民大学出版社 2002 年版；刘诚：《社会保障法比较研究》，中国劳动社会保障出版社 2006 年版；史探径：《我国社会保障法的几个理论问题》，《法学研究》1998 年第 4 期；贾俊玲：《社会保障与法制建设》，《中外法学》1999 年第 1 期；林嘉：《论社会保障法的社会法本质——兼论劳动法与社会保障法的关系》，《法学家》2002 年第 1 期。

　　② 　如，丁康：《社会保险法制建设研究》，武汉大学出版社 2003 年版；林嘉、张世诚主编：《社会保险立法研究》，中国劳动社会保障出版社 2011 年版；黎建飞：《社会保险立法的时机、模式与难点》，《中国法学》2009 年第 6 期；郑尚元、扈春海：《中国社会保险立法进路之分析——中国社会保险立法体例再分析》，《现代法学》2010 年第 3 期。

律制度也成为研究热点之一。① 由于工伤保险是劳动法和社会保险法的交叉内容，加上我国工伤保险制度相对发达，国务院制定了《工伤保险条例》，因此，学界对工伤保险的研究也较为关注。② （4）社会救助法。社会救助是社会保障的重要内容，且社会救助这项制度在我国长期发挥了重要作用。1997 年 9 月《国务院关于在全国建立城市居民最低生活保障制度的通知》下发。该通知规定了城市低保制度的救助范围、救助标准、救助资金来源等政策内容，明确提出在 1999 年年底之前，全国所有城市和县政府所在地的城镇，都要建立这一制度。2007 年 7 月，国务院印发《关于在全国建立农村最低生活保障制度的通知》，对农村低保标准、救助对象、规范管理、资金落实等内容做出了明确规定，要求在年内全面建立农村低保制度并保证低保金按时足额发放到户。社会救助制度的实施客观上也需要加强社会救助法律制度的研究。③ 由于我国全国性的社会救助制度建立较晚，学界对社会救助的关注度较低，有关社会救助的研究相比社会保险较为薄弱。

三　社会法学成为独立的法学二级学科

随着我国经济社会的不断发展，中国特色社会主义事业的总体布局，更加明确地由社会主义经济建设、政治建设、文化建设三位一体，发展为社会主义经济建设、政治建设、文化建设、社会建设四位一体，后又发展为"五位一体"，社会建设被摆在更加突出的位置。随着社会建设作用的突出以及社会法作为部门的确立，社会法学作为独立的法学学科越来越得到认可，相关的社会法理论和学说也日益发达。2001 年 3 月，李鹏同志在九届全国人大四次会议上指出，根据立

---

① 如，陈培勇：《通向老有所养之路——养老保险法律国际比较》，中国法制出版社 2010 年版；张新民：《养老金法律制度研究》，人民出版社 2007 年版。

② 如，郑尚元：《工伤保险法律制度研究》，北京大学出版社 2004 年版。

③ 如，姚建平：《中美社会救助制度比较》，中国社会出版社 2007 年版。

法工作的需要，初步将有中国特色的社会主义法律体系划分为七个法律部门，社会法是其中之一，同时又将社会法界定为调整劳动关系、社会保障和社会福利关系的法律。十届全国人大法律委员会主任委员杨景宇将"社会法"解释为，"规范劳动关系、社会保障、社会福利和特殊群体权益保障方面的法律关系的总和。社会法是在国家干预社会生活过程中逐渐发展起来的一个法律门类，所调整的是政府与社会之间、社会不同部分之间的法律关系"①。社会法作为独立法律部门获得认可，促进了社会法学的繁荣以及社会法基础理论的研究。

　　这一时期，学者对社会法的基本理论进行了热烈讨论。在我国较早提出"社会法"概念的，是中国社会科学院法学研究所 1993 年发表的《建立社会主义市场经济法律体系的理论思考和对策建议》，该报告提出，中国社会主义市场经济法律体系主要由民商法、经济法和社会法三大部分组成，社会法是市场经济另一种重要法律。它是调整因维护劳动权利、救助待业者而产生的各种社会关系的法律规范的总称。② 较早探讨社会法概念的是张守文的《社会法论略》一文③，此后有专著对社会法基础理论进行研究，其中的重要内容就是对社会法概念的阐释。④

　　在 21 世纪的前 10 年，社会法基础理论一时成为理论研究的热点，在法学期刊上刊载的社会法基础理论将近 20 篇。⑤ 自社会法概

----

　　①　2003 年 4 月 25 日，中国人大网（www.npc.gov.cn）。

　　②　中国社会科学院法学研究所课题组：《建立社会主义市场经济法律体系的理论思考和对策建议》，《法学研究》1993 年第 6 期。

　　③　该文发表于《中外法学》1996 年第 6 期。

　　④　如，董保华等：《社会法原论》，中国政法大学出版社 2001 年版；汤黎虹：《社会法通论》，吉林人民出版社 2004 年版；史探径：《社会法学》，中国劳动社会保障出版社 2007 年版；史探径：《社会法论》，中国劳动社会保障出版社 2007 年版；陈甦主编：《社会法学的新发展》，中国社会科学出版社 2009 年版。

　　⑤　如，郑尚元：《社会法的定位和未来》，《中国法学》2003 年第 5 期；李昌麒：《弱势群体保护法律问题研究——基于经济法与社会法的考察视角》，《中国法学》2004 年第 2 期；赵红梅：《私法社会化的反思与批判——社会法学的视角》，《中国法学》2008 年第 6 期；等等。

念引入我国以来，关于社会法是法律部门还是法域，理论界一直存有争论，对社会法的定位和范围也存在不同的认识。就以法律规范内容作为划分标准的界定结果来看，社会法就有狭义、中义和广义之分。狭义的社会法专指劳动法和社会保障法①，也有学者认为劳动法不属于社会法。② 中义的社会法指规范劳动关系、社会保障、社会福利和特殊群体权益保障方面的法律关系的总和。这种观点为官方所确认。广义的社会法更多的是法理学范畴的概念，将社会法作为与公法、私法并列的第三法域。③ 一些学者试图通过借助社会体制、社会问题、社会宪法、社会权利等社会学、政治学或法学的概念，界定社会法的合理范围和基本理念，由此形成了一些有代表性的学说，包括社会体制说、社会问题说、社会宪法具体化说、社会权利说等。例如，史探径认为，"社会法是以保护公民经济、社会、文化权利与社会整体利益相结合的内容为主旨的公、私法规范交错融合的法律领域中法律群体的统称"④。此概念指出了社会法的权利因素和维护社会整体利益的目标，以及社会法包含公法、私法规范的特点。有学者主张，社会法作为旨在保护弱势群体的生存权和发展权的法律，应该将社会权利引入社会法的范畴。以社会权利作为社会法的核心概念，既可以提升社会法的理论性，又可以提升社会法的正当性，而且以社会权利为核心范畴构造社会法的体系，就可以将涉及公民住房权、教育权、健康权、安全权等保护公民社会权利的法律纳入社会法的范围之中，从而丰富并健全社会法的体系。社会法应作为独立的法律部门而不是第三法域。⑤ 由于社会法的概念较为

---

① 陈海嵩：《经济法与社会法关系之我见》，《中南民族大学学报》2003 年第 S2 期。

② 郑尚元：《社会法的存在与社会法理论探索》，《法律科学》2003 年第 3 期。

③ 董保华等：《社会法原论》，中国政法大学出版社 2001 年版。

④ 史探径：《社会法论》，中国劳动社会保障出版社 2007 年版。

⑤ 谢增毅：《社会法的概念、本质和定位：域外经验与本土资源》，《学习与探索》2006 年第 5 期。

"模糊"，加上国外缺乏对"社会法"普遍的一致的概念，因此，我国对社会法的概念的争论也在所难免了。

这一时期社会法学基础理论的兴起，除了社会法作为独立部门得到确认，还与学术机构和学术组织的建立有关。国内一些机构成立了社会法的专门教学或科研机构，例如，2005年5月，中国社会科学院法学研究所率先成立了社会法学研究室。2005年9月中国法学会社会法学研究会成立，并组织开展了大量学术活动。学术组织的建立健全，为社会法作为独立学科理论发展和学科体系完善奠定了坚实基础。

第四节 社会法学成熟阶段(2012—2019)

党的十八大以来，我国全面推进依法治国，法治建设进入了快车道。党的十八大报告指出，社会保障是保障人民生活、调节社会分配的一项基本制度。要坚持全覆盖、保基本、多层次、可持续方针，以增强公平性、适应流动性、保证可持续性为重点，全面建成覆盖城乡居民的社会保障体系。党的十九大报告进一步指出，要加强社会保障体系建设。按照兜底线、织密网、建机制的要求，全面建成覆盖全民、城乡统筹、权责清晰、保障适度、可持续的多层次社会保障体系。特别是党的十九大报告指出，增进民生福祉是发展的根本目的。必须多谋民生之利、多解民生之忧，在发展中补齐民生短板、促进社会公平正义，在幼有所育、学有所教、劳有所得、病有所医、老有所养、住有所居、弱有所扶上不断取得新进展，深入开展脱贫攻坚，保证全体人民在共建共享发展中有更多获得感，不断促进人的全面发展、全体人民共同富裕。党的十九大精神为我国社会保障法治建设指明了方向。和谐劳动关系也得到前所未有的重视，2015年《中共中央、国务院关于构建和谐劳动关系的意见》出台，强调要充分认识构建和谐劳动关系的重大意义；明确了构建和谐劳动关系的指导思想、工作原则和目标任务。意见指出，依法保障职工基本权益；健全劳动关系协调机制；加强企业民主管理制度建设；健全劳动关系矛盾调处机制；营造构建和谐劳动关系的良好环境。我国劳动关系和社会保障的政策方略、建设实践以及相关制度需求，促进了我国社会法学的发展和成熟。

这一时期社会法学的研究成果数量相当可观，例如这一时期社会法著作类成果数量几乎和中华人民共和国成立以来至这一阶段前的数量相当，研究质量也明显提升。特别是社会法的概念与范畴更加清晰确定，如信春鹰从公法、私法、社会法三个法域相区分的层面，对社会法概念作了清晰界定："我国社会主义法律体系的七大部门，按照公法、私法和社会法的划分，宪法、宪法相关法、行政法、刑法是公法，民商法是私法，经济法是公法和私法的结合，社会法既是一个独立的部门，也是一个大的类别。""社会法是调整劳动关系、社会保障和社会福利关系以及弱势群体保护的法律规范。"[①]

总的来看，这一时期劳动法学研究更加深入、社会保障法学研究更加开阔、社会法学科地位更加巩固。

一　劳动法学研究更加细致入微

劳动法学一直是社会法学研究的热点，在某一阶段劳动法学的研究成果数量几乎和劳动法学之外的其他社会法学领域成果相当。这一阶段劳动法学的研究呈现出以下几个特点：

1. 劳动法专题研究更加深入

这一阶段既有对劳动法进行较为系统和深入研究的专著，也有对劳动法某一专题进行深入研究的专著。[②] 劳动法专题研究成果丰硕

---

① 信春鹰：《中国特色社会主义法律体系及其重大意义》，《法学研究》2014 年第 6 期。

② 如，林嘉：《劳动法的原理、体系与问题》，法律出版社 2016 年版；谢增毅：《劳动法的改革与完善》，社会科学文献出版社 2015 年版。

是这一时期劳动法学的重要特点，反映了在对劳动法、劳动合同法的一般问题研究之后，学者的研究视野更加开阔，并对现实需求做出反应。专题类的研究大致可以分为三类。第一类是对劳动法基础理论的研究。① 第二类是对劳动法某一具体问题的研究。② 第三类是跨学科的研究，主要是对劳动法和劳动合同法效果和影响的评价。这类成果往往是法学和经济学、社会学的交叉融合，研究方法较为新颖，视角较为独特。③ 由上可见，劳动法学的专题研究更为深入、研究方法也更为多样和科学。

2. 劳动法基础理论研究水平明显提升

随着实践的发展和立法的推进，特别是各类新型用工方式的出现，加上国家启动民法典编纂，这一时期学者对劳动法的调整范围、调整机制、权利性质、立法模式等进行了深入研究。④ 劳动法调整模

① 如，秦国荣：《劳动权保障与〈劳动法〉的修改》，人民出版社 2012 年版；谢天长：《功能视域下的劳动法制完善研究》，中国法制出版社 2012 年版；董保华：《劳动合同制度中的管制与自治》，上海人民出版社 2015 年版。

② 如，胡大武主编：《比较与借鉴：家政工人劳动权益法律保障研究》，中国政法大学出版社 2012 年版；刘焱白：《劳务派遣法律规制研究》，法律出版社 2012 年版；孙国平：《劳动法域外效力研究》，中国政法大学出版社 2016 年版；班小辉：《非典型劳动者权益保护研究》，法律出版社 2016 年版。

③ 如，程延园、杨柳：《〈劳动合同法〉对劳动力市场效率的影响研究》，中国人民大学出版社 2012 年版；王永刚：《劳动法社会功能与应用研究》，山东人民出版社 2013 年版；徐道稳、吴伟东：《劳动合同法社会效果与应对策略研究》，法律出版社 2013 年版。

④ 如，王全兴、谢天长：《我国劳动关系协调机制整体推进论纲》，《法商研究》2012 年第 3 期；王德志：《论我国宪法劳动权的理论建构》，《中国法学》2014 年第 3 期；林嘉：《劳动法视野下社会协商制度的构建》，《法学家》2016 年第 3 期；黎建飞：《从雇佣契约到劳动契约的法理和制度变迁》，《中国法学》2012 年第 3 期；谢增毅：《民法典编纂与雇佣（劳动）合同规则》，《中国法学》2016 年第 4 期；谢增毅：《我国劳动关系法律调整模式的转变》，《中国社会科学》2017 年第 2 期；沈建峰：《劳动法作为特别私法——〈民法典〉制定背景下的劳动法定位》，《中外法学》2017 年第 6 期；冯彦君：《劳动法上"合理"的多重意蕴及其应用》，《中国法学》2018 年第 5 期；郑尚元：《民法典制定中民事雇佣合同与劳动合同之功能与定位》，《法学家》2016 年第 6 期。

式是劳动法基本理论问题，对其研究意义重大。关于劳动法的调整模式，有学者指出，当前，我国对劳动关系的法律调整总体上实行整齐划一的单一调整模式，劳动法对所有劳动者实行"一体适用、同等对待"，这种模式产生了诸多问题。我国应改革传统的劳动法规则"全部适用"或"全不适用"的模式，对劳动者进行类型化处理，为类似劳动者的人、特殊劳动者以及特殊用人单位的劳动者提供特殊规则，实现劳动关系法律调整模式从一体调整向分类调整和区别对待转变。①

这一阶段由于民法典的编纂，劳动合同和雇佣合同的关系，以及民法典中是否引入雇佣合同成为研究的热点之一，社会学者普遍支持在民法典中引入雇佣合同规则，但对雇佣合同的概念及其与劳动合同的关系，仍缺乏共识。例如，有学者指出，从雇佣契约到劳动契约的社会化变迁，劳动法对民法中的两大基本原则"平等"与"诚信"进行了理念上的更新，雇佣契约与劳动契约的法律调整呈现出不同的价值评判及处理手段。② 有学者认为，雇佣关系和劳动关系的根本差异不在于是否存在"从属性"，判断两者差异除了"从属性"外，更要考察一系列要素和指标，包括契约属性、雇主特点、受雇人特点、给付内容、报酬形式等 12 项要素和指标。③ 有学者从报酬的性质、劳动风险上的责任承担、权利义务的规定、法律纠纷的争议解决途径等方面区分劳动关系和雇佣关系。④ 近年来，也有主张雇佣关系和劳动关系同质说的观点。例如，有学者指出，"劳动契

---

① 谢增毅：《我国劳动关系法律调整模式的转变》，《中国社会科学》2017 年第 2 期。

② 黎建飞：《从雇佣契约到劳动契约的法理和制度变迁》，《中国法学》2012 年第 3 期。

③ 郑尚元：《民法典制定中民事雇佣合同与劳动合同之功能与定位》，《法学家》2016 年第 6 期。

④ 林嘉：《劳动法的原理、体系与问题》，法律出版社 2016 年版，第 109—110 页。

约"与"雇佣契约"的支撑理念不同，但其范围基本一致。目前无论在理论上还是实务上，上述两个概念在日本基本上是通用的。① 也有学者认为从纵向维度看，劳动合同是由雇佣合同发展和演变而来，两者在调整对象上具有一致性。雇佣合同和劳动合同一样也具有从属性，二者是同质的。② 还有学者主张以抽象不平等的原则将雇佣关系纳入劳动关系，认为雇佣合同纳入劳动合同应当顺理成章。③ 还有学者从民法典文本和立法理念阐述了雇佣合同与劳动合同的异同，指出从文本看，德国对雇佣合同和劳动合同的区分较为明显；日本和我国台湾，虽然从文本上可以区分雇佣合同和劳动合同，但现实中对二者并不做严格区分。雇佣合同和劳动合同的本质区别不仅在于其范围大小和量上多少的差别，而更在于法律对雇佣合同调整的理念更新和内容变化，二者在法的价值追求和规范内容上具有根本区别。④

3. 劳动合同法修改和新型用工方式的劳动法回应成为研究焦点

随着经济下行压力的增大，2016 年以来，劳动合同法再次成为经济学界、法学界以及政界讨论的热点问题。劳动力市场的灵活性以及劳动合同法修改的问题，得到了学界的广泛关注。董保华分析了劳动合同法存在的不足，并主张进行修改劳动合同法。⑤ 林嘉主张应该慎重对待劳动合同法的是与非。⑥ 谢增毅从劳动力市场灵活性的含义出发，客观分析了我国劳动力市场的灵活性以及如何完善劳动

---

① 田思路、贾秀芬：《日本劳动法研究》，中国社会科学出版社 2013 年版，第 103 页。

② 战东升：《民法典编纂背景下劳动法与民法的立法关系——以"类似劳动者型劳务提供人"的保护为切入点》，《法学》2018 年第 10 期。

③ 董保华：《雇佣、劳动立法的历史考量与现实分析》，《法学》2016 年第 5 期。

④ 谢增毅：《民法典编纂与雇佣（劳动）合同规则》，《中国法学》2016 年第 4 期。

⑤ 董保华：《〈劳动合同法〉的十大失衡问题》，《探索与争鸣》2016 年第 4 期。

⑥ 林嘉：《审慎对待〈劳动合同法〉的是与非》，《探索与争鸣》2016 年第 8 期。

合同法。① 2016 年以来有关劳动合同法的讨论，使劳动合同法再次成为学界关注的焦点。劳动合同法实施十余年，有必要对其实施效果和利弊影响进行分析评价，但劳动合同法许多条款的实证研究及其实施效果研究不易，加上劳动力市场灵活性以及企业用工成本的相关因素非常复杂，各方难以达成共识。目前对劳动合同法修改的讨论暂告一段落。这一时期对修改劳动合同法的讨论无疑有助于深化劳动合同法制度的研究，推动劳动合同法的理论发展。

　　这一时期劳动法研究的另一热点，是灵活用工特别是网络平台用工对劳动法的影响和挑战。长期以来，我国拥有丰富的劳动力资源，新经济、新业态和新模式的发展也促进了各类新型用工形式的蓬勃发展。例如，我国共享经济发展迅猛。据统计，2018 年我国共享经济参与者人数约 7.6 亿人，参与提供服务者人数约 7500 万人，同比增长 7.1%。平台员工数为 598 万人，同比增长 7.5%。② 网络平台工人和传统工人具有许多差异。网络平台工人往往可以自行决定是否提供服务、提供多少服务、何时何地提供服务。③ 平台用工等劳动用工形式，对劳动法规则提出了挑战，传统的劳动关系判断理论和标准也面临巨大挑战。2018 年 3 月，北京市第一中级人民法院发布的《劳动争议审判白皮书（2010—2018）》在分析劳动争议审判面临的困难和挑战时，提及的第一个挑战即，"传统劳动关系认定标准难以完全适应不断涌现的'新业态'就业的要求"④。因此在这一时期，学界对平台用工对劳动法的影响和挑

① 谢增毅：《劳动力市场灵活性与劳动合同法的修改》，《法学研究》2017 年第 2 期。

② 国家信息中心分享经济研究中心：《中国共享经济发展年度报告（2019）》，2019 年 2 月，第 1 页。

③ 谢增毅：《互联网平台用工劳动关系认定》，《中外法学》2018 年第 6 期。

④ 参见北京市第一中级人民法院《劳动争议审判白皮书（2010—2018）》，2018 年 3 月（http://bj1zy. chinacourt. org/article/detail/2018/03/id/3252040. shtml）。

战展开了较多的研究。① 这些成果主要论述了平台用工等新型用工对劳动法调整方式带来的挑战以及劳动法的应对。在平台用工对劳动法的影响中，平台用工的劳动关系如何认定是最直接的问题，学界也对此展开了研究。王全兴、王茜认为，应然立法设计的任务在于，按照非典型劳动关系、准从属性独立劳动、独立劳动的分类，针对"网约工"的特殊需求，构建由劳动法、民法和社会保险法所组合的法律保护体系。当前的现实应对重点是，适度从宽认定劳动关系且谨慎选择保护手段，强化平台企业的责任，并创新工会组织形式和工作机制。谢增毅指出，传统的劳动关系判定标准理论并没有过时，对平台用工从属性的判定应更加重视实质从属性，对平台劳动关系的认定应进行个案分析。② 面对互联网平台用工等新型用工方式的发展，也有学者提出劳动法的应对方案。③

4. "一带一路"倡议等促进了国际和比较劳动法学研究的繁荣

随着我国劳动法研究的深入，特别是国家"一带一路"倡议的实施，社会法学界对国际劳动法、国外劳动法和比较劳动法，尤其是国际劳工标准进行了较多研究。④ 这一时期也翻译了多部国外的劳动法学，例如，沈建峰翻译的雷蒙德·瓦尔特曼所著的《德国劳动法》（法律出版社 2014 年版），王倩翻译的德国沃尔夫冈·多伊普勒所著的《德国劳动法（第 11 版）》（上海人民出版社

---

① 如，丁晓东：《平台革命、零工经济与劳动法的新思维》，《环球法律评论》2018 年第 4 期；赵鹏：《平台、信息和个体：共享经济的特征及其法律意涵》，《环球法律评论》2018 年第 4 期；田思路：《工业 4.0 时代的从属劳动论》，《法学评论》2019 年第 1 期。

② 谢增毅：《互联网平台用工劳动关系认定》，《中外法学》2018 年第 6 期。

③ 涂永前：《应对灵活用工的劳动法制度重构》，《中国法学》2018 年第 5 期。

④ 如，杨帅、宣海林：《国际劳工标准及其在中国的适用》，法律出版社 2013 年版；林燕玲：《国际劳工标准与中国劳动法比较研究》，中国工人出版社 2015 年版；张晓霞、彭忍钢：《法律与现实的差距：发展中国家劳动法与劳工保护研究》，人民日报出版社 2015 年版；莫荣主编：《国际劳工标准体系比较研究》，中国劳动社会保障出版社 2015 年版；杨鹏飞：《劳动法律制度比较研究》，法律出版社 2016 年版。

2016 年版），商务印书馆出版了一系列国外劳动法的翻译作品，这些成果对推进比较研究，深化我国劳动法理论研究多有助益。在此期间，有学者提出了跨国劳动法的概念和理论，具有较大的新颖性。①

二　社会保障法学研究更为开阔深入

社会保障法学相比劳动法一直处于比较落后的状态，成果的数量和质量都不及劳动法学，但这一时期，社会保障法学的研究视野更加开阔，理论深度也有所提升。社会保障法学关注的重点包括以下方面。

1. 社会保障基本理念和基本制度研究逐渐展开

以往社会保障法学往往只是简单复制社会保障的概念，社会保障法学并没有形成自身独特的理论体系，社会保障法学的"法学色彩"不浓。这一阶段，学界更加注重社会保障本身的法律概念和法律理论，特别是从权利的性质、实现和纠纷解决等方面研究社会保障法。② 还有，刘翠霄梳理了我国社会保障法治的历史③，叶静漪、肖京分析了社会保险经办机构的法律地位④，林嘉分析了社会保险基金的追偿权。⑤ 此外，这一时期对欧美国家的社会保障制度也给予较大关注。

---

① 陈一峰：《跨国劳动法的兴起：概念、方法与展望》，《中外法学》2016 年第 5 期。

② 如，宋艳慧：《公法视野下的社会保障权研究》，中国民主法制出版社 2015 年版；向春华：《社会保险请求权与规则体系》，中国检察出版社 2016 年版；娄宇：《社会保障法请求权体系之架构》，中国政法大学出版社 2017 年版；杨复卫：《社会保险争议处理机制研究》，上海人民出版社 2018 年版。

③ 刘翠霄：《中华人民共和国社会保障法治史（1949—2011 年）》，商务印书馆 2014 年版。

④ 叶静漪、肖京：《社会保险经办机构的法律定位》，《法学杂志》2012 年第 5 期。

⑤ 林嘉：《社会保险基金追偿权研究》，《法学评论》2018 年第 1 期。

2. 对社会保险基本制度和主要险种的研究更加深入

社会保险法的出台及其实践为社会保险法研究的深入提供了良好土壤。这一时期对社会保险基本制度的研究更加深入。[①] 除了关注传统的养老保险制度，对医疗保险和失业保险等制度的研究也逐渐展开，特别是更加关注医疗保险和失业保险等其他险种的制度问题。[②] 退休的法律问题也一直备受关注。退休制度涉及劳动法和社会保障法问题，也涉及广大退休人员的切身利益，退休制度包括退休年龄改革的呼声一直很高。林嘉的《退休年龄的法理分析及制度安排》[③]、谢增毅的《退休年龄与劳动法的适用——兼论"退休"的法律意义》[④] 对退休的法律含义，包括其对劳动关系的影响以及我国退休制度的改革进行了较为深入的分析。

3. 社会救助法得到学界关注

2014 年国务院发布《社会救助暂行办法》，这是我国第一部关于社会救助的综合性法规，为健全社会救助体系、完善社会救助制度发挥了重要作用。近年来，我国社会救助工作成绩显著。社会救助力度不断加大。城市居民最低生活保障人数从 1996 年的 84.9 万人增长到 2015 年的 1701.1 万人，农村居民最低生活保障人数从 1999 年的 265.8 万人增长到 2015 年的 4903.6 万人。中国先后制定了一系列的防灾减灾救灾规划和法规，灾害救助工作水平不断提高。

---

①　如，王显勇：《社会保险基金法律制度研究》，中国政法大学出版社 2012 年版；栗燕杰：《中国社会保险的法治议题》，中国社会科学出版社 2013 年版；王平达：《新型农村社会养老保险法律制度研究》，中国农业出版社 2013 年版；胡务：《社会保险接续研究》，西南财经大学出版社 2015 年版；黎建飞主编：《社会保险基金信托法研究》，中国法制出版社 2016 年版。

②　如，孙淑云：《中国基本医疗保险立法研究》，法律出版社 2014 年版；翟绍果：《从医疗保险到健康保障的偿付机制研究》，中国社会科学出版社 2014 年版；聂爱霞：《中国失业保险制度与再就业问题研究》，中国社会科学出版社 2014 年版。

③　林嘉：《退休年龄的法理分析及制度安排》，《中国法学》2015 年第 6 期。

④　谢增毅：《退休年龄与劳动法的适用——兼论"退休"的法律意义》，《比较法研究》2013 年第 3 期。

2009—2015 年，累计下拨中央自然灾害生活救助资金 694.6 亿元，年均 99 亿元。① 社会救助制度的实践以及制度的不断完善，特别是社会救助法被列入十三届全国人大常委会的立法规划，社会救助得到社会法学界的关注，也促进了社会救助法研究的开展。②

三　社会法学基础理论研究更为务实

由于社会法独立学科地位的确立，加上这一阶段学界更多关注劳动合同法修改、社会保障制度完善等制度问题，学界对社会法基础理论研究的兴趣有所降低，这一时期有关社会法基础理论的成果不多，社会法基础理论的专著和论文数量较少，对社会法基础理论研究更加务实，不再过多纠结于社会法的范围等问题，重点关注社会法的定位、我国社会法体系的构造以及社会法核心范畴的研究。这一时期发表在核心期刊上的社会法基础理论文章数量较少，不过仍有几篇文章探讨了之前未探讨的问题，具有一定的新颖性。③

这一时期社会法学的组织建设进一步加强，一些高校相继成立了社会法学研究和教学机构，比如中国人民大学成立了社会法教研中心。一些高校的社会法研究机构开展活动活跃，比如中国政法大学社会法研究所。中国法学会社会法学研究会独立登记为中国社会

①　国务院新闻办公室：《发展权：中国的理念、实践与贡献》白皮书，2016 年 12 月。

②　如，蒋悟真：《我国社会救助立法理念研究》，北京大学出版社 2015 年版；蒋悟真：《我国社会救助立法理念及其维度——兼评〈社会救助法（征求意见稿）〉的完善》，《法学家》2013 年第 6 期；赵大华：《社会救助权保障下的社会救助立法之完善——兼评〈社会救助暂行办法〉》，《法学》2016 年第 3 期；谢增毅：《中国社会救助制度：问题、趋势与立法完善》，《社会科学》2014 年第 12 期。

③　如，汤黎虹：《社会法基本理论》，法律出版社 2017 年版；冯彦君：《中国特色社会主义社会法学理论研究》，《当代法学》2013 年第 3 期；余少祥：《社会法"法域"定位的偏失与理性回归》，《政法论坛》2015 年第 6 期；董文勇：《我国社会建设时代的社会法及其体系论纲》，《河北法学》2016 年第 10 期；蔡晓荣：《民国时期社会法理论溯源》，《清华法学》2018 年第 3 期；钱叶芳：《论公共管制权——构成社会法核心范畴的新型国家权力》，《法学》2018 年第 4 期。

法学研究会，并设立了劳动法学分会。这一时期，社会法人才培养工作不断推进，一些院校开始以社会法学独立招收硕士研究生甚至博士研究生。

第五节　社会法学的自省与展望

社会法学扎根于中国社会变化和法治发展进程，学科从无到有，不断发展壮大，为社会法治发展和人才培养做出了巨大贡献，社会法学也成为中国特色社会主义法学体系中的重要力量。值得一提的是，作为独立的法学学科，"社会法学"概念提出大概只有20年的时间，20年来，社会法学概念从"陌生"到逐渐为社会各界所接受，发展进程实属不易。社会法学的产生和发展一方面来自法学界、法律界的辛勤耕耘和不懈努力，更重要的是源自国家对社会建设的高度重视以及相应的社会法治建设的不断发展。当然与其他成熟学科相比，社会法学还任重道远，就研究的深度和广度而言，社会法学与其他发达学科相比还存在不小差距。

一　研究深度有待提高

虽然社会法近年来总体研究水平不断提升，学术成果数量明显增加，但研究深度还需不断提高。社会法学研究成果发表在法学核心期刊，尤其是"三大刊"的文章数量还偏少。比如，社会法基础理论是社会法学的重要问题，但由于"社会法"一词含义宽泛，国外并无通说，如何根据我国法治实践和社会建设需要，构建适合我国的社会法概念和理论框架，还有待深入研究。再如劳动合同法研究，虽然劳动合同法的研究比较深入，但如何把握劳动力市场的灵活性和安全性，如何平衡劳动者和用人单位的利益，还需要不断探索。此外，劳动法是实践性很强的法律，目前对其研究主要还是法学的规范方法，应用社会学、经济学的研究方法还不足。例如，对劳动合同法实施效果如何进行实证的分析和评价，目前还没有比较有说服力的成果。在社会保障法领域，虽然近年来从法学角度研究社会保障的成果越来越多，但对社会保障法的研究还主要是对制度实施和制度设计的研究，从法律角度研究社会保障法中的权利义务、法律关系等法学理论问题成果较少，大量成果"法学"味道不浓，社会保障法总体的法学理论体系尚未建立，社会保障法的权利义务关系以及法治基础的研究仍需不断深入。

二　研究广度有待扩展

近年来，社会法学研究范围不断拓宽，研究视野更加开阔。但社会法学还有许多领域有待深入开拓和研究。例如，长期以来，在社会法领域，学者比较偏重于对劳动法的研究，对其他领域研究相对不足。在劳动法领域，主要偏重于劳动合同法研究，对劳动基准法等其他领域研究较少。比如，社会保障法研究尽管近年来不断加强，但其成果数量相对较少。在社会保障法中，比较偏重社会保险法的研究，对社会救助法、社会福利法等研究较为薄弱。随着我国社会救助法纳入立法规划，未来有必要加强对社会救助法的研究。而且，随着我国二孩政策的实施以及人口老龄化的到来，社会福利制度及其相关理论亟待完善，目前对社会救助法和社会福利法的研究还难以适应国家法治建设的需要。此外，社会组织法和特殊群体权益保护法（妇女、儿童、老人、残疾人等保护）还未得到社会法学的足够重视，目前对这两个领域的研究还不足。此外，网络科技的发展给法学带来了全面的挑战，社会法学如何应对实践的挑战也是需要认真考虑的重要议题。近年来，学界对平台用工、人工智能等对劳动法和社会保障法的研究有所展开，但仍需根据实践的发展不断深入和拓展。

三　理论共识有待形成

学科基本概念和基础理论共识的形成是一个学科发展及其成熟

的重要标志。近年来社会法学研究逐渐深入，成果也越来越多。但学界对一些基本概念和基本理论共识还不足，重复研究、"各说各话"的现象依然存在。这一方面是由于相关立法不完善，导致实践对理论的指引不足，另一方面也是学科发展不够成熟的表现。学科的一些基本问题尚未达成共识，影响了法治实践的发展以及学科理论体系的形成。比如，劳动关系的判定标准和方法、"劳动者"的概念，"雇佣合同"的概念及其与劳动合同的差别，这些基础性的概念和理论有待深入研究并达成基本共识。再如社会法的概念和理论，虽然有各种观点，但缺乏权威的统一概念，不利于社会法理论建构和立法体系形成。

随着我国全面建成小康社会的目标即将实现，我国社会建设及其法治措施也将进入一个新的阶段，社会法学面临更大的发展机遇，也肩负更重的学科使命。未来社会法学应紧扣时代主题，围绕加强和改善民生、构建和谐劳动关系等重大理论和实践问题，既要加强对传统的社会法基础理论、劳动和社会保障法等领域的研究，也要积极回应新时代网络科技进展带来的新挑战和新问题，扩大研究视域，改进研究方法，提升研究深度，理论联系实际，为我国社会法治完善以及中国特色社会主义法学体系做出更大的贡献。

第十五章

由环境法学转型发展的
生态法学

　　生态法学作为一门新兴的法学交叉学科，是以自然与生态保护、环境与资源可持续利用、污染防治与治理等理论与实践为主要研究内容的实践法学学科。自 20 世纪 70 年代末在我国以环境法学的学科形态创立，伴随着改革开放 40 余年的发展，中国生态法学从初创和建设到发展与提升，对中国生态法治的发展、学术体系的构建、学科体系的夯实和法学研究的国际话语体系的提升，都发挥了巨大作用。

　　21 世纪以来，随着中国生态法治不断进步和创新，与时俱进地积极回应"科学发展观""生态文明""五位一体"等国家生态法治战略的总布局和总要求，生态法学开始积极关注全球环境治理和气候变化等重大理论和实践问题研究，为助力国家引领"人类命运共同体"构建提供中国方案和智力支持。生态法学研究开启了从传统的"环境法学"向"生态法学"研究范式的价值转型，以适应国家生态法治建设需要，并引领和推动中国生态法学从"边缘法学"向"前沿法学"学术体系、学科体系和话语体系的演进。

第一节　起步与拓荒：早期环境法学的
创立与发展

　　任何学科的出现一定是基于或适应社会的现实需求而产生的。我国生态法学学科体系的建立正是随着我国环境政策的不断深化、环境行政的不断发展，以及环境立法的出现而出现的，并由此逐步发展成为一个独立的法律部门和法学学科。

　　中华人民共和国成立初期的我国生态立法有三个特点：其一，政策主导型特征特别突出；其二，资源立法先于环境立法；其三，当时并无生态法的概念，在法观念或学科上运用的是环境资源保护（以下简称环境法）的概念。这一现状跟当时国家的社会形势和政治环境紧密相关。

　　中华人民共和国成立之初，我国在环境立法方面极不完善。作为农业大国，国家对作为农业命脉的自然环境要素保护十分重视，先后颁布了水土保持、森林保护、矿产资源保护等行政管理法规，并制定了若干纲要和条例，除了制定《宪法》确立了以公有制为基础的自然资源全民所有制形式和资源保护类等少数法律法规外，凡涉及污染治理和环境保护等方面的措施，除了颁布一些非强制性法律规范外，都是通过国家领导人的讲话、党中央、国务院及行政主管部门下发各种指示和"红头文件"，甚至包括以人民日报社论的形式上传下达，由地方政府官员在"领会文件精神"的基础上贯彻执行。

　　从20世纪50年代起，经过三年恢复时期和实行工业化改造为主体的第一个五年计划，到20世纪50年代末我国初步奠定了中国工业化的基础。在此期间，我国颁布一些非强制性技术规范和"红头文件"，环境立法的侧重点主要为了防治工业污染，例如，国家卫生部和国家建设委员会在1956年联合颁发了《工业企业设计暂行卫生标准》，1956年制定的《工厂安全卫生规程》，成为新中国工业污染治理的第一部法规。然而，随着 20 世纪 50 年代末席卷全国的以盲目追求经济高速度增长的"大跃进"运动，在"超英赶美""大办钢铁""以粮为纲、全面发展"的口号推动下，自然资源保护立法形同虚设，国家的自然资源和生态环境遭受到严重的大规模冲击和破坏。此后十余年，举国上下，从"经济建设"转向为"以阶级斗争为纲"，生态法制建设曾一度遭到停滞和破坏。

总体而言，这一时期，我国制定的有关资源保护管理的法规和标准对环境保护虽有所涉猎，但当时把环境行政等同于经济行政和卫生行政看待，没有形成完整的"环境保护"的理念，对环境的"生态价值"的理解也知之甚少，环境立法也非常零散。

中国环境立法的真正开启是在政治环境极不正常、经济条件极其艰苦的 20 世纪 70 年代。国际上，由于高耗能和劳动密集型的传统工业经济发展导致工业发达国家频频出现举世震惊的环境污染和公害事件。国内新闻媒体为了配合同"资产阶级斗争"的需要，编发（内部发行）了一些有关资本主义国家环境污染和公害状况的影视和文字资料；同时国内受盲目的"大跃进"等工业化运动的影响，自然资源严重透支、生态环境严重破坏，也引起了国家领导人的高度警觉。

1971 年，我国在原国家基本建设委员会下设了工业"三废"利用管理办公室，并且由卫生部门负责组织对国内主要水系、海洋和主要城市大气污染状况进行调查和检测，并取得了我国环境污染状况的较为全面的资料。受 1972 年联合国在瑞典首都斯德哥尔摩举行的人类环境会议（UNCHE）的影响，1973 年，国务院召开了第一次全国环境保护会议，将环境保护提到了国家管理的议事日程。批准了由原国家计划委员会制定的、作为我国环境保护基本法雏形的《关于保护和改善环境的若干规定（试行草案)》（1973 年 8 月）。1974 年，我国成立了"国务院环境保护领导小组"，它标志着国家一级的生态保护行政机构从此在中国诞生。从 1973—1978 年，中国制定了一系列的国家环境保护政策和规划纲要，并且在实践中形成了一些环境污染防治的制度或措施，如"三同时"制度、限期治理制度等。在防治沿海海域污染、放射性防护等方面制定了一些行政法规和规章。

推动中国环境立法迈出最重要一步的历史事件是 1978 年环境保护被首次写入我国国家根本大法之中［《宪法》（1978）第 11 条］，为国家制定专门的环境法律奠定了宪法基础。1978 年 12 月 31 日，中共中央批转了国务院环境保护领导小组起草的包括制定《环境保护法》设想在内的《环境保护工作汇报要点》，并就通过立法来保护环境、治理污染和保护人民健康等做出了指示，对 1979 年颁布和实施《环境保护法（试行）》和全国环境保护事业的展开，起到了积极的推动作用。进入 20 世纪 80 年代，我国的环境立法发展十分迅速，环境立法成为我国法制建设中最活跃的领域之一。[①]

作为新生事物的环境立法和环境保护等问题，在当时法学界对其还很陌生。环境保护法起草工作开始后不久，起草工作组便邀请中国社会科学院法学研究所派人参加。马骧聪和任允正由于有从事外国法学研究和翻译工作的经验，同时从外文资料中对环境保护法有所了解，被法学研究所领导指派参加环境保护法起草工作组，自此，开创了"文化大革命"后法学界和法学研究所参加国家立法工作的先河。

应该肯定地说，新中国第一部环境保护法的诞生，标志着中国生态治理的法治化发展以及中国生态法学研究的开启，尽管当时还是以环保法学作为学科命名。

首先，在中国首部环境保护法起草的过程中，参与的相关专家对国内外已有的相关立法和资料进行了前期的收集和整理，法学研究所的马骧聪和任允正两位专家为新中国第一部环境保护法的起草，收集了大量的国外环境立法资料，组织翻译了美国、苏联、日本、西德及北欧等国家的环境法律法规，汇编成《外国环境保护法规选

---

① 张友渔主编、王叔文副主编：《中国法学四十年（1949—1989）》，上海人民出版社 1989 年版，第 465 页。

编》，供起草小组和有关部门参考，为环境法学的发展积累了大量的信息和资料储备、学理支持和域外经验的借鉴。

其次，通过参与环境立法，为环境法学培养了学科发展必要的专家和人才。1979 年环境保护法的颁布，推动了我国环境法学的研究工作。自此，从事环境法学方面研究的学者逐渐增多。很多政法院校陆续开设了环境法或环境保护法课程，开展环境法学的教学和研究，成立了相应的教学和研究机构。

受环境立法影响，我国环境法学研究体系和教学体系开始逐步构建。20 世纪 70 年代，以环境保护法的颁布作为推动力，我国环境法学作为独立的法学研究和学科方向之一在全国逐步展开。由于国家环境保护部门邀请法学研究所参加国家第一部环境保护法的起草，全国环境法各研究机构率先在全国开启了环境法学的研究工作。以中国社会科学院法学研究所为例，为了起草《环境保护法》，法学研究所编译出版了环境法律资料集《外国环境保护法规选编》（中国社会科学出版社 1979 年版）。为了促进环境保护立法和环境法学研究，马骧聪先后在《法学研究》（1979 年第 2 期）上发表了《环境保护法浅论》，在《环境保护》（1979 年第 4 期）上发表了《加强环境保护领域的法制》，这是新中国最早关于环境法学研究的理论文章。

《环境保护法（试行）》颁布不久，中国法学界曾有观点认为，环境问题是经济活动的副产物，应当归经济法调整，因此环境法是经济法的一个分支。加上环境法研究当时主要是一种基于规范分析和法律制度的应用性研究，缺乏基础理论的建设，所以有一些学者提出，环境法成为独立的部门法既无必要，也无基础。也有人认为，环境法体系正在形成，环境法正在向独立部门法发展。更多的人则认为，在我国环境法已经形成一个独立的法律部门，其基本依据是：环境保护所形成的特定社会关系领域和我国环境立法体系的形成。①

---

① 张友渔主编、王叔文副主编：《中国法学四十年（1949—1989）》，上海人民出版社 1989 年版，第 470 页。

文伯屏的《环境保护法是独立的法律部门》① 针对当时将环境保护法视为经济法的一个组成部分的主流观点，主张环境保护法不是经济法的组成部分，而是一个独立的法律部门。该文标志着环境法学者的自主意识的开始。② 中国社会科学院法学研究所不仅在全国首开环境法学学术研究体系的建构，而且锐意进取，开拓性地开启了环境法治和环境法学重大理论与实践问题的学科研究体系建构，深度参加国家立法和国家环境法治建设等各项活动，为我国环境法治建设、环境法学研究和环境法学学科体系的创立和发展发挥了核心作用。

自此，我国环境法学的研究开始从环境立法问题拓展到环境执法、环境司法、环境守法等诸多研究领域，研究的范围涵盖了环境法学的基础理论、制度原则、环境治理、自然资源保护、污染治理等诸多内容。在此期间，我国的一些法学刊物和环境保护刊物开始陆续发表有关环境法研究的文章③，一批环境法的著作问世。④ 其中

---

① 文伯屏：《环境保护法是独立的法律部门》，《法学杂志》1980 年第 2 期。

② 张文显主编、黄文艺副主编：《中国高校哲学社会科学发展报告·法学（1978—2008）》，广西师范大学出版社 2008 年版，第 217 页。

③ 如，《法学研究》1979 年第 2 期发表的《环境保护法浅论》（马骧聪），1980 年第 1 期发表的《略论我国的环境保护法》（文伯屏），《环境保护》1979 年第 4 期刊载的《加强环境保护领域的法制》（马骧聪），以及山西人民出版社 1981 年出版的《论环境管理》一书中包含的《环境保护法的发展及我国〈环境保护法（试行）〉的基本原则》（金瑞林）、《谈谈环境保护法》（文伯屏）、《加强法制、保护环境》（邓建煦）等章节。

④ 如，文伯屏：《环境保护法概论》，群众出版社 1982 年版；马骧聪：《环境保护法基本问题》，中国社会科学出版社 1983 年版；彭守约、陈汉光：《环境保护法教程》，武汉大学出版社 1983 年版；张孝烈、钟澜：《环境保护法基础》，安徽人民出版社 1985 年版；金瑞林：《环境法——大自然的护卫者》，时事出版社 1985 年版；罗辉汉：《环境法学》，中山大学出版社 1986 年版；罗典荣：《环境法导论》，中国政法大学出版社 1988 年版；马骧聪：《环境保护法》，四川人民出版社 1988 年版；文伯屏：《西方国家环境法》，法律出版社 1988 年版；蔡守秋：《中国环境政策概论》，武汉大学出版社 1988 年版；等等。

马骧聪的《环境保护法基本问题》、文伯屏的《环境保护法概论》、
蔡守秋的《中国环境政策概论》等为代表的论著，奠定了中国环境
法学的基础体系。

应该说，自1979年9月《中华人民共和国环境保护法（试
行）》的颁布施行起，我国环境法学的研究和教学工作焕然一
新，从事这方面研究的法律工作者和实务工作者与日俱增，国内
很多高校的一些法律院系陆续开设了环境保护法课程。韩德培于
20世纪70年代末，主编了改革开放后第一部环境法教材《环境
保护法教程》。[①] 1994年，国务院学位委员会批准北京大学设立
中国第一个环境法学博士学位授予点，紧接着武汉大学环境法研
究所也拥有了环境法学博士学位授予权。1996年，环境与资源
法学被列为法学二级学科。截至2007年年底，能够招收环境法
学专业硕士研究生的单位达到63家，能够招收环境法学博士生
的单位达到10多家。开展环境法学教学和研究工作，为我国环
境法学的人才培养发挥了巨大的作用。

第二节　摸索与探寻：环境法学发展的新坐标与新维度

中国环境法学自20世纪70年代末创立，伴随着改革开放和法
治建设的全面展开而得到长足发展。到了20世纪80年代末，环境
法学的学科体系已经从环境立法学、环境法的基本理论，拓展到环
境执法、环境司法、环境守法等环境法律实施等领域。与此同时，
在比较环境法、外国环境法和国际环境法研究方面也成果斐然。这
一时期国家环境立法和环境法治建设取得了突飞猛进的发展，并由
此促进环境法学基础理论研究、环境法律制度体系构建、外国环境

_____

① 韩德培主编：《环境保护法教程》，法律出版社1986年版。

法研究等领域的全面进步。

第一，对我国环境法制建设，尤其是环境立法的基本理论和实践问题给予关注。改革开放之初，我国就将"保护环境，实行环境法制"作为"发展社会主义民主，健全社会主义法制"的重要组成部分。1978 年 12 月 31 日，中共中央批转国务院环境保护领导小组《环境保护工作汇报要点》的通知中指出，"消除污染，保护环境，是进行经济建设，实现四个现代化的一个重要组成部分"。为此，保护环境的前提必须加强环境立法，环境治理必须要有法可依，以便更好地预防和消除污染。围绕环境立法亟须厘清的一系列根本性理论和实践问题，譬如，环境立法目的、价值、理念、原则、意义和作用是什么，环境立法体系化如何构建，环境保护基本法律制度如何适应经济建设需要等问题，一直困扰着立法者。这一时期环境法学研究者们对上述问题给予了高度关注，并有针对性地对上述问题做出回应，发表了一系列高质量学术成果，解决了我国环境治理科学立法的理论困惑。[①]

第二，拓展了我国环境法学基本理论和制度研究的范围，进一步夯实了我国环境法学的理论基础。环境法学学科的发展离不开环境法学基本理论的夯实，环境法学界专家已经开始对环境法本体问题、历史问题、范畴问题、关系问题和制度问题等诸多领域，已经有了深度思考与系统分析，对环境法的本质特征、调整对象、产生

---

① 如，马骧聪：《加强环境保护领域的法制》，《环境保护》1979 年第 4 期；马骧聪：《环境保护立法体系探讨》，《中国环境科学》1981 年第 1 期；马骧聪：《建立有中国特色的环境立法体系》，《法学研究动态》1984 年第 1 期；文伯屏：《略论我国的环境保护法》，《法学研究》1980 年第 1 期；文伯屏：《环境保护法是独立的法律部门》，《法学杂志》1980 年第 2 期；文伯屏：《试论环境保护法的体系》，《环境管理》1984 年第 1 期；金瑞林：《环境保护法的基本原则》，《环境保护》1980 年第 1 期；金瑞林：《环境法的适用范围、目的和作用》，《环境管理》1982 年第 2 期；蔡守秋：《环境法的发展过程及特点》，《法学研究资料》1981 年第 3 期；蔡守秋：《环境权初探》，《法学研究资料》1982 年第 2 期；蔡守秋：《环境法是一个独立的法律部门》，《法学研究》1981 年第 3 期。

发展、功能目的、原则制度、方法体系、域外立法、国际生态立法以及与其他法律相互关系、生态法理学、法哲学等基本问题，展开充分探讨和深入研究。这些研究卓有成效，大量的环境法学成果得以发表或出版。① 需要着重指出的是，文伯屏的《环境保护法概论》（1982 年）是我国最早的关于环境法学体系化研究的著作。此外，环境法学界对污染治理领域立法研究亦初步展开，许多环境法学者，对涉及生物多样性保护和环境污染治理的立法已经有了深度思考。②

第三，环境权理论兴起并持续向深入发展。在中国环境法学研究过程中，环境权长期作为理论热点而存在。环境权研究中主要形成了四种观点：其一，认为环境权是人类为解决环境问题而新兴的一种公法上的权利，是通过具有社会法性质的环境法来确立的，其目的是保护环境免遭污染和破坏，公益性是环境权的本质属性。其二，认为环境权的属性与人权、自然权利、道德权利、人格权和财产权密切关联，然而环境权本质上是一种习惯权利。其三，环境权具有生态权利、经济性权利和精神性权利三位一体的属性。其四，环境权的性质是人权，是作为集合的人类对于整体的环境的权利，

---

① 如，马骧聪：《环境保护立法体系探讨》，《中国环境科学》1981 年创刊号；马骧聪：《宪法与环境保护》，《法学杂志》1981 年第 4 期；马骧聪：《综合性环境保护法比较研究》，《西南政法学院学报》1981 年第 3 期；马骧聪：《建立有中国特色的环境立法体系》，《法学研究动态》1984 年第 1 期；彭守约：《试论农业环境的法律保护》，《法学评论》1984 年第 1 期；彭守约：《浅谈我国环境立法和执法的几个问题》，《武汉大学学报社会科学论丛（环境法）》1985 年第 1 期；彭守约：《论经济建设和环境保护协调发展的原则》，《武汉大学学报社会科学论丛（环境法）》1985 年第 2 期；张孝烈：《环境保护标准的法律调整》，《法学研究》1986 年第 3 期；彭守约、陈汉光：《环境保护法教程》，武汉大学出版社 1983 年版；张孝烈、钟澜：《环境保护法基础》，安徽人民出版社 1985 年版；马骧聪：《环境保护法》，四川人民出版社 1988 年版；陈仁编著：《环境保护执法导论》，上海三联书店 1988 年版；等等。

② 如，文伯屏：《论大气污染控制的立法》，《法学研究》1981 年第 6 期；《略论噪声控制的立法》，《法学研究》1982 年第 6 期；《论〈水污染防治法〉》，《法学研究》1984 年第 5 期；《论保护生物多样性的国际立法》，《中国法学》1992 年第 2 期；等等。

是不可分的、只能依靠各义务主体主动履行义务来实现。①

第四，在中国特色环境管理和法律责任制度方面的研究有所突破。在环境立法发展的早期，无论理论界还是实务界对环境行政制度的设立、法律规则的适用、法律责任的追究、环境责任承担的方式和制裁措施等存在着概念上的模糊，其中，部分环境法专家已经给予上述问题以应有的回应，并从理论上为上述环境制度构建提供了理论支撑。②

此外，对外国环境法研究成果丰硕，极大地拓展了环境法学者的域外研究视野。在对外国环境法研究方面，国内相关环境法学研究机构通过翻译和整理国外环境法学的学术资源，对新中国环境法治发展和建设、法学研究学术体系和学科体系建构发挥了核心的作用。在此期间，国内环境法学研究者们凭借对国家环境法治发展的敏锐预见和自身学术资源的丰厚积累，积极开展与国外专家的交流和合作，发表了大量的有关国外环境法研究的论文、专著和翻译作品。③ 在这一时期出版的有关外国生态立法的专著中，文伯屏的《西方国家环境法》（1988 年）专著是中国最早出版的有关外国环境法专著，对我国环境保护、国土整治等方面的法制建设和法学研究有重要的参考价值。丛选功的《外国环境保护法：日本和法国》（1989 年）和马骧聪的《苏联东欧国家环境保护法》（1990 年），对相关国家的环境法的历史发展、体系、基本制度等问题进行了非常

---

① 这四种观点的归纳引自张文显主编、黄文艺副主编《中国高校哲学社会科学发展报告·法学（1978—2008）》，广西师范大学出版社 2008 年版，第 223 页。

② 如，马骧聪：《违反环境保护法规的法律责任》，《法学研究》1981 年第 5 期；张孝烈：《试论违反〈环境保护法〉的法律责任》，《现代法学》1983 年第 1 期；米健：《略论公害的民事责任》，《法学研究》1984 年第 3 期；等等。

③ 如，马骧聪：《日本的环境管理和环境保护法》，《国外社会科学》1981 年第 4 期；康树华译：《日本公害法概论》，中国环境管理、经济与法学学会 1982 年版；马骧聪：《关于苏联自然保护立法和管理的几个问题》，《国外法学》1984 年第 1 期；黄之英等译：《苏联环境保护法概论》，北京大学出版社 1985 年版；程正康等译：《美国环境法简论》，中国环境科学出版社 1986 年版；等等。

系统化的研究和比较，极大地拓展了国内环境法学研究的空间视野和研究视域。

第三节　争鸣与内省：环境法学向生态法学转型发展

20 世纪 90 年代，由于国际和国内环境发生重大的变化，我国环境法学发展面临着重大的方向调整和转型创新，确立了"可持续发展"的理念，并以此作为当时环境法建设和环境法学研究的核心理念，开始了由环境法学向生态法学的转型过程。

1992 年 6 月联合国在巴西里约热内卢召开环境与发展大会通过了《里约环境与发展宣言》，将"可持续发展"确立为人类未来发展目标，并规定人类在经济社会各领域中应实施可持续发展战略的具体措施，并要求世界各国共同执行。我国也制定了《中国 21 世纪议程》，决定实施可持续发展的国家战略，规定了各个领域落实可持续发展战略的具体要求和措施，包括建立健全保障可持续发展的法律体系。

在 20 世纪 90 年代，中国社会发展发生重大的结构转型的标志性事件之一，就是建立社会主义市场经济体制，对过去的计划经济体制进行彻底改革。在 20 世纪 90 年代末加入 WTO 的谈判完成，中国即将正式加入 WTO。这些新的情况为我国环境法治和环境法学提出了更高的要求和全新的挑战。1979 年《环境保护法（试行）》是建立在服务于社会主义计划经济，强调污染治理为导向的法律制度设计基础上。到了 20 世纪 90 年代，环境立法和环境法治必须积极回应国际社会确立的"可持续发展"的倡议，必须适应国内社会主义市场经济发展、依法治国和 WTO 规则需求，适时地进行环境立法目的、理念、原则和制度的价值转型和根本变革。正如有学者归纳的，当时环境法学研究的总体特征是：环境伦理成为环境法学认识论的重要组成部分；以调整人与自然环境关系为标志的环境法学理论基本成熟；可持续发展理论已经稳定地成为环境法学的指导思想；环境正义、环境公平、环境民主和环境权成为环境法的思想武器。[①]

第一，将可持续发展理念纳入环境法治保障的研究视野。

"可持续发展"强调的是代内和代际之间的平衡需求，故此，经济发展必须要尊重自然规律和立足自然限度，用自然规律引导科技理性，用自然限度约束经济效益，实现经济发展与生态保护的齐头并进、和谐共生。在市场化和 WTO 贸易规则约束下，应当积极开展双边的、区域间、国际间的生态经济合作发展，以促进我国环境治理水平和治理能力的提升与跨越。

20 世纪 90 年代是中国社会发生深度社会转型的关键时间节点，就环境法治而言，不仅要对过去计划经济时代环境治理模式和方式进行变革，同时对环境法学研究的价值转型也提出了新要求。在此期间，诸如资源配置方式、环境治理手段、环境行政的政府责任、法治政府建设、环境治理与依法行政、公民环境权益保护等前所未闻的价值理念和制度设计，颠覆了传统的环境法学研究范式、思维模式和行为习惯。围绕上述问题，国内环境法专家学者以其深厚的学术功底和丰富的学术积累，开展了全方面的研究和探索，贡献了大量的研究成果。[②]

第二，进一步拓展环境法理论和实践的新维度与新高度。

社会主义市场经济的本质是法治经济。从环境法治建设来看，一方面要求政府的环境治理必须依法行政；另一方面，公民的合法环境权益应该得到宪法和法律的保护。故此，有关政府环境行政的边界问题、公民环境权保护问题、环境法的调整对象和范围确定问

[①]　参见蔡守秋《论当代环境法学的发展》，《法商研究》1998 年第 3 期。

[②]　如，马骧聪：《发展市场经济与完善环境法制》，《法学研究》1994 年第 5 期；王明远：《中国可持续发展的经济法律制度研究》，《环境科学》1995 年第 2 期；金瑞林：《市场经济与环境立法》，《环境保护》1995 年第 6 期；蔡守秋：《论可持续发展对我国法制建设的影响》，《法学评论》1997 年第 1、2 期；李挚萍：《论实施可持续发展战略对完善我国环境法的影响》，《中山大学学报》（社会科学版）1998 年第 2 期；等等。

题、市场经济条件下环境法的功能和作用问题与其他诸如刑法、民
法、经济法等法律部门关系问题、环境权属性问题等理论问题，对
环境法研究者提出了新的挑战。环境法学界对这些问题开展了全方
位的探讨和研究，发表了一系列非常有见地的学术成果。①

此外，在环境司法实践的理论研究方面，由于 20 世纪 80 年代
环境保护机构在环境司法实践领域积累的经验有限，到了 20 世纪 90
年代，我国社会发展发生了深刻的社会转型，因此这一时期环境法
的实施问题成为环境法治和环境法学研究的关注焦点。如果说 20 世
纪 80 年代我国的环境法治建设初步解决了有法可依的问题，到了 20
世纪 90 年代，无论环境法治实践抑或环境法学研究，都亟须从"文
本问题"研究过渡到"实践问题"探讨中来。这一时期，环境法学
者敏锐地抓住了时代发展的脉搏，把环境执法、环境司法作为研究
重点，取得了许多既有理论价值又有实践意义的科研成果。②

第三，为环境资源法的"生态化"转型做好前提准备。

前文所述，我国在环境立法方面是资源立法先行，其次才是环
境立法紧随。改革开放初期，我国的环境法（环境保护法）和自然
资源法是分两条线发展的，环境法从一开始就被环境法学工作者认
为是独立的法律部门，自然资源法则被看作是经济法的一部分。但

① 如，陈茂云：《论公民环境权》，《政法论坛》1990 年第 6 期；马骧聪、蔡守
秋：《中国环境法制通论》，学苑出版社 1990 年版；金瑞林：《环境法学》，北京大学出
版社 1990 年版；马骧聪：《发展市场经济与完善环境法制》，《法学研究》1994 年第 5
期；邵伯定、吕忠梅：《环境法论》，东方出版社 1994 年版；吕忠梅：《论公民环境
权》，《法学研究》1995 年第 6 期；王灿发：《环境法学教程》，中国政法大学出版社
1997 年版；陈泉生：《当代环境法理论基础初探》，《云南法学》1998 年第 3 期；蔡守
秋：《环境政策法律问题研究》，武汉大学出版社 1999 年版；等等。

② 如，马骧聪：《论保证环境法规的实施》，《环境污染与防治》1985 年第 3 期；
李启家：《环境法中行政处罚形式的探讨》，《上海环境科学》1987 年第 3 期；韩德培：
《中国环境法的理论与实践》，中国环境科学出版社 1990 年 9 月版；陈泉生：《环境侵
害及其救济》，《中国社会科学》1992 年第 4 期；蔡守秋：《环境行政执法和环境行政
诉讼》，武汉大学出版社 1992 年版；等等。

是，由于《环境保护法》偏重于环境污染和生态破坏的法律防治，一些学者称《环境保护法》实质为污染防治和生态保护法。[①] 如何以生态建设理念重构相关法律体系，实现从环境法到生态法、环境法学到生态法学的转型，是这一时期的重要学术任务。

有关"资源""环境"和"生态"三者之间的关系及界限，时至今日很多立法者和研究者仍然混淆，经常将"生态"和"环境"叠用，"资源"和"环境"不分。毋庸置疑，三者之间关系紧密，存在内涵和外延的包含关系，彼此之间联系紧密，不可对立地看待自然资源法和环境法的二者联系。尤其从"可持续发展"的角度看，二者在立法宗旨、价值理念、基本原则、制度规范等诸多方面有许多共同之处。为了推动我国环境行政的科学化与规范化，更好地实现环境与资源一体化的保护，以"可持续发展观"为指引，适时地将资源法和环境法进行必要的整合就显得十分必要。正是基于此，生态法学者们积极探索和推动环境法与资源法的学科整合。马骧聪在《法学研究》第 6 期上发表《关于环境法、自然资源法和国土法的思考》论文，明确提出把国土法、自然资源法、环境法整合在一起，称为"国土资源和环境保护法或者环境和国土资源法"，并从多方面作了论证。这一观点很快得到了学界和实务界的认同。1997 年国务院学位委员会把"环境与资源保护法学"作为法学二级学科的名称。至此，环境法学、自然资源法学、国土法学正式整合为环境与资源保护法学，简称环境资源法学。

第四，继续拓展外国环境法和比较环境法的研究。

中国环境法治的健全和完善是在立足中国本土资源基础上，同时学习和借鉴国外的先进经验而不断发展起来的。20 世纪 90 年代在环境法学研究领域，比较环境法研究和外国环境法研究领域发展迅速，对国外相关国家环境法治问题研究已经不是零敲碎打，已经开

---

① 曹明德：《关于修改我国〈环境保护法〉的若干思考》，《中国人民大学学报》2005 年第 1 期。

始走向系统性地深入探讨。① 通过对中外环境法治发展的比较分析，能够更深层次地总结和把握国外环境法治发展的一般规律和特点，为环境法学的研究开拓了更加广阔的视野，为国家生态法治发展和建设提供了域外经验和参照。

　　在"可持续发展观"这一共识助推下，国内环境法与国外环境法的联系愈加紧密，相互影响和相互渗透，且出现了环境立法趋同化发展的新趋势。任何国家的环境治理都离不开别国域外经验的借鉴，更离不开国家间的国际协作与合作，正是基于此，国际社会给予了国际环境法以足够高的关注。我国国际环境法的研究和发展起步较晚，在 20 世纪 80 年代国际环境法才逐渐进入我国法学研究者的研究视野。1980 年年初，王铁崖在《国际法的新动向》一文中首次提到国际环境法。1981 年在其主编的《国际法》著作中指出，正在形成中的国际环境法在保护人类环境方面具有重要作用。

　　我国国际环境法研究的开启与中国社会科学院紧密相连。1982 年，时任中国社会科学院副院长、中国国际法学会会长宦乡在《中国国际法年刊》发刊词中，号召学界对国际法的新部门、新领域，其中包括国际环境法进行系统研究。1981 年国内有关刊物开始发表国际环境法论文，如中国社会科学院法学研究所盛愉的《环境战略与国际环境法》（1981 年），对国际环境法的产生背景、形成过程、主要内容、基本原则等作了概要的论述。马骧聪、胡保林主编的《国际环境法导论》（社会科学文献出版社 1994 年版）对国际生态法的基本理论和制度进行了全面阐释。除了中国社会科学院法学研究所外，武汉大学、吉林大学等研究机构的环境法

---

　　① 如，王曦：《美国环境法概论》，武汉大学出版社 1992 年版；汪劲：《日本环境法概论》，武汉大学出版社 1994 年版；全国人大环境与资源委员会编译：《瑞典环境法》，中国环境科学出版社 1997 年版；〔日〕原田尚彦：《环境法》，于敏译，法律出版社 1999 年版；等等。

学者也出版和发表了国际环境法研究成果。① 此后,《中国国际法年刊》和其他法学报纸杂志开始更多地关注国际环境法学研究成果的刊发。环境法学者们对国际生态法的研究,不仅从理论上支持了国家的环境外交,同时也对健全我国的环境法治发挥了积极作用。

第四节　回应与展望:环境法学向生态法学发展转型

如果说 20 世纪的中国环境法学主要致力于构筑环境法学的理论基础和学科体系,更好地服务于国家环境法治早期建设,当步入 21 世纪,中国的环境法治建设和环境法学研究,则必须直面生态环境改变与广大人民群众对美好生活强烈期许之间巨大的落差。步入中国特色社会主义新时代,党和国家对我国经济发展和生态治理确立了更高的任务和目标,要求经济发展必须秉持以人为本,全面、协调、可持续的科学发展观,在发展中保护,在保护中发展,要逐步构建资源节约型、环境友好型社会,进而实现人与自然和谐共处的生态文明远景目标,并最终为"人类命运共同体"的构建提供中国方案和中国智慧。

应该说,21 世纪的中国环境法治建设和环境法学研究承载着广大人民群众对和谐安全的自然环境更高期望和诉求,必须对党和国家确立的生态文明新时代的环境治理目标和任务做出积极回应,同时助力国家深度参与并引领国际社会对全球气候变化的治理,最终在人类命运共同体构建中提升中国的话语权,成为生态文明新时代法治和法学面对的最迫切的时代主题,也成为环境法学向生态法学

① 如,欧阳鑫:《国际法的新边缘》,《法学研究资料》1981 年第 5 期;蔡守秋:《国际环境法的现状》,《法学研究》1982 年第 2 期;欧阳鑫:《从全球环境保护论国际法原则的演变》,《中国法学》1986 年第 5 期;等等。

发展转型的时代背景和历史动力。

21 世纪以来，环境法学研究在更加注重环境法的实施与实效问题研究的同时，对环境法的"生态化"理论与创新给予足够关注，以适应国家生态文明建设与"五位一体"的战略之需。随着我国环境治理进入了以"环境保护优先、经济增长优化"的新阶段，中国的环境法学也走向繁荣和创新发展的新阶段。突出表现为环境法学研究队伍的迅猛发展，研究人员知识结构日趋完善，研究能力和水平迅速提高，学术成果的日渐丰富。自新千年迄今，出版有关环境法学基础理论及制度研究为内容的学术专著 40 余部、国际环境法律问题研究的专著 30 余部，其他涉及环境法专题或交叉问题研究的专著 60 余部、环境法学研究的学术论文更是多达几千篇，范围几乎涵盖了环境法学的全部研究领域。

更为重要并引发趋势的是，环境法学者们已逐渐认识到"环境法""环境法学"等概念的局限性，因为其中"环境"二字已经不能涵盖新时代"五位一体"总体布局中生态文明建设的内涵、理念、价值取向和制度体现，以"生态法""生态法学"取代"环境法""环境法学"正成为一个愈加强烈的学术自觉和理论趋势。特别是新一代中青年环境法学者在传承学术前辈严谨的学风和传统的同时，正积极推动国家环境法治的"生态化"转型与发展，环境法学的"生态化"改造与价值重构，为建构适应人类发展趋势、回应中国生态文明建设强势和契合当下环境法学研究优势的全新"生态法学"助力献策，积极参与国家生态治理的法律法规完善，为国家生态立法提供学理支持和智力支撑。以科学发展观为指引，积极助力国家生态文明和"五位一体"的社会治理建设，推动和促进我国生态法学研究的繁荣和我国"生态法学"研究范式的全面转型。

值得提及的是，2017 年 4 月 26 日中国社会科学院法学研究所成立了生态法研究室，率先成立了国内首个以"生态法研究"命名的法学研究机构，敏锐地捕捉到新世纪中国环境法研究必将沿着"生态化"趋向发展，并在科研组织机构设置上明确建构以助长期发展。

　　首先，生态法学基础理论研究得以展开。

　　21 世纪以来，在可持续发展、科学发展观及生态文明法治建设时代主题的指引下，我国环境法学研究已悄然开启了"生态化"的价值重构和制度转型。很多学者甚至直接使用"生态法学"来替代"环境法学"的称谓，并运用多学科理论和多角度研究方法，对生态法学的基本理念、基本理论和基本制度等，进行深度探讨和阐释。其中对生态法学的调整对象、原则体系、价值功能、法哲学基础、生态权理论等问题，展开更加体系化的论述和研究。这些主张向生态法转型的学者发表了一系列有关生态法学的理论著作和学术论文，引发学界的高度关注和积极回应。①

　　中国生态法治所面临的基本问题，就是如何把可持续发展观、科学发展观、生态文明建设予以规范化、法治化，并切实地贯彻落实到经济和社会生活的各个领域。从制定新法、修订和完善旧法，到加强环境执法和司法，健全环境法实效和功能、提升生态法治的治理水平。中国生态法学研究在实现从"环境法学"到"环境与资源法学"量变发展之后，当下正经历着从"环境与资源法学"到"生态法"价值理念的跨越和研究范式的根本转型。尽管这一进程正

---

　　①　如，马骧聪、陈茂云：《生态法学》，陕西人民教育出版社 2001 年版；吕忠梅：《环境法新视野》，中国政法大学出版社 2000 年版；陈泉生：《论可持续发展与我国法律变革》，《福建论坛》（经济社会版）2000 年第 7 期；周珂：《生态环境法论》，法律出版社 2001 年版；曹明德：《生态法原理》，人民出版社 2002 年版；郑少华：《生态主义法哲学》，法律出版社 2002 年版；蔡守秋：《可持续发展与中国环境法制建设》，中国法制出版社 2003 年版；张孝烈：《实施可持续发展的法律保障》，《重庆环境科学》1999 年第 1 期；曹明德：《生态法新探》，人民出版社 2007 年版；刘洪岩：《中俄生态经济合作中的立法保障问题研究》，黑龙江大学出版社 2010 年版；刘洪岩：《可持续发展语境下我国生态化法制的构建》，《河南政法干部管理学院学报》2007 年第 4 期；汪劲：《环境法治的中国路径：反思与探索》，中国环境科学出版社 2011 年版；常纪文：《环境法前沿问题》，中国政法大学出版社 2011 年版；刘洪岩：《环境法学的新发展》，中国社会科学出版社 2015 年版；等等。

处于演进之中，但无论从积极回应国家生态文明法治化发展的时代召唤，还是更好地契合生态法学的学科发展规律要求，环境法学向生态法学发展都构成了一种质变转型，进而构成了生态法学研究范式的必然转型。当下，生态法学界的老中青学者正在积极倡导和推动我国生态法治和生态法学的综合一体化研究，并进一步主导和推动中国传统环境法治向生态法治新时代的价值和结构转型，以积极回应生态文明建设新时代对生态法学研究所赋予的任务、机遇和挑战。

其次，以生态法观念促进《环境保护法》修改和生态法律体系建设。

改革开放以来，我国迅速建立了体系化的环境与资源保护制度，环境法学也成为最早的法学二级学科。但随着经济与社会发展，特别是社会主义市场经济体制建立、中国加入 WTO、生态文明等国家战略提出，需要对环境法进一步修改完善。我国环境保护法自颁行以来，先是于 1979 年试行，然后于 1989 年废止了《中华人民共和国环境保护法（试行）》，制定了新的《中华人民共和国环境保护法》，再于 2014 年对该法进行了重大修订。环境法于 2014 年的修订，不仅是其规范内容进一步充实，规范体系进一步完整，更为重要的是，新修订的环境法融入了新的可持续发展理念，贯彻了生态法的价值体系、原则和制度。环境法于 2014 年的修订对生态法学的建构与研究起到了重大的积极推动作用。①

如何以生态文明建设为目标加强生态法体系建设，也是生态法学者的研究重点。在生态法体系建设中，生态法学者既重视生态法基础理论研究，也重视生态法体系建设的对策研究。生态法

---

① 如，汪劲：《可持续发展下的中国〈环境保护法〉的现状和修改定位》，《环境保护》2003 年第 6 期；周珂、竺效：《环境保护法的修改与历史转型》，《中国地质大学学报》（社会科学版）2004 年第 4 期；曹明德：《关于修改我国〈环境保护法〉的若干思考》，《中国人民大学学报》2005 年第 1 期；蔡守秋：《修改〈环境保护法〉为〈环境法〉的基本构想》，《贵州社会科学》2008 年第 5 期；等等。

学者就生态法体系构成的各个方面与层面，都有学术关注与理论阐释所及，相关研究就涵盖了绿色发展、国际环境保护、水资源可持续利用、环境信息、核能立法、气候变化、温室气体排放管制、环境侵害等众多领域。① 此外，国内各生态法研究机构纷纷推动智库建设，在推动和完善生态法律体系完善方面，充分发挥建言献策的作用。

最后，实现生态法治建设及生态法学研究的国际平等对话。

自然环境及其功能与影响并不受国界限定，生态保护、自然资源与环境的可持续利用，离不开国际社会的共同参与。随着经济全球化的发展，客观上也要求生态保护的国际共同规则的制定和遵守，国际合作深度的不断加强和强化。为了解决全球资源、环境和生态可持续利用和保护等棘手问题，各国的生态立法和国际生态立法的趋同化发展趋向越来越明显，国际合作和交流日益频繁。

近年来，随着我国改革开放的不断深化以及国际事务参与程度的不断加深，生态法学者在比较环境法、外国环境法、国际环境法的研究方面成果斐然。通过对国外先进的环境立法理念和科学的环境法律制度的比较研究，为进一步推动我国生态法学理论与实践的不断深入发展以及制度革新夯实了学理积累。为了更好地服务于国家环境法治建设，为国家生态文明发展战略提供更多域外经验，生态法学研究一直注重对外国环境法、比较环境法和国际环境法的研究，出版了许多有价值的学术著述，对推动国内国际生态法和比较

① 如，孙佑海：《超越环境风暴——中国环境资源立法研究》，中国法制出版社2008 年版；文伯屏：《水资源可持续利用的法律对策》，《重庆大学学报》（社会科学版）2003 年第 5 期；常纪文：《我国突发环保事件应急立法的目标模式及其实现战略》，《现代法学》2005 年第 1 期；刘洪岩：《核能利用与生态安全保障的法律规制》，《学术交流》2015 年第 12 期；张忠利：《我国应对气候变化立法的若干思考》，《上海大学学报》（社会科学版）2016 年第 1 期；吕忠梅、窦海洋：《修复生态环境责任的实证解析》，《法学研究》2017 年第 3 期；等等。

生态法的研究起了积极的促进作用。①

　　随着生态法法典化问题日益受到关注，生态法学者开始集聚学术资源为生态法典的形成作理论准备。近年来，许多国外的环境法典被翻译整理，例如吕忠梅主持了"各国环境法典译丛"计划，将包括德国、法国、哈萨克斯坦、菲律宾、爱沙尼亚、独联体等十余个国家的环境法典翻译出版。

　　在生态法建设和生态法学发展中，生态法学者们都非常关注学术研究的国际化发展问题，注重实现生态法领域的国际平等对话。在推动国际学术交流、推动中国生态法学的国际话语权和国际影响力拓展方面，生态法学研究"走出去"战略得到有效实施，生态法学者能够在国际上与学界同行平等对话，将中国生态法治的建构理念、制度经验以及相关生态法学理论介绍给国外同行，越来越得到国际同行的认可并受到国际学术界的高度评价，极大地促进了中国生态法学国际学术影响力的传播和话语权的提升。②

---

　　①　如，高家伟：《欧洲环境法》，工商出版社 2000 年版；王树义：《俄罗斯生态法》，武汉大学出版社 2001 年版；蔡守秋：《欧洲环境政策法律研究》，武汉大学出版社 2002 年版；黄锡生：《中美环境法律制度比较研究》，法律出版社 2005 年版；常纪文：《动物福利法：中国与欧盟比较》，中国环境科学出版社 2006 年版；刘洪岩：《中俄生态立法比较研究》（俄文版），俄罗斯科学院出版社 2008 年版；廖柏明：《中国——东盟自贸区环境法律问题与对策研究》，中国政法大学出版社 2011 年版；常纪文：《欧盟循环经济立法经验及其对我国的启示》，《当代法学》2005 年第 1 期；刘洪岩：《国际生态法发展的几个理论问题》，《求是学刊》2014 年第 6 期；张忠利：《韩国碳排放交易法律及其对我国的启示》，《东北亚论坛》2016 年第 5 期；等等。

　　②　如，《当代中国生态立法的发展》（刘洪岩，2005，俄罗斯科学院《国家与法》杂志），《作为生态法调整对象的比较生态法学》（刘洪岩，2005，俄罗斯科学院《国家与法》杂志），等等。

第十六章

与时俱进的国际法学

2012 年之前，以改革开放为界，可以大致将中国国际法学的发展分为两个阶段，即中华人民共和国成立到改革开放之前的奠基和萎缩阶段，以及改革开放之后的恢复和发展阶段。在改革开放之前，1949—1957 年这一时期是全面学习苏联国际法学、建立中国国际法学的起步或者说奠基时期，取得了一定成就；1957—1971 年，受"左"的思潮和政策影响，中国国际法学处于低迷萎缩时期；1971年联合国恢复中华人民共和国政府代表权、1972 年中美关系解冻后，中国国际法学研究的气氛略有好转，但仍不景气。[①] 党的十一届三中全会确立改革开放的基本方针后，中国国际法学获得新的契机。在和平发展和加速融入国际体系的大背景下，中国的国际法实践日趋丰富和多样，既为中国国际法学理论提供了更多素材，也对中国国际法学研究提出了更高要求。在此过程中，国际法学科体系逐渐成熟，实践热点问题受到关注，对国际法基本理论的认识逐步加深，研究方法和视角走向更加成熟和多元，学术研究水平不断提升，学术成果影响日趋扩大，中国国际法学整体上了一个新台阶。

党的十八大以来，中国的综合国力进一步增强，国际地位显著

---

① 参见陈泽宪主编《当代中国国际法研究》，中国社会科学出版社 2010 年版，第 6 页。

提升，对外交往更加活跃，融入和参与构建国际秩序更加坚决。特别是，2013 年国家主席习近平提出构建人类命运共同体的伟大构想，不仅成为新时代中国特色社会主义外交思想的重要组成部分，更成为中国在新时代向国际社会贡献的全球治理新方案，成为中国参与全球治理进程、推动国际秩序改革和国际体系创新的基本遵循。而同时期提出的"一带一路"倡议，作为推动构建人类命运共同体的重要实践平台，也为国际法研究提供新的视角、支点和动力。以此为契机，中国国际法学阔步迈进了新时代。

第一节　国际法学的艰难
初创（1949—1977）

一　历史沿革的基本脉络

近代国际公法因清末洋务运动传入中国，虽在对外交涉中被倚为有用工具，但直至清民鼎革都终未能作为近代法律科学的一部分在中国扎根。民国代清之后，全面师法西方，因英美国际公法学科发达，中国学者习公法者多选择留学英美。这些民国学者多属社会知识上层，在意识上进步爱国，厌恶国民党政权的专制腐败，对共产党持同情态度。唯其如此，当 1949 年国民党政府败退台湾地区时，大部分国际公法优秀学者都没有赴台去美；少数政治进步、影响大者作为法律专家调入外交部等中央机关，其他学者则多继续在大学留用。① 中华人民共和国成立后，周鲠生、倪征燠、李浩培、王铁崖、陈体强、赵理海等人成为新中国国际法学的奠基者、开拓者和主力军。

中华人民共和国成立后，中国的国际法研究进入一个崭新的阶

---

① 参见邓烈《改革开放 40 年中国国际公法学研究述评》，《法学评论》2018 年第 3 期。

段。由于当时我国实行向以苏联为首的社会主义阵营"一边倒"的政策，中国国际法的理论与实践也是全面向苏联及其他社会主义国家学习。同其他社会主义国家一样，中国政府以马克思列宁主义的国际关系学说作为外交关系的指导思想，中国国际法学者也以马克思列宁主义为国际法理论研究的指导思想。中国政府在国际法的重大理论和实践问题上向苏联学习，与苏联政府保持一致；与此相适应，中国国际法学界全面移植苏联的国际法研究成果。即使在中苏关系出现裂痕乃至破裂后，以马克思列宁主义的国际关系学说为指导，以苏联国际法理论为基础确立的国际法的内容体系也没有发生实质性的变化。①

1952 年中央开始院系调整，建立苏式专科大学来取代民国大学体系。在调整中，以英美法教学传统为底色的民国国际法重镇如东吴大学、武汉大学受到很大影响。这些大学的国际公法教师部分北上大量流失，国际公法的大学教研中心因此从江浙、武汉转移到北京。除院系调整外，创设官方科学院系统也是效仿苏联模式的重要内容。20 世纪 50 年代中后期留苏学生陆续学成回国，其中优秀者进入 1959 年成立的中国科学院法学研究所国际法组，由此形成大学和科学院的"双体系结构"。为有一个新的起点，从 1952 年院系调整时起，各大学的国际公法课程教学即被中断，直到新教材出炉、师资初步整顿后，才于 1956 年后逐步恢复。师资整顿呈现"三结合"特点，即留用的民国学者需接受社会主义改造并学习苏联国际公法理论，留苏归国的年轻学者需对西方国际公法理论作批判性研究，而两类学者都需要联系中国实践、走中国化道路。② 而这也启示了当代中国国际公法理论发展的方向。

---

① 参见何勤华《20 世纪 50 年代后中国对苏联国际法的移植》，《金陵法律评论》2001 年秋季卷。

② 参见邓烈《改革开放 40 年中国国际公法学研究述评》，《法学评论》2018 年第 3 期。

在此期间，特别值得一提的是，中国国际法学者对和平共处五项原则的贡献。和平共处五项原则是中华人民共和国成立后对国际法的发展做出的主要贡献之一，首先见之于中印、中缅双边条约，其后经过万隆会议十项原则和其他国际法律文件的发展与确认，得到国际社会的广泛认可。和平共处五项原则在很大程度上是对体现于《联合国宪章》中的国际法基本原则的重申，既是新中国开展对外交往的基础，也构成现代国际法的基本原则。作为外交部顾问，新中国国际法学奠基人周鲠生建议，将和平共处五项原则中最初的表述"互相尊重领土主权"改为"互相尊重主权和领土完整"，"平等互惠"改为"平等互利"，还提出并论证和平共处五项原则为现代国际法的基本原则①，为和平共处五项原则的提出和传播做出了卓越贡献。

"文化大革命"十年，法律虚无主义抬头，国内法和国际法的教学研究工作均遭到严重冲击。在国际社会，这十年间国际法有突飞猛进的革命性发展，而我国国际法的理论队伍则日渐缩小，国际法学水平明显落后了。但即便在如此不利的条件下，国际法学前辈们仍然为中国国际法理论和实践的发展做出了不懈努力。例如，由王铁崖、陈体强翻译的《奥本海国际法》（第八版）1971 年由商务印书馆出版，周鲠生的遗作两卷本《国际法》1976 年由商务印书馆出版。1971 年中华人民共和国恢复在联合国合法席位，1972 年尼克松访华后中美关系改善，外交法律工作的重要性再次受到关注，国际公法学者们的处境也略有好转。中国参加 1972 年斯德哥尔摩人类环境会议，积极参与联合国第三次海洋法会议，积极投入《联合国海洋法公约》谈判进程。外交关系上的进展促进了国际法的研究，例如这一时期海洋法的研究开始复苏。

大体而言，中华人民共和国成立后至改革开放前的 30 年间，中

① 参见黄进《高山仰止，景行行止——在纪念周鲠生先生诞辰 130 周年座谈会上的致辞》，《武大国际法评论》2019 年第 2 期。

国国际法学的突出特点是以马克思列宁主义为指导，对国际法采取有批判的接受的态度，即总体上接受国际法，如接受《联合国宪章》的宗旨和原则，但主张废除国际法中有利于帝国主义、殖民主义国家剥削、压迫和控制中小国家的那些内容。这与新中国的国情是分不开的。①

二　代表性研究成果

中华人民共和国成立初期，主要是翻译苏联的国际法教材和著作。例如，在院系调整期间，为利新教材建设之需，一批重要的苏联国际公法著作被突击翻译出版，包括柯席乌尼科夫的《斯大林论现代国际法的基本原则》、柯罗文的《现阶段的国际法》、维辛斯基的《国际法与国际组织》等。与此同时，也翻译了一些西方学者的著作，如《奥本海国际法》（第七卷）由中国人民外交学会编译委员会翻译，1954—1955 年内部发行；1957 年法律出版社出版了由王铁崖（化名王强生）、陈体强等人合译的英国希金斯和哥伦伯斯合著的《海上国际法》。此外，1957—1962 年间，生活·读书·新知三联书店出版的王铁崖选编的三卷本《中外旧约章汇编》（1689—1949年），一直是中国国际法研究必不可少的学术资料。

新中国不断受到帝国主义国家的侵略、干涉，长期遭受资本主义阵营的封锁，一系列紧迫的国际法重大理论与实践问题摆在中国政府和国际法学者面前，包括政府承认问题，政府的财产、债务和条约的继承问题，边界争端问题，海外华人的国籍问题等。针对这些重大而紧迫的问题，中国国际法学者发表了大量有针对性的高水平论文，如陈体强的《中国人民志愿军的道义与法律基础》《美帝毒气战犯逃不掉人类正义的审判》《我国承认日内瓦各项公约和议定书进一步巩固了世界和平》《斥美国所谓"不强迫遣返"》《为什么

---

①　参见陈泽宪主编《当代中国国际法研究》，中国社会科学出版社 2010 年版，第 6 页。

必须确定侵略定义》《中华人民共和国与承认问题》等；周鲠生的《我政府关于领海的声明的重大意义》《驳印度对于中印边界的片面主张》《国际法并不支持印度对中印边界问题的立场》等；李浩培的《论美国干涉中国及朝鲜的非法》《社会主义国家的国籍问题》《中航及央航飞机在港被扣案的法律问题》等。这些论文运用国际法基本原理，结合有关国家在相同或类似问题上的实践以及外国著名学者的著述进行严谨论证，为新中国处理有关国际法问题提供了理论指引，为中国政府依照国际法处理对外关系、维护国家利益做出了显著贡献。①

此外，中国社会科学院法学研究所国际法组的学者在此期间也有重要的译著和论文问世。例如，法律出版社 1964 年出版了刘楠来等人合译的苏联彼·斯·罗马什金等主编的《国家和法的理论》；世界知识出版社 1965 年出版了王可菊等人合译的苏联格·伊·童金所著的《国际法理论问题》；吴云琪发表于《法学研究》1962 年第 4期的《帝国主义国家是垄断资产阶级残暴专政的工具——驳斥南斯拉夫现代修正主义者歪曲帝国主义国家本质的谬论》一文，运用马克思列宁主义国家学说，对现代资本主义国家在本质上都是对劳动人民实行专政的工具这一点进行了揭露。

第二节　改革开放与国际法学的新发展（1978—2012）

党的十一届三中全会拨乱反正，果断停止"以阶级斗争为纲"的错误方针，做出把党和国家工作的重点转移到社会主义现代化建设上来的战略决策，确定以经济建设为中心，实行改革开放。不仅

---

① 参见陈泽宪主编《当代中国国际法研究》，中国社会科学出版社 2010 年版，第 4 页。

如此，在十一届三中全会召开前的中共中央工作会议上，邓小平还高瞻远瞩地发出了"我们还要大力加强对国际法的研究"的号召。[①]政治大气候的转变和领导人的重视，为中国国际法研究提供了契机和动力。与改革开放同步，中国国际法学在服务外交大局、捍卫国家利益、促进对外开放、推动国际法治的过程中不断走向成熟，取得了长足进步。

一　恢复发展的国际公法学[②]

改革开放后，思想的解放与体制、政策的变化为国际法学的复兴提供了有益的气候和土壤。有学者将 1979—1989 年称为"国际法学奠基的十年"，认为这十年间中国国际法学的成果主要表现在造就了一批国际法人才、出版了一批国际法著作、开辟了一些国际法的新领域中。[③] 在此期间，高等院校和科研机构逐步恢复了国际法的教学和研究。例如，北京大学 1978 年招收了"文化大革命"结束后全国首批国际法硕士研究生；1979 年创办全国首个国际法专业，招收了首批国际法本科生；1983 年创立全国首个国际法研究所，同年开始招收国际法博士生。1980 年 2 月，由外交部主管的中国国际法学会创立，为国际法学科的发展奠定了制度和组织基础。1982 年，中国国际法学会创办了新中国第一份国际法专业学术刊物《中国国际法年刊》。此后，随着法学和国际政治学等学科的核心刊物陆续复刊，这些刊物也开始刊登国际法学文章，从而为相关论文发表提供了阵地，拓展了国际法学者对话交流的平台。[④]

---

① 邓小平：《解放思想，实事求是，团结一致向前看》，1978 年 12 月 13 日在中共中央工作会议闭幕会上的讲话。

② 在且仅在本部分，"国际法"与"国际公法"作为同义词使用。

③ 参见程晓霞《中国国际法学奠基的十年》，《法律学习与研究》1990 年第2 期。

④ 参见黄瑶、林兆然《中国国际公法研究四十年：历程、经验与展望》，《法学》2018 年第 10 期。

在这一阶段，国家对外开放的主要目标是要对外开放，进入当今世界的国际政治、经济体系。因此，国际公法学科除了要为刚刚恢复的大学教学积攒必要条件外，还要为外交实务工作提供理论研究方面的支持。从这一时期的各类成果看，主要有以下特点：（1）这一时期是苏式国际公法官方教科书编写的高峰，数量虽不算太多，但不少教材都有很高的学术质量，其中尤以王铁崖、魏敏主编的 1981 年版《国际法》（法律出版社）为代表；（2）这一时期的中译著作开始侧重欧美，说明中国国际公法学界重新将重心从引进苏联国际法转向学习欧美国际法；（3）这一时期所出版的国际公法专著主要关注部门法的重要制度，如条约法、海洋法、国际组织法等；（4）这一时期的国际公法论文基本不再触及阶级性等意识形态理论议题，研究多集中于与中国加入国际体系密切相关的领域，如国籍法、海洋法、国际组织法、国家豁免等。①

20 世纪 90 年代以后，改革开放进一步加深加快，思想的进一步解放与信息技术的进步使得对外学习交流愈加便利、频繁，国际法研究与国际时事热点的结合明显加强。苏联解体后，对苏联学者著述的译介几乎停止，欧美国际法学逐渐成为中国国际法学界的学习和研究的重心，与此同时，老一辈国际法学者逐渐退出教学科研第一线，中青年学者开始崭露头角，成为学界的生力军。在著作方面，除日渐增加的自编教科书外，一些老一辈学者仍不断出版有关国际法基本理论的著作②，而中青年学者的著作则相对集中于各部门法，包括海洋法、国际人权法、国际组织法、国际环境法和国际刑法等领域，少数著作也涉及国际法基本理论问题。在论文方面，论文数量迅速增多，译文占比明显下降，从一个侧面反映出中国国际法学

---

① 参见邓烈《改革开放 40 年中国国际公法学研究述评》，《法学评论》2018 年第 3 期。

② 例如，参见赵理海《国际法基本理论》，北京大学出版社 1990 年版；赵理海《当代国际法问题》，中国法制出版社 1993 年版；李浩培《国际法的概念和渊源》，贵州人民出版社 1994 年版；王铁崖《国际法引论》，北京大学出版社 1998 年版。

者阅读和获取国外文献资料的能力和水平明显提升。

值得一提的是，上述论文多侧重于国际法各领域和国际法专门制度的讨论。与老一辈国际法学者的论文相比，中青年学者和新生代学者的论题更加实用化、具体化、专业化，更以解决专门问题为基本导向。在此期间，国际公法学界虽不乏具有宏观意识的研究成果，但较少对国际法基本理论或法理学、法哲学等抽象问题进行深入研究。有论者分析指出，出现这种情况的原因可能包括实证主义和实用主义的流行、媒体与通信技术的发达、学者获得外界信息水平的提高、高等学校和科研机构的业绩考核和科研评价机制侧重成果数量等，影响因素是多方面的。①

21 世纪以后，随着改革开放程度的进一步加深，中国的国际地位日益提高，作为大国在国际上的影响力日益增强。与此相适应，国际公法学的研究领域不断拓展，研究内容更加深入，研究方法也愈加细化和多元化。在欧美学术新理论范式引入和中国主体意识觉醒的双重刺激下，国际法研究开始注重批判精神和反思能力。一方面，中国国际法学不再简单以"西方理论"为"国际法现实"，开始转向实证方法、制度研究和本土实践；另一方面，国际法学呼唤基础理论研究，要求学者更多地回到理论，不做课题式的专家，而是做真正的"学者"以求对国际法的知识体系有全面、理性和批判的认识。② 国际法专著数量的增多成为本时期一个显著特点。除国际法基本理论和基本制度、海洋法、国际组织法等传统主题外，国际人权法、国际刑法、国际环境法领域的著作占到了本时期专著的多数，网络、极地、能源、文化保护、公共卫生和传染病控制、移民与难民问题等边缘或新兴领域也陆续有专著出版。这些著作中的大部分，或是基于博士学位论文，或是科研项目研究成果，其研究方

---

① 参见黄瑶、林兆然《中国国际公法研究四十年：历程、经验与展望》，《法学》2018 年第 10 期。

② 参见孙世彦《中国的国际法学：问题与思考》，《政法论坛》2005 年第 4 期。

向和内容大多与国家需求或国际热点密切相关。①

在改革开放后的上述时期，国际关系中发生了一系列重大事件，如 1979 年伊朗人质事件、湖广铁路债券案、1982 年《联合国海洋法公约》的签署、1993 年南斯拉夫国际刑事法庭和卢旺达国际刑事法庭的设立、1995 年世界贸易组织（WTO）的成立、1999 年北约对南联盟的军事威胁及军事打击、北约轰炸中国驻南斯拉夫使馆、2000 年"皮诺切特案"、2001 年中美撞机事件、"9·11"与阿富汗战争、2003 年伊拉克战争以及 SARS 的肆虐等，中国国际法学者均予以密切关注并撰写相关的论文进行国际法评析。还有学者从国际公法的角度，专门研究我国台湾地区问题、WTO 的理论与实践、联合国的改革、国际刑事法院、国际恐怖主义、传染病预防与控制等问题，具有鲜明的时代特征，为政府有关决策提供了重要法律依据。学者们不仅注重运用国际法原理分析国际热点问题，还注意与中国的国际实践相结合。例如，学者们就湖广铁路债券案、光华寮案、与港澳台有关的国际法问题、"银河号"事件、WTO 协定在中国的实施、东海问题、南海问题、国际人权公约在中国的适用、中国在联合国改革问题上的原则立场和策略等建言献策；对北约轰炸中国驻南斯拉夫使馆、严重违反国际法的行为，进行深刻的揭露和批判；就"中美撞机事件"所涉及的国际法问题进行深入剖析等。此外，随着中国国家领导人提出中国和平发展战略和构建"和谐世界"主张，中国国际法学界也对此给予充分关注和深入研究。②

诚如刘楠来在总结改革开放 30 年中国国际法研究时所言："过去的 30 年，是我国国际法研究走向繁荣，得到巨大发展的 30 年，是在理论探索、建立中国国际法理论体系和联系实际、为国家外交

---

① 参见黄瑶、林兆然《中国国际公法研究四十年：历程、经验与展望》，《法学》2018 年第 10 期。

② 参见杨泽伟《改革开放 30 年来中国国际法学研究的回顾与前瞻》，《外交评论》2008 年第 3 期。

实践服务方面取得令人振奋的成就的 30 年。"① 改革开放让中国国际公法学科重新获得了生机与活力，为中国国际公法研究提供了丰富的理论素材和广阔的实践舞台。改革开放是前所未有的大胆探索，在其每一发展阶段会面对不同的国内、国际环境，面临不同的需求、任务和挑战。在改革开放的早期阶段，国家的主要目标是从"文化大革命"造成的封闭状态中走出来，与西方国家建立正常外交关系，并进入国际市场，因此这一时期国际公法研究的主要任务是把握当代国际法的发展动向，了解重要国际制度的运作情况，为中国顺利进入国际体系开辟通道。1992 年邓小平南方谈话，肯定了改革开放路线的正确性，提出要加快开放步伐、扩大开放范围，尽快融入国际体系，抓住全球化机遇。与迅速增长的外交法律实务需求相适应，这一阶段的国际公法研究也显示出注重实务、快速积累的特点。而到了 2008 年以后，由于国际金融危机和中国和平崛起，改革开放的内外部环境都有了重大变化，中国既要应对美欧的竞争和压制，又要与之合作解决国际治理难题、发出"中国声音"，因此国际公法的研究方法和侧重又相应有所调整，从关注一般性国际法律实务转向重视与大国竞争和话语构建等有关的议题。②

对于改革开放以来国际公法学的发展和成就，学者们总体上持肯定和褒扬的态度。有论者认为，改革开放以来国际公法学发展的特点在于，研究领域拓展和论题深入、对国际法基本理论的认识逐渐加深、方法成熟和视角多元化、国际学术影响力日益增强，以及服务国家的能力不断强化。③ 还有论者指出，这一时期中国国际法研究提供的历史经验在于倡导基础理论与前沿热点并重，互相生发、

---

① 刘楠来：《国际公法 30 年》，载李林主编《中国法学 30 年（1978—2008）》，中国社会科学出版社 2008 年版，第 344 页。

② 参见邓烈《改革开放 40 年中国国际公法学研究述评》，《法学评论》2018 年第 3 期。

③ 参见黄瑶、林兆然《中国国际公法研究四十年：历程、经验与展望》，《法学》2018 年第 10 期。

互相促进；鼓励沉静的学术研究氛围和高质量的研究成果；贯彻跨学科研究模式，贯通国际法的理论与实践；继承世界优秀法律文化，旗帜鲜明地倡导有中国风貌的国际法学。① 尽管如此，问题和不足仍然客观存在，包括对国际法和国际法学的作用和功能认识不足、研究中实用主义和功利主义色彩较浓、国际法学研究与国内法学研究脱节、研究基础薄弱、研究队伍青黄不接等。② 应当说，距离有学者提出的"双维主流化"目标，即中国国际法学在中国法学界和全球国际法学界两个系统中进入主流视野③，还有很长的路要走。

二　稳步前行的国际私法学

19 世纪以前，国际私法的历史可以说只是欧洲大陆国际私法的历史。国际私法历史上著名的理论，如法则区别说、意思自治原则、国际礼让说、法律关系本座说、本国法说等，都产生自欧洲大陆。20 世纪初，英美法系国际私法兴起并很快发展，以至在 20 世纪中期以后对国际私法产生巨大影响。20 世纪中期开始，国际私法理论逐渐集中在几个方面，并发展出清晰的趋势脉络。此前纷繁的理论学说，有的逐渐萎缩而少人提及，如国际礼让说、本国法说等；有的得到继承并被扩展或改良，如意思自治原则、法律关系本座说等。由此，晚近国际私法发展出几项最重要的理论：最密切联系原则、意思自治原则、法官自由裁量原则、结果选择理论。中国国际私法学的发展同样较多体现在对这些理论的研究上。④

对于最密切联系原则，学者认为其对最合理、最公正的法律选择和法律适用结果的追求，是最符合国际私法宗旨的追求，即法律

---

①　参见何志鹏《中国国际法学 30 年：成就与经验》，《当代法学》2009 年第 1 期。

②　参见孙世彦《中国的国际法学：问题与思考》，《政法论坛》2005 年第 4 期。

③　参见何志鹏《中国国际法学的双维主流化》，《政法论坛》2018 年第 5 期。

④　参见沈涓主编《中国国际私法学的新发展》，中国社会科学出版社 2015 年版，第 1 页。

选择本身不是目的，国际民商事关系得到最合理、最公正的调整才是最后的需要，因此在国际私法中有着迄今为止最高层次的价值追求。进而言之，最密切联系原则还从"管辖权选择"提升到"结果选择"，提高了法律选择的质量；增添了法律选择的灵活性，并由此更加有赖于法官自由裁量的运用；不仅改革了传统的法律适用方法，也不同程度地冲击了传统的国际私法制度。① 关于意思自治原则，学者认为，晚近国际私法中，意思自治原则几乎存在于民事关系的各个领域，适用范围有了很大扩展，中国的立法也应扩大意思自治原则在国际私法中的适用范围。② 与此同时，意思自治原则也受到了新的限制。但从扩展和限制两方面看，意思自治原则在现代国际私法中的主要发展方向仍是不断扩大适用范围，以及更加宽容地对待当事人的意思表示。③ 关于结果选择理论，学者认为，晚近国际私法发展的一个重要特征是法律选择的灵活性大大增强，传统国际私法在法律选择方面的僵化得以缓解，而这一成效得益于法官自由裁量原则的纳入和广泛采行；法律裁量在法律选择和法律适用过程中发挥三个特殊功用，即贯彻预制法律选择规则对准据法的援引、修正预制规则援引法律的偏差，以及弥补预制规则指引法律的漏洞。④ 关于结果选择理论，学者认为其是国际私法晚近发展的最高成就，其体系包括了最密切联系原则、意思自治原则和法官自由裁量原则——无论是考察法律与法律关系的关联程度，还是充分尊重当事人意思表示，抑或倚赖法官自由裁量，都应当是为了获得一个

---

① 参见沈涓主编《中国国际私法学的新发展》，中国社会科学出版社 2015 年版，第 2—4 页。

② 参见徐崇利《我国冲突法立法应拓展意思自治原则的适用范围》，《政治与法律》2007 年第 2 期。

③ 参见沈涓主编《中国国际私法学的新发展》，中国社会科学出版社 2015 年版，第 10 页。

④ 参见沈涓《法官自由裁量对结果选择的实现之认识》，《国际法研究》第四卷，中国人民公安大学出版社 2011 年版。

好的结果。① 进而言之，在国际私法中，对调整国际民商事关系所应获得的结果的衡量包括两个方面，一是结果有效，二是结果有利。②

1978 年我国实行改革开放后，调整国际民商事法律关系的国际私法逐渐受到重视，一些国际私法著作开始出现。1981 年刘丁、章尚锦编著的《国际私法》（中国人民大学出版社出版）和姚壮、任继圣所著的《国际私法基础》（中国社会科学出版社出版）是我国国际私法的拓荒之作，而韩德培主编的《国际私法》（武汉大学出版社出版）则是第一部全国统编的国际私法教材。在此之前，各高校实际上已经有不少自己编著的教材，但这部教材的出版无疑对在全国范围内普及国际私法的知识起到了重要的作用，并进一步推动了中国国际私法学的研究。该书的编写者韩德培以及刘丁、陈力新、李双元、朱学山、余先予、任继圣、姚壮、张仲伯、钱骅等专家学者不仅先后成为各大高校国际私法学科的带头人，还为我国培养了大量的国际私法人才。③

1986 年《民法通则》通过，第 8 章（第 142—150 条）对"涉外民事关系的法律适用"做出专章规定，填补了立法空白。在此背景下，中国学者研究国际私法的热情空前高涨，国际私法学在中国得到迅速发展，在法律选择理论、基本制度、物权、合同之债、非合同之债、婚姻家庭、继承、商事关系、国际私法统一化和统一实体法以及国际民商事争议解决等方面都有积极开拓和丰硕成果。其中，1987 年在中国国际私法史上具有特殊的重要意义：一是中国国际私法学会在武汉大学正式成立，中国国际私法学者有了自己的学

---

① 参见沈涓主编《中国国际私法学的新发展》，中国社会科学出版社 2015 年版，第 13 页。

② 参见沈涓《法官自由裁量对结果选择的实现之认识》，《国际法研究》第四卷，中国人民公安大学出版社 2011 年版。

③ 参见何其生《中国国际私法学三十年（1978—2008 年）》，《武大国际法评论》第 11 卷，武汉大学出版社 2010 年版。

术组织；二是中国正式加入海牙国际私法会议，中国国际私法学者有了更多的机会参与国际私法公约的谈判和相关国际法律文件的起草，与国际"接轨"或借鉴海牙国际私法会议的公约规定也成为中国学者研究中国国际私法立法问题的重要话语；三是《民法通则》正式生效实施，尽管短短 9 条涉外民事关系法律适用条款满足不了改革开放以来中国涉外民商事法律关系发展的需求，但毕竟是一个新的起点。

2010 年颁布的《中华人民共和国涉外民事关系法律适用法》（以下简称《法律适用法》）是 21 世纪以来中国国际私法立法史上具有里程碑意义的法律，而其制定前后的立法历程更反映出全球化趋势下中国国际私法立法的基本理念和思路，以及中国国际私法学者的推动与贡献。20 世纪 80 年代的发展使得中国融入全球化的步伐不断加快，涉外民商事案件的增多导致我国在国际私法尤其是冲突规范上的立法滞后性越发明显，暴露出了冲突法与程序法、总则与分则还有成文法与司法解释多方面的失衡。[①] 面对时代的发展和立法的缺失，理论界和实务界纷纷对国际私法的立法工作展开了反思与探讨。20 世纪 90 年代初期，韩德培率领的研究团队率先展开对国际私法示范法的起草。在凝聚中国国际私法学界共同智慧的基础上，历时 6 年数易其稿，最终于 2000 年正式出版了《中华人民共和国国际私法示范法》（以下简称"示范法"）。[②] "示范法"以 5 章 166 条的体例，对国际私法进行了体系化构建，内容涵盖管辖、法律适用及司法协助等方面，是一部借鉴了现代国际私法立法先进经验和国际私法理论研究最新成果的立法建议。鉴于其内容的科学性和先进性，"示范法"不但为我国国际私法立法和私法实践所借鉴吸收，而

---

① 参见丁伟《世纪之交中国国际私法立法回顾与展望》，《政法论坛》2001 年第 3 期。

② 参见中国国际私法学会《中华人民共和国国际私法示范法》，法律出版社 2000 年版。

且在国际上也颇具影响力。例如，《法律适用法》对"示范法"的广泛吸收，就体现在最密切联系原则的适用、当事人意思自治原则的适用、公共秩序保留、结果导向的法律选择规则、部分条文采用多个连接点等方面。①

从立法实践来看，1999 年出台的《合同法》在整合改革开放以来相关合同立法的同时，延续了《涉外经济合同法》对法律适用的指引；而 2002 年 12 月提请全国人大常委会审议的《中华人民共和国民法（草案）》更是将"涉外民事关系法律适用法"纳入其中。但由于各方对民法典的争议较大，这一立法动议被暂时搁置，取而代之的是通过编纂民事单行法解决立法滞后等问题。因此，在《物权法》《侵权责任法》相继出台后，第十一届全国人大将立法重点转向了《法律适用法》并于 2010 年正式颁布。两年后最高人民法院在《法律适用法》的基础上颁布了相关司法解释，进一步明确了在审判实务中具体问题的司法裁量依据。在学者看来，《法律适用法》及其相关司法解释的颁布尽管尚未完全达到理论界所追求的目标，但仍不失为一种灵活的立法推进。② 而上述法律文本无疑也为中国国际私法研究提供了新的依据和动力。

改革开放以来，中国国际私法在理论层面建树颇多，而最大的贡献当属中国国际私法学科体系的构建，亦即由韩德培所倡导并成为学界主流的"大"国际私法理论。③ 早在 1983 年主编前述《国际私法》统编教材时，韩德培就提出了"大"国际私法体系的概念，力主国际私法应以涉外民商事法律关系为调整对象，其研究不能局限于冲突法问题，而应扩大到涉外民商事关系的实体法，认为国际私法既包括冲突规范和统一实体规范，又包括程序规范等。这一理

---

① 参见沈涓主编《中国国际私法学的新发展》，中国社会科学出版社 2015 年版，第 243—250 页。

② 参见刘晓红《中国国际私法立法四十年：制度、理念与方向》，《法学》2018 年第 10 期。

③ 参见何其生《中国国际私法学的危机与变革》，《政法论坛》2018 年第 5 期。

论被形象地概括为"一体两翼"："国际私法就如同一架飞机一样，其内涵是飞机的机身，其外延是飞机的两翼。具体在国际私法上，这内涵包括冲突法，也包括统一实体法，甚至还包括国家直接适用于涉外民事关系的法律。而两翼之一则是国籍及外国人法律地位问题，这是处理涉外民事关系的前提；另一翼则是发生纠纷时，解决纠纷的国际民事诉讼及仲裁程序，这包括管辖权、司法协助、外国判决和仲裁裁决的承认与执行。"① 以韩德培为代表的一批中国国际私法学者所主张的"大"国际私法理论为主体，中国国际私法学界架构了有中国特色的国际私法理论体系，在国际私法的规范范围、调整对象和调整方法等方面逐渐达成共识，甚至在国际私法的功能和价值取向上也在某种程度上形成了统一的看法。由此形成的中国国际私法学理论架构既不同于英美法系的冲突法，也不同于大陆法系的国际私法理论，与苏联国际私法学也有着不少的出入，在某种程度上颇具中国特色。②

　　尽管中国国际私法研究在改革开放以来取得了丰硕成果，但仍然存在一些问题和不足，具体表现在有影响力的理论观点和基础学说有待发展、部分领域的研究还比较薄弱、研究方法尚需进一步多元化、国际显示度十分不足、对未来发展趋势的关注不够等。有学者甚至以"中国国际私法学的危机"名之，认为中国国际私法学存在着严重的学术危机：一是教材过剩，学术创新力不足；二是高水平学术论文的发表缺乏竞争力，在激烈竞争的中国法学界处于日益边缘化的角色；三是在大规模立法不复存在的情况下，"立法中心主义"的研究范式需要改变；四是中国国际私法学者的国际学术话语能力非常薄弱。作为因应，中国国际私法学应当进行自我变革，培

---

① 韩德培主编：《国际私法》（第三版），高等教育出版社、北京大学出版社2014年版，第7页。

② 参见何其生《中国国际私法学三十年（1978—2008年）》，《武大国际法评论》第11卷，武汉大学出版社2010年版。

养学者自身和国际私法学术共同体的竞争力：一是要从"立法中心主义"向"司法中心主义"为主的多元研究范式转换；二是结合中国作为一个大国所力图塑造或推动的国际私法秩序，探索未来世界结构里中国国际私法可以描绘的理想图景；三是增强中国国际私法学者的国际学术话语能力，匹配中国作为世界大国的国际地位。① 反思旨在促进，批判为了发展，这些应该说都是爱之深责之切的逆耳忠言。

三　枝繁叶茂的国际经济法学

国际经济法学在中国的正式产生是在 20 世纪 70 年代末 80 年代初，大体与改革开放同步。姚梅镇发表于 1981 年的《关于国际经济法概念的几个问题》一文，是笔者目力所及我国最早的国际经济法学文献。② 该文对于国际经济法"广义说"与"狭义说"的界说，及其主要从国际经济关系现实而非传统国际法理论出发而支持"广义说"这一最终立场，在本体论和方法论层面均对中国国际经济法学的后续发展影响深远。经过 20 世纪 80 年代初的讨论和争鸣③，"广义说"（或称"大国际经济法说""综合国际经济法说"）成为国内通说，即国际经济法并非只是国际公法的一个分支（所谓"经济的国际法"），而是包括调整国家间经济关系的法律（经济的国际法）、调整私主体间跨国商事交易关系的法律（国际商法）和各国调整其涉外经济关系的法律（涉外经济法）在内的复合体，既包括

---

① 参见何其生《中国国际私法学的危机与变革》，《政法论坛》2018 年第 5 期。

② 参见姚梅镇《关于国际经济法概念的几个问题》，武汉大学法律系《法学研究资料》1981 年第 6 期。此前姚梅镇还在《法学研究资料》1980 年第 2 期上刊载了《国际经济法的研究方法》一文，但系译文。

③ 参见《中国国际法年刊》（1983）刊载的一组争鸣文章：史久镛《论国际经济法的概念和范围》；姚梅镇《国际经济法是一个独立的法学部门》；王名扬《国际经济法是一门独立的学科》；汪瑄《略论国际经济法》。其中，姚梅镇和王名扬持"广义说"，史久镛和汪瑄则持"狭义说"。

国际法规范也包括国内法规范、既包括公法规范也包括私法规范、既包括实体性规范也包括程序性规范，具有边缘性、综合性和独立性的特点。①

　　20 世纪 80 年代是中国国际经济法学的奠基时期，除上述几篇具有学科奠基意义的论文和一些通论性著作外②，在国际贸易法、国际投资法、国际金融法、国际税法等分支学科也均有代表性著述问世。③ 20 世纪 90 年代以后，随着中国经济发展和对外开放深入，中国国际经济法研究有了较大发展。不仅老一辈学者有新的著作问世，还涌现出一批中青年学者，其著述为国际经济法研究注入了新的活力。限于篇幅，此处不再罗列。21 世纪以后，中国国际经济法学有了新的发展。不仅从事国际经济法研究的学者人数和成果数量大大增加、研究领域更为广泛，而且在相关问题的研究深入程度和研究方法的多样化方面也有显著发展。在此期间，有三个具有标志性意义的重大事件或者发展趋势，在不同领域、从不同侧面有力推动了中国国际经济法学的发展：一是以中国 2001 年加入 WTO 为契机，依托 WTO 多边规则和争端实践，国际贸易法特别是 WTO 法研究取得长足进步；二是 2008 年国际金融危机爆发后，以对既有国际货币金融法律体系的

---

　　①　参见陈安《论国际经济法学科的边缘性、综合性和独立性》，载《国际经济法论丛》第 1 卷，法律出版社 1998 年版；陈安《评对中国国际经济法学科发展现状的几种误解》，《东南学术》1999 年第 3 期。

　　②　这一时期最早的国际经济法通论性著作是刘丁编著的《国际经济法》（中国人民大学出版社 1984 年版），但在影响力上似乎不及姚梅镇晚些时候主编的《国际经济法概论》（武汉大学出版社 1989 年版）。

　　③　例如，参见沈达明、冯大同《国际贸易法》，北京大学出版社 1983 年版；姚梅镇《国际投资法》，武汉大学出版社 1987 年版；姚梅镇《国际投资法成案研究》，武汉大学出版社 1989 年版；盛愉《国际货币法概论》，法律出版社 1985 年版；沈达明、冯大同《国际资金融通的法律与实务》，对外贸易教育出版社 1985 年版；陈安主编《国际货币金融法》，鹭江出版社 1987 年版；董世忠主编《国际金融法》，法律出版社 1989 年版；刘隆亨编著《国际税法》，时事出版社 1985 年版；高尔森主编《国际税法》，法律出版社 1988 年版。

批判和反思为契机，国际金融法研究得以蓬勃发展；三是随着中国从贸易大国向投资大国转变、从单向吸引外资到"请进来"和"走出去"并重，国际投资法研究获得新的动力。

在国际经济法基本理论方面，尽管"大国际经济法说"自 20 世纪 80 年代以来已经成为通说，在国际经济法研究和教学中占据绝对的主导地位，但仍有部分学者从理论体系严谨性和学科构建规范性的角度，对国际经济法的概念和范围提出了新的看法和思考。大体上，这些新的看法和思考可以概括为"公法/私法两分说"和"法律部门/法学学科两分说"，而究其根源又均属对"广义说"与"狭义说"的某种形式的调和与折中。前者实质上是将国内法中经济法与商法的区分应用于国际经济法语境，其直接效果是国际商法从国际经济法中分离出来，成为一个独立的法律部门和法学学科[1]；后者则从国际法和国内法的基本分野出发，认为并不存在一个（独立）法律部门意义上的"（大）国际经济法"，而只存在一个（独立）法学学科意义上的"（大）国际经济法"；对于通用的"国际经济法"这一术语，只能认为其具有"国际经济法学学科"或"国际经济法律规范"之意，而不能作"国际经济法法律部门"之解。[2]

此外，学者们还对国际经济法的基本原则和基本范畴有所讨论。关于国际经济法的基本原则，大多数著述均采取三原则说，即国家经济主权原则、公平互利原则和国际合作与发展原则。[3] 关于国际经济法的基本范畴，车丕照发表于 1993 年的《试论国际经济法学的基本范畴》是国内最早的尝试。该文立足于"大国际经济法说"和

---

①　参见左海聪《国际商法是独立的法律部门：兼谈国际商法学是独立的法学部门》，《法商研究》2005 年第 2 期。

②　参见徐崇利《国际经济法与国际经济法学："国际经济法"概念新探》，《厦门大学学报》（哲学版）1996 年第 2 期。

③　例如，参见姚梅镇《国际经济法概论》，武汉大学出版社 1989 年版，第 31—32 页；曾华群《国际经济法导论》，法律出版社 1997 年版，第 159 页以下；余劲松、吴志攀主编《国际经济法》，高等教育出版社 2000 年版，第 22—25 页。

"权利本位说"，将国际经济法的基本范畴概括为交易权、管理权和经济主权，并将交易权作为核心范畴。^① 从方法论的角度看，这一论说应当说是颇具创造性和启发性的。

作为国际经济法最为传统的主要分支，国际贸易法同国际经济法一样，存在广义和狭义的理解。广义的国际贸易法是调整国际贸易关系的国际法和国内法规范的总称，即包括所谓国际贸易公法和国际贸易私法；狭义的国际贸易法则是将调整平等主体之间的国际货物买卖以及与之相关的运输、保险关系的法律规范予以剔除，归诸国际商法，而聚焦于公法性质的贸易法律规范，即 WTO 多边贸易规则、双边/区域贸易安排及各国管制性的对外贸易规则。也同国际经济法一样，广义国际贸易法是当前的通说。WTO 法无疑是国际贸易法中的"显学"，事实上也是国际经济法乃至整个国际法中的"显学"。自中国 1986 年开始申请"复关"（恢复关税与贸易总协定缔约国地位）以来，国际经济法学界便兴起了研究 GATT/WTO 的热潮，至 2001 年"入世"（加入世界贸易组织）达到高峰。而"入世"以来，随着中国对 WTO 规则由观察变为接触、由揣度变为操作、由被动接受变为主动运用，国内的 WTO 法研究也从早期的框架描述和规则介绍向纵深和细化发展，在货物贸易、服务贸易、与贸易有关的知识产权、贸易救济、争端解决等方面均有较为细致和深入的研究。可以说，无论从数量还是质量看，WTO 法研究在国际经济法研究中都最为突出。

国际投资法是国际经济法另一个重要的传统分支，国内学者在此领域的力量投入与研究成果也与其地位大体相称。除对国际投资法的传统领域和范畴进行研究外，近些年来随着我国从贸易大国向投资大国、从单纯吸引外资大国到兼为对外投资大国的转变，国际投资法的研究视角和思路也从主要关注东道国权益的保护，转向更

---

① 车丕照：《试论国际经济法学的基本范畴》，《吉林大学社会科学学报》1993年第 1 期。

为全面和平衡地看待国际投资中的东道国与投资者关系，并日益关注海外投资利益的保护问题。

与国际经济法和国际贸易法一样，国际金融法也包含交易和管理（管制）两个维度。从交易角度看，国际金融法调整平等主体之间围绕国际金融交易合约所产生的法律关系，这部分法律规范可以称之为国际金融交易法或国际融资法；从管理角度看，国际金融法调整主权国家对跨国金融活动进行规制和监管所产生的法律关系，以及主权国家之间、主权国家同国际金融组织之间直至国际金融组织相互之间因国际金融交往和协作而产生的法律关系，这部分法律规范可以称为国际金融管理法，并可进一步划分为国际货币法、国际金融监管法和国际金融组织法。① 当前中国国际金融法学的研究也大致是在这些领域中展开。此外，作为国际金融法和国际贸易法的交叉领域，金融服务贸易法的研究也有所发展。值得一提的是，2008 年国际金融危机之后对国际货币金融法律体系的批判、反思和改革，带动了国际金融管理法研究的蓬勃发展。围绕国际货币法律体系改革、国际金融监管制度重塑、国际金融组织投票权和治理机构改革等主题，涌现出大批研究成果。

除国际贸易法、国际投资法和国际金融法这三大传统强势分支外，中国国际经济法学者在国际税法、海商法等传统部门和国际环境法等新兴部门也都进行了或中规中矩，或可圈可点的研究。

总体而言，作为一门与改革开放大体同步的新兴学科，中国国际经济法学在改革开放的鲜活实践中取得了长足进步，初步构建起较为完整的学科体系，并在各分支学科进行了范围广泛的研究，产出了数量可观的研究成果。尽管如此，问题和不足依然存在，主要表现在：基本理论研究依旧薄弱，无法发挥统率、引领、协调整个学科发展的应有作用；缺乏问题意识、方法自觉和学术定力，"逐热""跟风"现象严重，存在大量的低水平重复；在视角和方法上

---

① 参见廖凡《国际金融法学的新发展》，中国社会科学出版社 2013 年版，第 16 页。

未能妥善处理和把握"中国"与"国际"、"经济"与"法"之间的关系，缺乏清晰定位和恰当平衡；在研究中片面机械地强调国际经济法学的"实践性""应用性"，缺乏适当疏离和独立品格，难以真正发挥理论对实践的指导作用；研究主题、研究内容、研究方法等缺乏特点和个性，缺少具有辨识度和代表性的大家和流派等。有鉴于此，中国国际经济法学一是要进一步加强基本理论研究，构建具有中国特色的国际经济法理论，力争形成国际经济法学的"中国学派"；二是要以问题意识、方法自觉和学术定力为要求，以定位清晰、方法平衡、品格独立、个性鲜明为目标，提升学科的整体品位和规范性；三是要改善学术环境和评价机制，注重"量""质"平衡，创造更加宽松友好的研究环境和氛围。①

第三节　新时代的国际法学(2012—2019)

一　聚焦人类命运共同体的新时代国际法学

人类命运共同体思想是中国在新时代向国际社会贡献的全球治理新方案，其蕴含的理论思想十分丰富，也需要进行跨学科、多维度的研究。就国际法学而言，正如有学者指出的，人类命运共同体思想回答了"建设一个什么样的世界，如何建设这个世界"这一"时代之问"，属于国际关系和外交政策的理念范畴，而国际法则是国家相互关系上行为的规范，是对国家之间的关系加以规范的原则、规则和制度的总体；二者处理的都是国际关系问题，相互之间有着密不可分的联系。② 从现有成果看，国际法学界主要从思想渊源、理念传承、阐释理路和构建路径四个方面，对人类命运共同体做出研究，并就其

---

① 参见廖凡《从"繁荣"到规范：中国国际经济法学研究的反思与展望》，《政法论坛》2018 年第 5 期。

② 参见徐宏《人类命运共同体与国际法》，《国际法研究》2018 年第 5 期。

对国际法理论和实践的指引意义和潜在影响加以探讨。

在人类命运共同体的思想渊源上，国际法学者较多地关注西方世界主义理念、中国传统天下观和马克思主义共同体思想。康德的永久和平论及其蕴含的有关义利统一的国际关系的思想，在人类命运共同体理论中得到了很好发挥，其深刻启示在于，在构建人类命运共同体的过程中，既要遵循普遍的国际规则，又要承认各国的独立主权和国家特色；既要尊重各主权国家的权利和利益，又要求各国自觉承担国际法的义务和责任。① 与此同时，中国传统文化中"和而不同"的思想承认事物发展的差异性和多样性，尤其对当代国际关系具有借鉴价值提出了国家之间相处、合作、发展的基本价值原则，使全球治理变革的中国方案具有深厚的历史渊源。② 进而言之，人类命运共同体理念从全人类利益相关、责任相通、命运相连的立场，表达出一种促进人类生存和发展的共同体意识，是对马克思主义共同体思想的继承和发展，契合了世界历史发展的要求，指明了新时代国际法的方向与目标。③

在人类命运共同体的理念传承上，国际法学者较多地关注和平共处五项原则、国际共同体和国际社会本位理论。人类命运共同体理念是对和平共处五项原则的继承和发展，具体体现在三个方面：一是继续坚持以国家主权为基石；二是更加强调国家间的"和谐"与"求同"；三是从更为整体、更加广阔的视角，更多地考虑"人"的命运和福祉。④ 就国际共同体而言，有学者认为，人类命运共同体

---

① 参见舒远招《康德的永久和平论及其对构建当代人类命运共同体的启示》，《湖北大学学报》（哲学社会科学版）2017 年第 6 期。

② 参见张辉《人类命运共同体：国际法社会基础理论的当代发展》，《中国社会科学》2018 年第 5 期。

③ 参见徐宏《人类命运共同体与国际法》，《国际法研究》2018 年第 5 期；廖凡《全球治理背景下人类命运共同体的阐释与构建》，《中国法学》2018 年第 5 期。

④ 参见廖凡《全球治理背景下人类命运共同体的阐释与构建》，《中国法学》2018 年第 5 期。

理念反映了中国对国际法社会基础的重新认识，表明了对其共同体性质的认同，认为人类是一个紧密联系而相互依存的整体，对于推动世界各国深化合作共赢发展，通过多边多元路径变革全球治理体系将具有深远影响。① 还有学者指出，在国际法中，一切以主权国家的利益为唯一皈依的国家本位已经不能很好地实现国家利益，一种朝向国际社会本位的理念逐渐确立，而建设人类命运共同体的主张恰恰与这种国际社会本位理念相呼应。②

　　关于人类命运共同体的国际法内涵的阐释，有学者指出，人类命运共同体思想的"持久和平、普遍安全、共同繁荣、开放包容、清洁美丽"五大支柱都具有丰富的国际法内涵，其中，持久和平是人类命运共同体的基本前提，普遍安全是人类命运共同体的根本保障，共同繁荣是人类命运共同体的物质基础，开放包容是人类命运共同体的文明纽带，清洁美丽是人类命运共同体的生态追求。③ 另有学者从求同存异的利益共同体、正本清源的价值共同体、风雨同舟的责任共同体这三个维度，对人类命运共同体所蕴含的国际法理进行了阐释。④ 在人类命运共同体的构建路径上，国际法学者也提出了丰富多样的观点和主张。就基本思路而言，"人类命运共同体"的理念只有转化为国际法律制度才能更易于实现其价值，在此过程中，要注重话语的普及、国内立法的转化、国际组织造法功能的运用以及非政府组织作用的发挥。⑤

---

① 参见张辉《人类命运共同体：国际法社会基础理论的当代发展》，《中国社会科学》2018 年第 5 期。

② 参见李赞《建设人类命运共同体的国际法原理与路径》，《国际法研究》2016 年第 6 期。

③ 参见徐宏《人类命运共同体与国际法》，《国际法研究》2018 年第 5 期。

④ 参见廖凡《全球治理背景下人类命运共同体的阐释与构建》，《中国法学》2018 年第 5 期。

⑤ 参见车丕照《"人类命运共同体"理念的国际法学思考》，《吉林大学社会科学学报》2018 年第 6 期。

二　服务大国外交的新时代国际法学

"大国外交"是新时代中国对外工作的关键词。习近平指出，党的十八大以来，我们走出了一条中国特色大国外交新路，取得了历史性成就①；我国对外工作要坚持以新时代中国特色社会主义外交思想为指导，牢牢把握服务民族复兴、促进人类进步这条主线，努力开创中国特色大国外交新局面。② 国际法学界围绕这一核心命题，开展了卓有成效的研究，取得了可圈可点的成果。

（一）大国外交与和平崛起

关于国际法与大国外交的互动关系，学者们研究指出，发挥国际法对新时代中国特色大国外交的保障作用，要求我们善用国际法构建人类命运共同体和新型国际关系，依据国际法参与全球治理体系改革，并重视国际法的潜力释放和能力建设③；对于崛起大国而言，认真对待与合理应用国际法不仅是一种低成本的明智选择，也是保证顺利崛起的必由之路④；建立新型大国关系应以国际合作为切入点，加深大国间认知，避开"修昔底德陷阱"，充分依托国际法来梳理新型大国关系的法律框架。⑤ 值得一提的是，厦门大学蔡从燕围绕大国问题及和平崛起进行了连续研究，产出了系列成果。他认为，为有效约束大国行动，国际社会一方面应当限制大国可以获得的特权、强化大国应当承担的特殊义务尤其是法律义务；另一方面应当

---

① 参见习近平《论坚持推动构建人类命运共同体》，中央文献出版社 2018 年 10 月版，第 529 页。

② 同上书，第 537 页。

③ 参见张晓君、魏彬彬《国际法与中国特色大国外交》，《国际问题研究》2019 年第 1 期。

④ 参见何志鹏《国际法与大国崛起》，《吉林大学社会科学学报》2017 年第 1 期。

⑤ 参见赵骏《国际法视角下新型大国关系的法律框架》，《法学》2015 年第 8 期。

寻求建立监督大国依法善意行使特权、履行义务的程序法机制①；由于国际关系与国际法自身都发生了重大变化，近年来国家出现了"回归"的现象与趋势，从而为新兴大国重塑国际法律秩序提供了重要机遇；中国法院新近实施了一系列可以被认为是蕴含着新的重大司法政策的措施，表明中国法院试图通过强化参与对外关系助力中国和平崛起，从而实现中国法院的功能再造。

（二）国际法治与中国话语

随着中国的和平崛起，国际法治之于中国和中国之于国际法治的重要性都日益突显，国际法学者也就此进行了深入研究。2014—2015 年，作为哲学社会科学顶级刊物的《中国社会科学》先后刊发 3 篇以国际法治为主题的论文，对全球治理视野下国际法治与国内法治的关系、国际法治的中国表达（范围、必要性、可能性、方向与路径）以及国际法治与中国法治建设的关系等问题进行了集中研讨②，表明了中国学者的基本立场。值得一提的是，吉林大学何志鹏对国际法治问题作了连续性的长期研究，形成了一系列有分量的研究成果，可以说代表了国内对此问题的现有研究水平。他认为，国际法治是在无政府的国际社会环境下构建稳定的社会秩序的基本需求，其力求避免现实主义国际关系理论所描述的权力斗争的国际场景，而按照自由主义国际关系理论的基本论断，通过制度固化和提升相互依赖格局下行为体之间的合作水平，推进建构主义国际关系理论所倡导的共同观念和良好文化，从而有利于在全球化背景下实

①　参见蔡从燕《国际法上的大国问题》，《法学研究》2012 年第 6 期；《国家的"离开""回归"与国际法的未来》，《国际法研究》2018 年第 4 期；《中国崛起、对外关系法与法院的功能再造》，《武汉大学学报》（哲学社会科学版）2018 年第 5 期。

②　参见赵骏《全球治理视野下的国际法治与国内法治》，《中国社会科学》2014 年第 10 期；何志鹏《国际法治的中国表达》，《中国社会科学》2015 年第 10 期；曾令良《国际法治与中国法治建设》，《中国社会科学》2015 年第 10 期。

现安全、公正、可持续发展的国际秩序①；国际法不成体系和程序不
足使得追求形式法治难以实现，国际法的二元体系也使缺乏实体法
价值的形式法治容易误入歧途，因此在相当长的历史时期内，对国
际法治的倡导应当将良法和善治相结合；国际法治的中国观念是在
总结中国传统文化和现当代外交实践经验教训的基础上，根据中国
的发展方向和目标形成的国际法原则和国际法治模式，具体来说包
含主权平等、包容互鉴、公平有效和合作共赢四个方面。

　　与国际法治紧密相连的，是中国的国际话语权问题，或者说国
际规则话语的"中国表达问题"。在这方面，国际法学者的基本认识
是，国际法不仅是一套规则体系，也是一套话语体系；国际法话语
作为人们评价国家行为合法性与正当性的标准，在现实生活中发挥
着重要作用；重视国际法的话语价值，就应当接受国际法话语、在
适当场合下重述国际法话语、在条件成熟时创建国际法话语；作为
一个成长中的大国，中国应当注重通过国际法话语的创新来引导国
际法律制度的演进。② 学者们还在主权豁免、国际司法、国际气候治
理、国际人权规范等方面表达了自己的"中国立场"③。

（三）南海仲裁案与海洋主权

　　以美国为推手和后盾、由菲律宾对中国提起的"南海仲裁案"，
是对中国新时代大国外交和国际法实践的一次重大挑战。对此，中
国政府自始至终坚持不接受、不参与、不承认的"三不"立场，并

---

　　① 参见何志鹏《国际法治何以必要——基于实践与理论的阐释》，《当代法学》
2014 年第 2 期；《"良法"和"善治"何以同等重要——国际法治标准的审思》，《浙
江大学学报》（人文社会科学版）2014 年第 3 期；《"一带一路"：中国法治观的区域经
济映射》，《环球法律评论》2018 年第 1 期。

　　② 参见车丕照《国际法的话语价值》，《吉林大学社会科学学报》2016 年第 6 期。

　　③ 参见何志鹏《主权豁免的中国立场》，《政法论坛》2015 年第 3 期；何志鹏
《国际司法的中国立场》，《法商研究》2016 年第 2 期；曹明德《中国参与国际气候治
理的法律立场和策略：以气候正义为视角》，《中国法学》2016 年第 1 期；袁正清等
《中国与国际人权规范重塑》，《中国社会科学》2016 年第 7 期。

在仲裁过程中和裁决做出后先后发布一系列立场文件和声明，阐述中国严正立场。在此过程中，中国国际法学者群策群力，发挥了重要作用。从2013年1月案件提起到2016年7月最终裁决做出，国际法学界以海洋法专家、国际司法问题专家为骨干，其他领域的国际公法学者为外围，作了前所未有的动员和集结，针对仲裁庭管辖权争议、"九段线"主张的法律意涵、岛礁地位、专属经济区内航行自由与军事活动、裁决做出后的后续法律应对等问题进行集中研究。这4年间，特别是在2015年仲裁庭管辖权争议阶段和2016年裁决做出阶段，相关研究资源的投入非常密集：南海争议相关研究不仅是各类官方国际法研究课题中立项最多的类别，法学期刊也拨出大量版面发表有关文章。① 这些密集研究有助于更加深入地理解和阐述中国在南海的历史性权利，驳斥菲律宾官方以及部分西方学者似是而非的指责，为中国政府在突如其来的"法律遭遇战"中站稳脚跟并展开后续外交补救行动，做出了重要贡献。

三　着眼对外开放的新时代国际法学

对外开放是中国经济发展不变的"主旋律"。习近平总书记强调，过去中国经济发展是在开放条件下取得的，未来中国经济实现高质量发展也必须在更加开放条件下进行；中国坚持对外开放的基本国策，坚持打开国门搞建设，中国开放的大门不会关闭，只会越开越大。② 学者们围绕这一主旋律，针对诸多议题进行了深入研究，取得了丰硕成果。

（一）"一带一路"倡议

目前国际法学界对于"一带一路"的研究可以大致分为三个层

---

① 参见邓烈《改革开放40年中国国际公法学研究述评》，《法学评论》2018年第3期。

② 参见习近平《论坚持推动构建人类命运共同体》，中央文献出版社2018年10月版，第525页。

面，即"一带一路"对国际经济法律制度的总体意义和影响、"一带一路"涉及的具体经贸法律问题，以及"一带一路"争端解决机制的构建。

在第一个层面，学者认为，"一带一路"法治化体系构建应当遵循平等互利、规则导向和可持续发展的基本原则，着眼于国际法和国内法两大领域，一方面创新现有国际经贸法律体系，另一方面不断完善我国对外经贸法律制度和涉外民商事法律制度①；在"一带一路"建设背景下，应当高度重视内国司法审判对国际经济规则制定的影响，积极发挥内国司法对国际条约的适用与解释、对国际习惯和一般基本原则运用的累积和沉淀以及填补国际法空白的功能。② 在第二个层面，学者指出，国际投资法的转型趋势以及"一带一路"倡议实施的客观背景，均要求我国在国际投资协定和国内法中将可持续发展作为基本指导原则贯穿始终，以多元平衡视角对待投资者利益保护与东道国可持续发展，将有关外国直接投资的国内政策和国际政策一体化考虑③；"一带一路"倡导绿色丝绸之路建设，是国际投资法中可持续发展理念的完美体现，并成为国际投资法与国际环境法的交汇点。④ 在第三个层面，构建"一带一路"多元化争端解决机制是学者们关注的重点。学者强调，"一带一路"争端解决机制的构建需要中国与沿线国家立足既有争端解决机制，构建创新性争端解决机制，并结合国内司法机制，形成预防与解决结合、双边与多边联动、国际与国内互补的符合新时代国际法治要求的争端解

① 参见刘敬东《"一带一路"法治化体系构建研究》，《政法论坛》2017 年第 5 期。

② 参见贺荣《论中国司法参与国际经济规则的制定》，《国际法研究》2016 年第 1 期。

③ 参见宁红玲、漆彤《"一带一路"倡议与可持续发展原则——国际投资法视角》，《武大国际法评论》2016 年第 1 期。

④ 参见何力《"一带一路"背景下对外投资与可持续发展的法律问题》，《海关与经贸研究》2018 年第 4 期。

决机制。①

（二）自贸试验区与自由贸易港

2013 年启动的自由贸易试验区（以下简称"自贸试验区"）建设工作是中国对外开放进程中的一件大事，在积累"可复制可推广"经验、确立"准入前国民待遇＋国民清单"的外商投资管理模式方面发挥了重大作用。在自贸试验区基础上，我国又以海南、上海为重点，提出了探索建设自由贸易港的新要求。

关于自贸试验区与自由贸易港的关系，有学者强调，自贸试验区诞生之初的使命和功能要远比纯粹意义上的自由贸易港或自由区更加丰富，其定位不仅限于通过关税豁免促进对外贸易或是通过政策优惠吸引外商投资，更重要的是通过在贸易、投资、金融等领域的放权，探索政府职能的转变，改革政府治理经济的方式，积累相关经验并在成熟时向全国推广；对于自贸试验区而言，积累可复制可推广的经验与提高自身开放程度同样重要，甚至可能更加重要，因此自由贸易港与自贸试验区并不完全在同一个"频道"，不宜简单比对；在很大程度上毋宁说，自由贸易港是现有自贸试验区中基于区域特有禀赋而不过多考虑"可复制可推广"、更加突显"特性"而非"共性"的那些成分的延伸和强化；"开放水平最高"是决策层对自由贸易港的目标定位，境内关外、免征关税、进出自由则是自由贸易港的基本特征；结合自贸试验区既有的建设推进经验，自由贸易港的建设需要更加灵活便捷的海关监管措施（在确保"二线管住"的前提下，进一步提升"一线放开"和"区内自由"的程度和水平）、更加开放自由的投资金融环境（推进外商投资领域开放和人民币资本项下可兑换）以及更加友好宽松的人员管理方式（实施

---

① 参见廖丽《"一带一路"争端解决机制创新研究：国际法与比较法的视角》，《法学评论》2018 年第 2 期。

更加灵活的签证制度和外国人来华工作许可制度)。①

（三）新外商投资法

2019 年 3 月 15 日，十三届全国人大二次会议表决通过《中华人民共和国外商投资法》（以下简称《外商投资法》），自 2020 年 1 月 1 日施行；现行《中外合资经营企业法》《中外合作经营企业法》和《外资企业法》（以下简称"外资三法"）同时废止。这意味着统一的外商投资基本法终于问世，也标志着我国对外开放事业开启了新的篇章。《外商投资法》出台后，学者们迅速跟进，及时进行了分析和评论。

有学者认为，相较于外资三法，《外商投资法》的特色与创新主要体现在四个方面，即从企业组织法转型为投资行为法、更加强调对外商投资的促进和保护、全面落实内外资一视同仁的国民待遇原则，以及更加周延地覆盖外商投资实践。但《外商投资法》的规定总体上较为原则和概括，很多制度只是框架性、原则性的规定，需要尽快实施条例或细则以及其他必要的法规或者政策性文件，以使《外商投资法》顺利开启对外开放新篇章。② 有学者指出，《外商投资法》能否达到预期效果，关键在于该法的 5 个核心问题，即国民待遇原则、外资促进和保护、竞争中性、国家安全审查以及配套措施。③ 还有学者强调，建立以《外商投资法》为基础的外商投资管理新体制是适应我国外资结构变化的重要举措，但外商投资法本身也具有历史阶段性：一方面，现阶段中国制定这样一部法典式外商投资法是必要的，也是推动改革、符合历史潮流的；另一方面，现

---

① 参见廖凡《2018 年的中国自由贸易港法治》，《法治蓝皮书：中国法治发展报告 No. 17（2019）》，社会科学文献出版社 2019 年版。

② 参见廖凡《〈外商投资法〉的四个特色和创新》，《经济参考报》2019 年 3 月 20 日第 8 版。

③ 参见宋晓燕《中国外商投资制度改革：从外资"三法"到〈外商投资法〉》，载《上海对外经贸大学学报》网络首发版，网络首发时间：2019—05—07；网络首发地址：http://kns. cnki. net/kcms/detail/31. 2089. F. 20190505. 1724. 002. html。

有《外商投资法》在条件成熟时还应进一步修改，从而更加彻底地实现内外资的平等一致监管。①

（四）WTO 改革

由于成员方之间的巨大分歧，特别是美国的单边主义和逆全球化倾向，WTO 正面临前所未有的生存危机。主要成员方纷纷单独或联合提出自己的改革方案，中国也于 2019 年 5 月正式提交《中国关于世贸组织改革的建议文件》。但各方分歧依旧明显，改革前景不容乐观。

有学者在梳理相关改革方案后指出，尽管 WTO 改革本身已经成为共识，但关于改革的基本原则、具体内容和优先顺序，各方立场和意见则不尽相同，阵营划分也难以一概而论；综合现有的主要改革方案，大体而言，在谈判机制方面主张增加谈判机制灵活性，打破"协商一致"造成的多边谈判僵局；在实体规则方面主张制定贸易新规，强化贸易公平，消除投资障碍；在纪律约束方面主张更好发挥 WTO 的审查和监督功能，加强对成员方遵守透明度和通报义务的约束；在争端解决方面主张尽快修改相关协定，打破上诉机构成员遴选僵局，确保 WTO 正常运转；对于中国而言，关键在于"以我为主"，明确自身基本立场与核心关切，更加积极主动地参与乃至推动 WTO 改革进程。② 有学者认为，本轮 WTO 改革针对中国的意图明显，在法律上也存在通过票决方式将中国逐出 WTO 的可能性，对此应当高度警惕；对于上诉机构可能大概率发生的停摆，中国应有预案；中国可以在力所能及的范围内承担更多与发展中国家相关的义务，对于与国内改革大方向一致的贸易新规则议题也可以持开放态度。③ 还有学者强调，发展中国家特殊与差别待遇是多边发展议题的

① 参见崔凡、吴嵩博《〈中华人民共和国外商投资法〉与外商投资管理新体制的建设》，《国际贸易问题》2019 年第 4 期。

② 参见廖凡《世界贸易组织改革：全球方案与中国立场》，《国际经济评论》2019 年第 2 期。

③ 参见郑伟、管健《WTO 改革的形势、焦点与对策》，《武大国际法评论》2019 年第 1 期。

核心构成，历史沿革为给惠与受惠的关系；发展议题的本质是发展中国家存在能力缺失，后者制约了发展中国家的谈判水平以及将谈判成果转化为国内经济发展的程度；多边发展议题的出路在于弥补"规则赤字"，解决发展中国家能力缺失问题既起始于多边规则谈判，也落脚于多边规则实施。①

（五）国内法域外适用

在中美经贸摩擦中，美国国内法域外适用及其相关的域外管辖、长臂管辖问题引起了中国国内广泛关注。受此触动，2019 年 2 月中央全面依法治国委员会第二次会议明确提出"加快推进我国法域外适用的法律体系建设"，以期形成威慑和反制。

此前，国内学者对法律域外适用和域外效力的研究主要集中在反垄断法、证券法、知识产权法等个别部门实体法，并未从程序法和国际法的角度进行系统分析和梳理，特别是没有对域外适用、域外效力、域外管辖、长臂管辖等相邻、相近概念进行细致辨析，导致在此领域存在一些模糊乃至误解。此后，一些国际私法学者以美国相关制度和规则为主要着眼点，率先开启了"破冰"之旅。例如，有学者以美国法域外适用措施为例探讨了国内法的域外适用及其应对，指出国内法域外适用是国家行使域外管辖权的行为，其后果是赋予国内法域外效力，国家的域外管辖权是国内法域外适用的前提和基础；在美国法语境下，国内法域外适用与长臂管辖存在一些区别，但实践中这种区分有时并不明显，甚至存在并行发生作用的情形；针对特定国家的国内法域外适用措施，受影响的个人或企业可以通过该国国内法机制或者国际法机制这两种途径寻求救济，但实践中由于国内法机制耗时过长、成本过高、胜诉概率不大，而国际法又在不少领域存在空白或不明，因此上述两种途径都往

---

① 参见张向晨等《WTO 改革应关注发展中成员的能力缺失问题》，《国际经济评论》2019 年第 1 期。

往难以提供及时有效的救济；从长远角度看，完善本国国内法域外适用体系，是各国应对美国国内法域外适用的有效制衡措施。①

参考文献

一 马列主义经典著作及中国国家领导人著作、文章

《马克思恩格斯选集》第1—4卷，人民出版社1995年版。

《毛泽东选集》第4卷，人民出版社1991年版。

《邓小平文选》第一卷，人民出版社1994年版。

《邓小平文选》第二卷，人民出版社1994年版。

《邓小平文选》第三卷，人民出版社1993年版。

习近平：《加快建设社会主义法治国家》，《求是》2015年第1期。

中共中央文献研究室编：《习近平关于全面依法治国论述摘编》，中央文献出版社2015年版。

习近平：《在庆祝中国共产党成立95周年大会上的讲话》，《人民日报》2016年7月2日。

习近平：《坚定不移推进司法体制改革，坚定不移走中国特色社会主义法治道路》，《人民日报》2017年7月11日。

习近平：《加强党对全面依法治国的领导》，《求是》2019年第4期。

习近平：《关于坚持和发展中国特色社会主义的几个问题》，《求是》2019年第7期。

二 著作、文集类

陈光中主编：《刑事诉讼法学五十年》，警官教育出版社1999年版。

陈兴良：《刑法哲学》，中国政法大学出版社1992年版。

陈甦主编：《当代中国法学研究》，中国社会科学出版社2009年版。

陈甦主编：《民法总则评注》，法律出版社 2017 年版。

陈泽宪主编：《当代中国国际法研究》，中国社会科学出版社 2010 年版。

储槐植：《刑事一体化论要》，北京大学出版社 2007 年版。

邓正来：《中国法学向何处去？——建构"中国法律理想图景"时代的论纲》，商务印书馆 2006 年版。

邓子滨：《中国实质刑法观批判》，法律出版社 2009 年版。

董保华等：《社会法原论》，中国政法大学出版社 2001 年版。

范健、王建文：《商法的价值、源流及本体》（第二版），中国人民大学出版社 2007 年版。

高汉成主编：《中国法律史学的新发展》，中国社会科学出版社 2013 年版。

高铭暄：《中华人民共和国刑法的孕育诞生和发展完善》，北京大学出版社 2012 年版。

管育鹰：《知识产权法学的新发展》，中国社会科学出版社 2013 年版。

胡锦光、韩大元：《中国宪法》，法律出版社 2004 年版。

胡云腾：《存与废——死刑基本理论研究》，中国检察出版社 2000 年版。

江平、卞建林主编：《共和国六十年法学论争实录：诉讼法卷》，厦门大学出版社 2009 年版。

江伟主编：《民事诉讼法学原理》，中国人民大学出版社 1999 年版。

金瑞林、汪劲：《20 世纪环境法学研究述评》，北京大学出版社 2003 年版。

李步云主编：《法理学》，经济科学出版社 2000 年版。

李步云主编：《中国法学——过去、现在和未来》，南京大学出版社 1988 年版。

李洪雷：《行政法释义学》，中国人民大学出版社 2014 年版。

李林主编：《中国法学 30 年（1978—2008）》，中国社会科学出版社

2008 年版。

李林主编：《依法治国与法律体系形成》，中国法制出版社 2010
　年版。

梁慧星主编：《中国民法典草案建议稿》，法律出版社 2013 年第
　3 版。

刘翠霄：《中华人民共和国社会保障法治史（1949—2011 年）》，商
　务印书馆 2014 年版。

刘海年、李林主编：《依法治国与法律体系建构》，中国法制出版社
　2001 年版。

刘洪岩：《环境法学的新发展》，中国社会科学出版社 2015 年版。

刘仁文等：《立体刑法学》，中国社会科学出版社 2018 年版。

罗豪才、孙琬钟主编：《与时俱进的中国法学》，中国法制出版社
　2001 年版。

莫纪宏：《法治中国的宪法基础》，社会科学文献出版社 2014 年版。

沈涓主编：《中国国际私法学的新发展》，中国社会科学出版社 2015
　年版。

史探径：《劳动法》，经济科学出版社 1990 年版。

孙宪忠：《争议与思考：物权立法笔记》，中国人民大学出版社 2006
　年版。

佟柔主编：《民法概论》，中国人民大学出版社 1982 年版。

王家福主编：《中国民法学·民法债权》，法律出版社 1991 年版。

巫昌祯、杨大文主编：《走向 21 世纪的中国婚姻家庭》，吉林人民出
　版社 1995 年版。

夏吟兰、蒋月、薛宁兰：《21 世纪婚姻家庭关系新规制——新婚姻
　法解说与研究》，中国检察出版社 2001 年版。

肖江平：《中国经济法学史研究》，人民法院出版社 2002 年版。

熊秋红主编：《刑事诉讼法学的新发展》，中国社会科学出版社 2013
　年版。

徐卉：《民事诉讼法学的新发展》，中国社会科学出版社 2015 年版。

徐益初:《刑事诉讼法学研究概述》,天津教育出版社 1989 年版。

许崇德、皮纯协主编:《新中国行政法学研究综述(1949—1990)》,法律出版社 1991 年版。

许崇德:《宪法学》,人民大学出版社 1999 年版。

张友渔等:《法学理论文集》,群众出版社 1984 年版。

张友渔主编、王叔文副主编:《中国法学四十年(1949—1989)》,上海人民出版社 1989 年版。

郑成思:《知识产权法——新世纪初的若干研究重点》,法律出版社 2004 年版。

中国社会科学院法学研究所法制史研究室编:《中国法律史学的新发展》,中国社会科学出版社 2008 年版。

周汉华:《政府监管与行政法》,北京大学出版社 2007 年版。

邹海林主编:《商法基础理论研究的新发展》,中国社会科学出版社 2013 年版。

三 文章类

卞建林、李菁菁:《从我国刑事法庭设置看刑事审判构造的完善》,《法学研究》2004 年第 3 期。

曹诗权:《中国婚姻法的基础性重构》,《法学研究》1996 年第 3 期。

常怡、田平安、黄宣、李祖军:《新中国民事诉讼法学五十年回顾与展望》,《现代法学》1999 年第 6 期。

陈汉章:《苏联经济法学派与民法学派五十年的争论及其经验教训》,《中国法学》1985 年第 2 期。

陈瑞华:《法律程序构建的基本逻辑》,《中国法学》2012 年第 1 期。

陈卫东:《构建中国特色刑事特别程序》,《中国法学》2011 年第 6 期。

陈兴良、邱兴隆:《罪刑关系论》,《中国社会科学》1987 年第 4 期。

陈甦:《体系前研究到体系后研究的范式转型》,《法学研究》2011 年第 5 期。

陈泽宪：《刑法修改中的罪刑法定问题》，《法学研究》1996 年第
　　6 期。

邓烈：《改革开放 40 年中国国际公法学研究述评》，《法学评论》
　　2018 年第 3 期。

樊崇义：《论刑事诉讼法律观的转变》，《政法论坛》2001 年第 2 期。

范健：《中国商法四十年（1978—2018）回顾与思考》，《学术论坛》
　　2018 年第 2 期。

傅郁林：《改革开放四十年中国民事诉讼法学的发展：从研究对象与
　　研究方法相互塑造的角度观察》，《中外法学》2018 年第 6 期。

管育鹰：《我国知识产权法学研究进程与新时代展望》，《知识产权》
　　2019 年第 3 期。

韩大元：《"五四"宪法的历史地位与时代精神》，《中国法学》2014
　　年第 4 期。

何华：《改革开放三十年中国知识产权研究的回顾与展望》，《知识
　　产权》2008 年第 6 期。

吴汉东、李瑞登：《中国知识产权法学研究 30 年》，《中国检察官》
　　2010 年第 19 期。

何其生：《中国国际私法学的危机与变革》，《政法论坛》2018 年第
　　5 期。

何志鹏：《中国国际法学的双维主流化》，《政法论坛》2018 年第
　　5 期。

侯欣一：《学科定位、史料和议题——中国大陆法律史研究现状之反
　　思》，《江苏社会科学》2016 年第 2 期。

胡水君：《〈法学研究〉三十年：法理学》，《法学研究》2008 年
　　第 6 期。

胡水君：《法理的呈现：中国法理学三十年》，《中国法学》2008 年
　　改革开放三十周年专刊。

黄瑶、林兆然：《中国国际公法研究四十年：历程、经验与展望》，
　　《法学》2018 年第 10 期。

江必新：《完善行政诉讼制度的若干思考》，《中国法学》2013 年第 1 期。

江伟、邵明：《民事诉讼法学的研究成就及其发展的若干问题》，《中国法学》1998 年第 4 期。

劳东燕：《风险社会与变动中的刑法理论》，《中外法学》2014 年第 1 期。

李浩：《中国民事诉讼法法学研究四十年》，《法学》2018 年第 9 期。

李秀清：《新中国婚姻法的成长与苏联模式的影响》，《法律科学》2002 年第 4 期。

梁慧星：《中国民法学的历史回顾与展望》，载里赞主编《望江法学》第 1 期，法律出版社 2007 年版。

廖凡：《从"繁荣"到规范：中国国际经济法学研究的反思与展望》，《政法论坛》2018 年第 5 期。

林嘉：《〈劳动合同法〉的立法价值、制度创新及影响评价》，《法学家》2008 年第 2 期。

林来梵：《中国宪法学的现状与展望》，《法学研究》2011 年第 6 期。

李林：《习近平全面依法治国思想的理论逻辑与创新发展》，《法学研究》2016 年第 2 期。

刘春田：《知识产权法研究的基础性与多样性发展》，《法学家》2007 年第 1 期。

刘广安：《二十世纪中国法律史学论纲》，《中外法学》1997 年第 3 期。

刘昕杰：《"中国法的历史"还是"西方法在中国的历史"——中国法律史研究的再思考》，《社会科学研究》2009 年第 4 期。

龙宗智：《庭审实质化的路径和方法》，《法学研究》2015 年第 5 期。

马骧聪：《我所经历和了解的中国环境资源法学发展梗概》，2019 年 6 月 10 日，中国法学网（http：//www. iolaw. org. cn/showArticle. aspx？id = 3765）。

马骧聪：《中国环境法学的发展与展望》，《中国环境科学》1989 年第 3 期。

马忆南:《二十世纪之中国婚姻家庭法学》,《中外法学》1998 年第 2 期。

曲新久:《论个人自由与社会秩序的对立统一以及刑法的优先选择》,《法学研究》2000 年第 2 期。

史探径:《论社会主义市场经济与劳动立法》,《法学研究》1994 年第 1 期。

帅天龙:《二十世纪中国商法学之大势》,《中外法学》1997 年第 4 期。

孙宪忠:《中国近现代继受西方民法的效果评述》,《中国法学》2006 年第 3 期。

汪劲:《中国环境法学研究的现状与问题——对 1998—2003 年中国环境法研究状况的调查报告》,《法律科学》2005 年第 4 期。

王家福、苏庆、夏淑华:《我们应该制定什么样的民法》,《法学研究》1980 年第 1 期。

王利明:《回顾与展望:中国民法立法四十年》,《法学》2018 年第 6 期。

王全兴:《劳动合同立法争论中需要澄清的几个基本问题》,《法学》2006 年第 9 期。

王曦:《当前我国环境法治建设亟须解决的三大问题》,《法学评论》2008 年第 4 期。

王小钢:《中国环境法学 30 年发展历程和经验》,《当代法学》2009 年第 1 期。

席月民:《前苏联经济法理论的起兴嬗变与中国经济法学之省思》,《成人高教学刊》2009 年第 6 期。

夏吟兰:《论婚姻家庭法在民法典体系中的相对独立性》,《法学论坛》2014 年第 4 期。

谢次昌:《经济法学的十年及当前亟待解决的一些问题》,《中国法学》1989 年第 3 期。

谢怀栻:《新中国的合同制度和合同法》,《法学研究》1988 年第

4 期。

谢增毅：《我国劳动关系法律调整模式的转变》，《中国社会科学》
2017 年第 2 期。

信春鹰：《后现代法学：为法治探索未来》，《中国社会科学》2000
年第 5 期。

信春鹰：《中国特色社会主义法律体系及其重大意义》，《法学研究》
2014 年第 6 期。

徐国栋：《市民社会与市民法——民法的调整对象研究》，《法学研
究》1994 年第 4 期。

徐忠明：《关于中国法律史研究的几点省思》，《现代法学》2001 年
第 1 期。

薛刚凌：《我国行政主体理论之检讨——兼论全面研究行政组织法的
必要性》，《政法论坛》1998 年第 6 期。

叶必丰、张亮、肖军：《以司法丈量法治中国之进度——法治政府司
法指数报告》，《中国法律评论》2019 年第 1 期。

叶林：《中国民商法学 20 年》，《法学家》1999 年第 1 期。

应松年、马怀德：《向新的高峰迈进——九十年代我国行政法学展
望》，《中国法学》1992 年第 3 期。

余能斌：《世纪之交看新中国民商法的发展》，《法学评论》1998 年
第 5 期。

岳彩申、李永成：《中国经济法学三十年发展报告》，载李昌麒、岳
彩申主编《经济法论坛》（第 7 卷），群众出版社 2010 年版。

张明楷：《刑法学研究中的十关系论》，《政法论坛》2006 年第 2 期。

张守文：《改革开放与中国经济法的制度变迁》，《法学》2018 年第
8 期。

张卫平：《改革开放以来我国民事诉讼法学的流变》，《政法论丛》
2018 年第 5 期。

张文显、于宁：《当代中国法哲学研究范式的转换——从阶级斗争范
式到权利本位范式》，《中国法学》2001 年第 1 期。

张文显:《中国法治 40 年:历程、轨迹和经验》,《吉林大学社会科学学报》2018 年第 5 期。

张文显:《法理:法理学的中心主题和法学的共同关注》,《清华法学》2017 年第 4 期。

张文显:《迈向科学化现代化的中国法学》,《法制与社会发展》2018 年第 6 期。

张新宝:《中国民法和民法学的现状与展望》,《法学评论》2011 年第 3 期。

张翔:《宪法教义学初阶》,《中外法学》2013 年第 5 期。

张中秋:《中国法治进程中的法律史学 （1978—2008）》,《河南省政法管理干部学院学报》2009 年第 2 期。

赵磊、谢晶:《改革开放以来商法学研究回顾、现状与展望》,《华东政法大学学报》2017 年第 2 期。

赵旭东:《改革开放与中国商法的发展》,《法学》2018 年第 8 期。

郑尚元:《社会法的存在与社会法理论探索》,《法律科学》2003 年第 3 期。

周汉华:《行政许可法:观念创新与实践挑战》,《法学研究》2005 年第 2 期。

朱崇实、李晓辉:《转轨经济法:一种渐进的制度变迁模式——基于经济法学三十年发展历程考察》,《时代法学》2009 年第 1 期。

后　　记

在中华人民共和国成立 70 周年之际，中国社会科学院组织《庆祝中华人民共和国成立 70 周年书系》项目。法学研究所承担了《新中国法学研究 70 年》一书的写作任务。为此法学研究所组织了各专业学科的科研人员，成立了"新中国法学研究 70 年"课题组，在广泛收集和系统整理各类学术资料的基础上，撰写一本反映中国法学 70 年发展历程的学术史。通过本书的撰写，我们既能以法学研究 70 年的卓越成就，作为中华人民共和国成立 70 周年的纪念；也能以法学研究 70 年的理论积淀，作为建构中国特色法学知识体系的学术素材。

在本书中，我们对中华人民共和国成立 70 年来的法学研究状况、背景、演进、效果及趋势，进行了概括描述、重点介绍和简要评价，展示了在中华人民共和国不同发展阶段的法学存在实态和演进过程，呈现了中国法学发展的理论成就与实践价值，昭示了中国特色法学知识体系的发生机制和成长过程，以及彰显了居于其中的法学研究者的艰苦努力与学术贡献。以期读者能够通过本书，明晰中国法学发展的历史轨迹、现实状况与未来趋势，拓展中国法学研究的学术视野与研究思路，创新中国法学研究的发展方略与实践方法，坚定建构中国特色法学体系的理论自信与文化自信。

本书各章分工如下：

第一章　　陈　甦　中国社会科学院法学研究所所长，学部委
　　　　　　　　　员、研究员

第二章　　胡水君　中国社会科学院法学研究所法理研究室主
　　　　　　　　　任，研究员

第三章　　高汉成　中国社会科学院法学研究所法制史研究室
　　　　　　　　　副主任，副研究员

　　　　　　闫强乐　中国政法大学博士研究生

第四章　　翟国强　中国社会科学院法学研究所宪法与行政法
　　　　　　　　　研究室副主任，研究员

　　　　　　刘志鑫　中国社会科学院法学研究所助理研究员

第五章　　李洪雷　中国社会科学院法学研究所宪法与行政法
　　　　　　　　　研究室主任，研究员

　　　　　　张　亮　上海社会科学院法学研究所助理研究员

第六章　　刘仁文　中国社会科学院法学研究所刑法研究室主
　　　　　　　　　任，研究员

第七章　　熊秋红　中国社会科学院法学研究所研究员

第八章　　徐　卉　中国社会科学院法学研究所诉讼法研究室
　　　　　　　　　副主任，研究员

第九章　　谢鸿飞　中国社会科学院法学研究所民法研究室主
　　　　　　　　　任，研究员

第十章　　薛宁兰　中国社会科学院法学研究所社会法研究室
　　　　　　　　　主任，研究员

第十一章　陈　洁　中国社会科学院法学研究所商法研究室主
　　　　　　　　　任，研究员

第十二章　席月民　中国社会科学院法学研究所经济法研究室
　　　　　　　　　主任，研究员

第十三章　管育鹰　中国社会科学院法学研究所知识产权法研究室主任，研究员

第十四章　谢增毅　中国社会科学院法学研究所科研与外事处处长，研究员

第十五章　刘洪岩　中国社会科学院法学研究所生态法研究室主任，研究员

第十六章　廖　凡　中国社会科学院国际法研究所科研与外事处处长，研究员

另外，刘小妹（中国社会科学院图书馆法学分馆副馆长，研究员）对本书个别章节做了补充撰写；翟国强研究员和卢娜（中国社会科学院法学研究所科研处工作人员）担任本书的学术秘书，为本书的撰写做了大量工作。

中华人民共和国成立 70 年来，法学发展跌宕起伏、蜿蜒前行，其间理论创新枝繁叶茂、层出不穷，重大法治与学术事件月灿星闪、起承转合，每一作者虽然满怀学术诚信与专业敬畏，但囿于阅读范围和学术水准，无一不时常面临选择纠结与表达斟酌。也许我们遗漏了许多精彩，但我们对本书提到或没有提到的所有为中国法治进步和法学繁荣做出学术贡献的专家学者，表示崇高的敬意和诚挚的感谢。正因为有他们，中华人民共和国 70 年的法治建设与法学事业才能够如此精彩，彪炳史册。